FUTURE

FUTURE

FUTURE

FUTURE

CHRISTIAN ASTROLOGY
BOOK 2

基督教占星學

第二卷

各種問題及提問的解決方法

威廉・禮尼 *William Lilly* ———— 著

馮少龍（Brian Fang）———— 譯

魯道夫、Amanda老師 ———— 審訂

推薦序一
為後世占星師立下標竿的經典之作

　　一六四七年，十七世紀英國最著名的英國占星家威廉・禮尼（William Lilly，一六〇二年至一六八一年）出版了《基督教占星學》。《基督教占星學》是一本綜合性教科書，當中包含了學習占星學所需的理論和實用材料。二〇一八年馮少龍翻譯了《基督教占星學・第一卷》的中文版，而備受期待的第二卷現已完成。第二卷涉及了論斷或「解決各種問題和要求」（即卜卦占星學），第二卷就如同《基督教占星學》整套作品一樣，它不僅涉及理論，同時涉及實踐。整體來說，第一卷和第二卷將對決心學習傳統占星學技巧，或者更具體地說，「對決心學習卜卦占星學」的華文學生將帶來極大幫助。

　　第二卷包含了全方位的卜卦占星學應用，每一道問題都與特定宮位相關的主題有關。第二卷針對每個事項（或一系列事項）分為不同的獨立部分，其中包括財務（由第二宮所象徵）、財產（第四宮）、懷孕（第五宮）、疾病（第六宮）、婚姻（第七宮）和職業（第十宮），每一宮位都有獨立的介紹，闡述了與這些問題相關的理論和技巧。此外，當中還包括了實際案例合共三十五個，每個例子都反映出禮尼的計算之準確，而這準確性取決於當時最準確的天文資訊，德國天文學家大衛・奧里加努斯（David Origanus 或 David Tost，一五五八年至一六二八、二九年）以及佛蘭蒙天文學家、占星

家和數學家約翰內斯・斯塔迪烏斯（Johannes Stadius 或 Estadius，一五二七年至一五七九年）的星曆表似乎是禮尼當時的最愛。

書中每道問題都根據其不同的宮位、黃道星座和行星的象徵去判斷，其中包括了詢問失蹤兄弟的下落、禮尼本人應否購買河畔（倫敦）的房子、某位女性會否結婚、某位女性是否懷孕、以及客戶是否會獲得所需的晉升等等，另外也有關於丟失的物品、小偷、丟失的動物、迷路的牛以及女巫和巫術引起的疾病的識別。

鑑於巫術在早年英格蘭的盛行，有趣的是我們會在書中看到禮尼（嚴格遵守卜卦占星學的準則）拒絕接受病人進行針對巫術的自我診斷，禮尼為他進行的占星論斷表明其疾病是由於「疾病發生於身側及私處……原因是由太多金星運動所引起」。

關於「疾病」（第六宮）的部分特別長，內容長達（原書）五十三頁，當中包括從赫密斯・崔斯墨圖（Hermes Trismegistus）和克勞得・達利歐（Claude Dariot，一五三三年至一五九六年）那裡所複製的材料，以及關於「關鍵日」的相關資料、兩張疾運盤與及四十三條給醫生的格言。禮尼關於「藥物」的討論也是為醫生們而寫的，儘管禮尼同時也小心地指出一點：如果沒有「星星們的良性配置」的話，無論該醫生多麼博學，都無法治癒任何患者。

另外特別令人感興趣的是跟英國內戰（約一六四二年至一六五一年）有關的卜卦（第十宮），例如當中一題關於魯珀特親王及其對手埃塞克斯伯爵的詢問。第二卷中的最後一張星盤似乎是一張事件盤，星盤時間設定為埃塞克斯出發前往英格蘭西部的時間。第二卷最後附有計算行星時的行星守護的計算表格，並附有詳細說明。

禮尼非常注重如何判斷一張卜卦占星盤的建立時間是否正確，雖然這討論可能更適合於第二卷一開始的部分，而不是等到第一宮內容的較後面才提

出。對客戶來說，正確的時刻是當深刻而真誠的念頭出現的時候，而對禮尼來說，這是他理解到問卜者的意圖的一刻。在分析了占星學上的證據後，禮尼隨後才做「占星論斷」。有鑑於禮尼在《基督教占星學》中提問的時間都非常精確，我們只能假設禮尼應該擁有一個精確的時計，跟其他當代的人不一樣。

　　建議讀者們從星盤中找到占星學證據之後，首先要解決的問題是確定星盤的有效性，這是卜卦占星學獨一無二的現象。如果星盤中出現一些「警告」，讓星盤確定為無效，這或許表明了對占星師的危險、對客戶的意圖存疑（通常是不真誠的提問），或是答案讓問卜者不高興，至少，這張星盤的可靠性會受到損害。透過觀察這些占星警告，占星師可以確保提問之認真，並避免其他危險。禮尼在第一卷末尾列出了十一條警告，被稱為「論斷前的考量」，禮尼嚴格遵守這些警告，以確保星盤「有效，同時能夠用來做出論斷」。

　　禮尼的判斷通常在遠處進行，並不依賴與客戶交談中獲得信息，也不依賴對事件的事先了解，他的論斷鮮有出現獨立於星盤證詞以外的「彈性」，堅持維護其占星技藝的完整性。他在其年鑑《英國人是否和平》（Anglicus，Peace or no Peace，一六四五年）中明確指出：「扭曲我的判斷並提供模稜兩可的東西，就是降低占星學的價值。」因此，我們必須注意應否接受約翰·加德伯里（John Gadbury，一六二七年至一七〇四年）以及其他歷史學家對禮尼作品的貶低，這些人並沒有足夠的占星知識去做出如此的聲明。

　　《基督教占星學》是英國及其他地區的知識分子、愛好者、實踐者和學生自現代時期初期以來的重要參考，第二卷無疑突顯了禮尼的技能和專業知識，讓我們見證了禮尼如何完善和推廣卜卦占星學，為未來幾代的占星師立下了標竿。對禮尼的尊重不容小覷：例如，許多當代人士將禮尼的頭像展示

在其場所外的招牌上，禮尼的客戶和朋友中不乏權力人物，例如埃利亞斯・阿什莫爾（Elias Ashmole，一六一七年至一六九二年），他們的成功可說是源自於禮尼的成就，而不是他們造就禮尼。

時辰占卜占星學院院長

www.QHPastrology.co.uk

芭芭拉・鄧恩（Barbara Dunn）

推薦序二
自十七世紀後，所有卜卦占星書的參考文本

在馮少龍於《基督教占星學·第一卷》的精彩翻譯中，該書闡述了行星、星座、宮位和簡單術語背後的涵義和特色，現在第二卷迎來了卜卦占星學的真正核心內容。在禮尼這部合共三卷的著作——《基督教占星學》中，中間的這一卷堪稱是從十七世紀中葉起，到目前為止英語世界中所有後續卜卦占星書籍所參考的基礎文本。

基督教占星學第二卷，題為《各種問題及提問的解決方法》，它絕對是一座金礦，因為禮尼不僅給出了各種卜卦問題的許多實例，而且在這本非凡著作中，幾乎所有內容都能夠應用於我們生活的各個部分，而這些我們所提問的問題，不止關於占星學，同時也關於我們的朋友、夥伴和工作有關的問題。

這本書涵蓋了人生中的每一件事：關於某人有沒有可能發生意外？某場疾病是致命的、短期的、還是長期的？他們能戰勝病魔嗎？醫生或醫師夠厲害嗎？藥物會有效還是會對我造成傷害？在原文書中，醫學問題的主要部分佔了五十多頁，充滿了引述自中世紀和文藝復興時期期間其他作者的內容，告訴了當事人他可以採取哪些步驟去避免疾病、意外，甚至死亡。

然後我們來到了關於「生活中的其他人」問題的部分，這些問題涉及了婚姻和伴侶，他們是年老的、年輕的、美麗的、富有的、健康的、專業的？

禮尼為你提供了找到「那個人」所需知道的一切，以及他們是否值得你付出！這部分還向你展示了他們應該搬去世上的哪個地方以確保成功和幸福（這是占星地圖這辭彙被發明前的其中一種占星地圖技巧）。

關於小偷以及如何透過衣著、外貌、年齡和體型去辨認小偷的部分，在監控攝影機、DNA 分析這些現代用來追蹤和逮捕嫌犯的方式還沒出現的時代，這確實是占星學應用的奇蹟之一！當中特別精彩的是禮尼關於被偷去的魚的敘述，這敘述相當著名，他後來描述了如何找到小偷、去了倫敦的哪裡、他藏匿處的大門的顏色，以及儘管他會找到那被偷的魚，但它已經損壞；後來當禮尼最終逮捕小偷時，他們已經吃了一部分的魚，但禮尼把剩下的魚拿回來了！這對所有人來說都是真正的喜悅，並真正展示了占星學如何能夠為所有人帶來好處。

書中有一個部分是關於我們的父母、家庭和土地，包括尋找埋藏的寶藏、我們與兄弟姊妹的關係，以及我們可能將會進行怎樣的旅程及其原因。

儘管中文占星學界可能還沒有意識到這一點，馮少龍翻譯的這本書將改變他們對傳統占星學的理解和應用，並轉變他們描述所有星盤的方式，無論是本命盤、世俗星盤、擇日星盤、還是醫療星盤，當然還有卜卦星盤。馮少龍是一位獲認證的占星師，於著名的國際占星學院任教，他獲得 APAI（國際專業占星師協會）的認證，他的占星工作不僅涵蓋卜卦占星學，還涵蓋擇日占星術和本命占星學。他在本書的翻譯只能說是出自對占星學的真愛，因為他必須去掌握那些古老的英語，並將其轉換為中文。

正如我上文所說，這部特別的作品涵蓋了生活的各個層面：好的、壞的、無分好壞的。如果你對任何形式的占星學都感興趣或會使用的話，本書是必不可少的讀物，它是神聖知識的門匙，於西方世界中，本書因其沒有廢話的風格、簡單直接以及良好的行文佈局而備受推崇，以一本教科書來說沒有其他書比本書更好。

我衷心希望華人社區能為馮少龍多年辛苦翻譯的這部傑作鼓掌。

國際專業占星師協會（APAI）主席

傳統派藥草占星大師

雪倫・奈特（Sharon Knight）

推薦序三
一本高度實用的占星師「如何思考」的指導手冊

　　威廉・禮尼的《基督教占星學》是一部傑作，因為它是一部至今仍然具有現實意義和可讀性的歷史經典。《基督教占星學・第二卷》可說是禮尼傳承中最偉大的部分，他在書中按照宮位順序，一宮接一宮全面地闡述了他的卜卦占星學技巧，並為每個宮位的問題提供了大量的案例。禮尼的作品與其他人的不同之處，在於他對占星技藝的掌握和理解——在數位技術還沒出現的時代，所有的星盤計算都必須手動完成，他當時每天接見無數客戶，對於只需要點擊幾下滑鼠和鍵盤就可以生成星盤，網路上充斥著大量「占星網紅」興高采烈地透過流行占星學的廢話賺錢（「透過我們的應用程序，輸入您的生日來找到您的月亮星座愛情匹配！」）的現代人來說，禮尼的專業水平以及背後所需的艱苦努力是很難想像的。在他「對占星學學生」的告誡中，禮尼寫道：「不要因為世俗的財富而讓錯誤的判斷從你身上誕生，否則你可能會褻瀆了這門技藝，或這門神聖的學問。」「依然在他的墳墓裡旋轉」這句話似乎很貼切。

　　儘管如此，當前占星學重新在全球流行起來——即使是以低俗的形式——對傳統占星學來說也是有好處的，而馮少龍對禮尼這部最著名作品的翻譯，為協助恢復和重建占星學的聲望和價值，將會是寶貴的貢獻。從很多

方面來說，卜卦是占星學中最實用和最必須的分支：實用，因為它有助於直接回答日常問題，而不需要提問者準確的出生時間；必須，因為當你沒有回答「我會得到這份工作嗎」或「我為什麼生病了」這些問題所需的技巧，並認為你可以從本命盤中推斷出整場人生的意義、目的和軌跡，甚至可以分析出國家或全球事件的話，這無疑只是狂妄自大。卜卦占星學所需的技能，對於熟悉占星學來說是基本的，在第一卷中，禮尼列出了占星學的工具和技巧，然後在第二卷中示範了如何使用它們，這是禮尼著作的另一個特點：豐富的星盤案例，以及對每張星盤清晰、詳細的評論，相對於古代和現代許多其他占星師來說，禮尼每天都將他的占星學知識用於實際事件之上，無論是工作還是生活中——而本書反應了這一點。

我的《基督教占星學》英文版已經「被翻爛了」——破爛不堪，用膠帶黏在一起，不小心打開時書頁會掉出來。簡單來說，這是因為它是我擁有的最有用的占星學參考書之一，而第二卷的內容是回答當今各種卜卦問題的絕佳資源。

「我會得到晉升嗎？」請參閱 Chapter 83「關於到底能否得到官職、某職務、社會地位、升遷，或任何跟指揮或要職相關的職位？」；「傑克／吉兒有迷上我嗎？」請參閱 Chapter 50「婚姻」；「我的銀行卡呢？」我們會在 Chapter 33「尋找物件或失物」和 Chapter 51「物品在所有者手中嗎」、「物品距離問卜者有多遠」、「物件在哪裡」中找到有用的提示；「在房子的哪個部分遺失或被竊」、「是否可以找回」，以及更多的問題！禮尼列出了四十三條「對醫生有用的占星格言」——這對我這以進行醫療占星為主的占星師來說特別有用——以及另外四十三條多用途的「讓人於任何卜卦占星問題中做出更佳論斷的格言及考量」。

我的書中許多頁面都有各種標籤以便我快速參考，例如 Chapter 33 中將黃道十二宮與指南針方向連結的部分就有多種用途，Chapter 51 中關於小偷

身分的幾個部分，以及預測他們的性別、年齡、外表和位置的部分，對於任何需要找出誰是誰的占星分析都非常有用。禮尼在書中做了很多跑腿的工作，完整地整理和測試了這些規則以及許多其他規則。

　　簡而言之，對那些希望真正運用這門技藝的占星師來說，本書是將畢生的研究和實踐濃縮爲一本高度實用的占星師「如何思考」指導手冊；而針對那些只想思考星星的神話象徵意義的人來說，坊間有其他作者的書籍可供參考。約翰・弗勞利（John Frawley）曾批評占星師們購買禮尼的作品是因爲把它放在書架上看起來不錯，或是引述當中內容能顯得自己夠格，而此書對這些人的最大用途，就是用來支撐一張搖搖晃晃的桌子。

　　《基督教占星學》無論如何都是一本職業占星師的參考書，當中充滿了智慧和見解，以及基於禮尼於書中散落的一些問題、意見和論點──這個或那個技巧到底有效嗎？使用這本書的占星師可能會發現自己有時不同意禮尼的觀點，或者根據卜卦結果修改書中某些建議，而這正是這本書的用途。我已經記不清本書幫助我準確解釋了多少個卜卦問題，尤其是關於身分（「誰偷了這個東西？」）或失物（「這個東西在哪裡？」）這種非常棘手的問題，答案可能性之多，有時讓人相當束手無策。一般來說，書籍的美妙之處在於其作者可以跨越幾個世紀去傳授智慧和故事，而像《基督教占星學》這樣一本神奇教科書的美妙之處，在於我們今天可以有一位當時掌握這門技藝到如斯程度的老師的分享，而他所企及之處沒幾個現今活著的人能相提並論。譯者馮少龍相信會因協助把這本優秀的書帶給新讀者而受到讚揚，他們可以從個人和專業方面受益於這些知識，用它來造福他人，最重要的是得以讓占星師的社群進一步擴闊。

古典醫療占星專家

馬可斯・派察特（Marcos Patchett）

推薦序四
卜卦占星的聖經

　　卜卦占星令人著迷的地方，在於它能夠非常針對性的回答各式各樣的問題。不過卜卦占星也有讓人困擾的地方，就是它相當的「燒腦」，要去解讀一個卜卦盤，不單要熟習行星、星座、宮位等對應和象徵，更要正確運用解盤的原則、步驟，才能做出精準的判斷。

　　《基督教占星學・第一卷》，主要內容是對行星、星座、宮位，以及判斷行星強弱等做出詳細描述，是解讀卜卦盤的第一步。而如何就不同問題做出分析和判斷，便是第二卷的重點，可說是整個卜卦占星的精髓。

　　威廉・禮尼是十七世紀英國的占星師，在他之前當然有不少占星先賢，包括在二千多年前的希臘化時代、中世紀時期等不同的占星師，都有卜卦占星的著作。不過當中大部分都是理論和占星原則，卻較少有實際的案例，所以就算熟讀原則，卻也不一定懂得應用。

　　而在《基督教占星學・第二卷》中，威廉・禮尼將與第一宮到十二宮相關的議題，由事業、伴侶關係、金錢這些普遍的問題，以至冷門的巫術、朝聖問題，不單一一詳述，更有各式各樣的真實案例，闡述了他在判斷過程中所考慮的各種因素、運用的占星原則，以及如何得出最終結論。這對於每一位占星學習者來說，無疑是一本武林祕笈。

　　禮尼的《基督教占星學》在英語世界的普及，使得卜卦占星學得以廣泛

傳播。一些就算有二、三十年經驗的占星老師，對於《基督教占星學》都會一讀再讀，可見此書是極重要的卜卦占星「聖經」。雖然現代讀者，尤其是非英語母語者，可能會覺得十七世紀的英文難以理解，但幸運的是，現有的中譯本為我們提供了極大的便利。

在我的教學經驗中，卜卦占星的複雜性常常讓學生感到困惑，古典占星的描述，充滿了硬性資料和技巧的要求。然而，正是這些繁多而精確的細節，使得卜卦占星充滿了探索和發現的樂趣，每一個符號、每一個細節，都可能成為解開謎團的關鍵。

第二卷的出版，不僅為我們提供了豐富的案例參考，更讓我們看到了卜卦占星在實際應用中的巨大威力。透過對案例的分析，我們可以學到如何將理論與實踐相結合，如何運用占星知識來解答生活中的各種問題。

《基督教占星學‧第二卷》可說是每一位占星學習者手中不可或缺的寶典。它將帶領我們進入卜卦占星複雜但有趣的世界，為生活中的各種疑惑提供實用且充滿智慧和洞見的解答，使我們在探索和發現的旅程中找到啟示。

香港占星師

Academy of Astrology（AOA）國際占星研究院共同創辦人

School of Traditional Astrology（STA）英國古典占星學院認證導師

Jupiter

(www.magiclife.com.hk)

推薦序五
提供明確性答案的實用指南

　　我們在看待生命的廣度與寬度，都需要保持一定的彈性，才能夠讓自我潛能發揮到最大的極限。但是在某些特殊的時刻，還是會想要及需要知道較為明確性的答案。

　　例如：需要醫治目前的病況時，這位醫生是否是最佳選擇？看中的這間房屋，要不要出手購買？出國旅遊選擇Ａ國家，是否安全且能夠擁有愉快的旅程？

　　威廉・禮尼在本書中，進一步對於各個宮位領域會涉及到的狀況，並且是非常生活化、世俗化的問題，給予了論斷的解析。

　　在此慎重提醒，關於疾病與健康的問題，務必尋求專業醫師的協助。而在日常生活中，對於身體狀況的關注與覺察，本書仍然可以提供許多觀察的方向。

　　對於我個人而言，最經常使用到的技巧，莫過於「尋找物品」了。某件找不到的東西，到底是仍在家中，還是已經遺失／被偷走了？若是遺失時，有沒有找回的可能性？若是仍在家中，我應該要向高處尋找，還是往低處翻找？在明亮的書房？還是在陰暗的儲藏室？進一步給予東西南北方向的建議，都是非常實用的技巧。當然，我希望各位朋友們，並不需要用上這樣的技巧（笑）。

當我們透過《基督教占星學‧第一卷》，打好有點枯燥但是必要的扎實基礎之後，透過本書，將可以享受各種案例所帶來的精彩，並且進一步深入了解傳統占星學的實用之處。

「命運好好玩」專業占星專家

Amanda

譯者序

　　《基督教占星學》第二卷的翻譯工作，其實在第一卷即將出版之前就開案了，然後是歷時接近三年的翻譯之旅。

　　之前曾經在我自己的社交媒體分享過，跟其他翻譯書目不一樣的是，一開始時，《基督教占星學》是我自發開始的項目，而且是幾乎翻譯好第一卷之後，才確認對出版此書有興趣的出版社；而在確認出版社有興趣出版第二卷後，我幾乎是馬上開工進行第二卷的翻譯，因為我清楚它難度之高。至於為什麼會自發進行此書翻譯的工作，簡單說是因為我清楚它對卜卦占星學學習的重要性，而當時我的同學們都看不懂原文，曾經擔任編輯的我知道獨立出版此書的難度相對較低（當時我抱持著應該不會找得到出版社的想法），於是一腔熱血地逕自展開了這工作。

　　而這並不是那麼順遂的旅程，尤其以第二卷而言：卜卦占星學關心的是「解決問題」，而問題往往都涉及了時代的日常生活，因此在集中討論每一宮各種題型及案例的第二卷，花費最多時間進行資料搜集的地方，並不是占星學的技巧，反而是跟日常資料、地理資訊、貴族史實、病理及藥物名稱等等有關的資料。我非常慶幸自己是活於互聯網時代的翻譯，能夠輕鬆查證到大部分的資料，也感激雪倫老師和馬可斯老師，兩位既精通傳統占星也深諳醫療占星技藝的大師不吝指教，否則第六宮關於疾病的部分將會更棘手。

　　有一些疾病真的很抽象，例如第六宮內文中提到所謂的「不要碰我」，原文為拉丁文 Noli me tangere，源自於聖經中耶穌跟抹大拉的瑪利亞所講的話，在醫學上它所指的是一種中世紀醫生稱為「隱藏的癌症」的疾病，因為當跟這些隱藏癌症相關的部分變得越腫脹，病情就同樣會變得越嚴重；又有

所謂「國王的邪惡」，原文為 Kings-Evil，意指分枝桿菌性子宮頸淋巴結炎（Mycobacterial cervical lymphadenitis），中世紀的時候，基於皇權神授的觀念，人們認為英格蘭或法國君主的觸碰可以治癒疾病，據稱英格蘭的亨利六世透過觸摸治好了一個患上此病的女孩，這疾病被稱為「國王的邪惡」之說法據聞由此而來。馬可斯老師也告訴我一個我認為很重要、而我在翻譯此書以前完全不懂的知識，原來動植物等等的名稱跟拼法有所謂的 pre-Linnaean 時期，即生物分類法，但那是在十八世紀才出現，而本書出現於十七世紀，因此會影響到資料搜索的方向。為了翻譯本書，雖然我本身已經完成了魯道夫老師的卜卦占星學課程，但我後續也因而完成了 Jupiter 老師的 STA 卜卦占星課程，務求好好完成本書的翻譯。

　　傳統占星學不一定艱澀難懂，威廉禮尼在書寫時行文盡量保持當時來說顯淺直白的程度，當然當中有一些細節及案例，放諸今天的時空或許會讓讀者腦中閃過一定的疑惑。例如，若是你使用占星軟體去跑書中列出案例的時間的星盤，會發現不少地方會有小誤差，原因是一六四七年的占星師不只是依然徒手算星盤，並且當時的天文計算的準確度跟今天不可同日而語。不過我相信這不會影響卜卦的準確度，至少我在翻譯過程中，曾經因緣際會測試過其中幾題的技巧，而我認為這些技巧時至今日仍然有用。

　　不要懷疑，於接近四百年後的今天，《基督教占星學》依然是一本殿堂級的卜卦占星學教科書！而作為占星師的我，對於自己能夠翻譯此書深感榮幸。

　　再次感謝魯道夫老師多年來的教導、小修校長幫忙跟出版社穿針引線、一眾老師不吝指教回答我的提問。

馮少龍（Brian Fung）
於香港

目　錄

★ 推薦序一　為後世占星師立下標竿的經典之作
／芭芭拉・鄧恩（Barbara Dunn） ────── 003

★ 推薦序二　自十七世紀後，所有卜卦占星書的參考文本
／雪倫・奈特（Sharon Knight） ────── 007

★ 推薦序三　一本高度實用的占星師「如何思考」的指導手冊
／馬可斯・派察特（Marcos Patchett） ────── 010

★ 推薦序四　卜卦占星的聖經
／Jupiter ────── 013

★ 推薦序五　提供明確性答案的實用指南
／Amanda ────── 015

★ 譯者序
／馮少龍（Brian Fung） ────── 017

關於第一宮的論斷　與問卜者自身有關的問題 ────── 027

Chapter 23 ≫　關於問卜者會否長命百歲 ────── 027

Chapter 24 ≫　關於福點、其日間或晚間位置的計算方法 ────── 042

Chapter 25 ≫　你想與其說話的某人是否在家 ────── 048

Chapter 26 ≫ 某位正身處郊外房子的女士，想知道她的兒子
正跟主人在一起？還是在她的房子裡 ———————— 055

Chapter 27 ≫ 關於某艘船以及上面的所有東西，
是安全的還是遇險了 ———————————————— 060

關於第二宮及其相關論斷　與財富、報酬、收益有關 ———— 071

Chapter 28 ≫ 問卜者會否變得富有？怎樣獲得？什麼時候？
這些財富會持續下去嗎 ———————————————— 071

Chapter 29 ≫ 問卜者將會變得富有還是貧窮？ ———————— 083

關於第三宮及其相關論斷　與兄弟、姊妹、親屬、短途旅行有關 ── 095

Chapter 30 ≫ 問卜者跟他的兄弟、鄰居或姊妹之間，是否互相
愛護及認同對方 ——————————————————— 095

Chapter 31 ≫ 關於上述星盤的論斷 ————————————— 105

Chapter 32 ≫ 關於某份報導或廣泛的傳聞，熟真孰假 ———— 108

關於第四宮及其相關論斷　與父母、土地、租契、遺產、繼承
而來的物業、城堡、藏寶庫，或任
何隱藏在地上的東西有關 ———————— 111

Chapter 33 ≫ 尋找某件被藏起來或被錯放的東西 ——————— 111

Chapter 34 » 關於買賣土地、房子、農場等等 ———————————— 115

Chapter 35 » 問卜者是否會喜歡父親留給他的物業 ———————— 122

Chapter 36 » 是否應該搬往別處，或是居住或留在某個地方 ———— 125

Chapter 37 » 關於改變河川的走向，或把水透過管道或水管
引導到土地或房子 ————————————————— 128

Chapter 38 » 關於藏在土地中或即將被挖掘出土的財寶 —————— 130

Chapter 39 » 我是否應該購買 B 先生的房子 —————————— 134

關於第五宮及其相關論斷　與子女、是否懷孕、何時生產，
以及身為大使或信使有關 ———— 139

Chapter 40 » 某人是否會有子女呢 ——————————————— 139

Chapter 41 » 關於某位女性是否懷有小孩 ———————————— 147

Chapter 42 » 關於大使或信使 ————————————————— 154

Chapter 43 » 星盤論斷一 ——————————————————— 157

Chapter 44 » 星盤論斷二 ——————————————————— 160

關於第六宮及其相關論斷　與疾病、僕人、小的牲畜有關 ———— 163

Chapter 45 » 占星學中關於疾病的論斷 ————————————— 163

Chapter 46 » 一位醫生生病了，他所患何病？能夠治好嗎 —————— 211

Chapter 47 » 病人會生還還是會死亡？他所患何病 ——————— 215

Chapter 48 » 疾病中的關鍵時間點 ———————————————— 217

Chapter 49 » 僕人能夠從主人手上得到自由嗎 ———————————— 223

關於第七宮及其相關論斷　與婚姻、公開的敵人、訴訟、
　　　　　　　　　　　　　　爭議、合約、戰爭、協議交易、
　　　　　　　　　　　　　　難民、盜竊有關 ——————————— 225

Chapter 50 » 關於婚姻 ————————————————————— 232

Chapter 51 » 關於逃走的僕人、走失的動物、或丟失的物件 ————— 253

Chapter 52 » 關於戰役、爭鬥及其他紛爭 ———————————— 314

Chapter 53 » 誰會在某場法律訴訟中表現較好 ——————————— 317

Chapter 54 » 關於狩獵 ————————————————————— 321

Chapter 55 » 關於商品的買賣 —————————————————— 326

Chapter 56 » 關於合夥關係 ——————————————————— 328

Chapter 57 » 關於某座城市、小鎮或城堡有否被圍攻？或是否
　　　　　　　將被圍攻？會不會被攻陷 ————————————— 330

Chapter 58 » 軍中指揮官的能力、忠誠，以及對他們來說勝利
　　　　　　　是否壞事？會否勝利等等 ————————————— 332

Chapter 59 ≫ 關於問卜者有沒有任何公開的敵人或敵對者？或是否有很多人嫉妒他 —— 336

Chapter 60 ≫ 某位女士問嫁給某位男士是不是件好事 —— 338

Chapter 61 ≫ 她應否嫁給她想嫁的某個男人 —— 342

Chapter 62 ≫ 有一個僕人逃亡了，他往哪個方向走？什麼時候回來 —— 344

Chapter 63 ≫ 狗走失了，牠到哪裡去了 —— 347

Chapter 64 ≫ 關於偷竊 —— 350

Chapter 65 ≫ 被偷的魚 —— 354

Chapter 66 ≫ 這張星盤是為了想知道威廉・沃勒大人跟拉爾夫・霍普頓大人哪一方戰勝，他們理應於一六四四年三月廿九日星期五當日，在阿爾斯福德附近開戰 —— 357

Chapter 67 ≫ 埃塞克斯伯爵羅伯特大人的軍隊已經包圍雷丁了，大人他能否取下這城鎮呢 —— 360

關於第八宮及其相關論斷　與死亡、嫁妝、妻子的財產有關 —— 365

Chapter 68 ≫ 某個失蹤的人到底是生是死 —— 365

Chapter 69 ≫ 妻子的嫁妝是否豐厚或能否輕鬆入手？或我所問卜的女性是否富有 —— 374

Chapter 70 ≫ 如果某人害怕某事物的話，

	他是否會陷入這事物的危險當中	376
Chapter 71 »	先生或妻子誰會先離世	378
Chapter 72 »	某位女性的丈夫正在海上,如果他仍在世的話,他目前在哪裡?什麼時候回來	381
Chapter 73 »	坎特伯雷將會以哪種方式死亡	384
Chapter 74 »	是否能拿到當初答應好的嫁妝	386

關於第九宮及其相關論斷　與長途旅行、宗教、朝聖、夢境有關 … 389

Chapter 75 »	關於這一宮相關問題中的好與壞	389
Chapter 76 »	如果某人可因知識而獲益,那會是哪一門學問?化學、手術知識等等,還是他極具天賦	398
Chapter 77 »	若某個懶散又貪婪的神父提問他是否可得到好的牧師住處	401
Chapter 78 »	關於夢境,到底它有沒有暗喻任何事情	404
Chapter 79 »	糟糕的夢	406
Chapter 80 »	他能否獲得他渴望的牧師住處	408
Chapter 81 »	長老會能繼續屹立不搖嗎?	411
Chapter 82 »	我會得到賢者之石嗎	415

關於第十宮及其相關論斷　與職務、社會地位、升遷有關 ———— 419

Chapter 83 » 關於能否得到官職、某職務、社會地位、升遷，或任何
跟指揮或要職有關的職位 ———————————— 419

Chapter 84 » 關於被王國驅逐的國王，或被除去職務的官員，能否回
到他的王國或官位 ————————————————— 424

Chapter 85 » 關於某人能否勝任某職業、技能或貿易 ———————— 426

Chapter 86 » 魯珀特親王能否藉這次戰爭取得榮耀？或是最壞的狀況，
由埃塞克斯伯爵得到？他將會如何 ———————— 429

Chapter 87 » 陛下應否從愛爾蘭調動軍隊攻擊國會 ———————— 433

Chapter 88 » 我能得到渴望的升遷嗎 —————————————— 436

關於第十一宮及其相關論斷　與朋友、希望、國王的資產及
財富有關 ———————————————— 437

Chapter 89 » 關於這一宮的好問題或壞問題 ———————————— 437

Chapter 90 » 朋友間的融洽相處 —————————————————— 439

關於第十二宮及其相關論斷　與監禁、大型牲畜、巫術、隱密的
敵人、勞動、被驅逐的人有關 ———— 441

Chapter 91 » 關於神祕的、不知道名字的敵人 —————————— 441

Chapter 92 ≫ 關於某個正在獄中的人，他是否很快就會被釋放 ———— 443

Chapter 93 ≫ 關於俘虜或奴隸 ———————————————————— 446

Chapter 94 ≫ 關於某人是否中了巫術 ———————————————— 447

Chapter 95 ≫ 有一隻馬在亨利附近走失或被偷了，能找回來嗎 ———— 451

Chapter 96 ≫ 是否中了巫術 ———————————————————— 453

Chapter 97 ≫ 有一名囚犯逃獄了，他逃往了哪個方向，能找回來嗎 — 455

Chapter 98 ≫ 一位女士的丈夫被囚禁了，他什麼時候會被釋放 ———— 457

Chapter 99 ≫ 使用表格找出日間或夜間每小時的守護行星 —————— 460

關於第一宮的論斷
與問卜者自身有關的問題

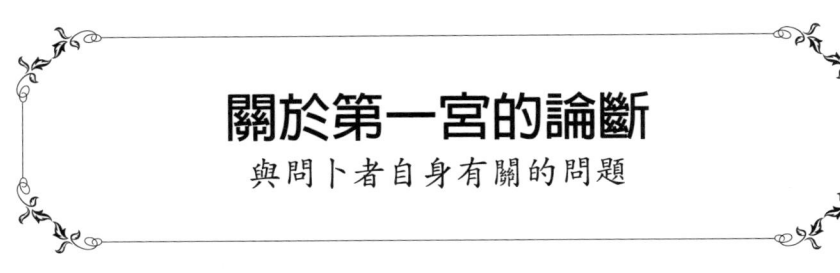

Chapter 23
關於問卜者會否長命百歲

許多人沒有自己出生盤的時間，不知如何得知出生時間，或是父母已經離世，而且沒有留下任何證明。但他們可能基於不同的重要因素，想要透過占星學去解答一些問題，例如：他們會長壽嗎？會在不久的未來生病嗎？人生中哪段時間最愉快呢？這些許多人想要知道的問題剛巧都跟這一宮有關。

健康及長壽的徵兆

健康的徵兆

在這種問題中，你必須觀察上升星座、其守護星及月亮是否遠離不幸。意思是，上升守護星是否遠離太陽的燃燒區、有沒有跟第八宮、第十二宮、第六宮或第四宮象徵星形成四分相、對分相或合相；是否順行、位處必然尊

貴的位置、移動速度快、位處角宮（尤其是第一宮，因為在這個問題中，這裡會是最適合它的位置，另外第十宮也需要特別注意）、第九宮或第十一宮；與及跟木星、金星或太陽形成良好相位、或位於金星及木星的界守護，這些條件可以成為問卜者健康長壽的理據。因為如果上升點守護星或上升點本身位處不幸位置，或是月亮位於受剋宮位的話，這顯示了可預見的不幸。上述的象徵星條件，則相對地能夠讓你在考量上升守護的同時，會考慮到上升點及它形成的相位，不論好壞，另外也會考慮形成相位的行星、與及這些行星位處哪個宮位、守護哪些宮位。

相反的徵兆，關於疾病、死亡及不幸

一般認為，如果上升守護星位處太陽光線之下或即將被燃燒（這狀態會比當離開燃燒區時糟糕），或是月亮位於續宮，然後被任何跟第八宮或第六宮有關的行星影響，導致不幸；再加上南交點、土星或火星位於上升點或第七宮、呈外來狀態、位處弱勢位置或逆行、位於上升度數、上升守護星或月亮的度數之中，或跟那些為這些位置帶來不良影響的行星共處一處。此外，我會認為任何有著暴力影響或有著凶星特質的恆星、或有著第八宮或第六宮守護星特質的恆星也需要被考量。以上這些條件能讓你斷定這個人不會長壽，反而他們正接近某些危險、或即將經歷某些不幸。事件本質視乎象徵星本身、它們正身處的宮位、與及它們所象徵的宮位三方的特質。

這些意外將於什麼時候發生

你必須觀察上升守護星是否即將被燃燒，或跟第八宮／第四宮象徵星對分或合相；它距離太陽或第八宮／第四宮守護星多少度、它們各自位於哪個星座；如果它們之間距離8度，位於變動星座的話，這代表八個月；位於固

定星座的話，八年；位於開創星座的話，八星期。這只是其中一個例子，一般來說，時間的長短必須受限於這星盤中其他同時發生的象徵星的情況。

第二，在考量上升守護之後，看看月亮距離其他象徵不幸的位置、或第六宮／第八宮守護星多少度，看看它們所在位置的星座、本質、特質及宮位。

第三，看看上升點有沒有任何不幸的象徵，看看宮首度數距離那顆凶星多少度，又或是如果該凶星在第七宮的話，它距離跟上升點形成真正對分相尚有多少度，並根據開創星座、變動星座或固定星座的不同等級，計算出他死亡、患病或遭遇不幸的時間。

如果你發現上升守護受到第六宮守護不良影響並同時位於第六宮，或如果上升守護在第六宮中將會被燃燒的話，你也許可以判斷這個問卜者會患上各種煩擾的疾病，通常這些疾病在死亡前都不會離開他。如果上升守護、第八宮守護及月亮全部位於第六宮的話，你就更加可以肯定這個判斷結果。

如果你發現上升守護、上升星座或月亮非常大程度地因第八宮守護而被妨礙或變得不幸，又或是那顆影響你象徵星的行星正位於第八宮的話，那麼你可能要將之判斷為，他目前患上的疾病或當下剛遇上的麻煩將會了結他的生命，死亡正逐步靠近或正帶來威脅。

但如果你發現上升守護、上升星座或月亮，有明顯地被其他宮位的守護星影響的話，你要根據這些帶來不良影響的行星，其象徵宮位的本質，去判斷他將遭遇哪種不幸。當一宮裡所象徵的特質，例如男女等等，將會是你能夠從中首先發現的，你可以由此斷定該事件會是不幸事件，而不是死亡。之前我曾提及過的恆星，如果它有著火星的本質，這代表身體的突然不適或發燒、凶殺、爭執等等；如果有著土星本質，暗示了每四天一次的熱症、貧窮、跌傷等等造成的小傷；如果有水星本質，可能是肺結核、神經失常、被虛假證據及文字哄騙；如果有著月亮本質，可能是騷動、暴亂、風絞痛、跟

水有關的危險等等；如果有著太陽本質，可能招來法官的妒忌、眼睛受傷等等；如果有著木星特質，可能被自恃的祭司或紳士壓迫；如果有著金星特質，可能會被某些女性歧視、患天花、或沉迷賭博放浪形骸。

注意

你必須注意不要輕率地預告死亡，而在每一次宣告之前，你必須觀察上升守護是否即將被燃燒、木星或金星是否沒有與上升守護形成三分相或六分相，或是它是否已經被準確的燃燒、位於任何不幸位置，因為這些條件說明了藥物或大自然的力量，都會跟病情的不良影響互相矛盾，或觸發這些不良影響的其中一部分。但即使你發現上述導致死亡的條件，其中兩項或更多同時發生的話，你也許可以在論斷中較為強調這一點，但是關於任何人的準確死亡時間，我發現最好還是小心點或應該盡量忍住不要這樣論斷。關於這個問題我知道的只有這麼多，如果你發現象徵星像上述一樣受到不良影響的話，你可能會判斷那個人或那個團體壽命將不會長久，或將遭遇很多悲劇及傷亡，這是我由很多例子中證實的，當想要購買任何地契、房子，或一些跟生命有關的東西，或是想以自然的方式避免那些自己常常遇到的人的傷亡的話，這種問題的答案會非常有用。

問卜者在哪個地方最容易找到情人，
或最能讓他快樂地活下去

你必須知道十二個宮位被分成東、西、南、北四個方向。

第一宮宮首是東方的起點，它被稱為東方的一角，由第一宮宮首至第十宮宮首或天頂，包括第十二宮、第十一宮及第十宮都是東方，越靠近第十宮越接近南方；由第十宮宮首至第七宮宮首，包括第九宮、第八宮及第七宮，

是從南方移往西方；由第七宮宮首到第四宮宮首，包括第六宮、第五宮及第四宮，是從西方慢慢接近北方；由第四宮宮首到第一宮宮首，包括第三宮、第二宮及第一宮，是從北方慢慢接近東方。

在觀察星盤不同象限之後，看看在哪個部分會找到最能夠為問卜者帶來好處，以及找出木星、金星、月亮及福點的位置，或看看哪裡有這些行星的其中兩個，那個象限會是你遷移事業的方向；如果你的福點及月亮沒有被燃燒，或碰上其他不幸象徵的話，往那個方向或那個象限前進，在那裡你會找到她。但你必須注意一點，雖然木星及金星是吉星，但它們隨時可以帶來不幸，當它們是第八宮、第十二宮或第六宮守護的時候，這時候你必須避免它們身處的象限，並觀察福點、月亮及上升守護的位置，盡量避開不幸的行星所身處的象限，尤其當它們成為不幸宮位或事物的象徵星的時候。另外，如果火星或土星成為上升、第二宮、第十宮或第十一宮守護（而且屬於必然尊貴的時候），它們會是友善的。因此，一般解答這種問題的方式是：如果問卜者只想知道居住在哪裡能夠讓他健健康康的話，看看上升守護及月亮位於哪個星座及象限，看看兩者中哪一個比較強之餘，同時跟他的上升點形成友善的相位；然後，跟隨上天的指引，選擇該象限的方向居住。

如果問卜者渴望知道該前往哪個方向才能得到物業或財富的話，看看第二宮守護位於星盤的哪裡及哪個象限，此外還要看福點、福點的守護星，或看看哪裡有以上其中兩項，因為它們出現的位置及象限所指的方向，有可能讓他得到最多的好處，關於這一點，我會在稍後的判斷中談及。

他人生中的哪個階段會是最美好的

看看吉星及相關的行星位於星盤哪一角或哪個象限，而對於這種判斷，我們通常會把每一個宮位視為五年，但有時可能會加減，視乎你認為象徵

星暗示了生或是死（但我們通常認為是五年）。從第十二宮開始，然後到第十一宮，然後第十宮、第九宮、如此類推一直數到上升點。例如，在問題中你發現木星或金星在第十一宮或第十宮的話，你也許可以判斷這個男人或女人在五歲至十五歲，或在他年少的時候過著快樂的日子；如果這兩顆行星的其中一顆、或兩者同時位於第八宮或第七宮，這代表他們可能將於或曾經於二十歲至三十歲的時候過得很稱心；如果木星或金星位於第六宮、第五宮或第四宮的話，那麼，可以判斷他們的中年或三十五歲至四十五歲的時候也許過得不錯；如果你發現木星或金星位於第三宮、第二宮或第一宮的話，那麼他最好的日子或最快樂的光陰會發生於老年，或於他四十五歲至六十歲的時候；如果他生命的象徵星非常強大，並且象徵長壽的話，你可以為每一宮加上一年，因為這位問卜者的壽命可能會多於六十歲，甚至我們知道很多人能夠活到七十歲。

最後，你必須觀察發問的時間、上升守護跟月亮之間出相位的狀況，從哪顆行星出相位、被哪顆行星出相位、以及哪種相位，這些出相位的狀態顯示了在問題之前已經存在的一些偶然狀況特質。至於它們接下來的入相位，能讓你知道應該預期怎樣的未來。如果你考量它們出相位的行星守護哪一宮或哪些宮位的話，可讓你知道已經發生或出現的事情、身體狀況、人物或東西的特點；如果相位不好，會帶來不好的事情；如果是良好相位，會帶來好的事情；如果你觀察下一個入相位的特質，並考量那一顆或多顆發生入相位行星的位置及好壞，可讓你知道接下來發生的意外及傷亡有著怎樣的特質，它們的本質、比例、發生或降臨於問卜者身上的時間。

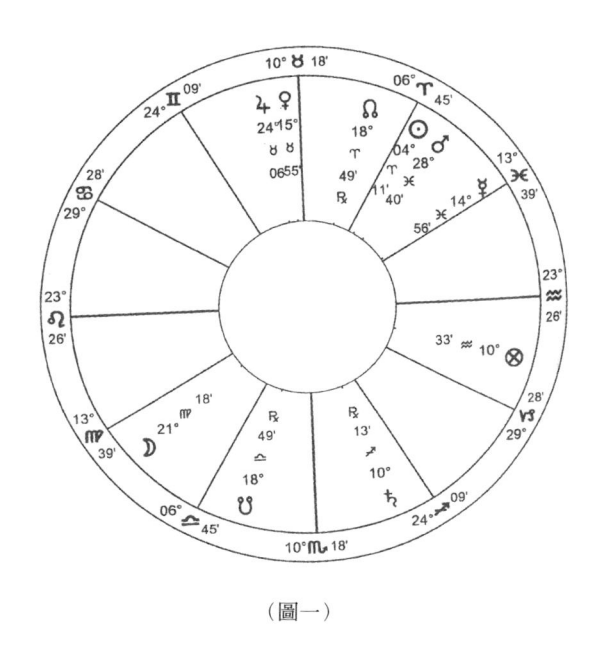

Chapter 23　關於問卜者會否長命百歲　　033

（圖一）

關於以下這些由問卜者提出的問題而做出的占星論斷

1. 他會否長壽？
2. 世界上哪個地方或王國裡面哪一處最適合他居住？
3. 他人生的哪個階段最有可能得到幸運？
4. （如果可以透過星盤做到的話）他希望我解釋一些已經發生於他身上的意外事件。
5. 將來會發生什麼意外事件？意外孰好孰壞？
6. 關於時間。

問卜者的體型由上升星座獅子座象徵，在接近上升點的地方，有一顆被稱為「獅子之心」（Cor Leonis）的恆星，它位於獅子座 24 度 34 分，有著

火星及木星的特質，**擁有一級亮度**，第一宮宮首及其守護星太陽所身處的位置，同時都屬於木星的界守護，月亮同時跟木星及金星形成三分相，它們也同時位於第十宮。因此問卜者的身高及體型都會是相當不錯的，中等身型強壯結實，不會太胖或太多肉，但會是吸睛的，其性格不會太矯揉造作，面色明亮，頭髮呈紅色，皮膚光滑，右頰可能有一些傷痕（因爲他是一名士兵），由於上升點代表面孔，因此在上升點出現的恆星帶來了這些傷口或傷疤。

由於上升星座是火元素，而且上升守護也在火象星座，上升守護的本質是熱和乾的，因此這位男士的脾氣及狀況是非常果敢的、呈黃膽汁特質的、德智兼備的，而且有著偉大的靈魂。至於作爲上升守護的太陽位於其得利位置，月亮也跟兩顆吉星形成三分相，因此這個人清醒、謙虛而且非常有學問，也能好好的控制自己的熱情。但由於月亮跟水星對分相，他也有憤怒及犯傻的時候，並因而爲自己的工作帶來不良影響。

關於我們的卜卦問題：

1. **他會否長壽**？

我們發現上升點未有受到作爲六宮守護的土星、或八宮守護的木星所要脅。

上升守護位於得利位置，沒有被催促要脅，移動速度頗快，位於第九宮並位於木星的界守護。

我們觀察到月亮正離開跟金星的三分相，並逐漸跟木星形成三分相，它也正位於天頂，因此，在木星的介入之下，火星帶來的凶險會被限制。

考慮到太陽在天空之上，木星及金星兩顆吉星位於角宮，並同時比土星或火星這兩顆凶星更有力量，因此我的結論會是：基於這些自然因素，他可能會很長壽，而由於有著強大的本質，因此應該不會有太多病痛，這結論到

目前為止仍然是正確的，因為他直到一六四六年三月這一刻仍然健在。

2. 世界上哪個地方或王國裡面哪一處最適合他居住？

　　上升守護的太陽相當接近第九宮（象徵長途旅程）的宮首，而且那裡是開創星座的位置，因此我認為他會突然決定往東南方展開旅程，或前往那些位於倫敦東南方的國度。原因是上升守護所在的象限正是東南方，再加上太陽所在的星座象徵東方（這將於下文交代），此外，由於太陽距離第九宮宮首 2 度 10 分，他會於兩個月之內、當太陽位於牡羊座 4 度 18 分的時候出發離開。

　　我的判斷是，那些由牡羊座看管的國家，也許會適合及有助於他的事業發展，你可以在《基督教占星學・第一卷》Chapter 17 中，參考牡羊座的本質以及相關國家的名稱，我也會在下文中列出。

　　假設他決定留在英格蘭的話，有鑑於北交點及太陽同時在牡羊座，這表示對他來說會是一件好事，因為英格蘭是牡羊座看管的國家；我會建議他把人生的重心導向肯特郡[1]、艾塞克斯郡[2]、薩塞克斯郡[3] 或薩福克郡[4]，因為這些地方位於倫敦的東方或南方。但如果你發現一個城市、市鎮或王國，其所屬星座會為你帶來好處，儘管它並不是直接位於你應該前往的象限或星座所指出的方向，這時候你必須觀察以下這條一般性規則：如果為勢所逼，或者如果你將要、也必須要居住於該國家、城市或市鎮的話，那麼在進行解讀的時候需要留意，你必須引領你的人生，引導你的行動或管理你的工作，讓它們向著該城市的東、西、北或南方發展。以這個示範予你的星盤為例，你也

1　肯特郡（Kent）。

2　艾塞克斯郡（Essex）。

3　薩塞克斯郡（Sussex）。

4　薩福克郡（Suffolk）。

許看見法國是牡羊座看管的,它位於倫敦的西南方,如果這位男士眞的前往法國的話,他最好讓自己安定於法國的東南部或南部。

　　這時候,因爲月亮正強烈地跟木星形成三分相的入相位,而且這位先生的金星在金牛座,金牛座象徵愛爾蘭,我會跟他建議愛爾蘭也很適合他,而且他可能會在那裡得到榮耀,因爲月亮與其形成入相位的那顆行星,正位於象徵榮耀的宮位之中。

　　事實上,這位問卜者最後眞的去了愛爾蘭,在那裡表現優秀,並在對抗革命人士的過程中得到了讓人注目的勝利,雖然我可以說,但我不會公開這位男士的名字。

3. 他人生的哪個階段最有可能得到幸運?

　　有鑑於兩顆吉星同時位於第十宮,北交點跟太陽同時也在第九宮,我會判斷他較年輕的那幾年會是人生中最愉快的一段;同時,他的火星在第八宮,根據我們的推運,這位置代表他廿四、廿五、或廿六歲的時候,可能會遇到很多阻攔,或是他的苦痛初次發生的時候。而且我們看到在第七宮、第六宮、第五宮、第四宮或第三宮都沒有其他吉星,因此我會判斷災厄或不幸不會突然發生於他身上,因爲月亮正跟木星有點合相位,還有3度就會正相位,這讓我認爲透過由木星所代表的某些權威人物、朝臣或是有著木星特質的人,在這一次問卜大概三年之後,他的事業會得到支持及被招攬,也有可能是他將能夠從事自己渴望的職業。有鑑於木星位於必然尊貴的位置,我認爲他將擁有一筆比較能夠持續下去的財富。

4. 有哪些一般性的意外是已經發生的?

　　雖然平常不會如此愚昧或八卦,但當看到這種基本的問題,我首先會考量作爲上升守護的太陽,剛剛跟哪一顆或哪些行星出相位。如果你查看那一

年的星曆，你會找到太陽當時正經過雙魚座，它首先跟火星合相，然後跟土星四分相，最後跟木星六分相，這時候，因為火星是我們星盤的四宮守護，象徵土地等等的主題，而且這時候它正位於第八宮，這裡象徵了女性的資產，我認為他近期應該因為土地問題，或是為了跟妻子或某女性的財產分配或遺產劃分而感到困擾。原因是月亮正跟火星有一個對分相的入相位，在這星盤中火星位於第八宮；因為月亮位於問卜者的資產宮位，也就是第二宮，這表示爭執或爭吵會跟金錢有關，因為這些東西都是這一宮所象徵的（而事實發展也的確如此）。

因為太陽已經跟土星形成四分相，而土星是問卜者妻子的象徵星，我告訴他恐怕他最近會一直跟妻子出現嚴重分歧；另外，由於其象徵星土星守護他的福點，我判斷妻子並不認為他應該擁有或管理她任何的物業，她認為應該把所有物業留給自己使用。由於土星正在逆行，而且是一個外行星，加上位於火象星座，第七宮宮首也是固定星座，這些都顯示了她是一個潑婦或驍勇的女人，她不願意壓抑自己或者屈從（這一點有得到確認）。

這是科芬翠領主大人[5]

最後，因為太陽最後跟木星形成六分相，而木星位於第十宮，我告訴他某位偉大的律師或朝臣會努力協助修復二人之間的分歧。有鑑於問卜者的象徵星太陽及妻子的象徵星土星，這時候會有三分相的入相位，看來這一刻二人有和解的意圖，同時我也沒有看到有其他重大的阻礙出現，除了跟土星形成四分相的水星會帶來一點妨礙之外。我會以一般的眼光去判斷這水星，把它視為象徵律師、法官或一些文本，但由於水星是第二宮的守護，這也許代表問卜者不會同意根據對方要求而付出，或容許這麼大筆的金錢，也可能是

5　科芬翠領主（Lord Coventry）。

問卜者財力不足，他沒有能力去滿足對方的奢求；又或是作為第十一宮守護的水星，暗示了一些裝作朋友的人會前來妨礙妻子或給予相反意見，帶來妨礙的人也可能是她的律師；又或是因為第十一宮是第七宮的第五宮，問卜者妻子的其中一名子女會是讓二人繼續分歧的原因所在（我相信上述每一項推斷，都是真確發生在這位問卜者身上的，然而，這的確是找出擾亂二人和睦或和諧事件的方法）。

另外，我們觀察到第十宮守護的金星，守護了第八宮守護的木星，第八宮也就是妻子的財富，因此，她已經把物業委託給一位偉大的貴族。

5. 他預期於未來遇到的意外，以及發生時間。

在這個卜卦中，我首先考慮作為上升守護的太陽，太陽在這裡不可能是不幸的，也沒有跟任何行星有任何不良相位，沒有遭受任何動搖或妨礙，相反它相當尊貴，我認為他將會擁有一個相當廣闊的世界，並於其中漫遊（因為當行星強大並且沒有跟其他行星相成相位的時候，表示這個人擁有自由可以去做自己想做的事情），而且（只要他有能力的話）將有很多年都會生活於相當豐裕的狀況中（根據前述的限制），並且會橫越不同的土地或看見很多不同的國家。由於太陽所在的牡羊座是開創星座，而位處第九宮的位置象徵了長途旅程，這預示了諸多的轉折，在不同事情中的各種行動。

第二，我觀察到問卜者的月亮位於物質的宮位，也就是第二宮，而且跟第十宮的木星入相位，而木星是第五宮及第八宮的守護，第五宮象徵子女，第八宮則代表妻子的財富，因此，我整理後認為問卜者非常希望為了子女的教育而尋找某位貴族幫忙（因為木星在第十宮），而且會為了子女的栽培及教育，而從妻子的財產或年度收入中給予這個人薪水（他會在離開英格蘭之前處理好這一類的事情）。

第三，由於這是一個於日間提出的問題，因此我發現在處女座的月亮在

這裡是外來的，如果是夜間的話，月亮在這裡會有元素守護。

第四，我發現第二宮守護的水星，也就是象徵其財富及物業的行星位於雙魚座，那是它弱勢的位置，但也同時是其界守護位置，受到火星的不良影響，火星剛剛跟月亮有著對分相的出相位。

基於上述我搜集到的**觀點**，在提出這個問題之前不久的時候，他曾經非常需要金錢，而如果我們觀察月亮跟水星之間相距度數的話，從它們早前的對分相開始算起，它們已經相距 6 度 21 分，這代表他在之前的六個多月左右一直需要金錢，直到他要求問卜之前不久（這一點有得到確認）。

第五，有鑑於月亮正跟木星有三分相的入相位，我也已經在上文中論及其象徵，然後月亮在離開處女座之前會跟火星形成對分相，我的確有告訴問卜者在幾年的快樂時光之後，他會有失去生命、物品、土地及財富的危險，涉及人生是因為火星在第八宮，涉及物品及物業是因為月亮在第二宮，涉及土地或遺產是因為火星是第四宮守護，並位於第八宮，第四宮象徵土地等等的東西。

6. 發生的時間？

在這卜卦中，我會考量月亮跟木星的三分相入相位，這個入相位還有 3 度就會成為緊密相位，我的判斷會是於這問題之後的一段時間，或是說三年之間，他應該會愉快地生活。

第二，有鑑於當上升守護太陽穿越牡羊座期間並沒有形成任何不良相位，而且需要在這星座中移動 26 度之久，才能進入金牛座，關於這種情況的判斷，我通常把每一度視為一個月，並告訴他在接下來的二十六個月或兩年內，我認為他會在那些自己想要旅行前往的地方中自由自在。

最後，我會考量月亮還有多少度會來到跟火星形成真正對分相的位置：

火星的經度位置	28	40
月亮的經度位置	21	18
相差	7	22

　　兩顆行星相差 7 度 22 分，如果我把它按比例換算成時間，我不會用「年」做單位，原因是兩顆象徵星都在**變動星座**[6]，而不是固定星座；我也不會以月份為單位，因為該星座某程度上象徵了較長的時間；然而，若果真的把這時間理解成年跟月之間的長度的話，這會限制了判斷，這時間會等同於從問問題的這一刻開始計算起的三又四分之三年，到時月亮跟火星的不良相位將會產生效力，但由於他所問的問題比較廣泛，我也許會把每一度視為一年：當他為了自身及財產進行了一些危險動作的那一刻，或當他完成這些事情之後，於這文章出版之前，他的確已經經歷了不同的好事與壞事，並正為了財富而煩惱。

　　但由於在問問題這一刻，太陽相當尊貴，因此他這些年來成功排除了所有困難，生存了下來，我倆之間讓人感到不幸的差別，在於他有幸為陛下效力，但當月亮與火星對分時，過去人們或許曾向他呼喊讚嘆，但這並非他的財富，縱使他曾經為陛下效命並獲得顯著的功績，但在國會的判決之下，他已經不能再得到這種喜悅，也因此結束了他於英格蘭的歲月。雖然在某種程度上，透過月火對分，我們也許早已預見了這一切，尤其作為第四宮守護的火星象徵了事情的完結。

　　然而，我們在此必須敬仰神的意志，尤其需要根據占星師去明白一件事：國家的命運比國王的誕生或任何人的私人問題都更為重要。

　　這判斷並未有太多失誤之處，我在這裡花了相當長的篇幅，因為年輕的學生也許會從中得益。而如果我的判斷方式跟古人們相距甚遠的話，希望慷

6　變動星座（Common Sign）。

慨的讀者可以原諒我,如果他們希望的話,他們可以緊隨古人的步伐,但他們也必須知道一件事,我這方法是透過閱讀古人們的著作而來的。

Chapter 24
關於福點、其日間或晚間位置的計算方法

　　托勒密把福點跟行星看得同樣重要，並以 ⊗ 作符號；福點本身沒有相位，但其他行星可以跟它形成相位。

　　到目前為止，從我看過的書本或從經驗所得，福點的最大用處如下：如果我們發現福點位於星盤中良好的位置，例如在好的宮位或跟吉星有良好相位的話，那麼我們可以判斷問卜者的財富或物業跟這福點的力量相應；也就是說，如果福點位置良好、合軸或位處好運的星座的話，我們會判斷問卜者的資產相當穩健，如果福點位處其他位置的話，我們則持相反意見。

計算福點夜間或日間位置的方法如下：

　　首先，考慮月亮的星座及準確度數。
　　第二，考慮太陽的星座及準確度數。
　　第三，用月亮的度數減去太陽的度數，如果沒有辦法減去的話，把月亮加上十二星座；把答案加上上升星座的度數及位置，如果答案大於十二星座總和的話，減去十二星座，餘下的星座及度數，將會是你的福點的位置。例如在上一張星盤中（圖一，第33頁）：

　　月亮在處女座 21 度 18 分，也可以說，是在五個星座之後的處女座的 21

度 18 分。

太陽在第一個星座牡羊座的 4 度 18 分，把這兩個行星位置如此放在一起：

月亮的位置：5 個星座 21 度 18 分

太陽的位置：0 個星座　4 度 18 分

用月亮的位置減去太陽的位置：從分開始算起：

18 分減去 18 分，餘下 0 分。

其次，用 21 度減去 4 度，餘下 17 度。

然後，用 5 個星座減去 0 個星座，答案是 5。把所有數值放在一起，福點會落在下面位置：

5 個星座　　17 度　　00 分

最後把「5 個星座 17 度 00 分」這位置加上上升星座位置，上升星座位置為「4 個星座 23 度 27 分」或獅子座 23 度 27 分。

	星座　度　分
因此：	5 個星座 17 度 00 分（太陽跟月亮的差距）
	4 個星座 23 度 27 分（上升星座的星座／度數）
相加之後總和：	10 個星座 10 度 27 分

也就是說，「10 個星座 10 度 27 分」這個答案讓你知道你必須把福點放於從牡羊座開始算起的第十個星座，也就是在牡羊、金牛、雙子、巨蟹、獅子、處女、天秤、天蠍、射手、魔羯這十個星座之後的水瓶座，落於水瓶座 10 度 27 分。

不論你的星盤是白晝或晚上，觀察以下方法：太陽距離月亮的度數有多

遠，福點就距離上升點有多遠，但由於不是每個初學者都能夠霎時間完全明白這一點，不妨讓他觀察以下的一般法則，這會讓他得到較好的引導。

如果是新月的星盤的話，福點會在上升點；

如果在第一象限月的話，福點會在第四宮；

如果是滿月的話，福點會在第七宮；

如果在最後象限月的話，福點會在第十宮；

如果是新月之後但第一象限月之前的話，你的福點應該會在第一、第二或第三宮；

如果是第一象限月之後但滿月之前的話，會在第四、第五或第六宮；

如果在滿月之後但最後象限月之前的話，會在第七、第八或第九宮；

如果在最後象限月之後的話，會在第十、第十一或第十二宮。

因此，如果學生真的犯錯的話，他也許可以使用以上方法輕鬆驗證。要記住的是，當距離新月、滿月或象限月越多天，福點也會距離前一個星盤角落越遠。

有些人在計算晚間的福點位置時，會使用月亮距離太陽的角度計算，如果你要這樣做的話，使用上述方法時，你需要先考量太陽的位置，然後像前述托勒密的方法一樣加上上升點的位置。時至今日，不論計算白天或是晚上的福點，所有占星師都會使用以上的方法計算。

下表有助讓你驗證你建立的星盤中福點的強弱：

Chapter 24　關於福點、其日間或晚間位置的計算方法

如果在這些星座的話	福點會尊貴而且幸運	在金牛座或雙魚座的話，會容許有尊貴	5
		在天秤座、射手座、獅子座、巨蟹座	4
		在雙子座	3
		在處女座，或在木星或金星的界守護位置	2
跟木星或金星合相	會有尊貴		5
跟木星或金星三分相			4
跟木星或金星六分相			3
跟北交點合相			3
福點在這些宮位的話會比較強		第一或第十宮，會容許有尊貴	5
		第七、第四、第十一宮	4
		第二或第五宮	3
		第九宮	2
		第三宮	1
跟這些恆星合相的話		獅子座 24 度 34 分的軒轅十四	6
		天秤座 18 度 33 分的角宿一	5
		沒有被太陽燃燒、或不在太陽光線之下	5
福點在這裡會弱勢		天蠍座、魔羯座或水瓶座會是虛弱	-5
		在牡羊座既非尊貴也非虛弱	
這些合相或相位會讓福點呈弱勢		跟土星或火星合相會帶來虛弱	-5
		跟南交點合相	-3
		跟土星或火星對分相	-4
		跟土星或火星四分相	-3
		在土星或火星的界守護	-2
在這些宮位也會呈弱勢		在第十二宮	-5
		在第八宮	-4
		在第六宮	-4
在金牛座 20 度 54 分的大陵五			-4
被太陽燃燒			-5

此外，阿拉伯人在他們的文本中提及了福點以外很多其他的點，時至今日，我們已經很少使用這些其他的位置，如果有機會的話，我會教導如何計算它們的方法、當中的內容及這些位置到底象徵什麼。福點有時象徵生命，有時象徵疾病；當主題及時機許可的時候，我將會根據古人們的真實觀察教授。但以目前來說，我對於福點的真正影響仍然不感滿意，我今後將會下苦功研究，再發表我的見解。

以較短的方法判斷前述星盤

1. 上升點沒有受不良影響，上升守護位處必然尊貴，月亮跟兩顆吉星同時三分相，是長壽的徵兆。

2. 木星及金星位於南方一角，金牛座是東南方星座，太陽在牡羊座，是東方星座，月亮在處女座，是南方或西南方的星座；因此，最好往南方出發，或是東南偏南。

3. 木星及金星在天頂，北交點及太陽在第九宮；他年輕的歲月滿載喜樂。

4. 上升守護太陽剛剛離開了好的跟壞的不同相位，月亮也剛剛離開跟水星的對分相與及金星的三分相；這顯示了近期發生的事情有好有壞，好事是因為良好的相位，壞事則因為凶星。但由於不好的相位數目多於良好相位，並且由外行星所象徵，因此會增加凶險，減弱吉兆。

5. 月亮跟木星形成三分相的入相位、上升守護太陽位處得利位置，都肯定了晉升的機會。

月亮在第二宮比較弱，當它跟木星三分相之後，將會跟火星形成對分相。這暗示了在一段短暫的歡樂時光之後，會面臨巨大的危機。

6. 月亮及木星的三分相中，彼此相距非常近的距離，而且木星位於角

宮，這標示了問卜者當下或在不久後的將來的快樂或幸福。

在月亮跟火星對分相中，彼此有著較遠的距離，這顯示了幾年後當他的榮耀時光結束，隨之而來的會是苦難。我正是如此得出判斷。

跟所有年輕的初學者一樣，我最初會花上很長篇幅寫下自己的判斷，列出當中占星學的依據，內容盡量仔細詳盡，之後再根據得到的意見把範圍收窄。透過這些做法，初學者們就能夠把占星學的法則完美地深印腦海之中。我同時希望當他們把判斷傳達給問卜者的時候，應該盡量避免占星學的詞彙，除非對方是懂得占星學的人。

Chapter 25
你想與其說話的某人是否在家

　　上升點及上升守護代表問卜者，第七宮及其守護代表你想說話的人，如果你想要跟一個你經常相處的人或經常溝通的人說話，而這個人並非你的盟友的話，你可以這樣做；但如果你想跟父親說話，你則必須考量第四宮的守護；母親的話，第十宮守護；子女的話，第五宮守護，以此類推地對應，這個方法可以適用於所有對象。

　　如果七宮守護位於星盤四角其中一角的話，你可以斷定這個你想與其說話的人正在家裡；但如果七宮守護或相關宮位的守護落於續宮，即十一宮、二宮、五宮或八宮的話，他應該離家不遠；如果對方象徵星位於果宮的話，那麼他應該離家很遠。

　　如果你發現上升守護跟七宮守護之間，正形成任何緊密相位的話，那麼當你打算前往探訪他的那一天，你大概可以安心，你會在對方的住處找到他或是聽到他的行蹤，因為他不會離開太遠；如果任何行星或月亮正跟七宮守護分離相位，同時把該守護行星的光芒轉換到上升守護之上的話，他會知道這個人在哪裡、在什麼地方。嘗試描述一下該行星的狀況，因為它會相對地描繪出該男性或女性，而不論對方是男或女，你都必定能夠透過行星的本質、星座及象限，得知對方位置所在。兩個以上的陽性暗示或許有機會代表對方是男性，相反則有機會暗示對方是女性。

關於突然發生的事情，想知道是好事或是壞事

　　根據突發事件發生的時間，或是你初次聽到事件的時間建立星盤，然後觀察太陽所在的星座，其守護星是哪顆行星？也要觀察月亮所在星座的守護星，以及象徵生命的宮位的守護星，也就是一宮守護，然後看看這些行星當中哪一個在上升星座會是最為強大，並考量該行星的位置所在。如果該行星跟太陽、木星或金星形成六分相或三分相的話，前述突發事件、流言或報告不會是壞事，但如果你發現該行星於星盤中比較弱、被燃燒或跟火星、土星或水星形成四分相、對分相或合相的話，該突發事件應該會跟隨某些不幸；如果你發現有行星為你的象徵星帶來不良影響的話，他的情況及本質都會輕易被發現，也會知道壞事會在什麼狀況下發生。例如帶來影響的是第三宮守護的話，來自或透過鄰居、親戚；如果是第二宮守護的話，那麼會是財富上的損失；如果是第四宮守護的話，可以預期跟父母不和，或是跟土地或房屋相關的問題；如果是第五宮的話，會是於酒吧或酒屋發生的不和或意見相左，或是跟同伴的問題，又或是一些跟子女有關的問題，餘下的也是諸如此類。

問卜者身體上的哪個部分會有胎痣、黑痣或者疤痕

　　以下記述的真理曾讓我為之拜服無數次，它算是我至今投入占星學各範疇的其中一個主要原因，你很少會發現以下這些規則失誤。

　　當你被要求建立星盤的時候，考量其上升星座，看看它代表身體上的哪個部位，然後看看問卜者身上那個由此星座所象徵的部位有否胎痣、黑痣或疤痕。如果上升星座是金牛座，那應該會在脖子，如果在雙子座，應該會在

手臂，如此類推，此外，上升守護所在的黃道星座所代表的身體部位，會是他或她另一個身體上有這些標記的部位。

然後，觀察下降至第六宮宮首的星座，看看它代表哪一個身體部位，你會在那裡找到這些標記。同樣地，你會在第六宮守護所在的星座代表的身體部位，再次找到這些標記。

最後，考慮月亮所在的星座，及其所標示的身體部位，你會在那個部位找到胎痣、黑痣或疤痕；如果土星象徵胎痣，那麼會是非常深色、模糊、黑色的；如果是火星，那通常會是一些傷疤或刀疤，如果在火象星座或其他星座的話，那會是紅色的痣。你必須記住的是，如果星座或行星象徵了胎痣、黑痣或傷疤的話，當這行星或星座受到越多不良影響，那胎痣或傷疤會越大及越明顯。

如果是陽性星座及陽性行星，那麼，胎痣、黑痣或傷疤會出現於右半邊的身體。

如果是陰性星座，其守護又同時落在陰性星座的話，那麼判斷結果則會相反。

如果疤痕或黑痣的象徵星在地平線以上（從一宮宮首至第七宮宮首的位置，也就是當它位於第十二宮、第十一宮、第十宮、第九宮、第八宮或第七宮），那麼胎痣會在身體的前半邊、在看得到的位置，或者在身體部分的外側；但如果象徵星在地面以下，也就是第一宮、第二宮、第三宮、第四宮、第五宮或第六宮的話，黑痣或傷疤則會在身體的後半部、在看不到的位置，或在身體部分的內側。

如果上升點落在某星座的最初幾度，或該星座守護位於某星座的最初幾度的話，那麼，胎痣、黑痣或傷疤會在身體的上半部位；如果上升在某星座的中央部分，或守護星位處星座中央的話，胎痣、黑痣或傷疤會在身體的中央區域；如果上升在某星座的尾段位置，或月亮、一宮守護或六宮守護位於

星座最後幾度的話，胎痣、黑痣或傷疤會在身體的下半部分。

如果你的問題符合規則、時間記錄準確、被詢問的人物有一定歲數而不是嬰兒的話，你應該不容易在使用這法則時發現誤差。我試過很多次在突然遇到同伴的時候，於其中一些同伴身上嘗試這個實驗，每次都發現這規則準確無誤，這件事應該很多居住於此的人都知道。於十一月及十二月期間，當上升時間短的星座 [7] 落入上升點，這時候你必須注意，因爲期間很多時候太陽都不會被看見，時鐘也可能不準確，你有可能被誤導並錯過了正確的上升點位置，因爲雙魚座及牡羊座各自的上升速度都是每小時四分之三度幾分，或許會有幾分鐘出入，水瓶座及金牛座則需要一小時幾分鐘才能走完這距離，但如果你的日期時間準確的話，你不需要懷疑以上介紹的法則，它能夠滿足任何透過這文本學習的學生，讓他們從占星學中得到很多的樂趣，並讓他們明白整門占星學的學問都有著不少的真實，當然只有它被正確地理解及進行的時候，而我必須坦白說現在能夠這樣做的人非常少。

由於這些規則跟每個問卜者的身體某部位有關，而在每條問題中，這些規則同時也跟他們所問卜的人的身體有關，例如某人詢問一些關於他妻子的事情，然後七宮星座及七宮守護的星座，都會顯示出那名女子的胎痣所在，同時第十二宮也需要被考量，因爲那是第七宮的第六宮，還有第十二宮守護的所在星座，這些行星會顯示出這名女子身上另外兩處胎痣或黑痣的位置所在。

一般來說，出現於上升點的凶星，會根據其本質玷污那個人的臉，原因

7　上升時間較長的星座英文爲signs of right or long ascension，上升時間較短的星座英文則爲signs of short or left ascension。因爲黃道（the elliptic）及赤道並不平行，所以有些星座上升的時間會比其他的快。北半球上升時間較長的星座爲巨蟹座、獅子座、處女座、天秤座、天蠍座及射手座。

是第一宮象徵面孔、第二宮脖子、第三宮手臂及肩膀、第四宮胸脯及乳頭、第五宮心臟等等。根據這個排列，每一宮及每個星座都有不同的部位。無論上升星座在哪個星座，每個問題的第一宮都象徵面孔，例如月亮跟太陽形成合相或對分相的時候，當對分相或合相發生在星盤角落，而且其中一方跟火星有不良相位的話，問卜者的眼睛或眼睛附近會有這些標記，而這些永遠都會發生。

某位不在場的人是生是死？

如果提問的是針對某位不在場人士的一般問題，而問卜者跟他之間沒有特別關係的話，那麼第一宮、第一宮守護及月亮，會象徵那位不在場人士；第八宮守護、第八宮內行星或第八宮宮首五度之內的位置，都是顯示他的死亡或其中特質。

當判斷這個問題的時候，首先觀察上升守護、月亮及八宮守護或八宮行星這些星體間是否彼此連在一起，或者月亮、上升守護及八宮守護是否於第八宮、第二宮或第十二宮、第六宮這兩組組合之中形成對分相，因為這些有可能代表當事人已經病死，或者患病中而且非常接近死亡。

同時觀察有沒有行星把上升守護的光芒轉換到八宮守護之上，尤其當八宮守護在「深處的」、「殘缺的」或「不足的」度數[8]；或者相反地，如果有任何行星把八宮行星的光芒帶給上升守護，或八宮守護落於上升點，或上升守護及月亮位於第四宮的話，這些都表示那位不在場人士已經死了。

如果上升守護跟六宮守護之間有著不良相位的分離相位，你可以說這位不在場人士最近病了；如果是跟八宮守護，他可能受到死亡的威脅，但沒

8　詳見《基督教占星學・第一卷》Chapter 20內容（商周出版）。

有死去；如果是十二宮守護，他可能近來一直有很多煩惱在心中，擔心被監禁、拘捕等等；如果是二宮守護，他可能近來一直金錢周轉不順，或為了金錢感到很大壓力；如果是七宮守護，他可能位於某些爭吵或爭論之中；如果是九宮或三宮守護，他可能在旅途上遇到阻滯（如果他在海上，可能是風向或海盜問題），如果他在陸上，可能會遇到賊人或爛路等等，以此類推。當判斷這種問題時，我往往發現一件事，那就是當上升點在第九宮、第十宮或第十一宮的時候，雖然很多報告說不在場人已經死去，但我發現他其實仍然活著。這時候，當你發現那位不在場人士仍然生存並為此感到快樂的同時，看看第十一宮守護及上升守護什麼時候會形成三分相或六分相，或看看月亮什麼時候跟一宮守護形成六分相或三分相，看看還有多少度才能形成相位，從而得知這裡的單位是日、星期還是月份，那會是收到他消息的時間。每一度的代表如下：

在開創星座：日

在**變動**星座：星期

在固定星座：月

在下一章中，
請用以下星盤進一步解釋上述論斷方式

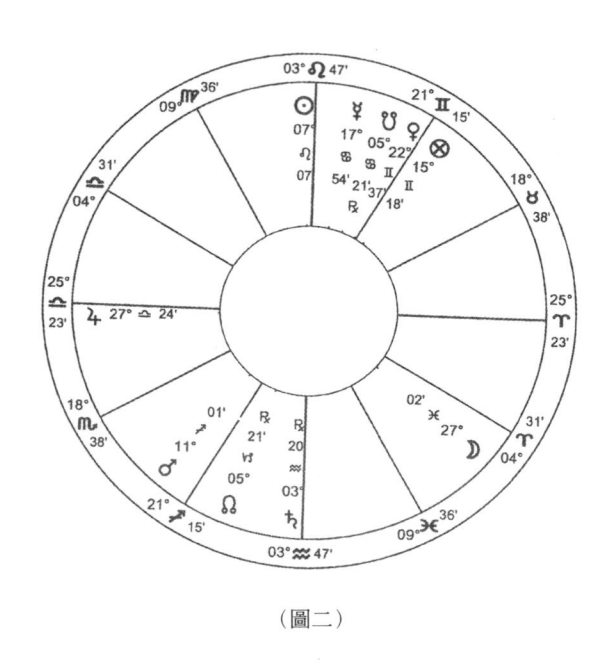

（圖二）

以下是問題：

1. 我要找的人是否在家？

2. 某件突然發生的事情到底是好事還是壞事？

3. 問卜者有怎樣的胎痣或黑痣？

4. 某位不在場人士到底是生是死？

Chapter 26
某位正身處郊外房子的女士，想知道她的兒子正跟主人在一起？還是在她的房子裡？

　　在這星盤中（第 54 頁，圖二），上升點守護是金星，象徵了詢問的這位女士，被問卜的主題必須從這一宮開始計算。這裡需要的宮位是象徵子女的，所以是第五宮，我會考量雙魚座守護星木星，因為雙魚座是木星的星座，然後我發現這位年輕人的守護星木星正位於東方一角或上升點的位置，其中一個論點會是：在這問題被詢問的一刻，被問及的人正身在母親的房子中。我再進一步觀察，月亮正逐漸跟四宮守護土星形成一個往右的六分相[9]，這象徵了問卜者的房子或住處。從這兩項條件，我認為年輕人正位在母親的房子，當她回去的時候自然會找到他，果不其然。假設我當時看到五

9　於第一卷的 Chapter 19 中，我把往右的相位 dexter aspects 翻譯為吉兆的相位，sinister aspects 則為凶兆的相位，原因是這兩個字本身，的確同時跟吉凶有關，也跟左右有關。然而，在翻譯第二卷的過程中，我發現作者本人其實並沒有於相位的左或右之中強調其相應的吉或凶，因此我也跟幾位古占老師求教。其中，雪倫・奈特（Sharon Knight）老師提出，一般而言，她認為把這視為往左或往右即可，雖然它們的確有時候暗示了較好的狀況或不太好的狀況，而吉凶是於占星二千多年來的歷史中比較中後期的見解，也不能完全推翻。因此，雖然吉兆相位或凶兆相位不完全是錯，但於這一卷中，我會一致把所有吉兆相位稱為往右的相位，凶兆相位則為往左的相位。

宮守護木星正在象徵主人的第十宮，或者假設月亮跟象徵該年輕人的木星，正在出相位並且逐漸跟太陽形成良好相位或一般相位，再加上月亮正位於星盤其中一角的話，我則會判斷年輕人正在主人的家。我當時曾經進一步判斷時間是七月二十五日午後二時，作為他倆象徵星的木星及金星，也就是母親跟兒子會形成三分相，因此我判斷她會於當天見到他，但很難會更早了（事實上，她一直在郊外逗留至接近中午，但當影響力越見強大的同時，他倆的象徵星也越來越接近完美相位，她不可能被留下來（不管願不願意），於是離開了，大約同一天下午三點左右之前她回到家裡，在那裡看到兒子正在她的房子歡迎她的歸來。原因是，在象徵星形成三分相或六分相當天（你能從星曆中得知日期），你非常可能收到來自被問卜者的信件或消息（如果你倆之間的距離遠得需要這樣子溝通的話），但如果被問卜的人或團體只在不遠處，那毫無疑問地，問卜者跟他們會於當天碰面，即使彼此之前都沒有想過要會面。

假設這名女士詢問她想要尋找的某位鄰居、兄弟或姊妹是否在家的話：你必須把三宮守護木星考量為象徵星，關於宮位的象徵，你可以參考《基督教占星學‧第一卷》Chapter 7。第三宮象徵兄弟、姊妹、親屬及鄰居；你也許可以安心地判斷，不管她想要找的是這些人當中的哪一種身分，他都正在家中，因為象徵這些人的行星正在星盤其中一角。

但是，如果她問的是她想找的某人是否在家，而這個人跟她沒有親屬關係，甚至是陌生人的話，那麼七宮守護的火星會是這個人的象徵星。我看到火星正位於射手座，位於星盤的第二宮，由於火星距離第三宮宮首多於五度，所以它不會被視為落入第三宮。接著，我發現火星正在第二宮，並位於星盤的北方象限（第四宮宮首至第一宮宮首或上升點本身，都被視為代表北方的象限，你可以參考《基督教占星學第一卷》的 Chapter 6）；然後，我看到象徵她所提及的人的行星──火星正位於射手座，那是一個象徵東方的

星座（請參考《基督教占星學・第一卷》的 Chapter 17）。

鑑於火星並不在星盤其中一角，因此我認爲那個人並不在家。他所在的第二宮是續宮，因此我會說他離家不遠。

他目前所在的象限代表東北方，這是由他的星座及象限綜合所得。

他也許只距離家裡一個化朗[10]的距離，或者只有一兩條巷弄之隔，因爲他的象徵星正在續宮。

關於那個你預期會找到這個人的地方特質，你必須從他的象徵星火星所在的星座來做判斷，也就是射手座。它是火象星座，關於它所象徵的地方特質已詳述於《基督教占星學・第一卷》Chapter 17，在其中，你會看到射手座象徵田野、小山崗或微微隆起的地面；因此，被問卜的那個人並不在家，你必須派遣信使去找他，範圍是以上所描述特質的地方，或這些地方的一部分，從他身處的星座象限及前述討論中，我們知道那指的是東北方。

然而，假如你收到消息，這個人正在市鎭中而不是郊野的話，那麼可以在鐵匠、肉販或類似地方的附近著手，又或是在他家東北方尋找，因爲你應該會看到火星喜歡這些地方（詳見《基督教占星學・第一卷》Chapter 10）。

某件突然發生的事情到底是好事還是壞事，並且根據前述星盤尋找解決方法

讓我們假設前述星盤是爲了這問題而建立的：太陽位於自己守護的星座，木星是月亮所在的雙魚座的守護，金星是上升點或生命宮位的象徵星，

---

10 化朗（Furlong）是使用於英國、前英國殖民地和大英國協國家的長度單位，約等於公制的201.168米。8化朗等於1哩，5化朗等於1005.84米，約等於1千米。

她在上升點非常強大，因為天秤座是她的家，而她目前的位置同時也有界守護，金星也跟一宮宮首形成了往左的三分相；此外，跟木星三分相，位於上升點。因此，我們可以安心地判斷，假如這是突發意外或事情完結的一刻的話，事情不會反彈造成問卜者的不便，這通常會是好的結果。現在金星靠近跟火星對分相的位置，火星位於象徵財富的第二宮，我應該會判斷問卜者短期內會承受一些損失，或是會遭遇因為金錢而生的爭執，然後會得到平安。

問卜者擁有怎樣的胎痣或黑痣

　　我看到上升點在天秤座 25 度，木星在上升點，之前我有介紹過這象徵臉部：這位問卜者的右邊臉會有疣或痣，位置接近嘴巴。原因是木星是陽性行星，天秤座也是陽性星座，而且上升點位於天秤座較後段的度數，所以問卜者坦承身側較下方接近臀部的位置的確有黑痣。牡羊座為第六宮星座，這顯示了她也有一顆痣在額頭，在接近頭髮的位置。你會看到第六宮宮首位於該星座 4 度位置，火星是牡羊座守護，火星位於陽性星座的射手座，但位於地面之下，這顯示了黑痣位於右邊大腿，位置在大腿後方的中間位置，也有可能是位於視線看不見的位置。月亮位於雙魚座 26 度 43 分，那是陰性星座，並且位於地面之下，我跟她說她有一顆黑痣在腳底，接近左腳最邊緣的位置。

　　被問卜的人是她的兒子，他的上升點是雙魚座 9 度，這指明了他的下巴左方有黑痣，而因為雙魚座象徵腳掌，所以他左腳也有黑痣；有鑑於上升點在星座的前列位置，所以黑痣位於腳踝下方一點點的部位；由第五宮出發的第六個宮位是星盤的第十宮，你會看到宮首落於獅子座 4 度，這象徵了在他身體的右側、胸部以下會有疤痕、黑痣或胎痣。根據這些示範，應該足以明白如何去做出這些問題的論斷。

透過前述星盤，論斷某位不在場人士到底是生是死

在前述星盤中（第 54 頁的圖二），讓我們假設問題是關於某位不在場的人。

上升點在天秤座，木星在這裡，金星及月亮是不在場人士的象徵星。

上升點展示了她的體型，木星賦予她秀麗標緻的特質，金星、木星及月亮暗示了她的狀況。

月亮及上升守護都沒有跟第八宮內的任何行星合相，而且都遠離凶星，也遠離第八宮守護及第六宮守護，上升守護或月亮也沒有跟第八宮守護對分相。

看看有沒有行星把第八宮守護的光芒轉移到上升守護之上，或者看看第八宮守護是否在上升點而且是吉星，或是月亮或上升守護正位於第四宮：由此我會斷定那位不在場的人身體健康。但是，因為作為上升守護的金星，幾天之後就會跟火星形成對分相，而火星是第二宮及第六宮守護，我會斷定他近來因為金錢而過得不甚如意，而且有患上熱症的傾象。但由於木星位於上升點，加上它跟金星的三分相，我會斷定藥物或是木星所象徵的某人會拯救他；另外，因為十一宮守護水星正跟上升點的木星形成四分相的入相位，而它倆都正位於上升時間較長的星座，這等同於三分相，加上水星距離跟木星四分相的位置尚有 10 度，所以我會斷定從問題建立開始算起，十個星期之內問卜者會收到不在場人士的消息。如果他知道不在場那人相距不遠的話，那麼我會斷定十天之內他們就會聽到這個人的消息，因為幾個星座都同樣屬於開創星座。

Chapter 27
關於某艘船以及上面的所有東西，想知道是安全的還是遇險了？

古人們把這類問題歸於跟第九宮相關，但我想不到這樣做的原因，因爲我們必須明白所有船隻都是用來展開旅行及旅程的。然而，當需要論斷的問題大部分跟船隻到底安全或已經破損有關的時候，這需要從上升點及其守護與月亮歸納出線索，而我認爲從第一宮考慮這類問題會是適合的。

一般來說，上升星座和月亮是船隻與及當中貨物的象徵星，如果在這問題中，你發現了那些不吉利的跡象，也就是說，如果你看到凶星落在上升點、凶星於第八宮尊貴，或是你看到上升守護落入第八宮、或跟第八宮、第十二宮、第四宮或第六宮守護有任何相位、或是月亮被燃燒或位於地面以下的話，你也許應該判斷船隻已經遇難，船上的人已經溺斃。除非你發現它們之間互相接待[11]對方，因爲這通常表示船隻已經沉沒，但當中某些船員成功脫險。然而，如果你發現上述象徵星全部都遠離不吉利位置的話，那表示船員跟貨物全部都安全，如果行星之間有任何接待出現的話，那麼船員跟貨物就更加安全；若是上升點跟月亮不吉利，但上升守護吉利的話，船隻應該已經沉沒，但船員獲救。某些追求較豐富知識的人會把船隻分爲幾部分，並把

11　接待（reception）。

船隻的每一部分或位置分配給十二星座的每一個星座，好讓當船隻遇難的時候，他們也許可以更有效地做出防範。

他們把牡羊座分配給船隻的「胸部」位置；12

金牛座是「胸部」以下快接近水面的地方；

雙子座是船舵或船尾部分；

巨蟹座是船底或船的地板；

獅子座是水面上的船頂部分；

處女座是船腹；

天秤座是船隻偶爾在水面上、偶爾在水裡面的部分，也可以是指船隻同時接觸到風及水的部分；

天蠍座是船員們棲息的地方，或是指他們的辦公室；

射手座是海員本身；

魔羯座是船隻的邊緣；

水瓶座是船隻的主人或船長；

雙魚座是船槳。

當關於船隻安危狀況的問題被提出時，看看涉及了哪個星座、哪些星座是吉利的，或是看看月亮或守護星是否吉利，這些證據能夠支持它們所象徵的船隻是否會出狀況或需要維修，或看見船隻的哪些部分有否因而出現問題。但如果你發現哪些星座不吉利、或你看見月亮或該星座的守護星正處於不吉利位置的話，它們所象徵的船隻位置或部分會出現問題及不吉利，因此需要給予警訊。

然而，當問卜者想知道的是即將出發的船隻，想知道它回來時的狀況、

12　所謂船隻的「胸部」，應該是指船身的部分，概念是由上至下，最高位置是頭頂，船底大概是腳，所以「胸部」大概是船隻的中間位置，惟作者在原文中沒有做出更清楚的描述。

船隻本身及是次航程將會遇到什麼的話，觀察星盤的四個角宮，看看當中有沒有吉星落在那裡，或直接落在四個角落，還有不吉利的象徵是否距離四個角落很遠、或在降宮、是否被太陽燃燒或在太陽光線之下。如是，你可能可以斷定船隻與其貨物和物品，能夠一起安全抵達預定的目的地；然而，如果你看到不吉利的象徵在星盤四宮或續宮的話，那麼船隻將有機會遇到阻礙，問題會出現於凶星所在的星座所象徵的部分。如果是同一顆凶星土星的話，船隻會解體，所有人會遇溺或擦傷，或是船隻會擱淺；但如果是火星，而且它正位於其必然尊貴位置，或位處任何尊貴位置，或是在土象星座的話，那麼火星會有著土星所象徵的主題，或會對船隻構成非常大的危險及破壞。但如果吉星將其善良的光線或相位投射到火星或土星所在的位置，而且星盤四角守護，特別是上升守護、以及月亮所在星座的守護行星沒有受到不良影響的話，那麼這裡會有爭議：船員們會努力工作，儘管損失慘重，但大部分貨物及人員都能夠捱過。如果火星對四角守護及月亮的支配星帶來不良影響，那麼船員們會非常懼怕遇到敵人，可能是海盜或海賊，甚至會因為害怕而渾身發顫；如果有任何不良影響來到這個邪惡的星相的話，船員們會發生流血事件、爭議事件、互相爭吵、互相偷盜強搶、私自把船上貨物據為己有，如果凶星落在象徵船隻上層、接近船隻高處或船頂的星座的話，這判斷將更具肯定性。

　　如果土星有著上面火星差不多的本質，並帶來不良影響的話，船上會發生很多盜竊案，但不會有流血事件，船上的貨物會被光顧，但沒有人會知道是如何被偷的。

　　如果不吉利的星座（也就是因為土星或南交點的出現，而被帶來不良影響的星座）剛好是象徵船底或船隻位於水面以下部位的星座的話，這代表船隻會破爛沉沒或發生相當嚴重的進水；如果該星座不幸位於天頂，而且火星為它們帶來不幸的話，船隻應該會因為雷電而起火燒毀，也可能是空中有東

西掉進船上；這會發生於火象星座，並不接近凶猛的恆星位置附近。

如果火星或不吉利行星出現的星座剛好是第四宮星座的話，這代表船底起火，但如果火星在那裡，而且是人形星座[13]，也就是雙子、天秤或水瓶的話，那麼這場火災或縱火會來自與敵人的打鬥，或是敵人會包圍船隻或於打鬥中把它撕成碎片，於問問題時被凶兆佔據的星座，其所象徵的船隻部分會首先起火。

如果土星取代火星宣告破壞，並落入天頂的話，船隻會遇到逆風、船身進水、船帆破裂或者船帆布料惡劣等狀況的阻撓。根據該不幸事件的象徵星的強弱，與及吉星距離有多遠，會顯示出這不幸事件到底是否嚴重。

如果同樣不幸的事件發生於第七宮，而凶星是土星的話，船身後半部分會遭遇不幸事件，船尾也將會斷裂。

再者，如果有任何不吉利的象徵落入上升點的話，則會是船的前半部分遭遇某些損傷，視乎該象徵星的特質或強弱而定；或者，如果上升守護正在逆行的話，船將會前進一段時間，但不久之後就會駛回出發地或者駛進某港口。而如果上升守護位於開創星座且逆行，加上四宮守護也同時逆行的話，船於啟航後至到達目的地期間，會再次遇到逆風的阻撓；如果上升守護除了逆行之外沒有受到其他阻撓的話，駛回出發地不會帶來任何損失，但如果在逆行期間有其他不吉利同時存在的話，船會駛回出發地維修某些毛病，而且狀況也是危險的。

此外，如果八宮守護為上升守護帶來不幸，尤其如果上升守護也落入第八宮的話，根據帶來不幸的行星之本質，船隻會有相應的損傷：如果八宮守護的行星影響了月亮所在宮位的守護星、上升守護及月亮的話，它會為船隻的主人或船長帶來死亡，他的伴侶及船上主要官員也會面臨此危險；如果

---

13 星座的不同分類於《基督教占星學・第一卷》Chapter 16中詳述。

福點及二宮守護不幸的話，它們會宣告船上貨物銷售上的損失或品質的變壞，又或是它們不能到達一個好的市場；但如果北交點、木星或金星位於第二宮，成為二宮守護或支配福點所在星座的話，這次航程會帶來好的利潤回報，象徵星的必然尊貴越強，貨物銷售越好，也可以預期越高的利潤。

如果上升守護、月亮所在宮位的守護星、與及支配它們的行星速度減慢的話，那麼船隻可能會慢速航行，並且航行很久才到達。但正如前述所言，如果這些象徵星速度快的話，那麼這艘船會順利快速地航行到原訂港口，並且會花比預期短的時間回到家中。

如果上升守護跟支配月亮所在星座的行星，剛巧形成對分相或四分相，而兩顆行星在這相位中沒有出現接待的話，那麼水手之間會出現很多不和諧，商人與水手之間也會出現很多爭執，如果在這相位中上升守護最強的話，那麼海員會得到最多的榮耀，但如果月亮所在星座的支配星最尊貴的話，那麼則是商人得到最多榮耀。

如果二宮守護並不在**轉宮**的第二宮（也就是說，如果二宮宮首是金牛座，但金星已經前進至比雙子座更遠的地方），或二宮守護並不在月亮所在位置出發的**轉宮**第二宮（意即如果月亮在處女座，但二宮守護並不在天秤座），或福點支配星並沒有跟二宮守護在一起的話，那麼船員會缺乏補給品及食物。如果這些行星或福點在水象星座，食水供應會是船員們最困擾的；如果在土象星座或風象星座，那會是食物及補給品，而火象星座會壓抑它們；這是古人們面對船隻首航時判斷是次航程好壞的方式。

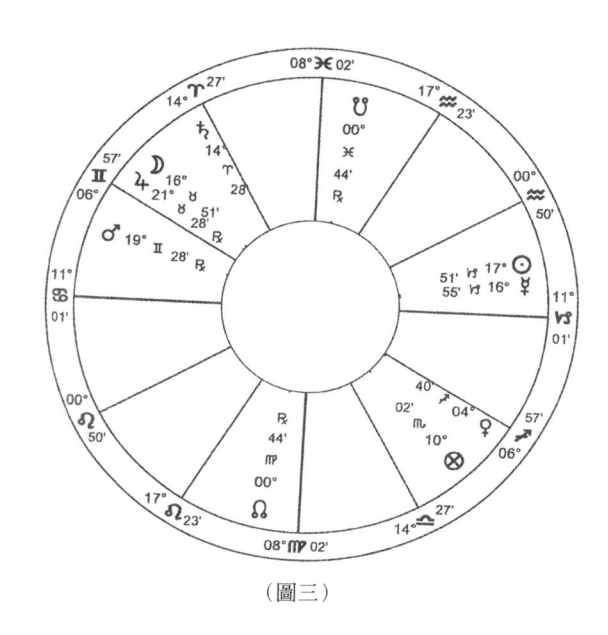

Chapter 27　關於某艘船以及上面的所有東西，想知道是安全的還是遇險了？　065

（圖三）

以某艘航行中的船作例子

　　一六四四年十二月，一位商人從倫敦派遣商船前往西班牙的海岸作貿易，他前後幾次收到消息說自己的船隻已經失蹤或者擱淺，天氣起初還可以，不久後就波濤洶湧，天氣差得讓很多船沉沒遇難。船隻沉沒的話，商人會拿到船隻六成的錢作為保險賠償，但比較常收到的消息是關於船隻的失蹤，沒有保險公司會管，也不會有任何賠償。商人的一位朋友前來找我卜卦，問我認為那艘船怎麼樣了，到底是沉沒了還是仍然健在？在我建立這個星盤，並且考量了這種問題的必要規則之後，我做出了論斷──那艘船沒有失蹤，它仍然安全，雖然最近遇到了一些危險，但目前已經修復。我的論斷是基於以下的占星學考量：

　　首先，上升點位於巨蟹座 11 度 33 分，這代表船的主體或船身；於這個

巨蟹座上升度數位置，有三顆恆星同時出現於我們的地平線，而且全部均有著土星的本質。我也發現土星從十一宮形成了往左的四分相，但這四分相涉及了開創星座的上升點，並因此帶來不良影響。在這個四分相之後，我也看到月亮位於得利位置，跟上升點形成了往左的六分相，這個月亮的六分相干預了上升點跟第七宮的水星及太陽所形成的對分相，這兩組對分相本應是危險的，因為在這種卜卦問題中，所有跟上升點形成的對分相都相當危險。

基於上升點受到跟土星四分相所帶來的不良影響，加上跟土星本質相近的恆星的出現，我會判斷這艘船的本質跟土星非常相近，也就是說這會是一艘緩慢、沉重的船，速度不快，狀況也不會太好，加上巨蟹座是一個比較虛弱的星座，這讓我判斷了船的狀況，認為船的構造及特質是如上所述（這後來得到證實）。

從以上證據，加上第九宮的南交點，我當時判斷這艘船在旅程中會一直遇到狀況或讓人緊張的情境，這些意外事件的發生由土星所象徵，也就是說，船身附近或船身本身可能擦傷、入水或破損，原因是土星所在的牡羊座代表了船隻的這些部分，因此為它們帶來不良影響。

但是，有鑑於作為上升守護的月亮位於第十一宮，而當它位於其得利星座時，它不可能會被妨礙，它只是透過跟水星及太陽形成良好的三分相，月亮本身非常接近木星，而且所有象徵星都在地面之上（在這種問題中，這一點十分需要被考量）。

此外，我注意到四角都沒有任何凶星，這會是另一項好的證據。根據以上這些考量，我認為船並沒有擱淺，它仍然健在，船上的水手及官員們全都活得好好的。

下一個問題是：「船到底在哪裡？到了哪個海岸？什麼時候會收到關於它的消息？」

Chapter 27　關於某艘船以及上面的所有東西，想知道是安全的還是遇險了？

　　在這裡，我注意到月亮在固定星座，而它位於星盤的第十一宮，金牛座是南方星座，但它位於星盤的東方象限，並且比較接近南方。月亮跟水星有三分相的入相位，而水星在摩羯座，那是一個南方星座，這時候位於西方一角，這讓我判斷認為那艘船正位於倫敦的西南方，在我國海岸，或靠近位於愛爾蘭跟威爾斯之間的地方。我認為那艘船當時正位於某港口中，因為月亮所在的金牛座是固定星座而且在第十一宮，這是跟舒服及鬆一口氣有關的宮位，那艘船正在港口維修毛病或船身裂縫問題（後來證實了當時船真的在西部，並位於港口中）。

　　因為月亮跟水星和太陽入相位，而且水星及太陽都在星盤其中一角，月亮、水星及太陽於這星盤中都移動得相當快，還需要不足一度就會形成完美的三分相，我判斷那時候會收到消息或信件，並肯定很快就會有人發現那艘船的行蹤，有鑑於象徵星之間相當接近，因此我說當晚或兩天之內（後來得以證實）。你同時必須觀察另外一點，因為當時它給予我一定程度的信心：我看到福點由火星支配，而月亮正跟其入相位的水星受火星接待，同時，月亮也正跟二宮（物質財富）守護的太陽入相位，而這相位本身是如此的充滿力量，因此商人應該能夠增加貨量，而不是因為該次冒險而損失。你也需要同時留意，木星的映點在獅子座 9 度，非常接近第二宮宮首，而火星的映點則落在上升點：這些都是象徵安全的證據。火星是第十一宮守護，而且是福點的支配星，木星是第十宮守護，也就是說它代表商業及貿易。

　　此外，通常當月亮跟某逆行行星形成良好相位的時候，它會迅速地以某種形式為事情帶來完結，而且那是最不會惹人懷疑的時機。於這種案例中，這會是常見的重點：若是月亮跟吉星形成相位，或跟位於星盤角落的某行星（們）形成良好相位的話，那麼，這會是讓我們心懷希望的證據。

　　上升點遠離不吉利的象徵會是好的跡象，上升守護、其支配星、月亮及月亮的支配星同時位於地面之上是良好的跡象：上升守護在第十宮、第十一

宮或第九宮是好的；上升守護跟木星或十一宮守護形成三分相或六分相也是好的。

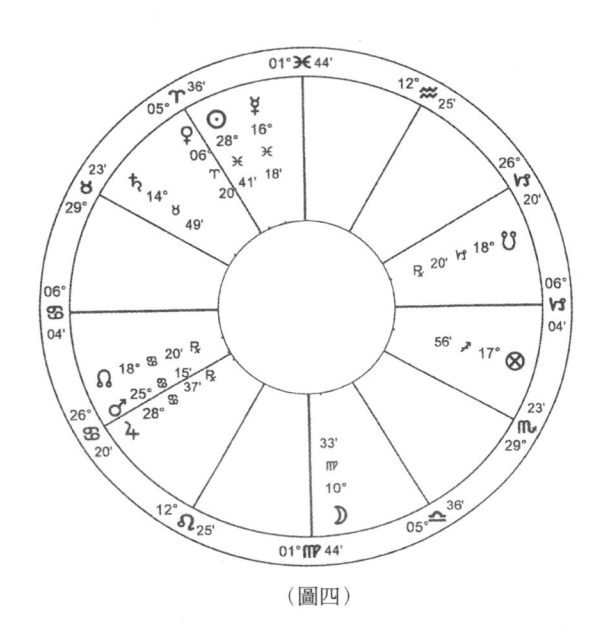

(圖四)

另一艘船的例子

在這例子中，上升點跟月亮都是船隻以及船上眾人的象徵星，月亮跟土星的四分相剛剛開始出相位，土星是第八宮跟第九宮的守護星。在這問題被建立的時候，月亮呈路徑空白[14]的狀態，可是，它之後首先會跟土星形成三分相，然後跟第四宮與第十二宮守護星水星形成對分相，這顯示了這隻船最

---

14 路徑空白（Moon Void of Course），坊間亦有翻譯為「當然無效」或「空亡」，其實所指的是「前方的路徑上空無一物」。

Chapter 27　關於某艘船以及上面的所有東西，想知道是安全的還是遇險了？

後面臨（死亡的）危險，也就是船難；而因為月亮呈路徑空白，因此沒有收到任何關於這艘船下落的消息。因為月亮上一個相位是四分土星，土星在固定星座，因此這相位會讓它們互相帶來傷害或厭惡敵對，它們落在降宮，同時那一刻並沒有跟任何吉星形成良好相位，反而月亮是路徑空白，然後才離開第四宮並再一次跟土星入相位，即使到時候的三分相會是良好相位，然而土星仍然是第八宮守護星，而當月亮離開這三分相之後，會跟水星對分相，而作為月亮支配星的水星正在弱勢位置，並即將被燃燒，水星的支配星木星在地平線之下，並合相火星，並在凶星的界守護之中。因為我看到火星在落陷位置，落在或靠近第二宮宮首，因此我判斷商人們會蒙受損失；福點在第六宮，由木星支配，而木星於第二宮逆行，它並沒有看見福點，月亮同時也跟福點形成往左的四分相，水星則跟福點形成往右的四分相。因此，當看到這麼多不好的跡象，損失的可能比獲利高，我判斷即便不至於整艘船及其貨物悉數損失，但這商人應該會損失不少，也因此，我最後懷疑這艘船已經放棄了（這後來得到證實）。

　　當主要象徵星位在大地之下，那是不好的；最壞的情況是，如果它在第四宮的話，那麼可以憑這跡象肯定船已經沉了。

關於接受任何問題的時間

　　這問題主要在阿拉伯人之間引起爭論，他們相當擅長研究一張卜卦盤是否成立、占星師應該在什麼時候接受問題？到底是問卜者初次前來占星師的房子或小屋的時間，還是他跟占星師初次問好的時候？到底哪個時間是被認為最適合建立星盤並給予論斷的？

　　雖然這問題已經達到了某些共識，但無論是基於思考還是經驗所得，我都沒有辦法滿足於這些共識，讓我們承認一件事，如果某人前來找我尋求

分析，我們花了好一段時間對話，但到最後某些情況的阻擾下，我們互相告別，我希望你不會容許自己使用這些時間，也就是他第一次看到我，或進入我的房子並跟我談話的時間，去作為建立問題星盤的基礎（因為沒有人是在這時間上被需要到）。

我個人認為，真正接受一個問題的時間，是當問卜者向占星師表露他的想法，而占星師接受他的請求的一刻。讓我們假設有一封信寄來或送來給我，希望我去解決一些疑難，或許我親手收到信的時間是一星期中某一日的下午三點，但基於某些狀況，我要在四或五小時之後才能夠讀信，當我拆信並得知問卜者企圖的那小時那分鐘，是我認為應該用來建立星盤的時間，並使用這時間去繪畫我的占星盤。

論斷：我用這種方式及態度執業，並且成功得出答案。此外，雖然博拉第[15]及其他占星師警告不要論斷關於自己的問題，並聲稱他不知道怎樣接受來自自己的問題，為此我理解他的原因，因為他認為占星師會在論斷中被自己所限。事實上，我對此持相反意見，並在眾多次實驗之後發現，當占星師因為一些跟他有關的事情而深感困惑，或很想知道這件事情會否成功時，這些想法或念頭出現的時間，占星師有充分理由去接受這時間作為建立自己這道問題的天宮圖的真實時間，而他或許（如果他沒有自限的話）可以同時親自論斷這張星盤，就像他論斷其他星盤一樣，但在這裡，我會建議他把所有的愛好跟有利於自己的偏見先放在一旁。

---

15 博拉第（原文：Bonatus，Guido Bonatti，出生時間不詳，估計死於一二九六至一三〇〇年間）為十三世紀最著名的占星學家，其最著名作品為於一二七七年發行之《天文之書（Liber Astronomiae）》，共有十卷，內容包括為占星學辯護、星座、宮位、行星、相位、卜卦、擇日、世事及阿拉伯點、本命盤及天氣預測，為中古時代其中一本最重要的占星學文獻。

關於第二宮及其相關論斷
與財富、報酬、收益有關

Chapter 28

問卜者會否變得富有？怎樣獲得？什麼時候？這些財富會持續下去嗎？

　　不論是誰提問，也不管他的條件，無論他是國王、貴族、司祭還是庶民，上升點、上升守護及月亮都會是他的象徵星。如果問題是一般性的（也就是關於他到底會否變得富有），並沒有指明他想要從誰的手上得到財富的話，這問題的解決方法將會如下：

　　考量第二宮宮首的星座、它的守護星、位於這一宮裡或跟這一宮守護星或宮首形成相位的行星（們）、福點、福點於星盤中的星座和位置、以及它跟其他行星形成怎樣的相位（福點本身不會散發任何光芒，也不會跟其他行星建立相位 [16]，跟北交點或南交點一樣）。

---

[16] 這裡的意思是，其他行星的影響會加諸於福點之上，但福點不會把自己的影響加諸其他

首先，如果你發現所有行星都落在角宮的話，對於與物質相關的問題來說，這會是好的跡象；如果行星們在續宮，順行而且移動迅速的話，也是好的跡象。

如果行星們落在好的宮位、順行，但在必然尊貴上的表現只是一般，那麼還是有希望得到財產的，當中參考的都是常用的規則：

如果上升守護、月亮及第二宮守護，也就是物質的象徵星，彼此形體上靠在一起[17]；或是上升守護跟月亮兩者和第二宮守護形成了友好的相位；或是木星跟金星和福點形成三分相、六分相或合相；或是二宮守護落在上升點；或是月亮或上升守護落在第二宮；又或任何行星把二宮守護的光芒和美德轉移到一宮守護之上；如果吉星跟上升點或福點形成三分相或六分相；或任何有著木星和金星本質的恆星會跟第二宮宮首一起升起，或福點跟這樣的恆星合相或靠近它；或本身就象徵物質的木星，跟本身就是財富的金星或北交點落在第二宮，而且沒有凶星跟它們形成相位；或如果你發現所有行星都順行而且移動迅速，也就是如果它們當日的移動速度高於它們的平均速度或中間速度的話，這些速度你可以在第一卷的 Chapter 8～14 找到[18]。在以上這些條件下，問卜者將不需要懼怕貧窮，根據星盤主要的跡象，他的資產會相應地增多或減少，所以你需要小心檢視那些很常用來解決這類問題的象徵星，在這樣的問題下，你一定要記得注意提出或要求這問題的人的特質，其實無論問卜者是誰，（如果可以的話）你都應該要注意這一點。

行星。

17　也就是合相的意思。

18　讀者可以參考《基督教占星學・第一卷》Chapter 8～14，每一章都有行星的平均速度資料，當今大部分占星軟體也都有提供這些資料。

Chapter 28　問卜者會否變得富有？怎樣獲得？什麼時候？這些財富會持續下去嗎？

透過什麼方法獲得財富

　　當你充分檢視過星盤，並認為問卜者將會獲得財富或將會變得很富有，那麼我們就會被問到：「怎樣得到？誰的錢、透過什麼方法獲得？」

　　在這裡，你必須做出觀察，如果二宮守護星在第二宮的話，那麼問卜者將會憑藉自己的勞力及恰當地努力工作而獲得財產；如果二宮守護在第一宮，那麼他將會意外地獲得財富，或者不需要付出太多勞力就能夠得到財富；如果二宮守護或月亮透過彼此的相位保證了財富的出現的話，你必須觀察這組相位發生在哪些宮位？月亮守護第幾宮？還是它們都沒有保證財富的出現？觀察福點、它所在的宮位、以及它的支配星於星盤中守護第幾宮。

　　如果協助帶來財富或保證財富增加的行星，跟上升守護是同一顆行星的話，問卜者會靠自身努力讓財富遞增；如果提問的人是一般人或勞工的話，那麼他會透過自己的汗水跟雙手付出的勞力、自己製作的作品、自己的心血和痛楚去得到財富，沒有國王會給他財富的；但如果協助帶來財富的行星是二宮守護行星的話，這個人將會透過增加自己的庫存，好好管理自己的私人財產，同時熱衷於冒險進行各種東西的買賣；又或者他會在人生過程中犯錯，也可能會跟該行星的本質有關（考量它所在的星座）。

　　如果它是三宮守護，並為二宮守護、二宮宮首或福點帶來好運的話，這個人會得到誠實的鄰居，或是其中一位兄弟姊妹（如果他有的話）的協助、甚至是某些即將進行的旅程而獲得一些資產；又或是我們可以看看三宮守護會在哪裡跟星盤的這一象限形成良好相位，或跟物質的象徵星彼此相遇。

　　如果吉星或象徵星剛好是四宮守護或落在第四宮的話，問卜者會透過父親（如果他仍在世的話）或某些長輩的協助（例如祖父等等），透過得到農舍或土地，或購買公寓大樓、土地或遺產，好好管理祖先擁有的或留給他的

財產，或手足借給他的一些金錢而獲得財富。

如果五宮守護真的保證財富的話，那麼這個人得到財富的方法會是：如果是一位紳士，可透過玩樂、牌卡、骰子、運動、消遣；如果有權勢，而且是侍臣，則會透過某些大使、信使等等。如果提問的是一個普通人，他可以開一家餐館、酒場、旅館、酒館、保齡球館，或擔任門房，為紳士們提行李。如果前來提問的人其五宮守護夠強的話，他會以某種方式從父親的資產中獲得財富，又或是透過舉辦比賽等等。

如果六宮守護、象徵星或帶來協助的行星落在第六宮，同時六宮宮首星座是人形星座的話，問卜者可以預期得到好的員工，並透過這些員工的勞力獲利；如果提問的是國王或王子（有時他們真的會提問），你或許可以認為，他的臣民會為他帶來相當多的稅金、私人印信[19]、貸款等等。

如果提問的是一位貴族或紳士的話，他會透過發出租約，或由他的侍從、莊園管家及其他聽命於他的人，對他的資產小心謹慎的管理而獲得財產。

如果問題來自一名住在鄉郊的人，例如農夫或牧人，那麼他將會透過交易小隻的牲畜，例如綿羊、山羊、豬、兔子等等獲利。

如果是學者提問這種問題，建議他改為擔任醫生，因為他的薪水將會透過別人的症狀及疾病而上漲。

如果七宮守護為二宮守護、二宮宮首、或福點帶來好運的話，讓問卜者預期自己會得到神的眷顧，他會透過一個富有的好妻子，或透過一個愛他的女人得到財富。同樣地，如果問卜者是一位紳士，那麼他有可能透過決鬥、戰爭或法律去拿回自己落於他人手上的財物；如果他是商人的話，則可能透

---

[19] 私人印信（privy-seales）意指國王或王子的私人信件，作者可能意指他們私底下得到的利益。

過交易合約或行商時認識的熟人。[20]

　　如果八宮守護為上述象徵星帶來幸運的話，問卜者將會透過某位離世人士的遺囑，獲得遺產贈與而得到財富，或透過妻子的嫁妝而使財富增加。在他提出問題時，他預期妻子的嫁妝只有很少，也有可能他將會保持單身，並居於鄉郊，然後會在那裡經歷財富的增長，也就是他將會在定居於某個自己不曾預期過的地方，並在那裡茁壯興旺，**變得富有**。

　　如果九宮守護把吉利或幸運帶給福點、二宮守護或二宮宮首的話，假設同時間，九宮宮首在巨蟹座或雙魚座，守護星也落在九宮的話，那麼問卜者或許會透過某種海上旅程而**變得興旺**；另外，他妻子的其中一個兄弟，或是妻子的某位同伴、近鄰，或當他迎娶妻子時她所居住的地方，其中某位宗教人物或大臣，會在天職或感召之路上成為他的朋友，並增加他的財富。

　　如果九宮宮首在土象星座，同時九宮守護星也落在九宮的話，問卜者可能會透過搬去該星盤所象徵的方向，或該星座及象限所象徵的英國海岸或國家，根據星盤指示他會前往的國家、城市或鄉郊，從事當地商品的交易買賣。

　　如果二宮守護於第十宮中帶來好運，或十宮守護跟二宮守護互相接待，又或十宮守護看到二宮守護、二宮宮首、二宮中的行星或福點，或有任何吉利象徵的話，讓這位問卜者嘗試追隨某位國王、王子、貴族、紳士、主人或類似人物，又或是受聘於他們，他會因此而增加資產或得到援助金。如果問卜者仍然年輕而且財富不多，可以根據十宮星座及其守護星的本質，讓這個人學習一種工作技能，因為星盤會揭露某人會否在他的專業技能或買賣中是否表現得好、有沒有才能、以及是否適合。如果他有接受過教育，並在工作

20　如果你參考英文原文的話，須注意在原文第169頁之後，因作者手誤，正確的下一頁內容其實是第174及175頁，後接第170至173頁，然後是176頁，特此提示。

上有自己的偏好的話，讓他預期自己會在聯邦[21]中從事某種公職或公共的工作。

如果十一宮守護是吉星，同時為前述狀況的象徵星帶來好運的話，那麼，某個朋友將會推介這個問卜者接受一份有非常多好處的工作，或者某個商人、侍臣、某位貴族、國王或偉人的僕人，將會成為問卜者提升財富的途徑，一些意料之外的事情將會發生在問卜者身上，這會是他從沒想過的事情，而且是好事。

如果某吉星以前述方式形成相位，同時落在第十二宮的話，問卜者將會透過大型牲畜或賽馬去提升財富。如果第十二宮宮首星座是人形星座的話，那會是被囚禁或某個被囚禁的人所帶來的幫助。如果是金牛座、摩羯座或牡羊座的話，會是牲畜帶來幫助；如果是處女座的話，則是玉米。在這裡，你要合理地整理你的論斷。

在占星學中，關於問卜者會不會變得富有？以及是否會繼續富有？最讓人有把握的證據如下：如果一宮守護、二宮守護跟木星於第二宮、第一宮、第十宮、第七宮、第四宮或第十一宮合相；如果沒有合相，那麼它們要形成六分相或三分相的入相位，同時互相接待。不僅如此，如果它們形成四分相或對分相的入相位，但當中出現接待的話，這個人仍然會興旺或擁有資產，雖然他可能需要付出很多勞力，或是過程中出現很多困擾他的難題，但他最終會得到比自己預想中更多的財富。

---

21 於一六四九至一六五三年以及一六五九至一六六〇年間，即英國內戰之後，大英帝國的國號曾經改為英格蘭聯邦（commonwealth）。

Chapter 28　問卜者會否變得富有？怎樣獲得？什麼時候？這些財富會持續下去嗎？

問卜者為什麼不會得到財富？
背後的原因、從什麼時候開始、事情的始末

　　在任何問題中，當你想要透過星盤看看你的問卜者會否得到資產，其實你並不需要依循以下的解決步驟。但如果你發現他將不會獲得任何巨大財富，而問卜者想知道背後原因，或有什麼事情會阻礙他，好讓自己可以更好地處理事情、更加注意自己的人生進程，與及進一步避免這些困難的話，在這論斷中，必須小心觀察帶來阻礙的行星，或最折磨二宮守護、福點、二宮宮首、月亮或福點支配星的行星。

　　如果那帶來阻礙的行星是一宮守護的話，那麼問卜者本人正是那個原因；如果二宮守護跟福點或二宮宮首，以四分相或對分相的方式彼此看見的話，那麼，當某人為了得到金錢或足夠的貨物而開始一份工作的話，這想法正是阻礙他的原因；如果是三宮守護，他的親生手足不會為他做任何事，或可能為他帶來負擔，或是充滿惡意的鄰居會搶去他所有生意，或惡性削價，讓他因此而不順利。以此類推地，運用之前章節所陳述的去分析十二宮位。

　　我覺得我應該在這裡做出一個提醒，那就是如果二宮守護或福點支配星是凶星，但它們所在的位置讓它們有必然尊貴，或如果它們跟好的行星有相位，或落在我之前陳述過的良好宮位的話，那麼它們或許象徵了財富可能出現之處。同樣地，本質相似的木星跟金星如果被折磨或被傷害，或如果它們是前述的象徵星的話，它們也一樣會帶來阻礙，因為每一顆行星都必須履行上帝所賦予它的職責。你也要記得龍尾所在的宮位，因為它預告了傷害及阻礙，將會由這一宮所象徵的事物引發。如果它在第二宮的話，那麼問卜者會因為自己的愚蠢，未有興旺、與及未能好好管理而消耗自己的財產；如果在第三宮的話，則會因為邪惡、像乞丐一樣或脾氣不好的手足所帶來的阻

礙……請依此類推分析十二宮位。

問卜者會否得到他渴望得到的？
例如借出去的或典押出去的財物

如果問卜者想知道的是：他能否獲得他想要得到的金錢或財物？

一宮守護及月亮是他的象徵星，二宮守護則象徵他的財物。

第七宮及七宮守護象徵了問卜者希望從其身上拿到或借到錢的他或她。

在進行論斷時：

看看上升守護或月亮是否跟八宮守護合相，因為它會是被問卜人的財物守護星；或看看上升守護或月亮其中一方有沒有跟八宮內的行星合相或形成相位：如果八宮內的行星是吉星，或該相位本身是吉利的話，無論這顆八宮內的行星有否被接待，這個人都將會得到自己渴望到手的金錢，或他希望向其借錢的人將願意借給他，如果他抵押了任何東西的話，他能夠拿回抵押品。此外，如果八宮內的行星並不吉利，同時它或者八宮守護接待上升守護或月亮的話，問卜者都依然能得到自己渴望的財物；但如果當中並沒有接待發生的話，他則很難如願以償，而如果真的能夠成事的話，也會充滿困難及辛勞，他會情願事情沒有發生過。

同樣地，如果八宮守護落在第一宮或第二宮，而二宮守護同時接待它的話，那麼問卜者的心願可能會實現，但如果是七宮守護或八宮守護落在第一宮或第二宮，同時一宮守護、二宮守護或月亮都沒有接待它們的話，我們可以認為他將不能夠實現心願，有可能會被拒絕或遭遇不利的狀況。

如果一宮守護和月亮同時跟一顆吉星合相，而這顆吉星具有尊貴、同時位在上升星座或於第一宮內被截奪的星座，那麼他希望的事情將會發生；如果一宮守護或月亮跟一宮內某顆具有尊貴的凶星合相，而這凶星同時接待一

Chapter 28　問卜者會否變得富有？怎樣獲得？什麼時候？這些財富會持續下去嗎？

宮守護或月亮的話，此事將不會成真；如果一宮守護或月亮跟某吉星合相，而吉星落在第十宮或第十一宮的話，即使當中沒有任何接待發生，事情仍然會完美地發生。這一章裡記載的論斷將會證明這一點的真確性，當事情發生在一般人身上，或發生於社會上的人們之間，例如市民跟市民、鄉人跟鄉人、商人跟商人之間，從這個論斷中，我們先排除國王、王子、貴族等等人士，他們還款速度都很慢，而且律法不太關注他們。

某人能否得到他預期能從國王、貴族、上將或英聯邦、中將或任何其他偉大人物所發放的收入或收益、報酬或薪俸

以下步驟適用於任何性質相近的問題，當中問卜者會比被問卜者、或他預期能夠滿足這期望的團體（們）弱小非常多。

上升點、上升守護及月亮象徵了提問的這個人，第十宮及其守護象徵了被問卜的人、被尋找的人，或在這件事上涉及的人。第二宮及其守護會被視為是問卜者一方的金錢，第十一宮及其守護則象徵了這位國王、貴族、上將等等或被問及的團體的資產、金錢或財產。如果在這問題中，你發現一宮守護或月亮跟十一宮守護合相，或是它們其中一個跟十一宮內其中一顆行星合相，而那行星是一顆吉星，沒有受到任何傷害或被不祥支配，那麼你可以斷言，問卜者將獲得偉大人物欠他的薪水、報酬、欠款或金錢，不管這位偉大人物是誰；如果剛好月亮及一宮守護跟某顆凶星合相，而這顆凶星擁有某些必然尊貴，同時又接待它們，那麼這個人仍然會收到他的金錢或報酬，但過程中需要一些乞求、很多累人的陳詞、恐懼及懷疑。如果象徵星之間剛好有相位，而且是凶相位，同時又沒有任何接待的話，那麼問卜者將無法得到他所渴望的。在這種論斷中，要非常小心地觀察行星真正的必然尊貴、行星彼此間的互相接待狀況、與及它們互相以哪種尊貴去接待對方。

在這一章中曾經敘述的狀況可能會發生的時間

在這裡，你必須認真觀察上升守護或月亮正跟哪顆行星入相位或形成合相，它象徵了被問卜之事的效果及表現，如果那顆行星跟上升守護或月亮形成六分相或三分相，不管它是不是吉星、有沒有接待上升守護或月亮，好好觀察它們有沒有把自己的光線照射到對方身上，直到它們形成準確相位，或看看問問題的時候，它們相距多少度才會形成真正的正相位。如果它們在續宮的話，你可以根據它們相位的度數來回答還有多少天事情才會發生；如果在續宮，那就會是還有多少星期；如果在角宮的話，就會是還有多少個月。不過，占星師在這情況下必須小心一點，想想那件事是否真的可以在你所得出的日、星期或月份之內發生。除了月份之外，你甚至可以加上年份，尤其當上升守護、月亮及其他象徵星都在角宮的時候。如果其中一顆行星在續宮，另一顆在降宮，那麼它們代表星期，如果其中一顆在角宮，另一顆在降宮，那麼它們則代表了月份。

某些前人們曾經說過，如果在提問的時候，象徵事情圓滿的行星跟一宮守護落在同一星座，而上升守護是較緩慢的行星的話，當這行星跟一宮守護於同一度、同一分合相的時候，就會是被問及的事情得出結論的一刻，不管它們彼此間有否接待對方。不過，如果一宮守護是移動較快的行星，並因此而匆匆跟象徵事情發生的行星合相，而該行星也有接待上升守護的話，事情將會完成；但如果該行星沒有接待上升守護，那麼，除非前述的象徵星於角宮、在它自己的星座發生合相，否則事情將不會發生，當中尤以喜樂位置[22]需要注意。水瓶座是土星的喜樂星座、射手座是木星的、天蠍座是火星的、

---

22 喜樂（joy）。

天秤座是金星的、處女座是水星的。在這種性質的問題中，我發現如果只出現單向的擢升接待，但沒有任何其他的證據時，將不會帶來任何得益；當象徵星是吉星時，如果有必然尊貴的接待，那麼即使是四分相或對分相，通常都仍然會帶來完美的結果，這是無可非議的。因此，理所當然的是，當相位是六分相或三分相時，也會是這樣的結果。

至於「什麼時候發生」，我發現如果是吉星、月亮或被問卜的事情的象徵星落在第一宮，同時有任何必然尊貴的話，上升點跟該行星之間相差的度數，會標示出答案的時間。如果是開創星座的話，那代表了「天」，按照星座、星座的本質及事情本質的不同，事情會在不同的天、月或年之內得到圓滿發展。

一六三四年時，這城市的某人向我提出了以下幾個問題：我從這論斷中得出了一些經驗，而他當時的提問跟第二宮的這些解答有直接關係，我記錄下當時這幾個問題，以及這些我所做出的論斷背後的原因，他當時的問題是：

1. 他會否變得富有，還是會在單身的情況下勉強地活下去？
2. 他會透過怎樣的方式得到財富？
3. 什麼時候得到？
4. 財富會持續下去嗎？

繪出的星盤如下（請見第 82 頁圖五）：

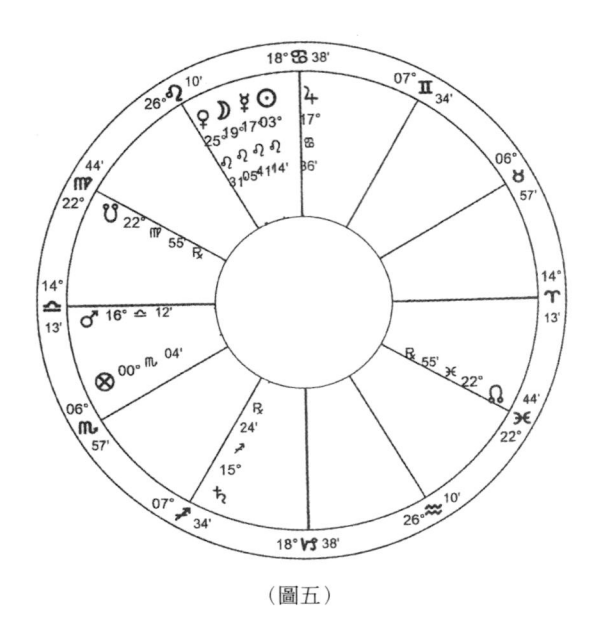

（圖五）

Chapter 29
問卜者將會變得富有還是貧窮？

首先，如果要得出比較準確的論斷的話，你必須先檢視行星當日的移動速度，我透過以下步驟找出這些速度：

也就是：土星於廿四小時之內移動了 2 分，因此速度是緩慢的。

木星移動了 13 分，因此，它在這廿四小時內移動的範圍比它的中間或平均速度為高，它的平均速度是 4 分 59 秒，所以這天的木星是迅速的，你可以參考《基督教占星學・第一卷》Chapter 9「木星及其象徵」的內容 [23]。

這天火星移動了 35 分，這比它的中間或平均速度為高，在《基督教占星學・第一卷》Chapter 10「火星及其象徵」的內容中 [24]，你可以看到它的平均速度是 30 分 27 秒，因此這天的火星是迅速的。

這天太陽移動了 57 分 00 秒，比它的平均移動速度為低，它是緩慢的。

金星	1 度 13 分	非常迅速
水星	1 度 44 分	比較迅速
月亮	11 度 54 分	緩慢

---

[23] 原文第61頁。
[24] 原文第65頁。

之後，我會透過《基督教占星學・第一卷》第 221 頁「行星的必然強弱勢表格」[25]，以及第 240、241 頁「檢視行星強勢及弱勢的表格」來檢視行星的力量及虛弱。我願意在這裡示範一次，讓初學者可以更加了解如何使用這些表單，因為之後也會經常使用它們。

土星真正的位置是射手座 15 度 19 分，透過「行星的必然強弱勢表格」，你會觀察到它在射手座這個度數將不會有任何必然尊貴，而且土星落入了這個位置。

♄ 的偶然尊貴		♄ 的虛弱	
落在第三宮	1	境外	5
沒有被燃燒	5	逆行	5
	6	移動緩慢	2
		西方行星	2
			14

♃ 的力量			
擢升	4	它沒有任何偶然弱勢或必然弱勢，但因為它跟火星形成四分相，雖然只是星座相位，但還是會讓它受到一些傷害。	
落在第十宮	5		
順行	4		
移動迅速	2		
沒有被燃燒	5		
	20		

---

25 原文第104頁，意即中文版《基督教占星學・第一卷》（商周出版）第221頁之表單，注意在第一版中，雙魚座的弱勢誤植為金星，正確的雙魚座弱勢行星跟落陷行星均為水星。

Chapter 29　問卜者將會變得富有還是貧窮？

落在天秤座這一度的 ♂ 並沒有任何必然尊貴		♂ 的虛弱		
它的偶然尊貴落在上升點	5	弱勢	5	
順行	4	境外	5	
移動迅速	2	在 ☉ 西方	2	
沒有被燃燒	5		12	
合相處女座角宿一或在 5 度之內	5			
	21			
☉		☉ 的虛弱		
它的必然及偶然尊貴		移動緩慢	2	
在自己的星座	5		2	
在天頂	5			
	10			
♀ 的力量		♀ 的虛弱		
落在第十一宮	4	境外	5	
順行	4		5	
移動迅速	2			
在 ☉ 西方	2			
沒有被燃燒	5			
在軒轅十四 6 度之內合相	6			
	23			
☿ 的力量		☿ 的虛弱		
落在第十宮	5	境外	5	
順行	4		5	
移動迅速	2			
西方行星	2			
沒有被燃燒	5			
	18			

☽ 的力量		☽ 的虛弱	
落在第十宮	5	移動緩慢	2
光芒增加中	2	境外	5
沒有被燃燒	5		7
	12		

參考 Chapter 24 表格（第 45 頁），你應該會知道福點落在天蠍座有五項虛弱條件，而在我們這張星盤中，這度數會落在第二宮而不是第一宮，也因此會有三項尊貴條件，被五項虛弱條件減去後，福點會有兩項虛弱條件。此外，雖然福點距離二宮宮首略多於 5 度，但請不要荒謬地認爲它有任何跟第一宮相關的象徵。

把所有行星的強弱條件集合在一起，如下：

土星	條件上是虛弱的	8	因此，不吉利
木星	有力量	20	並不虛弱
火星	因爲有尊貴，所以強	9	（相減之後得出力量）
太陽	有尊貴	8	0
金星		18	0
水星		13	0
月亮		5	0
福點	有虛弱	2	0

你必須觀察你的行星到底是比較有力量還是比較虛弱，然後用數值較大的一方減去另一方，然後使用這答案去進行判斷，不管答案是有力量還是虛弱。

行星映點

								反映點
♄ 在	14	41	♑	♄ 在	14	41	♋
♃	12	29	♊	♃	12	29	♐
♂	13	48	♓	♂	13	48	♍
☉	26	50	♉	☉	26	50	♏
♀	4	26	♉	♀	4	26	♏
☿	12	15	♉	☿	12	15	♏
☽	10	53	♉	☽	10	53	♏

問卜者在沒有結婚的情況下，會否變得富有或物質上變得充裕

在這裡，首先我會考量行星的整體支配關係，然後發現當中大部分行星（尤其那兩顆吉星）都移動迅速、落在良好的宮位、沒有任何粗暴的表現、或被其他因素強行剋制。同時我也認真地考量落在獅子之心[26]附近的上升守護金星，獅子之心是一顆擁有偉大品德及影響力的恆星；此外，月亮的光芒正在增加中，木星差不多到達天空最高點：我收集了這些整體上的資訊，並由此認為，他將會因應自己的天命，繼續在英聯邦中過活，並會（在他能力之內）於鄰里之間擁有良好的地位及名聲。

其次，到底他會否變得富有呢？要解答這個問題，我發現二宮守護落在東方的一角，而它的二宮守護，也就是火星，它同時也是福點的支配星或守護星，而它落在天秤座18度，接近處女星座的角宿一，然後，我發現財富的一般象徵星木星位在擢升星座及角宮，並跟上升點形成一個非常緊密的往

26　獅子之心（Cor Leonis），即軒轅十四（Regulus）。

左的四分相，當四分相發生於升起時間較長的星座[27]之間時，我們一般會把它視為三分相。我也發現月亮剛剛跟二宮守護的火星形成正相位並開始出相位，火星同時也是這問題中被問及的象徵星，接下來，當月亮跟水星的合相開始出相位的同一刻，它會馬上跟上升守護金星入相位，把水星及金星的品德及影響轉移給象徵問卜者的行星。另外，月亮被太陽支配，而太陽非常強大，因為在每一個問題中，月亮都有一般的象徵性，因為它沒有任何的不吉利，因此它為問卜者保證了一定的吉利。最後，我看到福點落在固定星座，火星在自己的界守護。根據這所有的理據，我判斷問卜者將會得到一所物業，並會在世上擁有一個有前途的未來。但因為象徵星是一顆吉星，因此他要用心並付出勞力才能夠得到這樣的未來。就這樣來到了問卜這一天。但由於七宮守護火星（七宮是女性及妻子的宮位），在他所問卜的事物中具有最物質的象徵，而他問卜的是財富及富有，因此我建議他結婚，並告訴他如果沒有婚姻，他將不會如此順利。

透過什麼途徑，或如何得到財富

在這裡，你必須觀察保證帶來財富的行星或行星們：在我們這張星盤中，火星是二宮守護，同時也是福點守護，是我們必須主要考慮的行星。在這星盤的第二宮中，你沒有找到任何行星；因為火星是二宮守護，同時落在第一宮，因此，它暗示了由問卜者憑藉自己的努力而得到的物業。而由於這問題中被問及事物的象徵星落在第一宮，因此，我們可以認為他很容易就會

---

[27] 上升時間較長的星座英文為signs of right or long ascension，上升時間較短的星座英文則為signs of short or left ascension。因為黃道（the elliptic）及赤道並不平行，所以有些星座上升的時間會比其他的快。上升時間較長的星座包括bnmXCV，上升時間較短的星座包括BNMxcv。

得到物業或財富的增加,同時需要付出的勞力會比預期少;但因為火星是凶星,因此會扣去它於這星盤的位置中所得到的分數。另外,因為火星是七宮守護,象徵女性等等,因此我告訴他將會跟一名女性結婚,這名女性會為他帶來好運,這好運會是固定的,而且會比他一直以來期望的還要好。我首先判斷的是七宮守護落在第一宮,而且很接近一顆明亮的恆星,同時,金星是妻子物質宮位的守護星,也就是第八宮的守護星,這行星也相當有力量。之後,我觀察十宮守護星月亮(也象徵了問卜者的貿易),月亮把水星及火星的光線及本質轉移到問卜者身上。於是,我建議他要在事業上努力,他將會得到非常好或非常有競爭力的資產。正如他後來告訴我的,他的確跟妻子一起得到了好運,擁有金錢及土地,而他的貿易事業也發展得非常好。木星在第十宮讓我們相當確定、不會質疑(根據一般的說法)問卜者將會得到非常多的生意,或擁有一個帶來巨大收益的工作。

什麼時候得到財富?

　　所有象徵星都落在第一宮或星盤的東方象限之中,其中五顆行星移動迅速,保證了在提出這個問題後很短時間之內就會得到財富。而第二宮及福點的守護星火星,是在這個問題中被主要問及的,它迅速的移動速度也指出了這一點。

　　上升點距離火星大約 2 度,在這種論斷中大約象徵兩至三年左右,那是他跟妻子得到她嫁妝的時間。有些人也許會疑惑為什麼火星在境外,但卻象徵了它會為問卜者帶來好事,我會說火星同時身為二宮守護及七宮守護,也是所問事情的象徵星,它代表了肯定的結果,這些都指出了他得到財富的時間,同時也象徵了他的表現(但這不代表他不會遇到阻礙)。在這裡我們不需要對火星做出任何質疑,因為這就像在人類的文明社會中,即便是壞人或

不體面的人，也一樣會爲他們所愛的朋友做很多好事，就像其它比他好的人一樣。下一步，我會觀察月亮還有幾度才會跟金星形成緊密合相，我發現它們還有6度，因此，綜合之前的觀察，我會認爲在問卜者提出問題的兩年之後，他將會透過妻子或透過他自己適當的努力及毅力，看見資產上的增長。而大約在一六四〇年前後，也就是他提出這個問題的六年之後，他將會有非常好的生意，並擁有良好的名聲，有很多好朋友及夥伴，他會透過這些途徑去增長他的資產。我之所以認爲他會透過朋友增進資產，在於金星落在十一宮宮首，這一宮象徵了友情等等。在所有論斷中，你都必須小心翼翼地觀察你的象徵星即將接近的宮位所代表的主題，同時，當你要判斷類似這種問題的時候，你必須有理有據地推算它們即將發生的時間，把占星的技藝及理據結合在一起，而不是過度地只依賴這門技藝的一般規則，不要把智慧扔掉。

關於在每一個問題中，削弱被問卜事物影響力或表現的行星（們）

在所有問題中，你都應該小心觀察每顆行星的角色，誰削弱或妨礙了事情的發展，不應該讓它發揮影響，我們可能會公平地稱呼這行星爲強者[28]、傷害者[29]、破壞者[30]或阻礙者[31]，因爲它只會破壞及歪曲問題的本質，而在其他情況下它或許會帶來好的結論。在這裡，我們會觀察哪顆行星跟一宮守護或被問卜事物的象徵星合相而做出判斷，不管那行星是否月亮本身、月亮有否跟上升守護合相、或是否被問卜事物的象徵星。

解決這種問題時，你必須觀察哪顆行星跟問卜者的象徵星、被問卜事物

28　強者（Strong）。
29　傷害者（Hurtfull）。
30　破壞者（Destroyer）。
31　阻礙者（Abscissor）。

的象徵星或月亮形成合相，並找出是誰支配該行星，同時它將會跟誰合相。因為萬一上升守護、月亮或被問卜事物的象徵星跟某顆凶星合相，而它的狀況糟糕又沒有受到接待的話，這其實預告了被問卜事物的毀滅。

我們知道，當行星在境外、逆行、被燃燒、落在降宮、落在看不到上升點或被問卜事物宮位或它們守護星的位置的時候，它的狀況會很不好。在最後一項條件中，看到宮位會比看到其守護星好。任何落在落陷或弱勢星座的行星，也會恰如其分地被稱爲破壞者、阻礙者、或形容爲帶來傷害的行星。

此外，問卜者或被問卜事物的象徵星、月亮、或跟月亮合相的行星，不論月亮在這問題中是不是象徵星或有無參與這個問題，只要這些行星跟某顆不吉利的行星合相，也就是逆行、被燃燒或落在降宮的行星，那麼，你要觀察當中有沒有發生接待，如果有發生接待的話，這象徵了事情會完美地完結，雖然過程會讓人相當疲憊並需要相當多的交涉；如果沒有接待的話，事情將不會有結果，雖然表面上看似很有可能會發生什麼。

如果某顆沒有任何不幸的行星接待上升守護、月亮、被問卜事物的守護星，或某顆接待它們其中一項的行星，同時沒有跟凶星出現接待或被接待的話，那麼它將會幫助事情完美結束。

如果上升守護、月亮或被問卜事情的象徵星所需要的行星沒有受到凶星影響，同時跟某顆吉星合相，而這吉星跟凶星形成了相位，這顆凶星在削弱吉星的同時沒有接待它的話，事情將不會得到完美結果或得到一個好的結論。

如果行星形成相位，但沒有任何接待出現的話，還要將之視爲有可能出現財物嗎？若它們出現接待的話，事情最終會發生，雖然當中會有一些麻煩。記得要觀察當象徵星跟凶星正相位合相之前，有沒有行星切斷了它們的光線及品行，如果有的話，事情將不會出現阻礙，事情可能會完美發展並且完成；但如果它們的光芒沒有被阻撓，凶星的凶惡可能會發揮作用，事情會

因而被阻止，同時將不會成事。

只要有接待發生，不管它是四分相還是對分相，你都必須做出判斷，如果某行星還身處很差的位置的話，這接待將不會帶來任何好處，如果這行星被削弱的話，效果將會更弱；但如果是六分相或三分相的接待，你可以相信事情將會發生。又或如果提供接待的行星當時身處很好的位置，那麼，不管是什麼相位的接待，即便是四分相或對分相，事情都仍然會進行；如果是三分相或六分相的話，那麼不管象徵星有沒有發生接待，事情都會進行，唯一條件是該相位需要的是入相位而不是出相位；如果象徵星跟吉星合相，同時沒有被削弱的話，事情將會完美發展。

如果任何行星把其中一顆象徵星的光線或品行轉移到另一象徵星之上，而接受轉移的行星是凶星，並且被削弱的話，除非該凶星同時被接待，否則該問題或被提問的事情已經被破壞。

如果問卜者的象徵星或月亮，它們其中一位跟被問卜事物的象徵星，兩者同時跟一顆行星合相，讓這行星收集它們的光線，不管這行星是否凶星或吉利，它都會破壞事情，並讓事情一直不被完成，除非這行星本身有接待這兩顆象徵星；如果它只接待其中一顆象徵星的話，事情則不會發展進行。

思考一下類似的狀況，當問卜者的象徵星落在被問卜事物的宮位，或即將跟這事物的象徵星合相的話，這表示問卜者即將接近他所問卜的事物；如果被問卜事物的象徵星在第一宮，或正在接近並即將跟問卜者的象徵星合相的話，不管有沒有接待發生，也不管月亮或其他相位以怎樣的方式運作，這都會表示他所求問的事情或渴望得到的東西即將落入他手上。

問卜者會否繼續富有下去？

關於這個問題，我會觀察二宮宮首星座，在這星盤中，它是固定星座，

福點落在這一宮，木星在角宮並在自己的擢升星座，火星的支配星是金星，月亮在獅子座，這是一個堅定、穩定的星座，因此我判斷他會繼續擁有富足的資產，而這些神所賦予他的財富將會永遠的繼續下去。我的意思是，他將會繼續擁有巨大的財富，並不會變得貧窮或貧乏。

　　行星映點在這星盤中用處不大，因為沒有任何映點落在物質宮位的宮首，也沒有跟任何行星落在同一度，只有土星的反映點落在木星的度數附近，但根據我的判斷，問卜者跟他的手足或兄弟姊妹之間沒有太和諧，你會看到土星本身落在第三宮，三宮守護星則是木星，木星被土星的反映點騷擾，同時，這也不保證他的僕人會不對他抱持偏見或惡意[32]，或至少在行為上會有一些不滿的表達，就讓他們以這些行為舉止去表達：因為雖然木星在自己的擢升星座，但前述的反映點的確有影響它，並為木星留下了一點土星的味道。也只有這兩者是我當時建議他要友好對待的，這些都在星盤中有足夠支持，因為十一宮守護星太陽以往左的四分相看見了福點，同時也看見二宮守護，而太陽所守護的第十一宮象徵朋友，所以我建議他不要跟太陽色彩強烈的男性合作或講祕密，無論他們的友情如何，因為根據上述所描述關於行星所帶來的傷害，你應該給予足夠的提防。關於太陽象徵怎樣的男性，請參考《基督教占星學・第一卷》Chapter11「太陽及其象徵」[33]。

32　這裡之所以突然提起僕人，是因為這個卜卦盤的第六宮宮首是雙魚座。
33　原文第71頁。

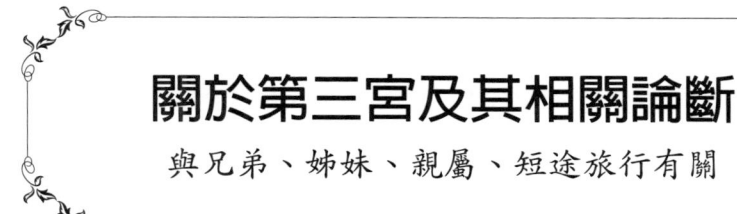

關於第三宮及其相關論斷
與兄弟、姊妹、親屬、短途旅行有關

很多人會想要提出跟這一宮有關的問題，事實上，其中最主要及最相關，並且自然而然會與這一宮連結的問題，便是來自於跟問卜者兄弟、姊妹、親屬相關，或是想知道問卜者跟這些人之間有沒有可能團聚及和諧相處，或想知道自己能否跟鄰居和平共處、鄰居的狀況如何，又或是跟短途旅程相關，會否順利。

Chapter 30
問卜者跟他的兄弟、鄰居或姊妹之間，是否互相愛護及認同對方？

上升點的守護星代表提問的人，第三宮的守護星則代表了被問及的兄弟、姊妹或鄰居。

如果三宮守護是一顆吉星，或是它落在第一宮，又或者有吉星落入第三宮，或是三宮守護跟上升守護之間，形成了落在對方角距守護之內的六分相或三分相；又或是他們同時接待對方，或三宮守護跟上升點形成六分相或

三分相，又或是上升守護跟三宮宮首形成了六分相或三分相，那麼，毫無疑問地，問卜者將會跟他所問及的兄弟、姊妹、鄰居或親屬之間團聚並和諧相處。如果有吉星落入第一宮，或是上升守護能夠看到三宮宮首，同時上升守護跟上升點及三宮守護都沒有形成相位的話，你或許可以斷定問卜者的狀況很好，錯不在他，而是在他所問卜的兄弟、姊妹、鄰居或親屬身上。當土星、火星或南交點落入第一宮，它顯示了問卜者是邪惡的，錯在他身上；但如果你發現土星、火星或南交點落在第三宮，除非它們擁有自己的必然強勢，否則幾乎可以肯定這代表了問卜者可以預期自己不會得到手足、姊妹、鄰居或親屬的善待。而如果這三顆行星身處境外、逆行、被燃燒、或跟其他行星形成不良的星盤條件，那麼，狀況可能會更加不好，即便在提問的這一刻看似和諧一致，但通常之後就會出現至死方休的憎恨或喋喋不休的抱怨。

當土星或南交點落入第三宮的時候，它象徵了鄰居是愚昧可笑之人，親屬貪得無厭又錙銖必較，鄰居慣竊成性，如果這兩顆行星不在自己的必然強勢位置的話，那就可以更加確定這一點。

關於缺席的某位兄弟

上升點及其守護星象徵問卜者，三宮宮首則象徵了缺席的那位兄弟，第四宮是缺席的那位兄弟的財產，如此類推。

觀察三宮守護身處的狀況、落在哪個宮位、跟哪些行星形成相位、形成相位的行星是良好的還是邪惡的行星、它們之間正形成了什麼相位、還是它們正待在一起形成了合相？因為如果三宮守護落入第三宮，同時沒有跟任何凶星形成四分相或對分相的話，你大概可以斷定該位兄弟身體健康，但如果有凶星跟三宮守護形成了四分相或對分相，同時沒有出現接待的話，那麼你大概可以說那位兄弟仍然在世，身體也健康，但正身處於非常大的困惑、

不安及悲傷之中。如果凶星們以上述相位接觸了三宮守護，但當中有出現接待的話，那麼你大概可以說該位兄弟正承受相當大的壓力，但他將輕而易舉的逃脫，並讓自己從當下這讓人難過的處境中釋放。如果三宮守護跟吉星形成了六分相或三分相，彼此之間沒有出現接待的話，那麼你大概可以斷定該位兄弟身體健康，而且安於自己所身處的地方；如果三宮守護跟吉星形成六分相或三分相，同時出現接待的話，你可以告訴問卜者，這位缺席的兄弟身體健康，也不需要藉由自世上得到的任何物件才能讓自己快樂。可是，如果三宮守護落在第四宮，也就是這位兄弟的第二宮，如果它沒有跟凶星形成相位的話，表示這位兄弟正努力於（建立星盤那一刻）在他身處的國家中取得某些資產或建立財富。但如果三宮守護落入了第五宮，並跟五宮守護在一起的話，不管它有沒有受到某吉星的接待，只要五宮守護沒有受到任何嚴重阻礙，那麼或可論定這位缺席的兄弟仍然健康，而且生活愉快，很喜歡跟自己正身處國家的人民談話。如果那位兄弟的象徵星正跟某顆吉星合相、六分相或三分相，並同時出現接待的話，你可以更安心地宣稱那位兄弟狀況很好。但是，如果三宮守護正身處第五宮並呈現路徑空白的狀態，或跟任何凶星在沒有出現接待的情況下形成了正合相，而這些凶星又的確帶來了本身所象徵的阻礙的話，可以認為缺席的那位兄弟健康狀態不太好、瘋了，並且不安於自己當下所身處的地方。如果你發現兄弟的象徵星所落入的地方並不是疾病的象徵（例如第六宮、第八宮及第十二宮），那麼這暗示了他正身處在不太好的地方，但目前來說還沒受到傷害。

　　如果兄弟的象徵星落入第八宮，並跟某吉星形成合相、六分相或三分相的話，你或許可以斷定那位兄弟健康不太好，但不至於病重，他也完全不懷疑自己的身體出了狀況，不過他的確是患病了。

　　如果他跟凶星形成了不好的相位，而且在第六宮，那麼這位缺席的兄弟病弱臥床了，如果六宮守護星落入第三宮的話，你也可以做出同樣的判斷，

除非三宮守護在該星座有任何尊貴，並正身處那些尊貴之中。

如果你發現那位兄弟生病了，看看三宮守護有否跟八宮守護形成合相，或正進入被太陽燃燒的範圍之中，這指出他即將因爲病重而身亡。但如果他的象徵星正落在第七宮，而他也仍然身處於他當初前往的國家中，尚未離開，那麼這代表他會繼續在那地方扮演陌生人或旅人的角色，健康說不上好或壞，只能說還好。

如果三宮象徵星落入第八宮，這位兄弟會懷疑自己快死了，如果他的象徵星被太陽燃燒、跟八宮守護於第八宮合相，或跟第八宮以外的凶星形成四分相或對分相的話，那麼他會更加懷疑自己的壽命即將走到盡頭。

如果三宮象徵星落入第九宮，那麼他已經離開當初出發時的目的地，去了一個更遠的國家。又或者可能的話，他進入了某種修道會，或被修道會的神職人員聘請了；也可能他條件允許的話，他正在遠離最初目的地的地方旅行中。

如果三宮守護正在第十宮，同時跟吉星形成合相、三分相或六分相，尤其如果當中出現接待的話，他應該獲得了某份工作，於正身處的國家擔任官員或統帥，活得相當稱心如意；但如果跟凶星合相、四分相或對分相，或以其他方式被凶星妨礙，或於第十宮被太陽燃燒的話，那麼恐怕他可能已經死亡了。

如果三宮守護落在第十一宮，跟吉星形成任何良好相位，或是它在這裡跟十一宮守護形成合相的話，那麼他正安全地留在朋友的家中，開心快樂。但如果它在這一宮被凶星折磨，又或在這裡受到凶星的影響，那麼他應感到相當不滿足，並且不滿於現狀。

如果三宮守護正在第十二宮，跟吉星合相並受到接待，同時他們都沒有受到妨礙的話，那麼他正運送馬匹或大型牲畜，成爲牧民，或成爲馬術大師、馬伕、趕牛人，或把牲畜運去市場的人，視乎被問卜者的個人特質而

定。

　　如果三宮守護在第十二宮不吉利，或跟凶星形成不良相位，或跟八宮守護形成相位，或是被太陽燃燒的話，他感到相當不滿，並懷疑自己再也不能看到自己的家鄉；又或者他會再看到，因為他終將於死後埋葬於自己的家鄉。

　　如果三宮守護落在第一宮，那麼這位缺席的兄弟正活得相當得意，並對自己所身處的地方相當滿意，那裡的人也非常愛他、尊敬他。

　　如果三宮守護落在第二宮，那麼很可能這個人沒有辦法逃脫，要不他正被囚禁成為囚犯，又或者做了一些事以致他沒有辦法逃跑；但如果三宮守護正在逆行的話，當機會來到的時候，他會盡全力掙扎逃脫。

　　我自己覺得這種論斷方式略嫌單調，因為它其實是應用於其他各種情況的關鍵：例如，如果任何人問及自己缺席的父親，就讓第四宮成為這位父親的第一宮，然後再像上述論述中對於兄弟的做法一樣，跑完父親的十二個宮位，並以下的方式去思考：你所問卜事物的第二宮代表了他的財產、第三宮象徵了他的手足、第四宮是他的父親，如果問題是為了缺席的小朋友、兒子或女兒提問，他們的上升點就會是第五宮宮首，第六宮是他們的第二宮，第三宮是他們的第七宮，如此類推。

　　如果某人問及的是他的僕人，第六宮就會是僕人的第一宮，第七宮是他的第二宮或財產宮位，並以上述的方式如此類推。另外，你必須知道的是，雖然從每一宮位開始都有它們各自的第六宮、第八宮及第十二宮，但不論你問卜的是誰，整個星盤的第六宮本身都象徵了這個人的病弱，第八宮是他的死亡，第十二宮是他的囚禁，只有當你知道如何靈活運用你所知道的規則，才能成為這門學問的大師。

關於報導、新聞、情報或惡耗：
孰真孰假，以及如何解讀它們才是最好的方式？
它們本身是好的還是壞的？

　　古人們曾廣泛地討論過理解這些問題的態度，以及如何以用適當的方式去處理它。某些人會認為這種問題屬於第五宮，另一些人則認為需要視乎元素守護去決定是三宮還是五宮。我自己透過經驗（在最近這讓人悲傷的戰亂之中）證實正確的方法如下：如果我發現月亮正在第一宮、第十宮、第十一宮或第三宮，正離開跟任何行星的良好相位（不管它是哪一宮的守護），並且接下來會跟上升守護形成三分相、六分相或合相的入相位，那麼，我會說我認為該報導或傳言是真實的，不管它的內容如何，在這情況下它永遠都會是為了議會的利益出發。然而，如果在建立星盤時，月亮正跟七宮守護有任何良好相位的入相位，我會認為我們正處於最糟糕的狀況，敵人將會勝利。如果月亮呈現路徑空白，那麼該新聞則會很快消失，一般都是沒意義的傳言或完全的謊話，並很快會被發現當中的矛盾；如果月亮跟水星形成四分相或對分相，雙方同時都沒有、或同時都有跟上升點形成六分相或三分相的話，該新聞是假的，它是為了嚇唬我們而出現的。關於應該什麼時間去建立這種問題的星盤，我通常會觀察第一次聽到該消息或傳聞的時間，並使用那個時間點作為我問題的基礎；但如果是其他人發問的話，那麼則使用該問題被提出的那一刻。無論任何時刻，假若你在類似的處境中聽到了一些討論、某些情報、或收到任何事情的報導，並想知道這些情報會否對你造成傷害的話，則觀察木星或金星是否在第一宮，或是月亮、水星是否在自己的必然尊貴位置，同時又跟十一宮守護形成三分相或六分相：這新聞於你或提出問題的人來說將不會造成傷害；但如果你發現第六宮、第八宮或第十二宮的守護，正

Chapter 30　問卜者跟他的兄弟、鄰居或姊妹之間，是否互相愛護及認同對方？

在第十宮或跟一宮守護形成不良相位，又或是火星或土星正在第一宮逆行，或與一宮守護形成不良相位，又或是這兩顆行星正透過四分相或對分相，把自己的光線照耀到上升點之上，如果消息跟他本人有關的話，那麼問卜者將會因爲自己所聽到的新聞而受到偏見；如若這消息跟英聯邦有關的話，則可能是首相或政黨會發生某種損耗。如果土星象徵損害，那麼它們那些可憐的盟友國可能已經被侵略，並失去他們的糧食及牲畜；如果是火星，那麼一些若即若離的政黨可能會被切割；如果是水星的話，他們的文字可能被錯誤傳遞或被誤讀；如果象徵星是太陽的話，他們的官員或將領可能正承受某些壓力等等；如果是木星或金星的話，那麼傷害會落在某些紳士、他們的朋友或與他們走在一起的人身上，在這裡你可以因應問題去調整你所應用的規則。

根據古人們的理論，確認某傳言孰眞孰假

觀察上升守護及月亮，看看它們誰正落在角宮，或者月亮的支配星是否正在角宮及固定星座，又或者它們其中一位是否正在續宮及固定星座之中，或與吉星形成良好相位。也就是有沒有跟木星、金星或太陽形成六分相或三分相，如果有的話，你可以斷定該傳言是眞的，而且非常好；然而，如果你發現上升守護正被凶星傷害，或者落在降宮的話，即便它正身處自己的星座並且非常有力量，你都必須斷定相反的答案。當星盤的角宮落在固定星座，也就是金牛、獅子、天蠍及水瓶，同時月亮及水星也落在固定星座，同時正離開凶星並正跟落在角宮的吉星入相位的話，傳聞多半都會是眞實的。如果四宮及十宮的軸點落在固定星座，同時月亮在其中被接待的話，傳聞即便不好但仍然會是眞實的，我會說這些傳聞將會得到某種程度的證實。如果你聽到了不好的消息、不好的報導或不吉利的情報，但其中一顆吉星正在上升點，或月亮正遭遇不幸的話，那麼很有可能該傳聞會是假的，事情往往會比

傳聞來得要好。當水星逆行或受到任何的傷害，又或月亮跟其入相位的行星、或跟水星入相位的行星，同時最重要的是它們其中一方是上升守護的話，這的確暗示了不好的傳聞即將歸於虛無，並會被轉變成好事；如果上升守護正在太陽的光芒之下或被燃燒，那麼傳聞將會被保密，很少人會知道它最終的真相。

關於接收到的諮商或建議，到底孰好孰壞？

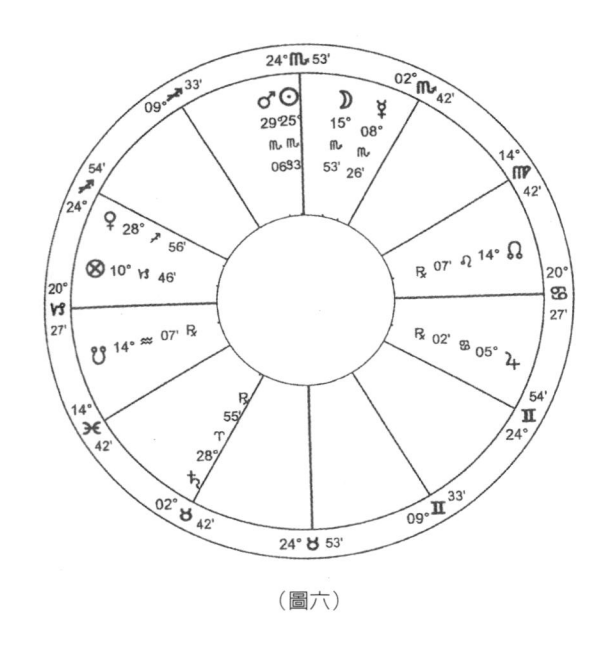

（圖六）

有時候，某位鄰居、親戚或朋友會撥冗前來探望他們的朋友，想要給予他們一些良好意見或說服他們某些事情等等，有些人是真誠的，有些人則別有用心。如果你想知道這些人說的話是否真誠，你可以使用他們開始嘗試透過談話進入你內心的那一刻去建立星盤，然後看看第十宮有沒有吉星，也就是太陽、木星、金星或北交點，又或是月亮是否正跟上升守護入相位中，然

Chapter 30　問卜者跟他的兄弟、鄰居或姊妹之間，是否互相愛護及認同對方？

後判斷這些人是否懷著真誠的心前來，同時他們的建議是否真是為了你好。如果是凶星，也就是土星、火星或南交點的話，那麼他們是有心欺瞞，而且是騙子，夏利[34]進一步認為如果上升星座是開創星座，同時上升守護及月亮也在開創星座的話，這個人會是一個奸詐之徒，是有心前來瞞騙你的。

問卜者是否有兄弟姊妹

雖然這問題透過問卜者本命盤去解決會比卜卦好，不過你可以觀察以下規則，我個人的經驗告訴我這些規則都是真確的。

也就是說，如果你發現第三宮宮首落在多產星座，也就是巨蟹、天蠍及雙魚座（水瓶、射手或雙子也可以，雖然相比下沒有那麼具生產力），那麼你或許可以斷定這個人有兄弟或姊妹；如果是陽性星座，同時象徵星落在陽性星座或宮位，又或是象徵星跟陽性行星形成相位的話，那麼應該會是兄弟；如果三宮星座及行星是陰性星座，又或象徵星落在陰性星座或宮位，同時跟女性行星合相或形成相位的話，那麼則會是姊妹。有人說看第三宮有多少行星或三宮守護跟多少顆行星形成相位，就可以知道這個人有多少兄弟姊妹，但我認為要從一個問題中得到如此細節，未免有點太過。兄弟或手足之間的團聚會發生在近期還是未來，可以透過三宮守護上一個相位以及上升守護的位置，或是吉星或凶星於第一宮或第三宮哪裡比較愉快來去斷定，因為從這些資訊中，我們可以預期團聚及和諧相處來自於哪一方。如果三宮有吉星的話，一般來說會從手足那一邊先開始，但如果三宮裡出現沒有必然尊貴

---

[34] 夏利（Abu I-Hasan 'Ali ibn Abi I-Rijal，一般通稱為Hali或Haly Abenragel）為公元十世紀末至十一世紀初的阿拉伯占星師。他曾擔任突尼西亞王子的宮廷占星師，最著名的著作為《星星論斷全書》（Kitāb al-bāri' fi akhām an-nujūm，於一四八五年被翻譯成拉丁文，名為Praeclarissimus liber completus in iudiciis astrorum）。

的土星或火星，又或是出現南交點的話，則問卜者與手足或親戚之間很可能並不和睦，彼此之間沒有任何共識，他們會持續不和及爭吵。

關於短途旅程：孰好孰壞，應否前行，應該前往哪個方向

所謂的短途旅程，我所指的是 20、30 或 40 英里，又或者這距離是讓一個人必須離家，但能夠於一天之內、最多於第二天回到家。在這問題中，如果你想知道自己最好走一趟還是不要去的話，觀察問問題時的上升守護，並看它移動速度的快慢，又或者它是否在三宮守護的任何尊貴範圍之內，或是否正身處第三宮、或跟三宮守護形成六分相、三分相或合相，或跟任何吉星一起落入第三宮，或月亮是否正跟三宮守護入相位，或月亮有否跟三宮內任何行星形成相位，月亮是否落在第三宮，或月亮是否跟上升星座形成六分相，或者月亮在任何宮位也好，看看她所在的星座是否跟任何短上升星座形成四分相，又或者她是否正快速移動。如果其中任何一項成立的話，這個人將會踏上這趟短途旅程，並得到良好的成果。而如果你想知道天下之大，他應該前往何處？看看第三宮的星座、第三宮守護星所在的星座、以及月亮的位置，看看它們誰的必然尊貴最強，如果主要象徵星落在北方星座的話，他的旅程將會往北，其他星座也一樣，並因應各自的條件限制而判斷。

一六四五年十一月，一名倫敦市民前往英國西部，自此多個星期以來再沒有他的消息，他的親生兄弟前來堅持為失蹤的兄弟問卜，並打動了我，我因而針對以下問題給出了論斷。

1. 他是生是死？如果死了的話，是被士兵所殺嗎？因為此時此刻我們的王國充滿了士兵。
2. 若仍在世的話，問卜者什麼時候才能聽到他的消息？他到底在哪？
3. 他什麼時候才會回家？

Chapter 31
關於上述星盤的論斷

　　上升點的確描述了問卜者的體型及姿態，土星是該星座的守護星，作為該星座及上升點的守護星，土星的本質是乾的，問卜者也如是，他很乾很瘦，看起來的確是非常具有土星特質的男人。

　　金牛座是第三宮的上升星座，金星是該星座的守護星，代表了問卜者那位失蹤的兄弟或被問卜的一方。有鑑於月亮並沒有跟這兩顆象徵星任何一方入相位中，因此它沒有提供太重要的資訊，在這裡我所指的是在描述問卜者及被問卜者一事上。

　　有鑑於被問卜者的象徵星金星完全沒有被整張星盤的八宮守護傷害，也沒有被這位兄弟本人的八宮守護火星所影響，同時月亮正形成吉利的出相位，因為它正跟木星形成往右[35]的相位中，而它下一相位將會是跟太陽合相，發生於天頂的宮首，因此我判斷那位失蹤的兄弟仍然在世，而且沒有任何傷亡事故發生在他身上，他很健康。在得知這個人仍然在世之後，我們就不需要回答第一個問題餘下的部分了。

35　吉兆的相位（Dexter aspect）。

什麼時候才能聽到他的消息？

　　你看到三宮守護是金星，土星則是上升守護，如果你考量它們所在的星座以及各自的度數的話，你會發現代表失蹤兄弟的象徵星金星，跟上升守護土星其實正在互相接近，並即將形成一個友善的三分相。雖然土星移動緩慢，但因為它正在逆行，而且身處的度數比金星高，因此將會透過逆行而遇到金星。這是一個非常好的論點，說明問卜者將會非常突然地聽到關於這位失蹤兄弟的消息。同時如果你查看艾克斯塔迪烏斯[36]星曆中的一六四五年十一月七日，你會發現土星跟金星將於此問題發出的當天下午五點形成正相位，不過當我們扣減時差變回倫敦時間之後，將等同於下午四點正以後一點點的時間。我因此建議問卜者前往他知道兄弟曾經去過的地區詢問那些搬運工人，看看他們有沒有看到這位被問卜的人，因為我告訴他將會於同一天聽到兄弟的消息，背後唯一的原因，是兩顆象徵星將於當天形成友善的三分相。他因此充滿了信心，然後在當天大概四點左右，某位慣常活動於該處的搬運工人出現了，並告訴問卜者他的兄弟仍然健康地活著。

他在哪裡

　　他當時的旅程是往西方前進，在問問題的時候，我看到他的象徵星金星正離開代表東北方的射手座，並進入代表南方的摩羯座，據此我判斷他在他所前往地區的東南部。而因為金星離上升點並不遠，但同時位於星盤的東

---

[36] 艾克斯塔迪烏斯（Eickstadius），推測為波蘭占星師，他的星曆當時是為了斯德丁（Stetin）這地方而計算的。

方象限，因此我判斷他所在的位置離倫敦不會多於一或兩天的路程。由於金星正離開射手座並進入摩羯座，在那裡它將會得到元素守護及界守護，因此我斷定這個人正離開他之前一直身處的地區，而他在那裡既無資產也沒有住處，同時正動身回來倫敦的家，因為在這裡他會有很好的待遇。金星還有1度就會離開射手座，我判斷他應該不到一星期就會回家，因為射手座是**雙體的變動星座**，該星座的1度以及問題本身，都反映了這時間應該代表一星期。

他在下一個星期二回到了家中，那是月亮跟金星合相的一天，月亮進入摩羯座，得到自己的界守護，並得到自己日間的元素守護。

兩兄弟的象徵星，也就是土星跟金星之間有著一個相當和睦的相位，這兩兄弟一直都相當互助互愛，相信從這問題的論斷中已然充分反映。根據象徵星的位置及詢問的主題去調整你的判斷，這樣你應該可以論斷任何跟第三宮相關的事情。

Chapter 32
關於某份報導或廣泛的傳聞，熟眞孰假

一六四三年，陛下的軍隊腐敗猖獗，有幾份報導指出陛下已經拿下劍橋，某位很有影響力的人前來提問這個新聞到底是眞的還是假的？在我畫了星盤確認及得出論斷之後，證明我們所聽到的消息都不眞實，劍橋沒有、同時也不會被陛下或他的軍隊拿下。

有報導指陛下軍隊拿下了劍橋：眞的嗎？

（圖七）

首先，我看到所有軸點都在開創星座，火星於第十宮宮首帶來破壞，土星落在七宮宮首，因此這是其中一個證據，證明報導內容不實。

第二，我發現月亮在降宮及雙子座，月亮在這星座並沒有任何讓它覺得開心的條件，這是第二個有力的證據，證明消息不實。

第三，我發現北交點落在一宮宮首，對議會來說這是個好兆頭，因為第一宮象徵了值得尊敬的社會大眾。我發現上升守護金星以及我們大眾的象徵星落在擢升位置，但我們敵人的上升點，意即七宮的守護星火星進入了其落陷位置巨蟹座，並透過土星的四分相受到傷害。我看到月亮正離開位於七宮的木星，並把木星的光線及美德帶給金星，這讓我有理由期待，這份報導或謠言將會為我們這一方帶來好事，而且絲毫不會為敵方帶來好處。我看到火星跟土星四分相，更讓我確信我們的敵人充滿了分歧及不忠，他們彼此間互相反對對方的計畫，因此根據這則報導，並不會有好事發生在他們身上。簡單來說，我判斷劍橋並沒有被拿下，我們聽到的只是謊話而已。

假設這星盤的問題是：「問卜者會否有兄弟或姊妹？」那麼你可能要更改一下你的論斷：

天蠍座：第三宮的星座，一個多產星座。

巨蟹座：三宮守護所落入的星座，一個多產星座。

月亮正跟落在多產星座的金星進行入相位，正如你在《基督教占星學・第一卷》Chapter 16 所看到的，這兩個星座都被列為多產，由此你可以向問卜者保證他將會有兄弟跟姊妹，而且有非常多的親戚，但因為這兩個星座都是陰性星座，所以姊妹會比兄弟多（同樣請參考《基督教占星學・第一卷》Chapter 16）。同時這星盤中三宮守護火星也落在陰性星座，但火星的支配星月亮則落在陽性星座的雙子座，同時跟陽性、落在角宮、陽性星座及宮位的木星形成星座相位上的六分相，這都支持了問卜者會有兄弟或手足。

占星學尚未美好到可以準確預測兄弟姊妹的數目，而且這做法也不過是

爲了滿足我們自己的自大而已，所以，把這種得知確實手足數目的事情交給偉大的神吧。

　　第三宮沒有任何被傷害，問卜者的象徵星金星也沒有跟三宮守護火星之間有任何不良相位，它們所在的星座有著同樣的本質，月亮正跟金星發生往右的四分相的入相位，而且身在短上升星座，月亮最近也一直在與木星六分相的角距之內，這說明了他跟親戚之間會有爭論與協議、和睦跟團結，而他與未來將會出現的兄弟姊妹也是如此。

關於第四宮及其相關論斷
與父母、土地、租契、遺產、繼承而來的物業、城堡、藏寶庫，或任何隱藏在地上的東西有關

Chapter 33
尋找某件被藏起來或被錯放的東西

　　小心觀察你的上升點，然後思考該問題的本質，意即：是誰的物件，或是東西是在誰的手上消失不見的？問清楚物件的擁有權歸屬。如果物件是問卜者所擁有的，那麼觀察二宮守護；如果是兄弟或姊妹所擁有的，就要看四宮守護；如果是屬於父親的，就看五宮守護；屬於母親的要看十一宮守護，依此類推，根據提問問題的人的本質而決定。

　　如果你發現二宮守護落在任何角宮，那麼你或許可以斷定那個遺失、被藏起來或不見了的東西正在提問者的家裡；如果二宮守護落在第一宮，或落在一宮守護所在的星座，或落在一宮守護所在的宮位，你或許可以斷定物件正在家中他最常去的地方、最常停留的地方、最熟悉的地方，或是他用來擺放自己貨物或自己珍藏物件的地方。但是，如果二宮守護落在第十宮，而他是一名商人的話，物件正在他的店裡；如果是一名紳士，那麼物件正在他的

會客室或飯廳；如果是一名農民，則在他家裡平常的房間裡，或在進大門後的第一個房間中。如果二宮守護落在第七宮，物件則會在他的妻子或女僕們最常於其中忙碌的地方；如果二宮守護落在第四宮，那麼物件會在整個房子裡年紀最大的人的睡房，或從前最多人會進去的房間，或在房子的中央，或是整個房子最古老的部分，那裡應該是問卜者父親或相當老邁的人居住的地方。象徵星所在的星座描述了該地方的本質及特質，如果二宮守護所在的星座是風象，又或是比較多的象徵星及它們的星座跟福點所在星座一樣，只要出現這條件，那麼他想找的東西會在屋簷、屋頂、房子的上層或上部，或在房子或某房間的上層，可能離地面很遠。而如果該事物被藏在野外，或者在花園或果園的話，物件所在位置會比地面高，或者在最高的山丘的山頂甚至是山上，或被懸掛在某植物或樹的梗上。

如果前述象徵星夠強，同時落在水象星座，那麼物件會在食物貯藏間、磨坊或盥洗室，或在附近的水域。

如果在火象星座的話，物件會在煙囪附近，或擺放鐵的地方，或在房子的牆附近。

如果在土象星座的話，該物件在地上或泥土中，在行人道或地板下面或附近，而如果你發現該物件被錯置在房子外的話，這表示該物件在橋或階梯附近，也就是人們接觸到地面的地方。

如果你的象徵星即將離開某一星座並進入另一星座的話，這表示該物件正在另一個物件後面，或不小心掉落在兩個房間之間，或在門檻附近，或在兩個房間緊臨的地方，並且根據星座的特質，可能會在比較高或比較低的地方。

在房子或地面的哪個區域

古人們為此提供了非常多的規則，並強調如果想要判斷物件落在房子或

地面的哪個地方的話，你必須查看值時星 [37]。如果值時星落在第十宮或第十一宮的話，你或許可判斷該物件在房子的南邊區域，並靠近東邊；如果象徵星在第四宮跟上升點之間的話，物件在東北；如果在第四宮至第七宮之間的話，在西北方；如果在第十宮至第七宮的話，在西南。

這的確是來自占星界前人們的意見，並從古時候沿用至今，然而我發現這種判斷並非十分準確，因此我努力尋找一種可以更確定的技巧，一種更準確的方式來隨時發現或找出在房子內丟失、亂放或不見了的、並沒有被偷去的東西，方法如下：

首先，我會觀察上升星座，它的本質以及它象徵了天空的哪一個方向。

其次，觀察上升守護落在什麼星座，以及第四宮的星座。

四宮守護落在哪個星座？月亮星座落在哪個星座？

第二宮的星座。

二宮守護落在哪個星座，福點落在哪個星座。

我會觀察星座的特質，看看它們顯示了物件落在房間的哪個區域，我所指的是觀察這些星座所在的方向，東、南、西或北，視乎得到較多支持的證據而定。同時你必須知道，對於失物、錯放的物件或逃亡犯，星座的確象徵了確實的方向：

牡羊座 – 東	獅子座 – 東方偏北	射手座 – 東方偏南
天秤座 – 西	雙子座 – 西方偏南	水瓶座 – 西方偏北
巨蟹座 – 北	天蠍座 – 北方偏東	雙魚座 – 北方偏西
摩羯座 – 南	金牛座 – 南方偏東	處女座 – 南方偏西

37　值時星（Lord of the Hour）。

找出不同星座的方向後，星座的本質同時會告訴我房子裡該地點的特質，例如：如果是風象的話，**會離開地面**；火象的話會在牆或隔板旁邊；土象在地上；水象的話會在房間裡最濕的地方。我曾經進行過幾次實驗去改善以上的論斷方式：我有時候會興之所至使用當下的時間建立星盤，然後憑星盤尋找我的手套、書本或任何其他不知道收到哪裡去了東西，並發現這些規則非常可靠。

Chapter 34
關於買賣土地、房子、農場等等

　　把第一宮及其守護星，以及月亮剛剛出相位的行星，視為問卜者或買家。

　　把第七宮及其守護星，以及月亮即將入相位的行星，視為賣家。

　　把第四宮、第四宮當中的行星、月亮以及四宮守護，視為即將被買入或購置的房子、土地或莊園。

　　把第十宮、第十宮當中的行星，以及這一宮的守護星，視為價格的象徵，也就是交易價會是很便宜還是很昂貴。

　　If Agree.

　　如果你發現上升守護跟七宮守護形成任何和睦的相位，七宮守護入相位接近一宮守護的話，你或許可以斷定賣家是真的有心想要跟問卜者或買家交易；而如果象徵星在入相位期間位處必然尊貴的位置，或發生光的**轉移** [38]，或者它們的入相位即將形成的是合相的話，那麼很有可能他們會在不太艱辛的情況下達成協議，並決定進行交易；如果入相位或光的**轉移**是經過四分相或對分相發生的話，雙方最後還是會交易，但期間會經歷相當多的溝通，有

38　光的轉移（translation of light）。

可能交易告吹，並花上相當長的時間。

同時觀察一宮守護或月亮有否跟四宮守護入相位，或是四宮守護或月亮有否跟一宮守護入相位，或是只有四宮守護自己跟一宮守護入相位，但同時有受到任何程度的接待；或是上升守護落在第四宮，或是月亮或四宮守護落在第一宮，這都代表問卜者會在問題所指出的時間點買入房子或得到遺產[39]。

然而，假設沒有出現落在彼此宮位這項條件，但是月亮把四宮守護的美德或光線轉移到第一宮的話，交易最終會達成，但需要經過信使或中間人，而不是買賣雙方當面親自簽下合約。

如果沒有入相位或光的轉移，把光線從某行星轉到另一行星的話，那麼，討價還價可能不會有任何結論。

關於土地或房子的好壞

土地或房子的好或壞

如果你在第四宮看到兩顆凶星，而且非常強大或者身處境外，又或是四宮守護逆行或不吉利，或落在落陷或弱勢位置的話，這物業將難以留給你的後代。

但是，如果木星、金星或北交點其中一顆落在第四宮，或四宮守護落在自己的宮位，也就是第四宮，那麼買家可以預期他想要購買的土地或房子將會帶來很好的成功，這物業將能夠留給他的後代，並且他可以相信完成這筆交易將讓他賺到不少錢。

39　這裡所指的遺產，應該是類似祖業之類的房產。

Chapter 34　關於買賣土地、房子、農場等等

土地的品質條件

如果那是可耕地，而你想知道它的品質如何，把上升點視為使用它的租戶、牧民及農民的象徵。

第四宮象徵泥土的品質及狀況、土地的形態及條件；如果問題是詢問某一間或多間房子的話，這裡則反映了它們的狀態。

西方的一角[40]象徵土地上的草本、它們的數量及特色；至於天頂則象徵了土地上的灌木、樹木及植物。

租戶的好壞

如果凶星出現在第一宮，那麼該租戶或住戶都是不好的，他們不誠實，並且不會為了土地著想；如果吉星落在第一宮，結果則相反，這個租戶會是誠實的人，樂於付出，可讓地主感到放心，更會感激地主，同時安於自己已經擁有的，並且會一直住在這土地上。但如果順行的凶星出現於第一宮的話，那租戶會偷取木材或讓本來美好的土地慢慢變得貧瘠，但如果該凶星逆行的話，租戶會利用地主，或會逃之夭夭，或會違反契約。

地上的木材

如果有吉星落在第十宮而且順行，那麼那塊地上會有好的木材及不錯的數量；如果吉星逆行，則斷定有很多樹，但很少木材，因為都被砍了，又或是最近商人已經賣了太多，或已經多砍了太多，以致有很多囤積，又或是那些樹很多都已腐爛了等等。如果凶星出現在第十宮，同時順行，那麼這塊土地只有幾顆樹，但如果凶星逆行，那麼應該是鄉人們偷了或拿來牟利。

40　即下降點，第七宮。

但如果第十宮沒有行星，那麼，看看它的守護星，看看它有沒有跟天頂形成一些好的相位及有沒有任何尊貴，如果有的話，那麼這土地應該有一些樹木；如果十宮守護看不到天頂的話，則只有很少甚至沒有樹木，又或者根本不值錢；如果十宮行星是東方行星，並看得到第十宮，那麼土地上的樹都是年輕的樹，又或是它們生長得很慢，又或者是矮林。但是，如果十宮守護是西方行星，而且出現前述條件，那麼樹會生長得比較快，而且這樹林已經很有年紀；如果十宮守護順行的話，會在土地上找到樹木，並且之後很長一段時間都會繼續有樹木，但如果是逆行的話，這樹林當中會有很多只有樹頭跟空心的樹。

在考量前述條件之後，觀察星盤西方一角或第七宮，這裡會告訴我們草本或地上較小的植物的狀況及特色。例如，如果你發現木星、金星或七宮守護落在第七宮的話，那麼就可以認為這土地有非常多草、玉米，或任何問卜者合理要求的植物，但如果這裡出現的是凶星的話，結果則相反。

土地的特色

當考慮土地上的特色時，要注意第四宮及第四宮的星座，如果宮首在牡羊、獅子或射手座，這會是很多山丘、高山、乾或硬的土地，或至少有很大一部分會是如此；如果金牛、處女或摩羯其中一個是四宮宮首星座，這土地會是平地、非常優秀，並會是出色的牧地，或相當適合用來飼養牲畜或開墾作耕地；如果是雙子、天秤或水瓶，這土地不會非常多山也不會非常平坦，而會是兩者混雜，本質上某部分的土地是好的，某部分則不太好；如果是巨蟹、天蠍或雙魚，則毫無疑問這土地上有一些漂亮的河川、小溪，或有很好的儲水量。

如果你想完全掌握泥土的品質及性質，你必須觀察以下這條一般規則：如果有凶星出現在四宮星座、逆行、或落在自己的落陷或弱勢位置，那麼這

土地將會得到這行星所象徵的不恰當特質：例如四宮宮首在天蠍座，土星在天蠍座，同時逆行或被其他不幸條件所傷害，這時候你或許要非常有信心地斷言這土地的排水有問題，貯了太多的水，又或是它非常濕軟而且不健康，長滿了又長又亂的草等等。

而如果那土地相當接近大海，你可能會怕出現海水倒灌、海堤腐蝕、容易發生河川或其他水體的氾濫等等。如果土星在四宮的火象星座帶來傷害，那土地會是貧瘠、土面很硬而且又瘦、很崎嶇，不一直付出勞動力的話不會帶來回報，且需要水，因為它本身應該是貧瘠的土地，幾乎沒有草；如果土星在雙子座帶來傷害，只要它在這星座，或身處任何人型星座，也就是天秤或水瓶座，這些星座成為四宮宮首星座，同時土星也逆行的話，這土地是有缺憾的，又或是一個有問題的農夫之前一直不珍惜地使用這土地；如果不幸的土星落在四宮宮首的土象星座，這土地是好的，但目前的使用者並沒有恰當地開墾它，又或是管理不善，他們遊手好閒、懶散、怠慢、非常貧窮，同時不願意付出任何成本。此外，這是一個充滿黏土的土地[41]，只是那些農夫們並不知道泥土的特質等等。

便宜還是昂貴

這能夠由十宮守護得知，如果它在角宮、順行並且有很強的必然尊貴的話，價格會高，賣家會訂出很高的價錢；但如果十宮守護在降宮、逆行、移動緩慢、受剋，那麼價格將不會調高。

41　充滿黏土（clay soil）的土地一般都比較肥沃或較易留住營養，因此比較適合耕種。

租用或購入心儀的某農場、房子或土地是不是好事

把第一宮及其守護星，視為即將租房子或買入土地的人。

把第七宮及其守護星，視為租出或賣出這個房子或農場的人。

把第十宮及其守護星，視為這宗交易成交之時有可能出現的利潤。

第四宮及當中行星將會顯示出結果，也就是這房子、土地或農場的交易將會成立或不成立，或到底將會如何發展。

如果上升守護落在第一宮或上升星座，或跟上升星座形成六分相或三分相，更貼切地說，如果它跟上升點在自己的容許度之內形成相位，又或如果第一宮內有吉星，不管它有沒有必然尊貴，又或是福點在第一宮內，同時沒有受剋，那麼這些會是證據或支持，證明那位農夫將會購入或租用那房子、土地或農場，並且他充滿希望地認為自己將會做得很好，又或是認為這是一宗很好的交易，他將會獲得非常好的利潤，同時他相當喜歡自己購入或租用的物件，因此也相當欣慰這場交易的成立。

但如果有某凶星落在第一宮（不管是哪一顆），如果問卜者在前來向你提問之前就已經購入或租入該物件的話，現在他會感到後悔；如果他還沒購入或租入的話，他不會有意願交易，又或是如果他真的決定交易的話，現在他會把這物件推給其他人，因為他根本不會從這交易中獲得任何利益。

在思考了哪些狀況可能會發生於買方之後，現在讓我們把眼光放在象徵賣方的第七宮及其守護星。如果你發現七宮守護在第七宮或正跟七宮宮首形成良好相位，或在第七宮發現吉星，那麼賣方將會遵從自己提過的條件，你也將會得到跟他所爭取到的一切，但賣方也會從這場交易中得到利益。

如果第七宮當中有凶星，而它不是七宮守護的話，要非常注意雙方需要遵從的協定及條款，地主也會對你非常苛刻，他眼裡除了要對付你以外，完

全沒有別的事。

　　之後，**觀察第十宮**，如果當中有吉星，或者吉星看到第十宮的話，雖然可能會有一些摩擦，但雙方會推進交易進度，該房子、農場或土地將會成功出租給問卜者。

　　然而，如果你在第十宮找到一顆凶星，或者凶星跟第十宮形成對分相或四分相的話，問卜者將不會買到任何房子或土地，如果該地主急於放租的話，很可能雙方會因為土地上的樹林、木材，或因為土地上新建的房子或建築而出現意見分歧；又或者問題跟房子有關的話，可能雙方對於房子的維修出現意見分歧。

　　關於交易的結果，**觀察第四宮**，並把第四宮視為結果的象徵。如果當中有吉星或四宮守護出現在這裡，或透過六分相或三分相看到這一宮的話，事情會得到很好的結果，雙方都會感到相當高興；但如果當中有凶星的話，總括來說，該事情、交易或雙方討論的物件，最終將不會讓交易的任何一方滿意。

Chapter 35
問卜者是否會喜歡父親留給他的物業

在這問題中,你必須把第一宮及其象徵視為問卜者,第四宮及第四宮裡面的行星視為父親的象徵,父親個人的物業或動產由第五宮、五宮守護、及任何偶然落入第五宮的行星所象徵。如果在這問題中,你看到二宮守護跟五宮守護之間出現接待,五宮守護落在第二宮,同時二宮守護落在第五宮,問卜者將毫無疑問地會從父親的資產中創造出相當可觀的財產。但如果剛巧五宮守護逆行,或跟任何凶星形成不良相位,那麼父親本來打算給予問卜者的資產中,其中一部分將會被父親自己浪費掉或被他用其他方式花掉。如果你想知道在什麼場合或事件會發生這件事?你可以觀察是哪顆行星透過四分相或對分相阻礙五宮守護,或它有沒有被太陽燃燒,以及那行星是哪一宮的守護星。如果它是六宮守護,那很有可能是父親的兄弟或姊妹,或某些租戶、鄰居,將會說服他去改變心意,並刪減部分本來打算給予問卜者的財產;如果是七宮守護,則可能是某女人或情人,或某個已經跟問卜者意見不合了一段時間的人,他們阻攔了父親的意圖;如果是十二宮守護,則會是某些鬼祟的人或教區的牧師,或是母親的親戚。現在我們知道了關於當事人的描述,問卜者掌握了涉事者是誰,他會想得到這個人的喜愛或善意,減低對方對自己的敵意,然後請他觀察造成阻礙的行星跟一宮守護之間,什麼時候會形成六分相、三分相或合相,同時他應該在星曆中尋找月亮離開其中一方,並跟

另一方入相位的日子，然後請他在差不多正相位或確實形成正相位的一刻向對方提出和解。不要懷疑，他將會達成他所渴望的，因為我有相當多好的經驗去證實這一點。

如果五宮守護支配福點，同時它落在第一宮或第二宮，那麼問卜者會得到他預期父親打算給他的財產。

如果木星或金星不在五宮，並跟問卜者第二宮的任何行星形成良好相位的話，結果跟上述一樣。

如果月亮跟五宮守護出相位，並同時跟二宮守護或一宮守護剛剛形成了六分相或三分相，這顯示了非常有希望、幾乎能夠確定可從父親身上得到問卜者所想的東西。

如果你在第四宮找到凶星，而且在那裡沒有任何尊貴，那麼你或許可以說父親沒剩下什麼錢了，又或者暗示嘗試打動他的並不是一個好建議，直到該凶星移動離開該星座；但如果你不能等那麼久的話，可以觀察該行星什麼時候會順行、移動快速、成為東方行星，同時跟木星或金星形成三分相或六分相，然後嘗試打動父親。我這樣寫，是假設問卜者已經有一些當下的想法，而且不可以隨父親的心意而安，我也並不是說等待的這段時間能夠讓父親的心意或意願變得更堅定，但在這些時間期間，他的確會傾向變得比較友善。

如果你發現二宮守護跟五宮守護，透過逆行形成良好相位的入相位的話，問卜者將會突然收到父親的部分財產，比他察覺的更早，或是會在他覺得最不可能的時候收到。現在我們想知道父親是否愛問卜者多於他其他兄弟或姊妹，那麼你必須觀察三宮守護或第三宮中，也就是兄弟及姊姊的象徵，有沒有任何行星比一宮守護更加靠近四宮守護或跟四宮守護有更好的相位，或看看他們之間有沒有出現接待，或有沒有出現光的轉移。如果有的話，那麼你或許可以肯定父親喜歡另一名子女多於問卜者。最接近並與四宮守護形

成正相位的行星，**顯示了誰備受喜愛**，受到象徵星最有力招待的行星也如是。

Chapter 36
是否應該搬往別處，或是居住或留在某個地方

　　觀察一宮守護，以及第四宮、第七宮，如果四宮守護正在第七宮，同時它是一個好的行星，而一宮守護跟七宮守護也是好的行星，或位處天空或整個星盤中的有力位置，順行、快速移動，並跟好的行星形成良好相位的話，繼續居於原址不要搬遷，對問卜者來說會是好事。但如果七宮守護是一顆好的行星，但四宮守護是邪惡的行星，那就最好不要繼續住在原址，如果他繼續住的話，將會經歷不少的傷害，關於這一點，我觀察到的論斷方式如下：如果一宮守護正在離開跟六宮守護、八宮守護或十二宮守護的四分相或對分相，同時月亮也呼應這論斷，也就是說，月亮也正離開跟某凶星的不良相位，而這凶星又是七宮守護或四宮守護，同時不是問卜者的朋友或象徵星；又或是發現一宮有身處境外或逆行的凶星，或某顆身處境外或逆行的凶星正在第四宮，或二宮守護相當弱而且處於不利位置的話，我會建議問卜者遷出目前居所，並告訴他為什麼要這樣做；如果我發現六宮守護在第一宮或在傷害一宮守護，我會斷定問卜者住在這地方時的健康非常差，病懨懨的，或被某個沒有做好自己工作的惡毒侍從所折磨。

　　如果十二宮守護傷害一宮守護或月亮，我會說問卜者被人在暗地裡中傷，有邪惡或愛詆毀人的鄰居，或住在問卜者附近的人真的有製造他的謠言。如果二宮守護不吉利，或跟上升守護形成四分相或對分相，或如果福點

落在第十二宮、第八宮或第六宮的話，我會斷定他回到了世俗，而他的物業已經被毀掉了。

　　如果他的象徵星，也就是一宮守護，被十宮守護所傷害的話，我會讓他知道他失去了聲譽，他的生意變差了，或甚至根本沒有生意成交；如果四宮守護或第四宮本身不吉利的話，我會斷定該房子是不幸的，沒有太多人能夠住在那裡而得到興旺，又或是房子的狀況相當大程度的削弱了他（因為這房子並不有利於他的生意往來）；如果七宮守護傷害一宮守護或二宮守護，那麼與他敵對的鄰居會得到所有生意、擁有更多不同商品等等。現在，如果要知道問卜者應該把前路轉往哪個方向，以求得到更好生意的話，我會觀察整張星盤中最強大、最吉利，以及跟上升守護或二宮守護形成最友善相位的行星，看看該行星在天空上象徵了哪個方向，然後建議占卜者遷往那裡。如果我沒有記錯的話，並沒有任何人曾經後悔聽從我的建議，有很多人都回來向我送禮及表達感謝。

　　當我講出這些話（例如說房子不幸運）的時候，有一些人會指責我，並說「神的祝福無所不在」，認為這種論斷不過是迷信，房子沒有生命，不可能會造成不成功（或不吉利）等等。讓這些人繼續安於相信自己的想法，這世上應該沒有人會比我更不迷信了，但透過經驗證實後，我會自由地表達並仍然維持這個想法：假如在某房子曾經發生過一些極惡劣的事情，神的天使能夠感覺到那房子所發生的壞事，以及當中對神的褻瀆，因此會詛咒該地方或房子，這將持續非常長的時間，除非有神職人員曾經在這些地方，為當中曾經發生的罪行進行完整的救贖工作；又或是在天使的憤怒平息之前，這房子會一直成為最不吉利的房子，不管住在其中的是誰。我所寫的，來自於那些可憐的房子，我很清楚許多大大小小的家庭皆曾完整進行過，並知道如何自然地解除這些詛咒，至於那些沒有清楚寫出來或被保密的，我則不知

道。[42]

  其他一些針對這問題的解決辦法，例如在問問題這一刻，月亮正離開跟木星或金星的相位，那麼就不要搬；如果月亮正離開某凶星，那麼就要搬。又或是吉星在第一宮，這是要求你繼續住，如果凶星在第一宮則要搬。謹慎地考量前述內容和論斷，這應該足以教導任何資歷一般的占星師，去解決前述關於搬家的問題。

---

42 作者這裡表示不知道或被保密的，應該是意指關於驅散詛咒的方式，他原文這一句特別用拉丁文撰寫：Sunt Sigilla & Lamina quae nec Scripta Sunt,& ego novi.

Chapter 37

關於改變河川的走向，
或把水透過管道或水管引導到土地或房子

關於這種論斷，基本上，你必須觀察土星及月亮的位置跟力量，它們彼此間或各自有沒有跟金星或木星形成哪些相位。如果你發現土星順行、移動迅速，是東方行星，同時月亮在第三宮、第十宮或第五宮，並且沒有跟火星形成任何好或不好的相位，這支持了即將進行的工序將會非常成功，可得到好的成果，問卜者將會透過這工序得到豐盛及稱讚，同時整件事都進行得非常輕鬆。又或是，如果月亮正跟自己身處宮位的守護星入相位，同時對方也因為尊貴而接待月亮，加上這行星也是一顆吉星，正在緯度上往上升，並身在固定星座的話，問卜者將不必擔心，會有足夠的水，而且會豐沛地流動，同時該河道將持續很長一段時間仍有足夠的水量；如果木星或金星在第十宮，尤其如果是木星的話，這是非常確定的支持，顯示該河道、渠道、管道、水管或水道工程，將可以繼續運作非常多年。

當需要進一步論斷這問題時，如果你看到土星在第十一宮，非常強大有力，同時月亮跟它形成六分相或三分相，加上月亮的守護星落在固定星座或共同星座 [43]，又或是月亮本身正在一個帶來雨水的星座，也就是巨蟹、獅

---

43 共同星座（common signs）即變動星座，詳細內容可參閱第一卷。

子、水瓶或雙魚座。

　　關於你正在處理的工序，所有條件都表明了你將會有良好的水流及足夠的水量；但如果你發現凶星在第十宮，很有可能你的管道會破裂，河川很有可能會斷裂或缺堤，水流會不穩定，管道的走線有問題，或目前所請的承辦者所答應的成果將不會實現。

Chapter 38
關於藏在土地中或即將被挖掘出土的財寶

　　這問題的解答方法有很多種，根據提問的本質或根據被問卜物品的本質及特質，例如它是金錢、金屬製品或珠寶？是可以輕鬆帶走的物品？或是埋藏或收起來非常久的寶藏？以致問卜者並不知道它是什麼。又或是詢問在某地、某市鎮或屬地中有否任何金礦、銀礦、鐵礦或其他金屬的礦。然後，我們必須知道問卜者有沒有真的收起或藏起他所問及的寶物，或到底他們之間有沒有任何關係，還是他只是想知道寶物收到哪裡去了，因為他不知道該寶物是什麼時候或在哪裡被藏起來，或不知道它到底屬於誰或它到底是什麼。

　　如果問卜者真的把金屬製品、金錢或珠寶，藏在他的土地或家裡的某個地方，然後忘記到底放在哪裡，這時候你必須觀察第二宮、二宮守護、二宮守護落在哪個星座及方向，此外，還有第四宮的星座及其守護星、它們象徵哪個方向。如果二宮守護跟四官守護都在角宮，那麼物件仍然在房子或土地中沒有被動過，但如果這些行星並不在角宮，反之，它們是凶星，同時沒有尊貴，也不在第四宮或第七宮，那麼，應該一部分或全部的財寶都已經被拿走了，不妨可以重溫前面 Chapter 33 關於東西被藏起來的內容。

　　如果問題絕對與寶藏有關，但不知道它屬於誰，也不知道其中內容，也就是說，如果問卜者想知道在他的土地或房子的任何地方有沒有珠寶的話，觀察星盤中木星、金星或北交點是否在第四宮，如果有，就表示那裡可能有

Chapter 38　關於藏在土地中或即將被挖掘出土的財寶

寶物；如果吉星們在那裡而且是它們所守護的宮位的話，那麼毫無疑問地，你將可以確定這可疑的房子或土地上真的有寶物或有值錢的東西。如果你發現土星或火星落在自己守護的宮位，順行，沒有受到任何阻礙，同時落在第四宮的話，那同樣表示有寶物；如果你發現金星在第四宮金牛座，沒有遇上任何不幸的話，那裡也很可能有寶物。你必須知道的是，行星不可以不幸，必須在自己守護的宮位或有必然尊貴，同時是象徵星。

如果你不知道該寶物或被收起來的物件是什麼、具有什麼特質，可以看看象徵寶物的行星，並看看它會不會是七宮守護，如果是的話，檢視該行星的本質及特質；如果它不是七宮守護，論斷的時候把它跟七宮守護放在一起解讀，可縮小該寶物的特質範圍。

但如果象徵寶物的行星並不是七宮守護，也跟七宮守護不友好的話，那麼便以七宮守護來象徵該寶物的本質及特色。如果是太陽，而它正在自己的宮位或擢升位置，那麼寶物應該是黃金、珍貴的石頭或金色的珠寶，或是這些寶物的顏色相當接近太陽。

如果問題是某地方「是否有好的礦」，可以觀察：太陽是否位在沒有太多尊貴的位置，但它的確象徵寶物本身的話，那麼該寶物在某程度上真的非常珍貴，甚至像黃金一樣珍貴。

如果月亮在自己的宮位或擢升，同時是七宮守護的話，該寶物會是銀、銀器、水晶或銀色的珠寶等等。

如果火星是七宮守護並且擁有不錯的尊貴，這表示問卜者所尋找的會是黃銅或玻璃，或是一些新奇的珍品，或鐵製的發動機。如果火星很弱的話，或許你只會找到一些老舊生鏽的鐵、蠟燭、開水壺等等；如果問題跟鐵石有關，那麼這結果可能證明了會是品質很好的鐵石，並可做出很好的鐵。如果土星是七宮守護，並如上述一樣的有力量，那麼寶物會是一些很重要的古董，或離世很久的人所寫的古文獻、甕等等，又或是該物被一塊很舊的黑布

或木盒包好。如果問題是關於任何礦山或採石場，那麼很可能那地方會是個有豐富產量的煤礦，也可能暗示著那石礦中蘊含了很好的石材。但如果土星很弱、沒有尊貴，那麼礦山的產量很少，如果不花費其中一部分寶物的話，將很難將它據爲己有。關於那座礦是否充滿水或有沒有任何阻礙，必須查看它正在哪個星座，並好好思考本章較早部分的內容。

如果木星是七宮守護並有必然尊貴，那麼寶物會是銀或很貴的布，而且數量很多，或者可能是錫等等。

如果金星是七宮守護，它暗示了新奇的家居用品、昂貴的珠寶，或非常上等的亞麻布。

如果水星是象徵星，它代表圖畫、獎牌、寫作、書本，一些非常精緻的玩具被收起來，或是這些寶物正被仔細珍藏。

問卜者會否得到藏起來的寶物

如果象徵寶物或隱藏之物的行星跟上升守護入相位，或者兩者之間互相招待，或發生光的轉移，或是兩者之間出現光跟本質的收集[44]，那麼問卜者很可能會得到所尋求的東西；如果兩者形成了四分相或對分相，那麼將需要花費很多勞力並且不無困難。如果它們位在固定星座，並落在問卜者的第二宮或第一宮，同時其中一顆發光體在第一宮而且沒有不幸，那麼可以更加確定，在尋找的過程中能夠得到較多的支持。但如果沒有發光體在第一宮或看到第一宮，但兩者同時落在降宮的話，那麼能找到的希望不大。當福點跟其支配星同時落在第一宮的時候，這保證了問卜者可以得到寶物；但如果福點的守護跟兩顆發光體全部落在降宮，尤其如果月亮跟福點沒有相位，或一宮

---

[44] 光的收集（Collection of Light），原文中作者應該是手誤把collection寫作collation。

Chapter 38　關於藏在土地中或即將被挖掘出土的財寶

守護沒有看到上升點的話，我會告訴問卜者，他將不會得到寶物或藏起來的東西。關於寶物或任何被藏在地下的物件，肯迪[45]給出了以下的規則：建立你的星盤，觀察行星的各個相位，如果有任何行星在第一宮，或任何角宮裡有吉星，那麼，土地裡的確有寶物，那藏起來的東西仍然在地下，其品質、價格及美好，將會根據該吉星的強弱而決定。

如果你發現該物件仍沒被移走，那麼肯迪說應該繼續看看一宮守護跟月亮之間有沒有任何好的相位，吉利代表寶物在那裡，所以吉利意指好的相位及接待，問卜者將會得到他所提問的東西。肯迪進一步說明，固定星座顯示物件在泥土中，變動星座代表在牆裡或牆附近，開創星座代表在高處或在建築物的覆蓋層中。想知道物件是否埋在泥土深處，看看象徵星在星座的最初、中間還是末段，如果它才剛剛進入一個星座，那麼該物件埋得並不深，埋得很淺，差不多在泥土的最上層。當行星越進入一個星座，就埋得越深，當你挖掘的時候，盡量不要選凶星在角宮的時候，如果可能的話，盡量讓象徵星跟二宮守護形成六分相或三分相，同時讓月亮跟寶物的象徵星出相位，並跟你的上升守護入相位。

---

[45] 肯迪（原文：Alkindus，Abu Yūsuf Yaʻqūb ibn ’Isḥāq aṣ-Ṣabbāḥ al-Kindī，八〇一～八七三）被喻為「阿拉伯之哲學家」，他也是數學家、醫生及音樂家，曾致力把希臘的哲學引入到阿拉伯世界中，亦曾撰寫多本占星著作，內容包括天氣預測、日月蝕判斷、擇日及世俗事件等。

Chapter 39
我是否應該購買B先生的房子

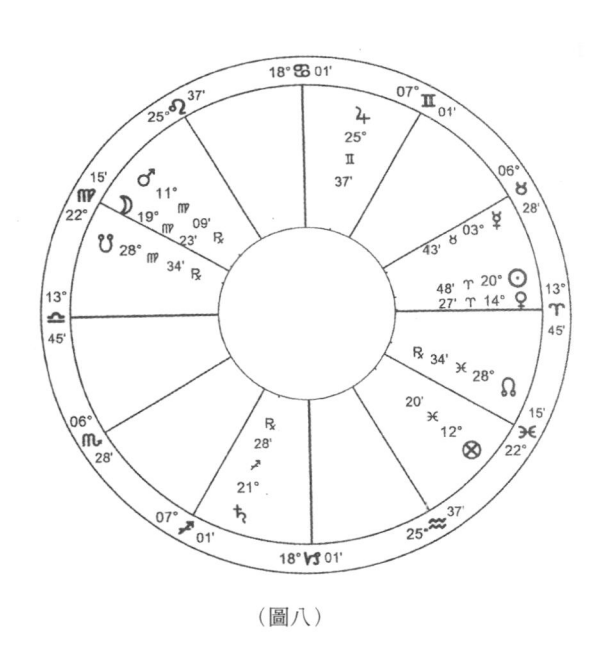

（圖八）

目前（一六四七年）我所居住的房子曾經是某人的遺產，一六三四年時，某些人問我有沒有興趣購買，因此我想知道自己應否跟這賣家打交道，並順利地獲得金錢去支付這筆交易（當時我自己的錢如果沒有提前六個月通知的話是不能提取使用的）。那時我下了決心想購入這間房子，並希望完美

解決此事，於是我為自己問了這個問題：我在什麼時刻會對這房子感到困惑和緊張？同時，根據上述星盤，我想知道這個問題什麼時間可以解決。

上升星座天秤座，這上升點跟我自己基礎盤[46]的木星落在同一度，我把這視為最初的吉兆。

金星是我自己，太陽落在第七宮，賣家的位置，太陽擢升接待金星，此外，金星靠近七宮宮首，同時除太陽之外沒有其他行星在第七宮，這象徵了當時除了我之外沒有其他買家；太陽擢升同時落在角宮，描述了賣家要求非常高（事實上他也是如此），他並非一定要離開這房子。當我發現我的象徵星被太陽接待，同時如此靠近西方一角的宮首，這說明了儘管金星有著各種虛弱狀況，但我仍然應該繼續這件事，因為我發現除了太陽是七宮守護，它同時也是十一宮守護[47]，象徵我不應該太快放棄希望。此外，金星正跟四宮守護土星三分相入相位中，而第四宮象徵了我所提問的房子，在金星跟土星正相位之前將不會有行星剪斷[48]或挫折[49]它們，這是一個相當有力的支持，告訴我應該買這房子。事實上，兩顆象徵星金星跟土星正非常有力地三分相入相位中，因為土星正在逆行[50]。同時我會認為太陽正跟土星形成完美的三分相，正如我前面提過，太陽是十一宮守護，土星則是四宮守護，土星同時也是我這問卜者的象徵星，因為土星看得到上升點，同時位處擢升位置。現在，如果為問卜的這個人考量，一宮守護或四宮守護尊貴，十一宮守護跟兩者各自形成三分相，都肯定地告訴我應該繼續這宗交易，並最終達致成果。月亮下一個相位會把火星的影響轉移給土星，火星在第七宮有尊貴，土星則

46　基礎盤（Radix Chart），即本命盤。
47　這裡並不是翻譯錯誤，作者大概因為太陽於第七宮如此強勢，因此把它視為第七宮的主人，至於第十一宮則因為那裡真的是獅子座。
48　剪斷（abscission），即阻止兩顆行星本來將會形成的相位。
49　受挫（frustration）。
50　這暗示兩顆行星正在向著彼此前進中，占星學上的mutual application。

在第一宮有尊貴，雖然它們形成的是四分相（但因爲是長上升星座的關係，所以是出星座的相位），但仍然會幫助事情的發展，並認爲我會繼續交易，且很有可能簽約，只是態度會有些悠閒跟緩慢。原因是月亮受剋，同時金星不吉利，因此儘管我當時做了很多事，並曾經多次碰面，賣家仍然堅持五百六十鎊，一分錢都不減。因爲太陽差不多跟木星形成六分相，因此一個木星特質的男性將會努力爲自己促成這宗交易（但會在我開始後，並在我下結論之前）；木星在降宮，弱勢，加上金星在角宮並跟房子的守護星有相位，都顯示了他不會佔上風。也因爲太陽是十一宮守護，即第七宮的第五宮，賣家的其中一個女兒是我一位非常要好的朋友，另外也暗示了沒有人會介入、阻撓這筆交易，雖然的確有一些人的好意（阻礙了我）。第二宮的火星正在逆行，暗示我不應該拿自己的任何錢去參與這件事，當時我也的確沒有這樣做；福點守護與木星跟太陽六分相，而且沒有受到任何阻礙，但因爲它弱勢，並會在進入擢升位置不久後，就跟上升守護金星形成六分相，這給了我一點希望，因爲我曾經懷疑不要在木星進入巨蟹或火星順行的時候付錢，而火星在十二天之後順行，當時朋友借了五百鎊給我。房子的品質由第四宮的星座摩羯座及其守護星土星象徵，除了正在逆行以及正在降宮外，這土星本身沒有任何物質相關的虛弱狀況，它同時跟太陽形成三分相：這房子本身已經非常老，但它夠堅固，並足以繼續屹立很多年。當金星跟太陽來到金牛座形成合相，也就是四月廿五日星期五，我提出了條件，然後在五月十七日金星跟月亮合相的那天，我付了五百三十英鎊，並爲產權轉讓證書蓋章。因爲金星距離太陽6度，因此，在距離建立這問題盤六星期多之後，我完成了星盤所應允的事情。這星盤也準確地描述了我身體上的痣及疤痕：因爲金星在牡羊座，代表了臉，我臉頰中間的確有一顆痣，也因爲上升天秤，我背部側邊也有一顆痣，月亮處女被火星所剋，我肚臍下面有一顆紅色的痣，六宮守護木星落在陽性星座的雙子座，我右手外側有一顆清晰可見的痣，我左腳也

有一顆痣，這由第六宮的雙魚座所象徵。除了上述所寫的之外，這裡有很多條件可以考量，但如此一來，本書將會增加很多篇幅並超出我的預期。因此，故事的實情是，我當時面對相當棘手的交易，正如星盤各方面所描述，也應該沒有太多機會再見這樣的契約，不管是仍然有效還是已經逾期；也因為金星在牡羊座，在它自己宮位的對面，因此我的確在那交易中受到了傷害，我所指的是金錢上的損失，不過我真的很愛我現在正居住的這個房子，並快樂地成為了它七年的主人，也在這裡娶了我第一任妻子，並受到神的無盡祝福，賜予了這世上的各種好事，讓我忘記了這小小的瑕疵，即便到現在我仍然感謝神，也完全沒有後悔過這決定。我在自己的勞力中看到了神豐富的設計，正如沃頓所言 [51]，我不是裁縫或代筆，也不是從事其他任何工作，我並非裁縫大師，我的妻子也不是代筆的遺孀。

---

[51] 喬治・沃頓（George Wharton，一六一七〜一六八一），英國皇家士兵、占星師及詩人。

關於第五宮及其相關論斷
與子女、是否懷孕、何時生產，
以及身為大使或信使有關

Chapter 40
某人是否會有子女呢？

　　當某位還沒打算結婚的男女，或某位年老的單身男性或女性提問這問題，想知道自己會否有任何子女，以下是一般你需要考量的地方：看看五宮宮首或上升點是否落在我們稱為多產的星座（也就是巨蟹座、天蠍座、雙魚座），同時，上升守護（不管它落在哪個星座）或月亮是否跟五宮守護形成相位，不管那相位是合相、六分相、三分相還是四分相（雖然合相其實不算是相位）；同時五宮守護入相位中的行星或形成相位的行星，是否沒有被燃燒，或其他偶然或必然尊貴上的不吉利狀況所影響，如果都有這些條件的話，那麼，可以認為這個年老單身漢或嫁不出去的女性在離世之前會有自己的子女。在判斷這種問題時，如果五宮守護或月亮落在第一宮，又或如果上升守護或月亮落在第五宮，但是出現了從其中一個主要象徵星身上收集其特質，並轉移到其他行星的狀況的話，你或許仍然可以繼續你的論斷，問卜者

可能有機會有自己子女，但不會發生得那麼快，至少不會像上述的第一個狀況發生得那麼快。除此以外，注意接待象徵星其支配星的行星，如果它明顯沒有受到任何不吉利或傷害，也就是沒有逆行、燃燒或落在降宮，那麼事情就有很大希望。同時，**觀察月亮剛跟其出相位的行星**，看看它是不是月亮正在入相位的行星其所在星座開始算起第五個星座的守護星，以及這兩個行星彼此間有沒有相位，因為這也證明了那個人會有子女；如果它們之間沒有相位，那麼他似乎不太可能會有子女。也有些人說，在上述行星或象徵星沒有任何相位的狀況下，如果月亮入相位的行星位在角宮的話，問卜者還是有可能會有子女。

如果某位女士問她有沒有機會受孕

很多時候，當女性結婚後長時間沒有懷孕，她可能會詢問自己會不會受孕。根據這個問題，你需要作以下考量：

如果上升守護落在第七宮，或五宮守護落在第一宮，或一宮守護落在第五宮，或五宮守護落在第七宮，或七宮守護落在第五宮，或月亮跟它或其他吉星一起落在第一宮，或者月亮跟五宮守護一起落在任何角宮的話，那麼她有可能受孕。然而，如果沒有出現任何一項條件，同時你發現在上述位置出現貧瘠星座及凶星的話，那麼她目前並沒有受孕，或之後將不會受孕。如果吉星跟凶星摻雜的話，她或許有機會受孕，但子女活不下來；如果上升星座或第五宮星座是巨蟹座、天蠍座或雙魚座的話，她或許會有子女，但如果是獅子座或處女座的話，她現在沒有受孕，之後也很難會有子女。當問卜的女性長久以來都沒有子女並提問這問題的話，看看她的本命盤本身是否否定了子女的可能性。

在什麼時候或需要多長時間她才會有小孩？

如果根據上天的安排，你知道這個人應該會有子女，而問卜者渴望得知那會是什麼時候的話：看看五宮守護落在哪裡，也就是如果在上升點或第一宮的話，那你可以判斷需要一年；落在第二宮的話，兩年；第十宮的話，三年；第七宮的話，四年；第四宮的話，五年。在這裡，你必須小心考量五宮守護所在的星座，如果是行動迅速的行星落在開創星座的話，可能會提早發生，**雙體星座暗示了不會太快發生，固定星座會延遲事情發生**。然而，這需要你相當仔細地考量，先不管象徵星落在什麼星座，假設它移動快速並且順行的話，它會提早進行它本身要做的事，同時也會讓事情早點完成。

不管問卜者是男是女，他將會有子女嗎？

觀察上升點，如果吉星能看見上升點，同時上升守護也在第一宮、第十宮、第十一宮或第五宮，並且若看到木星跟上升點的元素守護星一起落在非常好的位置，同時沒有被燃燒或逆行的話，可以如此判斷：如果提問的人是男性，他應該會有子女，或有能力得到子女；如果提問的是女性，她應該會受孕，同時她不是天生不育。如果上升守護落在第四宮或第七宮，同時木星落在星盤良好宮位的話，你可以說問卜者會在提問後好長一段時間才會有子女。

然而，如果你發現上升點受傷害或受凶星影響，同時上升守護落在星盤的不良位置，同時木星位在降宮、第八宮、被燃燒或者沒有完全遠離太陽的光芒的話，那麼，你可以判斷他的子女很少，而且子女體弱多病，很難存活下來。如果月亮不吉利的話，這是非常大機率不會受孕的暗示，或者是沒能

力懷孕。如果你發現第五宮有吉星，或者吉星跟五宮宮首有良好相位的話，那麼這相當有希望，也是相當強大的支持，問卜者很快就會有小孩。但如果凶星落在第五宮，而且尊貴非常差、被燃燒、逆行、移動緩慢等等的話，問卜者將不會有任何小孩；可是如果凶星順行而且移動迅速、是東方行星，同時有任何必然尊貴的話，仍然象徵會有子女，如果木星、金星或月亮在好的宮位，跟它形成六分相或三分相的話，他會有更多子女。你必須記住，吉星越接近上升點，問卜者應該會越快有小孩，越來越遠則需要更長時間。其他人會觀察以下規則：如果木星落在第一宮或第五宮，同時不是貧瘠星座的話，那麼問卜者應該會有一個小孩，如果木星落在五宮守護所在宮位的話也會帶來很大的力量。如果木星落在角宮，同時跟那一角宮的守護星出現接待，或如果它落在第十一宮或第五宮，並同時跟其守護星出現接待的話，這可以肯定問卜者會有小孩。在所有關於小孩的問題中，小心留意問卜者的年紀，以及問卜者有沒有發生其他天生或遺傳而來的症狀，不要只有一兩個證據就匆匆總結。

某男性會否跟自己的妻子誕下子女，還是會跟其它他提出的女性誕下子女

當有男子前來向你提問，他會否跟妻子有任何子女，還是會跟他所提起的另一位女士誕下子女；又或是如果有女子前來詢問，她會否跟某位男士生兒育女的話：觀察上升點、其守護星及月亮，如果上升守護或月亮合相五宮守護的話，你或許可以判斷他或她會跟被問及的人有子女；如果沒有出現上述星相，那麼，看看五宮守護的光有沒有被轉移到上升守護之上，這代表或許在一段時間之後他們會有孩子；如果上升守護或月亮落在第五宮，那麼他或她會有子女。如果沒有上述任何條件的話，看看上升守護、月亮跟五宮

守護有沒有跟移動比它們更慢的行星合相，因為收集它們的光的這顆行星會接待它們，也同時暗示了子女（如有的話）能否存活，如果該象徵星沒有被傷害的話，小孩會活下來，但如果象徵星逆行、被燃燒、在境外或有任何不吉利的話，小孩不會活太久，或者父母將不會讓這些小孩安心舒適。在此之後，本身就象徵小孩的木星如果落在第一宮、第三宮、第五宮、第九宮或第十一宮，沒有受到任何的不吉利影響的話，你可以肯定這位女子很快就會懷孕，或許會在詢問這問題後的第一次交合就能懷上，又或者在這之後不久，同時事情似乎會發生得非常好。

　　如果金星落在第五宮而且沒有受到任何傷害，同時有一些其他吉利狀況的話，它會加快事情發生的速度，女士會在非常突然的狀況下懷孕。然而，如果木星在上述狀況中受到傷害，那麼，女士可能不會受孕，又或者懷孕過程將不能完成，女士可能最終會流產。在相似的狀況下，如果金星受到土星或火星的不良影響，除非第五宮有吉星，那麼女士才能比較確保能有孩子，或者很快就會有，但你或許仍同樣需要擔心她可能會小產。

　　如果土星或火星，特別是如果南交點落在第五宮，或者土星或火星形成的對分相其中一方落在第五宮的話，該女士可能將不會有孩子；同樣地，凶星相位其中一方落在第五宮的四分相似乎會阻礙受孕。

<h3 style="text-align:center">關於她到底是否懷孕了</h3>

　　某女士誤信自己懷孕了，並渴望知道真相：如果她前來問你這個問題的話，那麼，在她發問的時間建立星盤，並根據以下規則好好考量之後，再做出回答。

她懷孕了

上升守護或月亮，以任何相位或任何光的**轉移**而接觸到五宮守護。

如果上升守護及月亮都落在第五宮，沒有受到凶星的不良相位的影響，同時順行的話：在這裡，要注意不要只把火星、土星或南交點看成唯一的不吉利行星（我的意思是，土星跟火星是行星，南交點不是行星），你必須考量你所建立的星盤，並考量任何跟六宮守護、八宮守護或十二宮守護所形成的不良相位，不管這些象徵星是哪顆行星，只要它跟五宮守護、上升守護或月亮形成四分相或對分相，就會帶來傷害。

木星一般落在第一宮、第五宮、第十一宮或第七宮，沒有跟土星或火星形成相位，它們移動緩慢或逆行中。

上升守護或第五宮守護跟角宮行星形成相位，同時接待並得到對方的特性；如果月亮跟任何角宮行星形成接待的話，如果必然尊貴被加強，代表有小孩，否則代表沒有。因為在這種問題中，偶然尊貴只會帶來希望，但不會確實保障什麼。

如果上升守護從好的宮位中透過友善的相位看到上升點，又或月亮落在第七宮，看到第十一宮中的七宮守護，又或如果月亮在第十一宮，同時看到第七宮中的七宮守護。

上升守護透過元素守護或擢升在任何宮位中被接待，同時，接待上升守護的行星也在那一宮有跟上升守護類似的尊貴，即元素守護、擢升或界守護。

當月亮把自己的特性或光芒給予第五宮內的行星，或者在第五宮裡有必然尊貴的行星。

月亮跟第一宮或第十宮的上升守護或五宮守護入相位，同時沒有落在自己守護或擢升守護宮位的降宮，此時，你必須了解關於「落在自己宮位的降

Chapter 40 某人是否會有子女呢？

宮」這道一般規則，也就是如果火星在牡羊座，那麼它正在自己的宮位，不論它落在星盤中的哪一宮，它都會被稱為落在自己的角宮；如果火星落在金牛座，那就是落在自己的續宮；如果火星落在雙子座，那就是落在自己的降宮，如此類推，應用於任何行星及其宮位之上。

以下這些會加強理據

月亮的支配星跟值時星落在角宮；火星落在七宮星座的話，代表這女士是剛懷孕的（假設你已經知道這火星需要得到不錯的尊貴）；土星落在第七宮的話，當事人很快會懷孕，或者她的胎兒在移動；木星在第七宮的話，她已經懷孕了，她懷的是男生；如果七宮星座是射手座或雙魚座的話，她懷的是女生。你必須明白其他所有象徵星都一樣重要，並且做出計算而不是判斷，然後如果你發現第七宮是射手座或雙魚座，那麼你或許可以斷定對方懷的是女生。此外，月亮在第五宮跟木星或金星入相位也可以有差不多的見解。如果上升星座是固定星座，當中有吉星，又或如果強勢的五宮守護落在第一宮或第十宮的話，你甚至可以預測她是真的受孕了。

關於某男性詢問不知道某女性是否懷孕了

她懷孕了

如果五宮守護看得到角宮裡的行星，同時出現接待，又或是如果值時星、五宮守護、木星、金星、太陽、月亮、水星或北交點落在第五宮，又或是如果五宮守護落在第七宮，又或是如果七宮守護落在第五宮。

她沒有懷孕

如果木星或金星受傷害，如果金星跟土星或火星合相，同時它們被燃燒、逆行或移動緩慢，或是落在獅子座、處女座或摩羯座，土星或火星落在第五宮四分或對分五宮守護的話，都表示沒有受孕；如果其他象徵星比較有力，支持這位女子真的已經成功受孕的話，或有流產的危機。

上升守護合相某逆行行星，又或合相在降宮行星，或受到某逆行或被燃燒行星的接待，上升守護跟五宮守護之間沒有光的轉移或相位；需要有主要證據的支持。

男生還是女生

上升守護、五宮守護、值時星都是陽性，同時月亮落在陽性星座、度數或象限的話，表示是男生，相反則是女生。

嬰兒會活下來嗎

五宮守護逆行、被燃燒或落在其擢升宮位的降宮的話，都預示了會死亡，反之亦然。

上升守護、值時星、五宮守護，如果全部或大部分都不吉利的話，很有可能代表死亡；土星、火星或南交點落在第一宮或第五宮同時逆行的話，也一樣代表死亡。

孿生子

懷疑懷上孿生子，如果在該問題中，你看到上升星座是變動星座，當中有吉星；又或是吉星落在第五宮或第一宮，同時太陽跟月亮落在變動星座；或五宮星座跟五宮守護同時也在變動星座的話，你或許可以判斷是孿生子。

Chapter 41
關於某位女性是否懷有小孩

　　當一名女性提問這個問題，要知道上升守護及月亮代表了這個提問的人，五宮及其守護星代表其受孕（如果有的話）。如果上升守護在第五宮或五宮守護落在第一宮，可能代表這位女士懷有小孩；同樣地，如果上升守護的特性或特質有被轉移到任何角宮行星的話，或許可以更加確定這個判斷，如果上升守護支配該行星，因此它受到上升守護接待的話。但如果那顆被上升守護支配的行星落在降宮的話，表示該女子曾經歷悲傷，並認為自己現在真的懷有小孩，但這其實比較像是患病了，而如果她確實真的已經懷孕的話，也不會有好結果，尤其如果上升點在牡羊座或巨蟹座、天秤座或摩羯座，或如果有任何凶星落在角宮、南交點的話。因為通常南交點在第五宮表示流產，在第一宮的話則非常可怕，並帶來不信任，但如果上升守護所支配的行星是較緩慢的行星，並落在好的宮位，也就是第二宮、第十一宮或第九宮，沒有跟任何凶星合相，同時月亮沒有受到任何妨礙，表示這次懷孕會有好的結果，這位女士會順利生產。同樣地，如果五宮守護這個本身就代表小孩的象徵星落在第一宮，同時沒有受到逆行或燃燒這些不吉利的狀況妨害，也沒有遇到南交點的話，也會順利生產。

關於某位女士是否同時懷有多於一名胎兒

要解決這個問題，**觀察**上升星座是否雙子座、處女座、射手座或雙魚座，然後看看木星及金星是否在上升星座，或是否在五宮星座，或一起落在十二星座的任何一個（獅子座除外），這都表示她很可能同時懷有兩名小孩。如果北交點跟木星及金星同時一起落在第一宮或第五宮的話，有可能她同時懷有三個孩子。然而，如果這些吉星全都不在第一宮或第五宮的話，那麼，**觀察**這些行星是否跟上升點或五宮宮首形成六分相或三分相，這同樣有可能表示她懷孕了，而且懷有多於一名小孩；可是如果上升星座或五宮星座是固定星座或任何開創星座，同時太陽及月亮均落在其中，也就是說，它們都同時落在固定或開創星座，同時落在第五宮或第一宮的話，幾乎可以肯定這女士的確懷孕了，不過她只懷有一個小孩而已。占星師不應該在沒有好好檢視規則，或在沒有了解她的家族成員是否天生或很自然就能懷上雙胞胎的情況之下，貿然冒險做出論斷。

孩子是男生還是女生

觀察上升點、其星座之守護星、五宮星座及五宮守護，同時星座是否落在牡羊座、雙子座、獅子座、天秤座、射手座或水瓶座，這些星座代表男性，其餘六個星座代表女性。如果上升守護落在陽性星座，五宮守護落在陰性星座的話，那麼就要觀察月亮，看看月亮落在哪個星座，而如果她正跟落在陽性星座的行星入相位的話，這代表月亮把自己的支持給予了這個落在陽性星座的象徵星，那麼，你或許可以判斷這個人所懷的孩子是男生。

陽性行星

陽性行星永遠都是土星、木星、火星及太陽，金星及月亮則是陰性行星，水星則視乎它跟陽性行星還是陰性行星形成合相或相位，並會因此而改變性別。然而，當它在太陽的東方時，一般會被視為陽性，在西方時則被視乎陰性。

這位女性已經懷孕多久

關於這個問題，觀察月亮、五宮守護及值時星，看看它們之間誰跟任何其他行星有距離最短的出相位，好好地考量這顆行星以及它正經歷的是哪種相位的出相位：如果是三分相的出相位，那麼，她應該是懷孕第五個月或第三個月，如果是六分相，應該會是第二個月或第六個月，如果是四分相出相位，她是懷孕第四個月，如果是對分相，代表她已經懷孕七個月，假設是合相的話，這代表她懷孕一個月。

小孩會在什麼時候出生

關於判斷問卜者會在什麼時候生產，你需要考量的是，火星跟太陽什麼時候會合相五宮守護，以及火星跟太陽什麼時候會合相月亮跟值時星或是它們的阿拉伯點，它們合相的時間將會顯示出生產的時間。在這種問題裡，你需要了解吉星是否將會看到「小孩點」，也就是當吉星移近星盤中「小孩點」所在的象限，同時透過推運[52]把「小孩點」推到五宮的度數當中，以及

---

52 中世紀的推運技巧主要用一次推運（Primary Direction），而不是當今人文占星所使用的

推運到木星的度數,還有跟木星形成相位,尤其如果木星所在的位置落在「小孩點」跟第五宮之間的話,因爲當「小孩點」移近上升度數,同時在容許角距之內,在一天一度的情況下,這便可透露出生產的時間。

同時,觀察一下在五宮守護跟上升守護合相之前,「小孩點」跟哪顆行星入相位,以及這行星的支配星,看看它是否在第一宮或第五宮,因爲這差不多會是出生的時間。同時看看問題的象徵星有否改變形態,也就是它會否**轉換星座**,因爲那也可能會是出生時間;或看看是否看得到五宮守護,它距離五宮宮首有多遠,並把每一個星座視爲一個月,這有助於讓你得到論據,同時根據那些象徵星最近發生的所有主要狀況去做出論斷。

「小孩點」的日間跟夜間計算方式,都是先得出從火星到木星的距離,再把這距離投放到上升點之上而得出。

會在白天或是晚上生產

在這種論斷中,觀察上升點及其守護星、第一宮內的行星、五宮守護與及五宮星座,如果大部分象徵落在日間星座,表示會在日間生產,如果是相反的話,則會在晚上生產。如果象徵之間彼此分歧的話,選最多必然尊貴的那顆,並以此判斷;又或看看這顆你用來判斷的行星,距離五宮宮首幾度,並把這度數的距離放在上升點之上,看看它指向了哪個地方,如果它落在日間星座的話,代表孕婦會在日間生產,否則會是晚上。透過這方法,你也可以藉著五宮守護、月亮、值時星及早前提過的「小孩點」去判斷嬰孩的性別,如果大部分落在陽性星座的話,代表這女士會誕下男孩,而且會在日間生產,如果你得到的論據兩邊都差不多的話,代表孕婦會在黎明時生產。

二次推運(Secondary Progression)。

Chapter 41　關於某位女性是否懷有小孩

　　有些人說，如果問題是「某位女性是否懷孕了」，考量上升守護、五宮守護、月亮的支配星及月亮本身，如果它們彼此間有入相位，同時月亮落在**變動星座**，上升點落在**變動星座**，象徵星在角宮，又或是如果第一宮或第二宮當中有吉星的話，這都代表她懷有身孕，否則代表沒有。

　　或者如果剛好某顆順行的星星跟月亮合相的話，也會顯示同樣結果。木星跟金星落於第五宮、或月亮第五宮跟木星或金星入相位，或某吉星位在日心[53]之中，這些都是懷孕的強力支持。但如果在同樣狀況下，凶星取代了吉星的角色，則代表沒有受孕的跡象，又或者如果在提問前已經肯定她有懷孕的話，這代表可能會流產；同時，如果你看到火星是帶來傷害的行星的話，她會因為大量出血而流產，如果帶來傷害的是土星的話，那麼會是因為疾病、恐懼、驚嚇，或是因為太多的風與水而導致流產。

　　如果你被問到關於母親的狀態，生產時如何？或是生產後會是怎樣的狀況？**觀察月亮**，看看它會跟哪顆行星入相位，並根據它在離開上一個星座前最後入相位，它應該會是母親本人。所以，觀察月亮最後入相位的行星，它的本質、在星盤的位置及力量，它將會是母親生產後的狀況。在我的執業中，常常觀察到關於母親安危這一點，以及她在生產時的狀況，如果當時她已證實懷孕的話；如果看到第一宮什麼都沒有，上升守護並沒有跟八宮守護或四宮守護有任何的壞相位，也沒有跟這兩位的守護入相位，又或是如果我發現月亮幸運地正跟其中一顆吉星或太陽入相位，或跟凶星有任何的良好相位，我都絕對不會疑慮母親的生命會有危險，而我記得我從未失敗過。

　　如果五宮守護落在第八宮，在該星座沒有任何必然尊貴，也沒有跟八宮守護或四宮守護有任何好或壞的相位的話，我一般會論斷這嬰兒出生後不會活太久，而這預測一直以來都是真確的；如果你仔細觀察在月亮發生變化時

53　位在日心之中（cazimi）。

出生的嬰兒，他很快就會死去，很少會活得過下一個滿月；又或者他或她於滿月一刻出生的話，嬰兒很可能會在下一個滿月死亡，因為當時除了這兩顆行星所帶來的光芒之外，完全沒有其他光芒，因此於出生時有這些狀況或被凶星傷害的話，我不相信這些生命會活得長久。

關於嬰兒跟父母和他們較年長的孩子之間是否能相處和諧

這其實從本命盤著手解決比較好，但由於我們當中很少有人能夠判斷本命盤，因此我冒險以卜卦占星學去作答：關於上述被要求回答的問題，觀察一宮守護、月亮和五宮守護，如果你看到五宮守護跟一宮守護之間有接待及入相位，並發生於第十宮、第十一宮、第五宮、第三宮、第九宮、第一宮或第二的話，那麼，他們之間會有愛與和諧，又或者木星或金星有看到這兩宮的宮首的話，他們之間會也可能融洽和諧。

關於這種問題，我的確只會觀察以上這些。接著，我會觀察土星、火星或南交點是否落在第五宮，因為若它們其中兩個落在第五宮，或任何行星落在這一宮並且呈境外狀態的話，我會說那個小孩將會不容易相處、非常叛逆、不容易受父母管教，而這完全可以歸咎於小孩、少年或少女本身，視乎問題對象。如果我發現土星、火星或南交點在第一宮的話，那麼我會跟提問的父母說，小孩不聽他們的話，錯在他們這對父母身上，而如果火星也在那裡的話，我會說父母對兒子、女兒或子女太傲慢，讓子女過於畏懼他們，一直受到過度控制。如果土星是帶來傷害的行星的話，我會說這父母過度嚴厲、固執、封閉，同時期望孩子提供更多的服務、責任、更聽話或更專注，讓他們更切合基督徒所要遵守的自由 [54]，他們從不給予子女鼓勵，也不表示

54　基督徒的自由（Christian Liberty）。

任何認同等等。如果南交點在第一宮，我會怪責提問的父母，並告訴他嫉妒心太強，同時太不信任他們子女所做的，他相信詆毀子女的謊言及中傷，那只是一些不重要的人跟他開的玩笑，以一些不真實的敘述愚弄他等等。

你可以把以上這一部分的論斷方式，同樣應用在其他問題之中，會有非常高的成功率，因為我也曾經非常多次這樣做，並因此修復了很多父母跟子女的關係。

然而，可以的話，我希望所有占星師都可以公平而坦誠地處理，讓錯誤於它發生的地方被看見。

Chapter 42
關於大使或信使

　　五宮守護也代表擔任大使一職的人，月亮在此有其象徵意義，五宮守護或月亮跟其入相位的行星，透露了這個人出使的原由，又或者你可以同時觀察它們入相位的不同行星來做出論斷。

　　如果你發現是來自某顆吉星的四分相、對分相或合相，同時兩者之間出現接待，或是任何行星光的轉移，並且該行星是十宮守護或落在第十宮的話，你或許可以認為，他出使的原因只是為了榮耀國王，或為了一些重要的偉大交易，又或是為了一些非常重大緊急的事情。如果被接待的行星，或是收集光線、把其中一顆行星的品行轉移到另一行星之上的行星是十一宮守護的話，那麼，他是來更新兩國之間友誼結盟的。如果五宮守護落在第七宮而且不吉利，同時一宮守護跟它形成四分相或對分相，同時火星跟兩者或其中一方有任何惡意的相位的話，那麼，兩國之間不可能相處和諧，也不會因為來使而得到任何的滿足，又或是兩國都會因為一些瑣事而不滿對方，因此，因為這條約或出使而實施或將要實施的任何行為，都不會帶來真正的和平，反之，兩國之間有可能出現分歧。關於大使會不會公平行事？還是讓人失望？或是在他的任務中舉旗不定？你必須觀察五宮守護的好壞，同時觀察它之後會否跟上升點或一宮守護形成相位，同時觀察五宮守護落在哪一宮，因為它若是落在第十宮並得到必然尊貴，這位大使會為了自己主子的榮耀而顯

得太突出，並對自己的能力過於自負；如果水星及五宮守護形成四分相或對分相的話，代表這位大使並沒有太大的任務，或者會因為來自其主子的公函而被撤回或被否定，又或者國務大臣會惡整他，或是他的訊息會以惡意的方式被接收。

概括地觀察看看大使的象徵星，有否跟一宮守護或你所詢問國家的星座的守護星之間形成六分相或三分相（或看看它有否得到強力的尊貴），這代表這位大使本人會對國家抱以厚望，並且會懇切地表達他的忠誠。

關於為了金錢而派遣去執行任何差事的信使

在這裡，把第一宮及其守護星指派給派遣信使的人，第七宮其及守護星是接收訊息的人，月亮是訊息本身，五宮守護星是信使本人及交易的管理。如果你發現五宮守護正跟七宮守護出相位，並同時跟一宮守護入相位的話，你或許可以判斷信使已經完成了他出發的目的，並已經離開了收信人，正在回程途中。如果五宮守護正跟二宮守護出相位的話，不論那一宮的守護星是吉星還是凶星，都代表信使正帶著錢在身上。而你必須知道的是，關於信使所帶回來的答案好壞，取決於那一宮本身的本質、五宮守護正跟哪一宮的守護星出相位、以及該行星本身。因此，如果你看到五宮守護正跟一顆好的行星出相位的話，這或許有望帶來一個好的答案；跟凶星出相位的話，則會是相反答案。如果信使的象徵星在跟七宮守護出相位之前，先跟凶星形成四分相或對分相的入相位，你或許可以告知問卜者，他的信使在完成差事的過程中，受到了對方所造成的一些傷害，這趟旅程中，在到達他被派遣的目的地之前，他也曾遭遇到一些阻礙。然而，如果五宮守護在跟七宮守護出相位之後，才形成上述的凶星入相位的話，這位信使在回程路上會遇到一些延誤或不幸，如果你在第九宮看到凶星的話，那麼這位信使很可能在路上遇到盜

賊，很難安全上路；如果第九宮出現吉星的話，代表他的去程跟回程都會安全無恙。

關於派遣跑腿、僕從等等傳達訊息或完成差事，想知道他們會否完成旅程，或安全抵達他們被差遣的地方，可觀察一宮守護及月亮，如果它們其中一個落在第七宮或跟七宮守護入相位，那代表可安全完成旅程。關於這種問題，也還要根據吉星或凶星的本質，以及它們在星盤的哪裡如何得到尊貴、它的品性如何、它的虛弱狀況如何，從而再做出論斷，並相對地根據吉星本身或它們有沒有落在重要宮位帶來好處、凶星有否相反地帶來壞處，進而建構你的判斷。

如果五宮守護跟七宮守護之間出現接待，也有任何好的相位的話，你的信使可受到對方好好的款待；如果是四分相或對分相的入相位，他還是有受到很好的招待，但是你所找的這個人，會針對你找他的那件事情，說出一些藉口，或爲了保護自己而虛構一些情節。關於你的信使會否依時回來，觀察五宮守護是否正逐漸遠離七宮守護，或正跟自己的支配星入相位中，這代表他正在回途上，至於回來的時間，計算方式如下：根據入相位的度數，而得出日、星期或月的數目，也就是觀察那到底是固定星座、變動星座還是開創星座。如果象徵星逆行，那麼在它回復順行的時候，信使才會回來，或者觀察該行星還有幾度才會回復順行。通常我會觀察以下這項一般性的規則：五宮守護來到跟上升守護六分相或三分相當天或前後日子，會聽到信使的消息；又或是當月亮離開五宮守護並接觸一宮守護的時候，問卜者會知道關於他的信使的消息。你必須知道，透過象徵星跟一顆移動緩慢的行星入相位，這通常比較能夠告知確實的日期。謹慎地考量該旅程的長短，以及前述的這些內容，你應該會得到滿意的答案。

Chapter 43
星盤論斷一

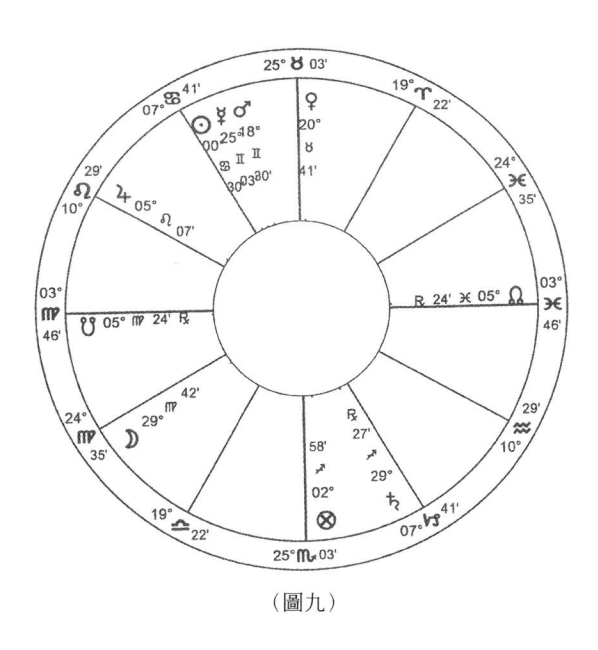

(圖九)

問卜者會有自己的小孩嗎？

這裡的上升點落在處女座，它是一個貧瘠星座，正如你在《基督教占星

學‧第一卷》第189頁及205頁所見[55]，第五宮星座是摩羯座，在這種問題中它的暗示不太明顯。月亮落在貧瘠星座；五宮守護的土星逆行，落在射手座；上升雙子的守護星是水星，相對於多產星座，我們看到月亮跟水星在這裡都落在貧瘠星座當中；月亮在火星的界守護，四分五宮守護的土星，上升守護水星落在土星的界守護，因火星的出現而受傷害，同時即將對分六宮守護及五宮守護的土星。南交點同時落在第一宮，這是相當強的貧瘠暗示。基於以上所敘述的占星學理據，我給出了以下論斷，認為問卜者當時還沒受孕，又或出於任何我可以找到的原因，認為她不可能會受孕，她是天生不孕的。因為基於第五宮、第十宮及第四宮這些星盤的主要角宮，我肯定妨礙她受孕的原因其實已經出現在她身上很長時間，而且也一直持續下去。

　　假設我看到木星為五宮宮首帶來吉利，或跟上升守護或土星形成任何相位，或者土星、木星或木星、水星之間出現任何接待，又或出現從水星到土星的光線轉移，而負責收集光線的那顆行星又同時接待土星或水星的話，我的論斷應該不會這麼武斷，但當我看不到任何能夠支持懷孕的論據時，我會把結論定性為否定，也就是她當時沒有或將不可能懷孕。任何認真、準確看待天體位置的人，都會認為這張是針對兒女這個主題中最不幸運的星盤。由於月亮四分六宮守護土星，同時上升守護水星也跟土星對分相入相位，問卜者曾患重病，並因為肚子及小腸的絞痛而受過嚴重傷害；第一宮的南交點顯示劇烈頭痛，同樣地，水星雙子同時受到兩顆凶星傷害，也代表了頭部的極度不適，因為水星雙子象徵了頭部（詳見《基督教占星學‧第一卷》第246頁及247頁）[56]。

　　她確認說身體上痣的位置都呼應了星盤，也就是有一顆在肚臍旁邊，一

55　即原文書第89頁及96頁。
56　即原文書第119頁。

顆在她右腳踝上，由六宮宮首水瓶所象徵；有一顆在右邊大腿內側靠近膝蓋，由六宮守護土星落在射手座所象徵。有一顆落在她的月亮處女所象徵的身體部位上，因為水星是上升雙子的守護，因此問卜者會有疤或痣在右手手臂外側。當你發現問題的答案負面得斬釘截鐵時，你應該要謹慎地詢問對方的出生時間，並建立星盤，看看這張基礎圖跟卜卦盤之間有何呼應之處，並協助你自己得出更謹慎的論斷。因為若是基礎圖確認了不孕的話，很難會出現一張確認懷孕的卜卦盤來跟它彼此矛盾，通常我會發現，不論是誰向占星師提問，我指的是於他們的第一道問題中，卜卦盤的上升星座都會跟他們本命盤的上升星座落在同一元素，而且很多時候卜卦盤的上升度數會跟本命盤同一星座同一度數，這是我從經驗中多次看到的：如果出生盤中上升點落在雙子座，很可能卜卦盤中上升點會是天秤座或水瓶座這兩個屬於同一元素的星座之中。

Chapter 44
星盤論斷二

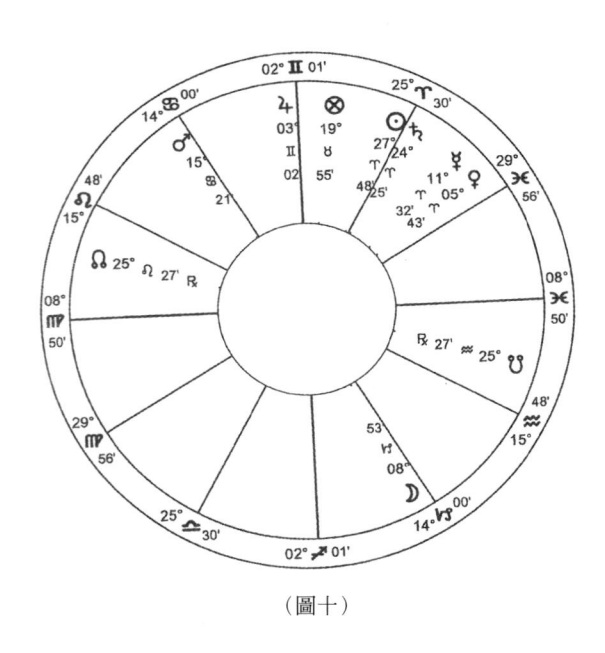

（圖十）

某人懷的胎兒是男生還是女生，以及她什麼時候會生產

你可以參考關於如何論斷這一宮問題的內容，不過我本人確實會使用以

下方法，以象徵星爲依據的陰陽數目，並從中得出答案。

懷有女生的論據		
處女座	上升星座	陰性
摩羯座	五宮星座	陰性
月亮	所在星座	陰性
水星	上升守護跟行星金星在一起	陰性

懷有男生的論據		
水星	上升守護所在行星	陽性
土星	五宮守護，行星	陽性
土星	五宮守護，星座	陽性
月亮	所在宮位	陽性
土星	所在宮位	陽性
木星	宮位守護	陽性
木星	所在星座	陽性
水星	跟火星四分相入相位 跟行星火星接觸	陽性

你看到懷有男生或懷有兒子有八個論據，女兒只有四個，因此，我肯定這位女士當時懷有男生（也證明了她眞的懷了兒子）。

她距離生產還有多久

五宮星座摩羯座是開創星座，上升守護及五宮守護所在的牡羊座也是開創星座，這些都支持了很短時間內就會生產。但因爲五宮守護土星是一個笨

拙的行星，速度也慢，因此我在這論斷中相當看重它的重要性，正如我也相當看重這問題中的月亮，因為它落在五宮星座之中，因此我得出這兩顆行星所相距的度數和分數：

土星　牡羊座 24 度 37 分　開創星座
月亮　摩羯座 09 度 50 分　開創星座

月亮距離跟土星形成四分相的位置，透過用土星減去月亮的位置，得出答案是 14 度 47 分。

我再用土星所在的位置減去水星的距離，因為水星是一宮守護，土星是五宮守護：

土星　牡羊座 24 度 37 分
水星　牡羊座 11 度 00 分

兩者相距 13 度 37 分，因此，月亮四分土星的距離跟水星合相土星之間的距離，兩者之間相差 1 度 10 分，我把 1 度代表一星期，並由此論斷，大概從提問算起的十四周後，這名女士就會生產。

事實是，她於接下來的七月十一日生產，生產時，火星行運經過上升點，而上升守護水星來到巨蟹座 9 度對分月亮。你可以進一步觀察到同一日的太陽來到巨蟹座 27 度 48 分，跟我們這張星盤中的太陽形成四分相正相位，月亮巨蟹則合相了水星。

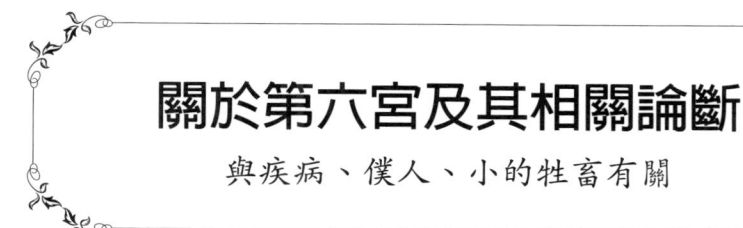

關於第六宮及其相關論斷
與疾病、僕人、小的牲畜有關

Chapter 45
占星學中關於疾病的論斷

　　為了努力把疾病寫得簡單易懂，我寫出了以下這麼多的內容：

　　首先，我們應該要小心地紀錄那個人最初患病的時間，也就是需要盡量得到最接近的宮位。我們並非要紀錄他覺得自己好像患病的時間，而是他最初察覺到自己真的生病了，被迫必須臥床或休息的時間。

　　第二，如果沒辦法得出這時間的話，那麼則取病人的尿液第一次被帶到某人處，詢問所患何病的時間，不管那個某人本身是否為醫生。

　　第三，如果也沒辦法得出以上時間的話，那就紀錄醫生初次跟病人講話、接觸病人，或這位醫生第一次收到病人尿液的時間，用這時間來建立星盤，然後月亮需要準確地修正到該小時。接著，如果要知道疾病發生的位置，請讓醫生小心地觀察：

　　第一，上升點以及第一宮中出現的行星。第二，第六宮以及當中出現的行星。第三，月亮落入的星座及宮位。第四，月亮受到怎樣的阻礙或影響，

影響來自哪顆行星，該行星在哪一宮，它本身是整張星盤哪一宮的守護星。

身體哪一部位正受到傷害：你認爲是哪個部位

　　如果第一宮被某凶星的出現而受到傷害，而這凶星正在逆行、被燃燒、正身處境外、移動緩慢、或跟四宮守護、六宮守護、八宮守護或十二宮守護形成四分相或對分相的話，疾病會在頭部，或在該行星於該上升星座所象徵的身體部位之中，詳情你可以參考《基督教占星學・第一卷》第 246 至 247 頁的表格[57]。例如上升星座是巨蟹座，土星在其中的話，你或許可以斷定該病人的頭部受到傷害或者有疾病發生，原因是第一宮象徵人的頭部，現在受到在這一宮的土星所帶來的傷害。不過同時也應該認爲病人有可能是腹瀉或腸胃不斷蠕動，或是身側或私處不太好，或胃部因爲一些冰冷而粗糙的東西而不舒服，因爲土星巨蟹的確象徵了這些地方，又可能代表他咳得很厲害。如果一宮守護、月亮或六宮守護，其中一位跟土星落在同一星座，或是它同時代表第六宮的話，那麼你可以更加肯定這個論斷，而我敢說你永遠不會失敗。

　　我對於第一宮所採取的過程及方式，會同樣用來觀察第六宮，也就是要觀察第六宮星座、第六宮當中行星、它們所在的星座象徵人體哪個部位、六宮守護剛離開哪顆行星並即將接近哪顆行星。除此之外，同樣要小心觀察月亮所在的星座及宮位、它的出相位及入相位。然後你可以給出論斷，到底病人身體哪個部位不舒服、該疾病的本質及特色是什麼、哪種體液最顯著以及最明顯地帶來身體不適。

57　即原文書第119頁。

Chapter 45　占星學中關於疾病的論斷

疾病的原因是什麼，一般需要觀察：

象徵星在火象星座，加上一宮星座及六宮星座有著一樣本質的話，這顯示了潮熱，同時在這疾病中，黃膽汁是主導體液。

象徵星在土象星座的話，說明是漫長及累人的瘧疾，或持續非常久的發熱，這種疾病偶爾會來自黑膽汁；如結核病等等。

象徵星座在風象星座，顯示了血液化膿或出現雜質、痛風象關的症狀，麻瘋病、手及腳的痛風。

象徵星出現在水象星座，代表疾病跟某些又冷又濕的原因有關，並顯示出咳嗽、胃部不適等症狀，同時也指出了狀況不好的部位等等。

宮位所代表的疾病

宮位	部位
第一宮	頭，眼，臉，耳，口臭，口瘡或口腔潰瘍，以及「不要碰我」[58]。
第二宮	喉嚨，脖子，「國王的邪惡」[59]。
第三宮	肩膀，手臂，手掌。
第四宮	胃，胸，肺。

58　所謂「不要碰我」，原文為拉丁文Noli me tangere，源自於聖經中耶穌跟抹大拉的瑪利亞所講的話。在醫學上它所指的是一種中世紀醫生稱為「隱藏的癌症」的疾病，因為當跟這些隱藏癌症相關的部分變得越腫脹，病情就同樣會變得越嚴重。

59　所謂「國王的邪惡」，原文為Kings-Evil，意指分枝桿菌性子宮頸淋巴結炎（Mycobacterial cervical lymphadenitis），中世紀的時候，基於皇權神授的觀念，人們認為英格蘭或法國君主的觸碰可以治癒疾病。據稱英格蘭的亨利六世透過觸摸治好了一個患上此病的女孩，這疾病被稱為「國王的邪惡」之說法據聞由此而來。

第五宮	背，後肩，胃，肝，心，身側。
第六宮	肚子下方，腸臟，肝，身側。
第七宮	後膝，脅腹，小腸，膀胱，子宮，生殖器官。
第八宮	脊骨，肛門，腹股溝。
第九宮	膝蓋骨或髖部。
第十宮	膝蓋，某人膝後連著的腿部後側。
第十一宮	小腿，脛骨。
第十二宮	腳掌，以及所有跟腳掌相關的疾病。

星座所象徵的疾病

星座	部位
牡羊座	所有跟頭有關的疾病（正如第一宮象徵頭部），以及由於黃膽汁而起的疾病，天花，膿皰，粉刺。
金牛座	由黑膽汁而起，發生於喉跟頸的疾病，正如第二宮的象徵。
雙子座	肩膀，手臂，手掌，由血液不適所引起的疾病。
巨蟹座	結痂，乳癌，胸部的創傷，消化不良，脾臟，肺，上半邊肚子，病因來自冷和濕，肥胖。
獅子座	脊骨，身側，肋骨，心臟，下胸，相關病症源自於黃膽汁及過剩的血液。
處女座	顯示腸臟中跟黃膽汁相關的疾病，腹痛及腹瀉等等，腸繫膜靜脈阻塞，風絞痛。
天秤座	背部感到非常熱痛，腎石或身側患的結石，因飲食或縱慾引致的肥胖，臀部、關節、後腿及胯部的疾病。
天蠍座	腹股溝及私處，肛門，膀胱，纖維發育不全，膀胱結石，痛性尿頻[60]。

---

60 原文爲strangury，據資料所述，這病症的患者，會很常想去小便而且過程會覺得很痛，

射手座	髖部，後膝，臀部，瘻管，痕癢，坐骨神經痛。
摩羯座	膝蓋，後膝的背後，膝蓋的皮膚不適或痕癢；由黃膽汁而起的疾病。
水瓶座	腿，脛骨，小腿，腳跟。
雙魚座	腳跟及腳掌，痛風，相關部位的腫脹。

行星所象徵的疾病

土星	右耳及頭聽到的雜音或低沉連續的響聲，耳聾，牙痛，骨痛，膀胱不適，所有源自於體液靜止而導致的冰冷病症。痛風，皮屑，憂鬱，體弱，痲瘋，痲痺，結核病，鈎體病，因瘧疾而引起每四天一次的發燒。腸梗阻，水腫，百日咳，滑到肺部及胸部的鼻黏膜黏液。
木星	肺，肋骨，吉氏綜合症[61]，肝臟，脈搏，精液，動脈，內出血或中風，胸膜炎，心絞痛，痙攣，肝臟的炎症，頭部疾病，脊骨附近或其上的骨刺及刺痛，靜脈和身體中的所有風，或任何因血液中的腐化物質而引起的疾病。
火星	左耳，膽囊，身側，私處及睪丸，瘟疫，面部傷口，膿腫，發高燒，黃疸，因細菌感染而引致的大膿包，瘻管，癲癇，痢疾，熱病，「聖安東尼之火」[62]。
太陽	腦，心臟，視力，男性的右眼，女性的左眼，抽筋，暈眩或突然心悸，胃灼熱，眼睛一直流眼淚，黏膜炎，紅色的黃膽汁。
金星	子宮，生殖器，乳頭，喉嚨，肝臟，男人的精子或女人的卵子，子宮缺氧或出現問題，排尿相關疾病，淋病，生育機能出現障礙，痛性尿頻，肝弱及胃弱，梅毒或天花，虛弱無力或想吐，或在進食後馬上吐出來的疾病。

但其實根本已經沒有太多甚至沒有小便需要排出。
61 吉氏綜合症原文為Grissels，是由鄰近組織炎症引起的寰樞關節非創傷性半脫位。這是一種現今罕見的疾病，較常見於兒童。
62 又稱「丹毒」，急性真皮細菌感染而導致的炎症。

水星	腦，精神，幻想力，想像力，說話能力，舌頭，手指，手掌，感官衰退，風癱，倦怠，口吃，聲音嘶啞，咳嗽，癲癇，很多濃痰等等。
月亮	男性的左眼，女性的右腦，腦，小腸，膀胱，味覺，癲癇，抽搐，腹絞痛，女性的月經，膿腫，肚瀉，以及身體任何部分中凝固了的體液。

根據上述步驟，我們很簡單就能夠同時發現受折磨的部分、疾病的特質、病因及源頭。在充分考量之後，你必須能夠有能力告訴病人這次病情時間的長短，以及什麼時候會加劇或好轉。如果生命面臨註定的命運，你看到非常明顯跟死亡有關的跡象的話，好好安慰他或讓他進一步進行懺悔好好準備進入天堂。

疾病歷時的長短

在這裡，你必須首先以年作為單位，同時要考量的是，冬天發生的疾病通常歷時較長並持續較久，夏天則較短，春天以健康聞名，秋天的疾病很多時候會是致命的，並會掀起一些極其有害的特質。

此外，來自土星的乾冷疾病，或由它牽引起或造成的疾病，歷時多半都比較久，並一般由太陽所管理。來自火星及太陽而出現的乾熱疾病一般歷時較短，並由月亮的移動來斷定病情時間。土星帶來慢性疾病，木星跟太陽則是短的疾病，火星比較短，但激烈且快速，金星介於它們兩者之間，水星非常多的可能而且不一致，月亮是會復發的疾病，例如癲癇、頭暈、暈眩、痛風等等。

長期疾病或短期疾病的星座

如果六宮星座是固定星座，可以預期會是長期疾病，開創星座則病情不會耗時太久，**變動**星座則介乎兩者之間，不太長也不太短，但很多時候會是病況出現**變**化，並再次發作。

如果六宮宮首在任何星座的最後幾度的話，病況差不多來到尾聲，並即將好**轉**或惡化。固定星座的確暗示了如果需要排出體液，不但需要足夠時間，也有一定難度。

如果六宮守護有著邪惡的影響力，同時落在第六宮，對於一個歷時長久而且嚴重的疾病來說，這會是一個凶兆，但如果相似條件下出現在第六宮的是吉星，那麼他很快就會病癒，而且不會致命。當六宮守護比一宮守護要強，病況可能會加劇，建議病人進行適合的療法，因為他的本質比疾病要弱；但是，如果六宮守護比一宮守護弱的話，那麼可以放心，他的體質會自然地戰勝疾病的侵擾，不需要醫生太多的援助。如果土星是六宮守護同時落入固定星座，那麼它會大幅延長疾病的時間，如果他逆行或移動緩慢的話，也會帶來同樣狀況，但如果他在開創星座同時在自己任何的界守護、或移動迅速的話，那麼他就沒有那麼的不吉利，也不會大幅延長病況。如果第六宮在開創星座，月亮也在那裡，同時看似沒有受到任何阻礙的話，病況只會持續一段時間，變動星座會延長任何病況的時間，但雙魚座例外，因為我發現當它出現在第六宮的時候，等同於開創星座的效果。如果月亮跟上升星座形成不良相位的話，病況會加劇，如果月亮在第六宮並跟金星形成不良相位，那麼病人本身正是患病的來源，他生活沒有規律，同時不注意飲食，如果金星在天蠍座的話，他可能曾經碰過一些不乾淨的女性，如果問卜者是女性，那麼她則可能有非常大量的白帶或月經，又或者病況是來自她的愚蠢行為。

如果六宮守護跟一宮守護形成四分相或對分相的入相位，代表病況正在加劇，並且還沒來到最高峰或完全成長；同樣地，六宮守護落入第八宮或第十二宮，都是不好的徵兆及明顯的假設，說明病人必須承受更多的不適，然後疾病才會遠離他。如果凶星落在第六宮，並即將離開某星座進入另一個，這表示病況很快會改變，如果想知道會是什麼時候或還有多久會發生，那麼看看凶星還有幾度會離開這星座，並由此根據該星座的本質及特質，去斷定它代表了幾個月、週或日。如果六宮守護逆行，於八宮或第十二宮被燃燒，同時跟土星、火星、八宮守護或四宮守護形成四分相、對分相或合相的話，表示這疾病已經歷時甚久，即便不一定是死亡，但病情也會突然出現變化由好轉壞。如果六宮守護在第八宮，八宮守護在第六宮，同時兩者之間出現了六分相或三分相，你不要懷疑病人將會在那時候死亡，因為上天告知這個人尚未被打敗，又或雖然他很虛弱，但還是會戰勝疾病。如果六宮守護跟木星有三分相、六分相或合相，六宮守護落在第九宮，同時月亮正離開六宮守護並接近木星中，同時正在第九宮的話，你可以肯定，醫生所開的處方或病人正在服用的藥物，導致病人身體非常不舒服，而當藥物開始發揮作用，及後排出體外，病人會感到舒適很多，並會發現當初發病時被折磨的患病部位得到極大的舒緩。無論是土星、火星或任何不吉利的行星在第六宮，都會在疾病中帶來極大的威脅，但當受到良好的影響，或有必然尊貴的加持，那麼它只會帶來極少的傷害。你可能會想要判斷這疾病是不是碰巧而突然的，再事先準備好身體所需，讓病人可以好過跟舒適一點；所以同樣地，當你發現一個吉星在第六宮相當強大，同時不是病因的時候，你可以安心地判斷定這既不是、也將不會是永久性的疾病。

很多時候，在某些鄉郊地方，人們相當害怕巫婆。如果當問卜者出現疑心的時候，十二宮守護落在第六宮，很有可能他的猜測是正確的，他的確被邪靈侵擾或出現妄想。當你在關於病患的問題中發現六宮守護落在第一宮的

Chapter 45　占星學中關於疾病的論斷

話，你或許可以斷定這疾病已經持續很長一段時間，並會持續下去，直到其中一顆象徵星離開目前的星座。而當它離開，也就是當其中一顆象徵星離開某星座並進入另一星座的時候，它跟四宮守護或八宮守護形成四分相或對分相，或受到土星或火星的壓抑或惡意，同時它們都移動緩慢，落在彼此討厭對方的星座並形成相位，這是一個非常明顯的跡象，顯示病患將離開人世。當你發現六宮守護透過四分相或對分相，受到落在殘缺度數[63]的一宮守護的傷害，對醫生來說，代表這疾病無可救藥，病患將會一直受苦。當六宮守護落在第一宮，疾病會繼續，但同時苦況將會放緩，並似乎會消失，或是病人有時候甚至察覺不到痛苦；但如果六宮守護在降宮的話，疾病將不會太痛苦，也不會持續太久。好的行星落在第六宮，保證了疾病將會好好痊癒，不好的行星則相反，通常在第六宮的凶星顯示了病況未能被平息，同時如果六宮守護落在第六宮、第八宮或第十二宮，這代表疾病不易治癒。如果一宮守護及月亮沒有跟土星、火星或其他不吉利行星形成四分相、對分相或合相，同時順行、沒有被燃燒、移動迅速、沒有身處境外、不在落陷或弱勢、不在第八宮或第六宮、也沒有跟十二宮守護、六宮守護或八宮守護形成任何相位的話，這是不錯的跡象，顯示了健康及康復。當一宮守護在第四宮或第八宮沒有受到傷害，這表示的不是死亡而是康復，但如果它在四宮遇到不幸的話，則表示這個人在康復之路上遇到非常大的障礙；如果一宮守護本身不吉利，落在自己的宮位、或逆行、身處境外、燃燒、或落在落陷或弱勢位置的話，有可能他會痊癒，但短時間內也會復發、死亡或陷入相當累人的病況。此外，如果一宮守護因為六宮守護或十二宮守護而不吉利，同時跟月亮有不好的相位，病況可能會帶來威脅。最重要的是，注意一宮守護是否為土星，同時有必然尊貴、緩慢、光線減弱中、及正在逆行，因為這表示病人或問卜

---

[63]　關於殘缺度數（azimen degrees），請參閱《基督教占星學・第一卷》第245頁。

者將會久病,當土星跟上述狀況相反時,狀況則相反。

　　當一宮守護落在角宮,沒有跟凶星接觸,同時位於天宮圖上有利的宮位,在太陽的光線下或者正在逆行的話,你或許可以斷定問卜者這時候已經脫離險境。當一宮守護移動快速,同時正進入其他星座,或是它正離開自己守護的宮位進入另一宮位,只要即將進入的不是第六宮或第十二宮,那麼都表示會很快斷定是什麼疾病。如果一宮守護本身沒有受到任何不良的影響,或跟任何凶星或本質跟自己相反的行星形成不良相位,移動迅速並跟吉星形成良好相位的話,這都強烈地表示該病況或病人本身都沒有被減弱,病人有能力克服疾病的侵擾,而且只需要很短的時間;但如果疾病的象徵星被相當強烈地傷害,這表示疾病本身十分頑強,當代表生命力的象徵星比帶來傷害的行星更弱的時候,疾病本身就會更頑強。如果所有跟疾病相關的象徵星都在固定星座,表示尚有一段非常長的時間病人才會痊癒,而且也不會完完全全地被醫好。當一宮守護跟凶星入相位,雖然目前看起來很有希望,但醫治會被阻礙、病況會延長。而當月亮移動緩慢,並且廿四小時之內其移動速度低於其平均速度,同時跟一宮守護合相或形成其他相位,也會有差不多的結果;但如果它在星盤中正移動迅速,或即將要移動迅速的話[64]。大部分時間,當月亮在光線及速度上都減弱,並跟土星形成合相、四分相或對分相的時候,除非病況正在減弱,並正在離開病人或問卜者,否則我會說病況相當危險甚至致命。當月亮合相東方行星,而該行星順行並移動迅速的話,可以預期這只是短暫的疾病;如果跟逆行或西方行星合相的話,則相反。

　　當你發現上升點在天蠍座,你多半會斷定當事人患病的原因來自於自己,像是臭脾氣、愚蠢、易怒或相近特質;如果火星同時在天蠍座,你可以

64　作者的確寫到這裡就沒有寫下去,但猜測他應該是說在這狀況下,則會很快痊癒,治療過程不會被阻礙。

更加確定自己的論斷。如果兩顆發光體同時在降宮，而它們的支配星都不吉利的話，問卜者可能會患上可怕的疾病。如果在論斷中得到吉星的協助，病況仍然會持續相當長時間，而如果是急病的話，則會證實是長期病，但意料之外的是病人將會康復。吉星比凶星的尊貴強得越多，越有助於你對自己的論斷更有信心。當你發現一宮守護是火星並正在第六宮，同時跟金星形成六分相或三分相的話，那不是好事；但如果它跟金星形成四分相或對分相的話，則不會有太大危險。

如果六宮守護被燃燒或逆行，在自己的落陷或弱勢位置，同時在第八宮，並跟土星或火星合相、四分相或對分相的話，你可能會懷疑直至病人死亡前疾病都無法痊癒，而這懷疑是正確的。如果月亮跟上述象徵星有任何同等狀況的話，也就是如果月亮也跟八宮守護四分相、對分相或合相的話，你可以非常確定自己上述的論斷。如果月亮或一宮守護跟某逆行的吉星四分相、合相或對分相，他會痊癒，但沒有那麼快，因為這是延長疾病的證據，並且會從目前的疾病復發變成其他病症；如果看到月亮正離開跟太陽的對分相，移動迅速並很快就要跟火星四分相或對分相，你可以認為問卜者現在正經歷的病況相當令人痛苦，並且會是致命的，但如果月亮同時跟木星或金星六分相或三分相，那麼他會康復。一般而言，在問問題的時候，如果月亮夠強大、上升守護沒有遭遇任何不幸、同時沒有跟六宮守護有任何相位，這都代表沒有危險；但如果在問問題的時候，月亮正跟土星入相位或遭逢阻礙，這些都是跟目前病況相關的凶兆，問卜者誤以為自己患病但有冤無處訴，或他不知道身體哪裡出狀況了。

當某人最初患病臥床的時候，如果月亮在第一宮並跟土星、火星或其他凶星合相、四分相或對分相，這都是患病的徵兆，除非月亮跟帶來傷害的行星之間出現接待，否則都代表生病。觀察問問題時月亮在哪個星座，這會是一個相當不錯的考量。如果它在固定星座，可以預期一場漫長的病況；在開

創星座的話，則會很快；在**變動星座**或**雙體星座**的話，疾病本身不會太難醫好，但所需時間較長。還有更多其他你必須考量的條件，例如月亮的支配星是凶星的話，它跟上升守護或上升星座之間出現光的轉移，這都表示很有可能問卜者會患急病，病況則根據象徵病況的星座及行星而定。

關於問卜者是否可從目前困擾他的病症中活下來，不會死去的證據

如果眞的被認眞要求，需要知道你的問卜者會否於目前煎熬他的病況中逃過大難，或是否可活下來，你必須小心觀察你所建立的星盤，並在觀察的時候遵從以下規則：如果月亮正出相位離開某顆弱而不吉利的行星（即必然尊貴的狀況非常糟），同時正跟一顆相當強大的吉星入相位中，這代表病患會恢復之前的健康。當土星在太陽的東方，同時是疾病的象徵星時，這代表它會離開冷的狀況（這是土星本來在沒有受到其他影響下的眞實本質），病人會康復；如果你發現狀況相似，土星是西方行星，同時一般象徵星都傾向支持病況比較跟熱有關而不是冷的話，病人會康復，但你必須要明白一件事，土星成爲西方行星時是不幸的。至於火星，你必須確認的是，當它跟太陽形成對分相之後，也就是當它是西方行星的時候，相比之下它沒有成爲東方行星時那麼讓人懼怕（也就是他的影響力沒有那麼邪惡）。月亮跟火星的合相是危險的，暗示了目前的疾病相當頑強，對分相或四分相會帶來較小的不幸。月亮在上弦月時期帶來的傷害比下弦月時多，就像火星在東方行星時比西方行星帶來更多傷害一樣。

當你發現一宮守護跟八宮守護之間出現任何的接待，而它們都沒有受到凶星的影響的話，那麼在一些令人絕望的階段後，將會出現好轉。如果一宮守護跟八宮守護透過宮位或三分性出現接待，或是吉星跟上升點、第六宮

或月亮形成三分相或六分相，就不會有死亡的危險，他的病會完全康復。同時，當一宮守護剛好是一顆吉星，並落在第一宮、第十宮、第十一宮、第五宮或第三宮，而且沒有跟凶星形成四分相或對分相的話，這表示意識上的清醒；同時，當疾病初次襲擊這位病人時，若是吉星正在第十宮或第一宮，然後你看到太陽、木星、金星或月亮出現在問題的第一宮，沒有跟八宮守護或六宮守護形成可恨的相位，這是相當肯定的健康暗示，或表示病人會活下去。如果前述象徵星在良好的星座，也就是在木星守護的星座或在巨蟹、獅子、天秤或金牛的話，則可以更加肯定；當月亮在自己的宮位或在木星或金星的宮位，沒有跟土星或火星形成不好的相位，這也表示了健康及存活。

當你在問題中看到月亮合相木星，不管木星在哪個星座，都會是好事，也都是康復的良好證據，雖然木星在摩羯座會比它在其他星座要差，因為摩羯座是木星落陷及月亮弱勢的位置，所以月亮跟木星在這裡都不會太開心。事實上，沒有行星在自己落陷的星座時會感到愉悅，同時它們在這裡也沒有辦法發揮自己的影響力。當月亮跟上升守護形成三分相或六分相，同時沒有任何不幸，尤其沒有被八宮守護或六宮守護阻礙，這都確保了他的健康及人生。當月亮落在續宮並得到良好影響的時候，只要它不管光芒還是速度上都正在增加，同時沒有接近土星或火星或受到它們的光線所影響，基本上我們也可以預期病人是安全的。如果月亮落在第一宮、第十宮、第十一宮、第九宮、第二宮、第三宮或第五宮，並跟一宮守護或其映點[65]形成三分相或六分相的話，那是可以的；如果這顆一宮守護是凶星，以致一宮守護跟月亮除此之外沒有任何其他阻礙的話，那也支持了病人的存活。

在最初確實抱恙的時候，月亮路徑空白，而在它下一個危機點遇到跟木星或金星的六分相或三分相的話，在它們形成最準確危機的那一度，表示了

65　映點（antiscion）。

病情康復的時間。但在他當初提出這個問題或檢查尿液的時候，他可能會感到從沒如此的痛苦過。在最初查證某疾病的時候，如果太陽、月亮及上升星座都沒有跟八宮守護形成任何不好的相位的話，就不需要害怕或懷疑病人會有機會死亡；如果吉星比凶星強，它們其實肯定地給予了生存的支持，並希望患者能夠有信心自己能夠躲過一劫。

關於死亡的爭論

當最初患病時的上升點落在你自己出生盤的第七宮時，除非那一年的小限法落在同一星座，否則恐怕你會遭遇死亡。關於小限法是什麼，你將可從我關於本命盤的論述中得知[66]，本命盤中不利的宮位包括第六宮、第七宮、第八宮及第十二宮。

當出生時星盤中的五個命主點[67]、發病時疾運盤的五個命主點，以及上升守護同時被壓制的話，可以斷定他很快就會死亡，除非凶星之間出現接待干預了這種凶兆，同時吉星也跟他們形成舒適的相位，若是如此，會有神聖的奇蹟發生，病人或許可逃過一死。

如果他患病時間是火星時，那麼他會得到熱的病症，在土星時，則是冷的病症，而他會一直受到病症的壓制。

如果上升守護及星盤守護被燃燒的話，可以毫不猶豫宣佈死亡，除非太陽跟它們之間出現某程度的接待，如果出現這情況，同時證實月亮是吉利的話，在所有希望幾乎都落空之後，你會發現仍然有一點點希望留下來。

---

66 即《基督教占星學‧第三卷》，中文版尚未出版。
67 在傳統占星學中，托勒密從星盤的五個點中找出必然尊貴最強的行星，並稱之為命主星（Hyleg），這五個點也被作者稱之為「命主點」（Hylegicall Places），包括太陽的度數、月亮的度數、上升點的度數、福點及出生前的朔望（Syzygy）。

Chapter 45　占星學中關於疾病的論斷

　　當上升守護及月亮同時跟八宮守護合相，這時除非吉星做出干預，否則這狀況會是死亡的威脅。

　　落在角宮的八宮守護跟落在降宮的一宮守護都是致命的，除非它們本身是一顆凶星。

　　月亮跟八宮內行星的入相位永遠都是危險的；當一宮守護跟八宮守護或第八宮內的凶星入相位的時候，同時月亮受到任何方式的傷害，這都表示了死亡。

　　月亮把一宮守護的光芒及影響力轉移給八宮守護時，通常都會帶來死亡；同樣地，當八宮守護落在第一宮、一宮守護跟月亮同時受到傷害時也是一樣；當一宮守護落於第八宮並且不吉利、月亮被影響或非常弱，同時沒有任何必然尊貴的時候，也會是致命的。當一宮守護在地平線以下，同時跟第八宮內的八宮守護形成任何相位，或當一宮守護落在第四宮，八宮守護也在第四宮，兩者形成合相的話，也表明了死亡。當一宮守護跟四宮守護、六宮守護、七宮守護或十二宮守護形成合相的時候，很少代表病人能夠好好康復。

　　要特別注意當時兩個發光體的狀況，因為根據兩者的關係是良好還是不好，將會提高你的判斷基準。如果一宮守護被第八宮內的凶星所傷害，同時沒有跟吉星形成良好相位，同時月亮也被削弱的話，這顯示了巨大的死亡威脅，而且通常跟病人本身沒有好好管理自己，或者跟治療過程中的流程和順序的某些錯誤有關。如果在病人最初向醫生提問病況時，看到一宮守護於一宮內被燃燒，這是一個非常有力的證據，說明病人會死。

　　如果一宮守護跟八宮守護都不吉利的話，這預兆了死亡。

　　如果八宮守護落在第十宮，同時一宮守護落在第四宮、第六宮或第七宮，同時被凶星所傷害，那代表了死亡。

　　如果某行星非常強大，落在第一宮，但它同時是值時星及八宮守護的

話，這預兆了死亡。如果八宮守護逆行，同時跟月亮合相、四分相或對分相的話，它顯示了死亡。當八宮守護落在第七宮，月亮及一宮守護落在降宮，並受到凶星的不良相位所傷害，或更肯定的是，如果其中一顆凶星是八宮守護或落在八宮的話。某些人說，如果月亮跟土星或木星合相的話，對病況來說也不會有什麼好事，病人應該難逃一死，除非土星逆行同時木星順行。

　　當一宮守護跟八宮守護合相，或跟八宮內的行星四分相或對分相，或落在八宮守護的映點，沒有跟木星形成吉利的六分相或三分相，同時月亮受到任何方式的傷害，那麼病患都很可能會死亡。然而，如果一宮守護跟八宮內行星出現接待，那麼他或許有可能逃離死亡，只是他也可以確信自己將會經歷漫長而煎熬的病程。如果月亮跟土星或火星在一起，沒有受到木星跟金星良好相位的協助，同時土星移動緩慢或即將逆行的話，狀況將會更壞，這種證據說明了病人會在那時候死亡，如果得到其他證據支持的話，則可以更加確定。如果一宮守護在第七宮、落陷，或在地平線下的第四宮或第六宮，或在其他降宮同時受到凶星以及身在第七宮的八宮守護的不良影響的話，這些都是死亡的預兆。如果凶星靠近上升點或凶暴的恆星[68]，也就是射手座4度的心宿二[69]、天蠍座9度的氐宿一[70]、雙子座4度之畢宿五[71]、金牛座20度的大陵五[72]的話，這些都預示了死亡。如果一宮守護落在獅子座或水瓶座，並跟六宮守護或十二宮守護有任何不好的配置，那麼這表示能夠康復的希望不大。當兩顆發光體都被落在角宮的土星所傷害，這表示病程將會很長而且

---

[68] 需要注意的是，因為歲差的緣故，作者所列出的恆星度數，均與現今實際之恆星度數有偏差。

[69] 心宿二現在黃道位置在射手座9度。

[70] 拉丁原文Lans Australis之意譯為「南方之秤」，即天秤座的氐宿一。目前在天蠍座15度。

[71] 原文使用的是畢宿四另一個英文名Palilicium。目前在雙子座9度。

[72] 拉丁原文Caput Medusae之意譯為「梅杜莎的頭」，即大陵五。目前在金牛座26度。

有點棘手；同樣地，如果兩個發光體都有不好的尊貴，同時在地平線之下的話，也有著同樣的象徵。同樣地，在疾病開始之時，如果太陽因為跟土星或火星合相、四分相或對分相，且又受到阻礙，或準確地落在凶星的映點之上，或跟凶星們入相位而不是出相位的話，它們要不預示死亡，要不預示這會是非常漫長的一場病況。當疾病開始之後，月亮來到跟一宮守護對分相，而一宮守護同時逆行或被燃燒的話，這都代表了死亡或急病，而且不容易醫好。土星對分八宮守護、月亮在四宮合相火星，或月亮落在第一宮並靠近上升度數，都代表了死亡。月亮被凶星們或被太陽跟火星包圍，都會是健康上的凶兆。患病時如果月亮正在太陽光芒之下，也就是當月亮正在離開被太陽燃燒的區域，病人的病況會持續好轉，直到月亮跟太陽形成對分相為止。但如果月亮受到很多不良影響，並且跟八宮守護形成不良相位的話，則帶來了死亡的威脅，否則病人會逃過一劫。

任何在第六宮的凶星，或任何在這一宮同時身處境外而且不吉利的行星，都表示這疾病會帶來巨大的危險。當月亮在第八宮被燃燒，同時落在獅子座或天秤座，跟土星或水星形成四分相或對分相，或跟金牛座24度的昴宿星團[73]或任何其他凶暴的恆星合相的話，這都表示了死亡。當月亮是六宮守護，或它是一宮守護但被燃燒，同時八宮守護也因為跟土星或火星的不良相位而受到傷害的時候，也代表了死亡。

達利歐[74]的刪減版本

在這裡，我修改了達利歐關於疾病的論斷方法，我附加了一些概略後的

73　昂宿星團目前在回歸黃道上的雙子座0度。
74　克勞得・達利歐（Claude Dariot，一五三三～一五九六），法國占星師，他曾經撰寫《占星學之簡介》（Ad astrorum judicia facilis introduction），最初於一五五七年出版，

內容，比以前曾經發表過的方法精簡得非常多。

問題所問及的人是否生病了

達利歐

問卜者的象徵星落在跟自己本質相反的星座，例如當火星是上升守護，它的本質是熱而乾的，如果它落在冷而濕的巨蟹座，又或是上升守護落在降宮，尤其是第六宮的話，那麼他是生病了。

如果象徵星是日間行星，當它在地平線下時會受到不好的影響，此外，燃燒、逆行、落陷或弱勢、虛弱、落在凶星的界守護、跟凶暴的恆星在一起，或被兩顆凶星包圍，當這些狀況發生的時候，那個人生病了。以上關於日間行星的內容，也必須相應地考量於夜間行星之上。

禮尼

當我在收到尿液及問題，或只收到問題而沒有尿液的時候，我會建立星盤，然後遵照以下方法，去找出問卜者是否患病。

如果上升點沒有受到傷害，或其象徵星並不在自己的必然守護，或跟土星、火星或六宮守護形成任何不吉利的相位。

或看看六宮裡面有沒有行星被傷害、月亮有沒有落入第八宮或第十二宮而且受到傷害；又或者我在第一宮發現木星、金星或北交點，或是太陽位在第六宮，或月亮及上升守護之間有良好相位，或木星、金星有否跟一宮宮首或六宮宮首形成三分相或六分相，在這些情況下，我都會直接指出那個人沒

當時曾先後翻譯成法文及英文版本，是史上其中一本最早介紹關於卜卦占星學的文獻。

有生病，或沒有疾病能夠在問卜者身上得逞，但他們之所以誤會自己患病，源自於身體突然的體液不平衡，這問題會在這裡被修正。

病因是內在還是外在引起的

達利歐

關於內在的病因及病況，我們可以從象徵星的不良位置得知，包括其星座、宮位及在天宮圖的位置，它跟凶星關係的好與壞，一般來說，在觀察的時候，如果它是八宮守護、十二宮守護或六宮守護等等，那它多半都會是凶星。

關於外在的病因，可以從傷害上升守護的那些凶星，或從星盤的主要象徵星或月亮來得知。如果你發現上升守護的必然尊貴夠強、移動迅速、落在良好的宮位，那麼你或許可以斷定問卜者本身並沒有患病，只是意外地受到外在的不好影響，如果你發現上升守護的力量不怎麼樣，土星或火星同時跟它形成四分相或對分相，而它們誰都不是六宮守護或月亮的支配星的話，你或許可以斷定那個人身上發生了一些外在的原因，以致讓他覺得不太舒服，但還不至於患病。然後你可以觀察行星所在的宮位，或是那行星是哪一宮的守護星，你的論斷將會跟那一宮有關，並需要滿足跟那一宮相關的事情。例如：

如果你發現上升守護受到土星或火星的一般傷害，而它們是二宮守護，同時這疾病似乎沒有內在病因的話，那麼你可以斷定問卜者可能缺錢（如果象徵星入相位的話），如果是出相位的話，他或許最近賠了錢，他損失的數目多寡，視乎帶來傷害的行星的力量，以及相位的特質。注意，在這裡對分相比四分相或合相糟糕。如果該行星是五宮守護，不論該行星是好或壞，

只要它跟上升守護有不良相位，那麼他的不舒服是源自於不健康的飲食、肥胖等等，或因為玩骰子、西洋雙陸棋或運動（如果問卜者有能力的話），或是父親沒有成功拿到退休金（這是當年輕人提出問題或感到身體不適時發問）。如果壓制上升守護的是七宮守護，這個人最近應該跟妻子間有些分歧（如果問卜者是女性，則跟丈夫有分歧），或面臨訴訟、跟固執的鄰居發生爭執，或者伴侶會是他外在的身體不適的源頭。如果是年青人提問，同樣地上升守護受到七宮守護的影響，那麼他只是憂鬱，或許他喜歡的朋友、僕人，或是少女渴望結識的人不友善，對於這處境的不滿正是身體不適的外顯原因，但卻不會有疾病隨之發生。這是我一直以來遵從的方法，我十分樂意跟世人分享，如果能被好好理解的話，將會為這一種論斷方式提供充足的知識。

疾病的特性及本質

雖然之前我已經大概的提供了論斷的方向，但現在我會提供更豐富的內容，希望學習者能夠把我所寫的內容歸納成最適合自己的方法，並有能力為了自己好好地使用這些知識。當你建立了星盤之後，想想哪顆行星是疾病的象徵星，如果你發現土星是象徵星的話，它會帶來持續的、累人的疾病，三日瘧、咳嗽、肺結核。如果土星在獅子座或天蠍座，跟南交點或北交點在一起，被燃燒，或是土星跟凶暴的恆星在一起的話，它會以致命及危險的發熱傷害病人，並且可以懷疑（若出現中毒症狀的話）病人中毒了，或是他吃了一些等同於毒藥的藥物。

當土星落在火象星座，即牡羊、獅子及射手座的時候，它通常象徵了潮熱；如果在巨蟹、天蠍或雙魚，疾病或體液失衡源自於一些冷和濕的原因或問題，如果金星或月亮這兩顆同樣本質濕潤的行星，跟它在一起象徵疾病的

話，就可以更加確定這一點。帶來傷害的問題或病因會讓人變得更臃腫，並長期承受復發之苦，疾病會像潮水一樣有所漲退，病人很多時候會被恐懼所籠罩，充滿絕望及令人畏懼的臆想，同時出現極端的寒冷或冰冷。

當土星在固定星座，也就是金牛、獅子或水瓶座，會為病人帶來長期性、持續的瘧疾及發熱，胸肺感染或乾咳，關節的痛風，痲瘋或整個身體的瘡痂，各種的痛風。

當土星在開創星座，即牡羊、天秤、巨蟹或摩羯座，這預示了整個身體的體液上湧，主要是水腫或體液鼓脹。當在變動星座的時候，疾病的出現並非來自單一體液的問題，而是會有多種變化，消退、復歸，而疾病則會持續很長的一段時間。

如果木星是疾病的始作俑者，它會帶來跟肝臟有關的不適，或因發炎而引起的敗血，或其他跟它所在的星座相關的病因。例如它在巨蟹座或某個濕的星座的話，血會太像水或太稀薄等等；如果在牡羊、獅子或射手座，會因為某些過度的熱或黃膽汁而讓血液過熱；如果在水瓶、天秤或雙子座，血液會滿溢，因為實在太多血，病人需要放血或冒汗；如果在金牛、摩羯或處女座，血液會受黑膽汁感染，會變得太呆滯、不流動。木星在火象星座會導致因血液引起的發熱，但不會出現感染或累積腐敗。

當火星跟太陽在一起的時候，它預示了因體液失衡、由血液中的腐化物質所導致的發熱。

如果火星是疾病的象徵星，並落在會為發光體、上升點或一宮守護帶來傷害的星座的話，它會帶來非常高溫的發熱；如果土星夾雜於這疾病的判斷，也就是如果土星跟疾病的象徵有任何關係，或是火星落在土星的尊貴位置的話，代表這疾病會夾雜一點黑膽汁特質。

當火星落在變動星座的時候，該疾病不會被輕易發現，它會來來去去，很難確定什麼，也不知道它會什麼時候離去。如果土星有任何象徵，同時

跟好的行星有相位的話，那麼疾病還是會離去，但如果土星是八宮守護或六宮守護，那麼可以預期這疾病會致命。通常，當火星在變動星座的時候，病人會出現很多不同的症狀，而且都是急性，當預期會好轉的時候，病狀會重新出現，這裡所提及的病症的動作都很突然，而且在關鍵時刻會更急速、更快，這些動作可以是好轉或惡化，視乎象徵星的本質而定。當火星在第六宮或第十二宮，並身處太陽光線之下的時候，它會帶來灼熱的或燃燒一般的高燒，換句話說，這發熱超乎尋常，尤其在熱度上，血液都燒起來了。

　　如果火星是發熱的原因，同時它落在獅子座，這顯示了體液的沸騰、持續的高燒，病因源自於心臟附近的大靜脈；當病人初次臥床的時候，如果太陽跟土星合相、四分相或對分相，或落在土星的映點，那麼帶來傷害的疾病就只是跟黑膽汁有關。如果太陽受到火星的這些相位影響，那麼疾病跟黃膽汁有關。如果疾病的象徵星是金星，那麼疾病源自於放縱，暴食導致癡肥、肚子的不舒服，或是在私處或私處附近的疾病，或透過召妓或賣淫而染上等等，落在火熱星座的金星顯示了只持續一天的發熱，但如果火星參與其中的話，這指出了源自於痰液的感染性發熱。

　　當水星不吉利同時是疾病的始作俑者時，病人的腦會出狀況，可能受到焦躁不安的妄想或念頭所困擾，會瘋狂、癲癇、咳嗽、哮喘[75]，或是類似的疾病。當九宮守護落在第六宮，那麼疾病源自於中毒、巫術或幻覺，或透過源自於某種靈異的原因，只是有些人會不相信這類事情的發生。

75　這裡的原文其實是Ptissick，除了哮喘之外，它另一個可能的意思是肺結核，但在本書中，作者傾向用consumption這一古字針對結核病。

疾病發生在問卜者或病人身體的左邊還是右邊

　　當你發現六宮守護出現在地平線之上，也就是在第十二、十一、十、九、八、七宮，同時呈現不吉利或被傷害的狀態時，代表該疾病發生於身體的右邊及上半身；如果六宮守護出現在地平線以下，也就是第一、二、三、四、五、六宮，或在日間星座中被傷害，那麼疾病會發生在身體的前方，例如額頭、胃等等；如果在夜間星座，疾病則會在身體的後方。

　　如果疾病的象徵星落在陰性星座，同時跟另一顆落在陰性星座或宮位的女性行星形成相位的話，那麼疾病會出現在左邊身體。我認為這項規則有其真實性，也就是當六宮守護是男性行星，同時在地平線之上的話，那會是右邊身體出現痛苦；如果象徵星出現在該星座的最初幾度，那麼這個人覺得痛苦或不舒適的地方會是身體的上方；如果象徵星出現在星座的中間度數，那麼這個人會感到身體的中間位置不適；而象徵星出現在星座的最後幾度，這個人會是下半身感到不舒服。

疾病發生在身體、心智，還是同時出現在兩者之上

　　首先你必須知道的是，上升星座、月亮、以及太陽所在宮位的守護星，它們同時都代表了一個人的精神，而上升守護跟月亮的支配星，則描述了外在跟內在的部分。因此當給予論斷的時候，必須觀察上升點、太陽跟月亮是不是全部都受到負面影響或傷害，如果有的話，那麼疾病將走遍全身，沒有部位能夠倖免；如果那些支配太陽跟月亮的行星、上升守護，或至少其中兩顆行星受到傷害的話，那麼疾病會出現在精神及某部分的頭腦思維上，原因是上升守護及月亮支配星恰好是人類動物能力和弱點的象徵星，或代表了可

能會發生在人類身上的狀況，例如感官的剝奪、瘋癲、頭暈、抑鬱等等。

如果上升點、月亮及太陽所在宮位的支配星，其中兩項或所有都受到影響的話，病況會出現在心智而不是在身體之上。

如果上升點跟月亮都不吉利，而上升守護跟月亮支配星都沒有受影響，那麼疾病會發生在心智而不是在身體之上。很多占星師有觀察到一個規則，那就是土星本身預示或導致了憂鬱、各種源自於黃膽汁的不適，結果造成了心智上的困擾。因此，不管你發現土星是上升守護還是一宮守護、十二宮或六宮守護，還是月亮正跟它出相位，或土星正在第六宮、正在第一宮，或正跟一宮守護合相、四分相或對分相，都代表病人正受到心智上的侵擾，或因為一些事情的發生，讓他的心智更加受干擾。木星會帶來相反的影響，因為它壓抑的永遠不是心智而是身體。如果月亮所在宮位的支配星及上升守護都因為太陽而變得不吉利、或被燃燒、或位於其光芒之下的話，那麼疾病會發生在身體之上。

如果上升守護所在星座的守護星，跟月亮支配星同時落陷、弱勢或受到其他傷害的話，那麼，該病症偏向於心智而不是身體上。

如果某顆一宮內行星、上升點，或月亮所在宮位的守護星落在第十二宮被壓抑，或跟火星形成六分相、三分相或對分相的話，那麼疾病會同時出現在心智及身體上。如果某行星本質上是凶星，它看到了上升點但看不到月亮，再加上太陽所在星座的支配星受到傷害的話，那麼這個人在心智上相當痛苦，但身體並沒有出現狀況。此外，如果上升點的度數跟月亮所在的度數，所受到的傷害比它們的守護星多的話，那麼該疾病會為心智帶來比身體更多的影響。因此，如果它們的支配星比它們受到更多傷害的話，則會帶來相反的結果。如果上升守護及太陽擢升，月亮的支配星弱勢或落陷的話，那麼疾病發生在身體而不是心智上。如果太陽及月亮所在位置的守護星弱勢、落陷，或身處境外、逆行、被燃燒，同時上升點跟月亮形成四分相，沒有跟

土星及火星形成不良相位的話，那麼這位病人正因飽受折磨的靈魂而煩惱。通常，當太陽、一宮守護、值時星或十二宮守護，成為問卜者問題的象徵星時，它們會顯示出這個人的心智因為傲慢、虛榮、自負、驕傲等等而讓心智受到折磨。

金星代表奢侈，對女性來說是一種放蕩的慾望，身體和心靈都會受到干擾。

金星是奢侈以及與女性的淫慾有關，身體跟心智都會受到擾亂。如果你發現水星是象徵星同時受到傷害的話，那麼它顯示的會是白日夢或令人恐懼的想像。此外，水星也會讓人誤信一些不真實的恐懼、自己因嫉妒而生的幻想，或一些匆匆寫出來的報告。在上述各種的指引中，你都必須好好觀察出生盤中上升守護、太陽或月亮的度數（如果你有病人的本命盤的話）有沒有落在發病時或發病前後落在當時日月食度數的12度之內，或靠近明顯的木土合相，因為我必須告訴你，這些都是不吉利的徵兆。

日月食及木土合相的星座，往往會帶來巨大的威脅，又或是每年的世俗星盤中的第八宮宮首[76]，如果它們落在個人星盤的任何軸點，尤其是上升點的話，都會非常危險。

在病人最初發病時，或當病人提出問題時的上升星座，如果這星座在病人的本命盤中有凶星出現的話，那麼它會以相當可怕的方式折磨病人，也就是病人將經歷一段相當難熬的時期。當日月即將合相，彼此之間距離不多於6度，月亮尚未經過太陽，還沒發生正相位的時候，這是相當不健康的徵兆。然而當日月合相發生於牡羊或獅子座的時候，這種不吉利會稍微放緩。

---

76 根據馬可斯・派察特老師的解釋，這裡所指的「每年世俗星盤」（yearly revolution of the World）其實是古代占星學中的世俗技巧，是每一年的太陽牡羊入境圖，原作者在這裡所指的是，如果太陽牡羊入境圖中的第八宮有落入問卜者或病人本命的軸點，暗示了這會是比較嚴重的疾病。

當月亮距離 12 度以上的時候，就幾乎沒有危險了。

關於關鍵時刻或關鍵日

　　各門各派的占星學者都相當深入地掌握了醫療占星學中的這一部分，因此，我只好引用他們出色的研究，而且這些學問都已經被公開。在所觀察過的這麼多研究當中，我發現如果要找出真正的危機，你必須盡可能取得接近的時間點，例如病人第一次臥床的時刻；如果不能取得最初臥床時間的話，那麼則採用初次經醫生確認病情的那個小時，並把月亮的位置校正至該小時 [77]。如果該疾病並非慢性而是急性的話，當月亮離開它最初位置 45 度的時候，你會發現疾病及病人將會發生重大的轉變；當它距離最初位置 90 度的時候也會如此，然後是距離 135 度的時候。如果想知道該關鍵時間點是好是壞，你必須注意月亮在距離 90 度的時候跟哪些行星形成相位，該行星到底是友善的還是凶星。如果月亮當時跟吉星形成良好相位的話，這會保證疾病將會放緩並且好轉；然而，如果月亮屆時跟八宮守護或六宮守護形成凶相位的話，病人情況會惡化，他會更痛苦，藥物也不會帶來太多幫助。我通常會用以下方式觀察，而我也不記得自己有失敗過：往往當月亮跟某行星形成四分相、合相或對分相，而這行星會傷害上升點、一宮守護或月亮本身，又或者當月亮跟六宮守護或六宮內行星形成這些相位的時候，我會說，這時通常會發現病人更加不舒服，病況更嚴重，此時所給的藥也通常不太有用或完全沒有好的效果；當我看到月亮跟一宮守護、十一宮守護、九宮守護或十宮守護形成三分相或六分相，我通常會宣佈病人將會舒適及放鬆一些，或是病

77　這是因為當時占星師畫星盤的時候，都需要從星曆得知當天正午的時間，然後計算出真正的確實時間；現今的占星師只要透過軟件就可以得出準確的月亮位置。

情某程度上的緩和，當上升守護跟太陽出現任何良好相位時也有著這意涵（如果太陽於這疾病中沒有任何力量或主導的話，往往可以發現病人的心境也會變得更加清明）。

要多久才能康復

當有人要求我找出大概什麼時候病人才會得到神的祝福，並得以康復的時候，我通常會觀察上升守護，以及它跟哪些吉星形成相位、它們之間相距幾度、各自落在哪些宮位，即它們是落在角宮、續宮還是降宮，它們守護哪些星座，該星座是開創、固定還是變動，然後依據該疾病的特質審慎判斷之後，我再架構起時間預測的框架。一般來說，如果該相位在開創星座，我會判斷病人在某些天數後會得以康復，如果象徵星移動迅速同時落在角宮的話，我會更加肯定應該以天數為單位。如果入相位出現在變動星座，我不會馬上斷定它是月、星期還是天，相反地，我會根據自己論斷的依據，先觀察該疾病的本質，然後看看這可能象徵了多長的時段。古人的確曾經這樣說：

開創星座代表了日；變動星座是星期或月；固定星座是月或年。

角宮等同於開創星座；續宮等同於變動星座；降宮等同於固定星座。

除了主要象徵星外，同時觀察月亮移動速度的快慢、其所在星座、特質，把這所有都加在一起考量，讓你的論斷變得更加合理。很多時候，我發現在問問題時，如果一宮守護正離開它當時所在的星座，並在它即將進入的星座中擁有必然尊貴的話，病人會康復，或者會明顯地感受到自己的狀況變好；因此，如果六宮宮首落在某星座最後幾度，例如我看到它在該星座28度，而且是變動星座，我會說病況會在少於兩星期的時間內得以改變。我或許提出了相當多的規則，但在判斷隨後的一兩張星盤時，我可以更好地理解當中所需要的一些實務性的部分，並指出一些我一直觀察到可行的方法。因為當這些方法加上我所寫的內容，讀者或許能夠得出更不一樣的結論，也因

為世上再沒有任何事比疾病更讓人厭煩，沒有任何事比健康更讓人愉悅，因此，我努力把自古至今一直備受尊崇的赫密斯[78]醫療數學[79]翻成英文，並把這些內容穿插在這裡，因為它對於這一宮問題的論斷來說不可或缺。

赫密斯・崔斯墨圖——關於患病後的第一張疾運盤

來自天上七顆行星所散發出的光線或影響，會被倍化並分散到人體的不同部位，甚至當最初於母體內受孕的時候，這些影響就已經開始緊緊依附著我們。當孩子初次看到這世界的光芒時，這些影響也不會以別的方式發生，而是根據天上十二星座的位置影響著，就像我們把頭部分配給牡羊座一樣。

人體的敏感部位或器官，如下列所述分配給七顆行星

右眼歸於太陽，左眼歸於月亮，聽覺及耳朵歸於土星，大腦歸於木星，血液歸於火星，嗅覺及味覺歸於金星，舌頭、人體喉嚨內的聲帶或氣管歸於水星。

身體的某部分如果有缺陷或缺點，在受孕或出生的時候，會由某個被傷害行星的主導或象徵告知。

同時，人體有四個更主要、更普遍的部位，分別是頭、胸、手及腳。

如果某顆守護任何這些主要部位的行星，在受孕或生產時不吉利、同時

---

78 即下文中的赫密斯・崔斯墨圖（Hermes Trismegistus），是赫密斯秘文集（Hermetic Corpus）的作者，這是是一部公元二世紀希臘化時代埃及的智慧文學作品，也是赫密斯主義的基礎。

79 原文為Iatromathematicks，一種十七世紀的義大利學說，試圖將力學和數學定律應用於人體。

受到不良影響的話，那麼所有由這行星象徵的部位都會受到傷害或損毀，又或者這些器官的某些特定或主要部分會有這些遭遇。

當太陽或月亮其中一方、或雙方同時身處不良的位置或受到傷害的話，眼睛會受到不利影響；如果是土星的話，會是耳朵、牙齒或聽覺。如果是水星受到壓抑的話，我們會在舌頭發現缺陷，或者說話會口吃。我們可以用同樣的方法，透過出生或受孕時刻的星盤，得知某人乳房、肺、肝、脾、心臟或腸臟的任何部分，或身體裡的任何部位有否被損害及受到感染。

當考量手掌及腳掌的時候，我們應該要觀察他的手指、指甲或任何部位，有沒有因為某些主導凶星所帶來的傷害，而變得不完美或受到損害。

針對這些可治療範圍內的生理缺陷及弱點，可以使用一些便利的藥物，而針對這些來自某些行星影響而生的疾病，我們必須使用其他本質相反的行星的影響力，去抵抗這些帶來傷害的行星。

分配給土星的藥物會降溫或冷卻，減低乾的影響，並帶來穩定性。

水星的藥物會協助凝固，本質是帶來腸胃漲氣的。

火星會提升溫度、溫暖及填滿，因為這顆行星本身就像一個非常熾熱的暖爐，也代表血液。

木星和金星會帶來黏著及平靜的效果，同時有效鎮靜及治療所有潰瘍。

月亮會幫忙跟其入相位的行星或為它提供協助。

因此，對病人來說，如果想要治療疾病或醫好殘疾的話，必須清楚知道及好好考量他第一次患病或臥床的時間，占星師便可用該時刻所繪出或建立的星盤中，當時天空上行星的位置、行星本身以及它們彼此之間的星座配置、相互關係等等，都需要被小心觀察。因為如果沒有這些星相的發生，以及它們在人體及世俗上所帶來的影響的話，世事應該不會再有什麼好或不好，也可能再沒有病人能夠得到他們醫生的治療，因為如果無從得知星體的尊貴佈局及良好位置所帶來的協助的話，那位醫生將永遠不會得到知識與資

訊，病人只好逕自湮滅或一無所有，又或是因為好運而得以康復並存活下來。

如果沒有辦法準確知道最初患病的確實時間，那麼，小心地使用會見醫生當時行星的位置。觀察當中月亮跟哪顆行星出相位，將會跟哪顆行星入相位，跟哪些行星四分相、對分相或合相。如果月亮跟凶星們有接觸的話，那麼這暗示了疾病可能導致死亡；但如果是跟吉星接觸的話，病人則會更快得到救藥。觀察月亮移動是否快速，是否正在上弦月的階段，又或是這兩項條件是否正同時發生，或同時都沒有發生。因為月亮跟太陽合相之後，它將會慢慢越來越熱，也就是說，隨著光芒及速度的增加，也會慢慢膨漲，然後在跟太陽形成對分相之前，它將會先跟火星四分相或對分相，並受到傷害，如果期間沒有吉星從中干預的話，那麼月亮這時候象徵了致命或極其有害的疾病。然而，如果月亮跟吉星合相或形成良好相位的話，儘管他堅信自己不可能活下去或脫離病魔，但這病人最後仍將會康復；但如果月亮的光芒跟速度都在減弱，同時受到土星四分相或對分相所帶來的傷害的話（除非月亮當下已經跟土星對分相，那麼疾病的力量將會減弱），該疾病恐將無法治癒，而且會是致命的。如果月亮跟吉星入相位，疾病能夠很快治癒。可以進一步考量的是，當月亮的光芒及速度正在增加的時候，疾病也會增加，當月亮移動緩慢，疾病也會消散，在每一次疾病初次來襲時，都需要小心地觀察這一點。

在最初臥床的那一刻，如果病人當時受到土星或水星的惡性影響的話，那麼，他們會感到身體沉重及暈眩，不會想要移動患病的部位，身體也會因過度的寒冷而變得僵硬，又或者會受到不尋常的脫髮所困擾。疾病會一點一點悄悄地侵襲病人，雖然他可以走動，但不容易保持清醒；他沉默寡言、充滿恐懼，想要得到非常熱的膏藥或熱敷，甚至希望加強熱度。他們會喜歡沒有光的環境，喜歡待在黑暗之中；他會不住地嘆氣，並會慢慢地呼吸，用力

吸氣或呼吸急促；脈搏快速並讓病人覺得疼痛，敷上溫熱的東西會讓他們感到舒適；氣息虛弱，身體表面非常冷而乾，當要醫治這類人的時候，醫生應該使用本質上熱的藥物，可帶來撫慰及收斂的效果。

那些患病時受到太陽或火星惡性影響的病人，心智會被擾亂，陷於妄想之中，會愛惹麻煩並且舉止失禮。他們身體的表面部分會被火一般的熱力所燃燒，他們會易怒、大吵大鬧或發出噪音，脾氣相當壞，躺著亂瞪，會因為口乾舌燥而一直覺得口渴，會想喝酒及凍飲，會不斷想要沖澡，對肉類沒有食慾。他們會隨心所欲地以粗言穢語大罵任何人，沒耐性、憂鬱而且脾氣相當大。臉色很紅，而且身型會很圓滿。想要讓這些人康復，必須在患病的第五天之前一直進行放血，或是服用一些能夠疏散及淨化身體污濁的藥物，都會帶來幫助，同時要讓病人根據所需的本質服用其他藥物。通常符合火星本質的藥物都會與土星的性質相抵觸，因為土星不會帶來溫暖、平靜或撫慰，同時會瓦解阻礙。

本質上符合土星特質的藥物證實跟火星本質的藥物相反，因為土星特質的藥物會冷卻或降溫，它會收緊或束縛，並帶來抵擋的作用。

所有跟心臟有關的不適、疼痛或心悸，以及源自胃部的不適，動脈、靜脈及關節的疾病及疼痛，都源自於火星及太陽的邪惡影響。

持續發熱、焦慮、肺臟的潰爛及發炎，源自於土星及水星。要對抗這些疾病，最適合使用一些降溫的藥物，包括以下這些：[80]

---

80 必須澄清的是，因為本書於一六四五年出版，因此相當多藥草或藥物的名稱，跟現今植物學、化學及生物學所劃一使用的學名有差異，而在原文這兩頁所列出的藥物，其中某些為不可考的拉丁文或古英文，在我的資料搜查以及馬可斯·派察特老師（Marcos Patchett）跟雪倫·奈特老師的協助下，我們找出了大部分藥物資料，但其中有一些或許會有相當輕微的誤差，也有一些的確在我能力之內未能考證。此外，亦建議讀者注意，因為這些已經是十七世紀以前所使用的藥物，其中有一些本身可能含有毒性或不可以直接服用，在進行任何的療法前，請務必先諮詢醫生的專業意見。

茄科植物	赤鐵礦	蔥屬植物
芫茜	馬齒草加蛋白	田旋花
菊苣	亞麻籽	棕櫚樹的果實
罌粟汁	蘆薈	沒藥樹
酸漿根	錦葵葉	鹽膚木
萹蓄	石榴	新鮮的玫瑰
長生草	簇花草	蒲草
小蓬草[81]	絲柏樹	勞丹脂
小扁豆	黑莓樹	番紅花
葡萄葉	相思樹	眼子菜
鉛白	木梨	
銀泡[82]	莎草屬植物[83]	

那些本質上帶來溫度或熱力的藥物，歸火星及太陽守護，其中一些如下：

絲柏油	鳶尾花藥膏	白色水仙花
肉桂	葫蘆巴	甜馬鬱蘭
穗甘松	沒藥	黃槐

81　Fleawort現今意指的植物有幾種，但在中古歐洲，根據Culpeper的草藥大全對當時Fleawort的描述，所指的應該是小蓬草。
82　此爲字譯，找不到任何可信之相關資料。
83　原文爲Pirapirastra，有可能是莎草屬植物之名稱，但找不到進一步資料確認。

變硬了的海浪泡沫 [84]	求求羅香	乳香
安息香樹脂	阿摩尼亞膠	鐵筷子屬植物
Root Sera	芸香	除蟲菊
羅勒屬	餘甘子	矽孔雀石
孜然	無花果乾	洋蔥
液態及固態的柏油	硝酸鉀的泡沫	蒜
脂肪	蠟葉月桂	韭蔥
骨髓	滅虱草	紅蔥頭
楓子	硝酸鉀 [85]	三角豆
百合花	南薑	
所有氣味香甜的東西		

要驅除及醫治源自土星或水星的疾病（之後你應該能夠從月亮的路徑中發現這一點），就必須使用這些藥物治理，它們的本質都是加熱及讓人平靜的。然而，想要壓抑太陽及火星的疾病，富有知識的醫師必定會使用本質上能夠降溫、冷卻及回復生命力的療法。

關於疾病、生或死的跡象與推測，
取決於患者初次臥病在床或提出問題時，月亮的位置好壞

無論是誰，當他們初次臥病在床時，月亮位在十二星座中任一星座的光線及速度都在減弱，同時跟土星形成四分相、對分相或合相而受剋的話，他

84　此為字譯，推測這裡所指的是海鹽。
85　原文為Stone Asius，資料翻查自 Partington, J. R., A History of Greek Fire and Gunpowder, W. Heffer & Sons, Cambridge, 1960, reprinted by John Hopkins University, 1999.

將會局部或整個人於患病期間出現以下描述中的病況：

月亮牡羊跟土星合相、四分相或對分相

會頭痛、頭部沉重或流鼻水、耳鳴、頭昏腦脹、眼睛疲倦或眼花，鼻水及不平衡的體液從頭流到喉嚨及氣管，虛弱的脈搏及胡思亂想、意識不清，胃部不適，不合理或過激的流汗，忽冷忽熱，如果星盤時間是晚上的話會受到較多傷害；如果月亮沒有跟任何好的行星形成相位，並得到好處的話，毫無疑問地病人會死掉，神將不會為他帶來非凡的救藥。放鬆肚子可以抑制痛苦，放血則是不好的療法。

月亮金牛跟土星合相、四分相或對分相

因心前區及動脈阻塞不適而導致的發燒，也就是靠近心臟、肝臟及肺臟往內的部位，因生活太奢侈、放縱，或經常吃得過飽而發生。脈搏非常明顯有力，但有點過於有力，身體發胖或腫脹，肺潰瘍。如果月亮沒有跟吉星形成柔和相位的話，病人很難存活超過十四天。但正如前述，如果月亮有任何好相位的話，那麼病人會出其不意地康復，藥物會成功排出或分解過多的體液，而靜脈切開術會是不錯的療法。

月亮雙子跟土星合相、四分相或對分相

初次臥病在床時，月亮在雙子座並且跟土星合相、四分相或對分相的人，他們的病源自於心智的疲憊，以及因各種不同的事而受到過多的壓力，又或是舟車勞頓，身體運動或勞動過度，恐怕會有輕微發燒，疼痛蔓延到身體各處，但主要會出現在動脈及關節。

我發現無論任何疾運盤的各種時間，只要月亮在雙子座，身體主要器官都會受到非常多的傷害，而疾病也傾向於會是肺結核。病人的脈搏疲弱，

常常冒汗，脾臟出現狀況，如果患病時間是晚上而不是白天，病況會更加棘手。如果火星跟土星同時傷害月亮的話，大部分作者都認為病人不會存活超過十天，除非有木星或吉星的良好相位做出干預，那麼在一段較長時間之後，病人有可能會康復。

月亮巨蟹跟土星合相、四分相或對分相

那些於月亮在巨蟹座且被土星所剋之時患病的人，他們的胸部會特別受到傷害，面臨棘手的黑膽汁相關的麻煩。可能有透明的濃痰、久咳不癒、非常多痰及汗，黏膜炎、聲音嘶啞，濕氣於體內往下，或是體液往下進入胸部，氣管收窄並受阻，輕微發燒，而且很多時或許會出現一天性的瘧疾，但更常出現的是每四天復發一次的瘧疾，並且持續很長一段時間。也會出現肚子痛，有時候會是身側或私處的炎症。如果月亮正在下弦月周期，同時在土星附近的話，疾病將會持續一段非常長的時期，如果同時間上升守護受到八宮守護妨礙的話，這個人康復的機會相當小。

月亮獅子跟土星合相、四分相或對分相

那些於月亮在獅子座且被土星所剋之時初次臥床的人，他們的病症源自於消沉不適的血液，病況被不友善的熱力壓抑於胸口之中，心律變得激烈，同時發高燒、脈搏混亂，體外及體內的熱力嚴重地困擾病者，有時候他們會突發結石、心悸暈眩、頭昏，如果病況長時間持續的話，有機會患上黑疸病。

溫和濕潤而溫暖的東西對病者有益。當月亮跟土星對分相的時候，如果屆時金星或木星沒有透過六分相、三分相或合相帶來幫助的話，病人很多時候會死。

月亮處女跟土星合相、四分相或對分相

當月亮在處女座同時受土星所剋，疾病源自於胃部的消化不良，同時有太多惡性的痰液阻擋了腸道及內臟，肋骨刺痛、不尋常的發燒，我發現很多時候當疾病發生於月亮處女同時受土星所剋時，會出現疝氣、極端的黑膽液，大腿及腳會出現痛風或痛楚。有助於退熱及帶來消解效果的事物，是針對此症的最佳方法。根據經驗所得，當疾病於月亮處女並被土星所影響時出現，很多時都會持續非常長時間，因為處女座是土象星座，而土星走得非常慢。

月亮天秤跟土星合相、四分相或對分相

當月亮於天秤座並被土星所剋，疾病源自於喝太多酒、暴食、某些肉類沒有被完全消化，或者縱慾過度，胸部會受影響，頭部也會，可能沒有食慾，胃部不舒服，咳嗽、聲音嘶啞，體液往下流動帶來不良影響。我發現月亮受到這種影響的病人，他們的關節、膝蓋及大腿會非常痛，同時這些部位也會發癢，也有可能產生坐骨神經痛。

月亮天蠍跟土星合相、四分相或對分相

當土星傷害位於天蠍座的月亮，疾病會出現於肛門，通常會有潰瘍、內出血或痔瘡，又或是私處出現潰瘍或腹股溝腺炎。

經驗所得，我發現不論男女，當他們於月亮被土星所剋時患病，病人膀胱會不能儲尿，病人會膀胱結石、或某種體液堆積而導致膝蓋和大腿受不良影響及腫脹，有時候他們也會腹瀉，男性可能會患上淋病，女性則可能月經流量過多。

月亮射手跟土星合相、四分相或對分相

當土星傷害射手座的月亮，病人可能會因為難以發現的、稀薄而突發的體液變動而被壓制，動脈或關節會非常不適，或許會發燒，極端的發熱或發冷，很多時候會出現第二次發燒。能夠溫柔地舒緩熱力及帶來濕潤的事物，有益於在這狀況下患病的人。

根據經驗，我發現當月亮在射手座並且和土星合相而受剋的時候，病因往往是因為血液受到黃膽汁及黑膽汁的影響而來，而且很多時候會帶來非常巨大的痛苦或暴烈的經驗，並因此感到寒冷。至於當月亮跟土星形成對分相的情況下，大部分患者都會染上痛風，也有一些人是手掌、大腿或腳掌腫脹或出現腫瘤，如果初次患病時除了土星之外火星也跟月亮形成不良相位的話，這會帶來非常高溫的發燒。

月亮摩羯跟土星合相、四分相或對分相

疾病來自寒冷及黑膽汁，會有不明顯的、薄的分泌，胸悶及胃悶，呼吸不順暢，乾咳，肺感覺被壓住，延續多日的發燒，夜間比日間更加痛苦。能夠溫和地提供熱力及濕潤的藥物，可以於這種病況中帶來幫助。

病人會持續抱怨頭痛、左耳痛，或感到頭或鼻內發出輕微的怪聲。

月亮水瓶跟土星合相、四分相或對分相

疾病源自於太疲勞、筋疲力盡或身心上的疲憊，渴求睡眠及缺乏休息所致。疾病會以不平均的方式侵擾，有時好轉有時惡化，直到月亮走到原來位置的對面之後為止。然後，如果有任何吉星跟月亮形成良好相位的話，屆時病人將會康復。

我發現病人會在上一個凶相位的時候埋怨不適或開始躺下，感到頭內有

風或有聲音，感到暈眩或心悸；又或很多時他們會喉嚨痛，或因喉嚨引發的問題而有窒息的危險。

月亮雙魚跟土星合相、四分相或對分相

疾病源自於寒冷的分泌，病人會一直發燒，經常且持續的嘆氣，乳頭以下、心臟前方至心臟一帶感到刺痛。

我發現病人會受到某種極度寒冷的折磨，以致喉嚨有非常多的濃痰阻塞，同時胸口會因非常嚴重的咳嗽以及太多液體而感到不舒服。

在這些情況下，能夠帶來熱力及乾的藥物很有用。

我們已經討論了當任何人初次患病時的星盤或疾運盤中，月亮在十二星座其中一個星座，並受到土星甚至水星的壓抑可能帶來怎樣的傷害。現在，我們要繼續努力探索，當月亮在不同星座中受到火星或太陽的傷害時，將出現怎樣的特質。

月亮牡羊跟火星合相、四分相或對分相

那些患病時月亮在牡羊座並跟火星合相、四分相或對分相的人，他們的疾病往往來自於腦膜的不適、持續發燒、缺乏休息或安寧，口乾舌燥，非常渴，肝熱或發炎，胸口聚積很多熱力，快速但不明顯的脈搏，沒有規律，恐怕會出現狂暴的情緒，或出現感官的剝奪；放血及進一些能夠冷卻及滋養的治療會非常有用。

如果月亮離開了火星的凶死之光或相位之後，跟土星合相或對分相入相位，同時光芒正逐漸減少，移動速度也緩慢的話，那麼這個人沒有太大生存希望，讓病人做好遇見神的心理準備。我發現，通常當月亮在牡羊座並被火星傷害的時候，病患多半都已經陷入瘋狂，肚子或小腸感到極端的痛楚或不

適，源自於黃膽汁被阻礙。

月亮金牛跟火星合相、四分相或對分相

病人有太大量不好的血液，持續發燒，整個身體感覺被塞住，喉嚨、脖子跟後頸發炎，骨痛，非常不安穩的淺眠，但沒有睡著，愚蠢地渴望酒跟冰水。放血及類似可以溫和地冷卻或降溫的療法會是必須的。

我發現當月亮金牛被火星傷害時，病人會患上痛性尿淋，或是身側及腎臟結石；非常難纏的喉嚨痛、聲音嘶啞，或在該器官部位出現一些壞狀況。

月亮雙子跟火星合相、四分相或對分相

月亮雙子被火星所剋時臥床的人，往往會顯示出他正經歷一場非常狂暴及危險的發燒、阻礙，脈搏跳得非常快，血液過熱，以致血液必須流出，基於血液的狀況，整個身體機能接近壞掉。

我發現當月亮在雙子座受到火星所剋之時患病的人，他們會全身疼痛，找不到到底是何處生病，血液充滿了氣泡、敗壞掉；如果不是這樣的話，那可能是他們的手臂或關節會瘸跛或感到非常不適，身側會受到結石或熱力的侵擾，有時候會吐血。

月亮巨蟹跟火星合相、四分相或對分相

當月亮在巨蟹座被火星所剋，疾病可能會是胃部產生大量甜的黏液、吞下太多食物或進食太多，往往會嘔吐、想吐或反胃。

我發現，這通常只是因為放任及暴食而導致的放縱，到目前為止，我見過最嚴重的狀況也是透過嘔吐而康復；很多時候這會變成腹瀉，或是拖時許久、棘手的咳嗽，有時候會吐血。

月亮獅子跟火星合相、四分相或對分相

在這情況下，會有太多血液積存，並因此發高燒，脈搏非常弱，會握拳大力揮動，頭腦混亂，沒有胃口，身體各部位覺得很重很乏力，心臟出現各種不適，有肺結核的危險。如果有其他相關星相配合的話，通常在臥床後第九日死亡。我發現病人的血液通常會過熱，病人會瘋狂暴怒，累積非常多的黃膽汁，身體會太乾，有可能患胸膜炎，頭昏腦脹，或心臟受到嚴重傷害。在這星座中，我會特別懼怕月亮跟火星合相或對分相所帶來的危險。

月亮處女跟火星合相、四分相或對分相

通常會是肚子不適或絞痛，或是不幸地腸繫膜發炎，輕微發燒，黃膽汁跟黑膽汁跟平時分別不大，脈搏無力，反胃、沒食欲。如果沒有吉星幫忙的話，三十天內會死。

透過經驗所得，當受到這相位或這些相位傷害的時候，病人往往都是受到風及黃膽汁所折磨，很多時候問題會出現在大腿或腳跟。然而，在初次臥床的星盤或疾運盤中，當月亮處女被火星所剋的時候，我也從來沒見過這些病症可以輕鬆消除。

月亮天秤跟火星合相、四分相或對分相

病人會受到血液過多的困擾，並因此導致發燒、脈搏快、失眠，不能自然而然地休息，全身各處發炎。

我發現這類病人通常會受到血液過熱的壓制，一般是因為飲食失調而進食太多，很多時候都會有腎結石，或者腎臟發熱。

塞劑或灌腸劑之類一般都能夠冷卻，相當適用於這種病況；很多時候疾病會遍佈全身的每一部位，同時隨之而來的是非常炙手的高燒，放血會是個

好方法。

月亮天蠍跟火星合相、四分相或對分相

對於患者來說，這不會好轉也不會惡化，但他或她的私密處通常會出現一些讓人困擾的發炎症狀，那裡可能出現一些潰瘍、天花、梅毒（如果是小孩的話，可能會是痲疹）、內痔或外痔。

我觀察到病患會感覺頭好像被按壓住，或者頭覺得很冷或有很多體液；如果病人看起來生活很放蕩，那麼即使不用多說，我也會斷定他患上梅毒、淋病或陽具灼痛。很多時候我會發現病人結了很多痂，會先壓抑然後爆發紅疹。

這是血液敗壞的症狀，因此這時必須使用熱的、讓人感到舒適的東西。這類症狀的疾病通常會招來醜聞，因此請讓一個謙遜的人前來提問，因為提問者有可能會懷疑病人曾經亂來，而如果提問者是男性的話，則相反地，他的妻子會責怪他。

月亮射手跟火星合相、四分相或對分相

當月亮在射手被傷害，病人往往會患上相當不樂觀的疾病，疾病源自於暴食或飲食失調。他會受到高燒的折磨，並展現黃膽汁特質的脾氣，會腹瀉。脈搏微弱，或跳動得相當慢及弱，如果病人在第七天時逃過一死，或是我們清楚知道當天月亮會來到臥床當刻的真正四分相位置，那麼病人有機會得到真正的康復。透過經驗所得，病人的血會因為某些過猶不及的事情而變得過熱，讓他被極度燃燒，有時候高燒會一直持續，讓他需要進行兩次甚至三次放血。他們常同時在手及腳出現痛風、痕癢及出疹，同時會有喉嚨痛，其他時候眼睛則會出現刺眼的分泌。

月亮摩羯跟火星合相、四分相或對分相

在這狀況下，似乎消化不太好，黃膽汁積聚，病人會想吐、沒有胃口、筋腱腫脹，接下來會馬上出現腹瀉，持續或反覆發燒，胸口發炎，病人身體某些地方會出現潰瘍，又或是他的手掌或手指關節會受到黃膽汁的影響。臨床藥物及能夠帶來阻塞性的藥物會相當有用，帶人的脈搏會疲弱緩慢。

我發現病人容易患上黃疸病，面容枯槁、身形消瘦，整個人的血液都受到不良影響。大多數在這方面有研究的人，都會認為在這情況下的疾病相當難醫好。此時通常血液會非常少，或是已因病症而受到不好的影響，又或是血液已經發揮最大效用了。

月亮水瓶跟火星合相、四分相或對分相

如果病人初次臥床時，月亮移動緩慢、光線減弱中，同時受到火星傷害的話，那麼疾病會以最急劇、最不近人情或最猛烈的方式攻擊病患。如果在月亮跟最初臥床時的星盤位置形成四分相或對分相的時候，有吉星在當下與月亮形成良好相位的話，那麼，在患病二十天後，病人會得到最適合當下的救藥。

經驗告訴我，在上述相位期間，尤其在對分相的時候，病人的心臟會痛，會神志不清、胡亂揮拳，會出現最令人擔憂的發燒，血液會於所有的靜脈中腫脹起來，脈搏非常明顯。有時候病人會抱怨說胸口痛，極度呼吸困難。

月亮雙魚跟火星合相、四分相或對分相

當月亮在雙魚座被火星傷害，同時光芒正在增強中而且移動快速的時候，病人身體會充滿多餘的體液，疾病源自於過量進食、臃腫及酗酒，疾病

會於晚間最為肆虐，病人會像著魔一樣暴怒或語無倫次，會出現急速的高燒，非常渴而且很想喝酒。

　　一般來說，我發現當月亮在雙魚座被火星所剋的病人或前來問卜的人，他們都有嚴重腹瀉傾向，而且愁眉苦臉地抱怨肚子很痛，或者咳得非比尋常的嚴重，而且一直有液體從頭流到喉嚨，讓病人差點窒息，他們的肚子會漲，同時恐怕會患上水腫。

對醫生們有用的占星學格言

　　1. 當問題跟病患有關時，把上升點、上升守護及星盤守護視為病人的象徵星。

　　2. 從第六宮星座、第六宮守護、第六宮當中的行星，以及月亮所在的星座及位置、它們跟上升點之間的互動，推斷出病況或受傷害的身體部位。

　　3. 第七宮象徵了醫生，第十宮是他開出的藥物。如果七宮守護星不幸的話，該醫生將不能醫好病症；如果第十宮當中或第十宮守護星本身不幸的話，代表該醫生的醫治方式不適當。

　　4. 第四宮象徵了疾病的結果，疾病是否能很快就完結，還是會持續一段長時間：固定星座代表長時間，變動星座會讓疾病變化，開創星座則代表疾病會以某種方式快速完結。

　　5. 當醫生初次探訪別人時，如果當時是土星時的話，病人應該是病了非常久或需要很長時間康復，同時在康復期間會承受不少痛苦。又或者，要一直等到醫生及病人都感到絕望的時候，病人才有可能康復。

　　6. 如果於火星時期初次看診，他會發現病人對他非常不滿，同時會不屑或拒絕他的某些藥物，他的痛苦不會減輕，同時身體會變差。

　　7. 如果初次探訪病人時，正值木星或金星時期的話，他會發現病人說他

的好話，病人本身也會充滿信心，他的痛苦也會減輕。哪怕醫生的治療失敗，他也不會因而受到任何批評。在這裡我所指的是問診的時間。

8. 如果是收到尿液的話，不管問卜者本人是否同意，都用上升點代表病人，因為有時候尿液代表了病患本身。

9. 如果醫生沒有收到尿液，也沒有得到病患同意的話，那麼上升點會代表問卜者，但是我們必須問清楚問卜者跟病人的關係，找出病患及其病症所在。如果問卜者是為了僕人提問，那麼第六宮將代表病人本身，而不是他的疾病，疾病必定是從第六宮開始算起的第六宮，也就是基礎星盤的第一宮。依此類推，當沒有得到病患同意時，做法都是如此。

10. 但在所有病症中，都要關注月亮的所在位置，因為月亮是所有事物的一般象徵星。

11. 當問題被提出，或當疾病初次入侵病人身體時，如果太陽跟月亮都同樣在地平線之下的話，病人有極大病死的危險。

12. 如果沒有太陽或月亮的話，世上將不會有任何光芒，因此，當病人初次臥病在床時，如果太陽跟月亮變得黯淡或都在地底之下的話，這場病將會是毫不安全，也不太有康復的可能。而如果太陽或月亮其中一方受到傷害的話，病人則更有可能接近死亡。

13. 吉星的四分相或對分相不會帶來任何破壞，凶星的良好相位也不會帶來任何得益，除非行星在形成相位的同時出現接待。

14. 如果太陽跟月亮、星盤守護或上升守護都沒有受到傷害，同時也沒有跟八宮守護形成任何關係的話，毫無疑問病人將會康復；如果上述象徵星其中兩者有受到影響的話，那麼病人要不是安然無恙，要不就會死亡。

15. 如果上升守護位在落陷、不吉利或被燃燒，又或是星盤主人落在這些狀況下的話，有理由懷疑病人會因該病症而病死。

16. 當病患的象徵星虛弱無力，八宮守護星很強，同時為病患象徵星帶

來傷害的時候，恐怕病人會因為體質虛弱加上疾病持續，最後因此疾而亡。

17. 如果上升守護落在第八宮，同時受到八宮守護透過某種必然尊貴接待，而上升守護沒有反過來接待它的話，病人會意料之外得到康復。

18. 如果上升守護及月亮同時跟某顆位於地平線之下的行星形成不良相位的話，醫生可能要因此而擔心病人的狀況。如果上升守護及月亮跟某顆地平線之上的行星同時形成相位的話，則可預期相反情況。第十二宮、十一宮、九宮、八宮及七宮都在地平線之上[86]，其餘宮位則在地平線之下。

19. 如果八宮守護落在第十宮，同時上升守護在地平線之下的話，病人恐怕不容易康復。

20. 如果月亮移動迅速，光線增強中，同時跟上升守護六分相或三分相入相位中，即使上升守護在地平線之下，治療的過程都會加速，如果出現接待的話，治療將會更輕鬆。如果跟月亮入相位的上升守護位在地平線之上的話，治療必定會更快完成。

21. 如果上升守護落在第六宮，或六宮守護落在第一宮的話，都會延長病況，而且病人應該會承受不少痛苦。如果六宮守護跟上升守護形成四分相或對分相的話，也會帶來同樣效果。

22. 如果木星跟金星這兩顆吉星是星盤中最有力量的行星的話，可以判斷病況無恙，或有望康復；如果凶星是最強行星的話，則可做出相反判斷。

23. 如果四宮守護跟八宮守護正在合相的入相位中，會延長病況，如果四宮守護是凶星的話，那同時象徵死亡；如果是吉星的話，則可預期相反結果。

24. 如果疾病的象徵星是逆行星的話，代表疾病會延續，同時可能暗示體力消耗、狀況倒退及復發。

---

86 作者在這裡沒有寫第十宮，但第十宮也一樣是地平線之上的宮位。

25. 如果象徵星停滯的話，病人隨時都會想吐，而且病情好壞經常反覆，症狀也會一直變化；但如果象徵星被太陽燃燒的話，大部分情況下病人都會死亡，因為停滯的行星不移動，因此它有足夠時間製造不幸。

26. 落在落陷或弱勢的象徵星代表了病氣與不少的危險，同時反映了病人的不信任及恐懼。

27. 當上升點及月亮同時受到傷害，同時，其中一方的守護星受到傷害，但另一方的支配星沒有的話，那麼，疾病會出現在身體而不是在精神之中。

28. 然而，如果上升點跟月亮都沒有任何不吉利的侵擾，但雙方的守護星都同時不吉利的話，那麼，疾病會出現在精神而不是在肉體上。但若是上升點、月亮，以及兩者各自的守護星全部都受到傷害的話，那代表病人的身心同時受到了折磨。此外，如果凶星看見了上升點但沒有看見月亮的話，代表疾病出現在身體的慾求而不是機能之上，反之亦然。

29. 如果六宮守護出現在第一宮、第九宮、第十一宮或第十宮的話，疾病已然呈現；如果在第七宮或第四宮的話，該疾病仍然很神祕，尚未呈現真相；第六宮守護星如果出現在第十二宮或第八宮的話亦然。

30. 開創星座很容易導致病情出現變化，固定星座會毫無難度地讓病況變成恆常，變動星座代表了復發，又或是病痛有時在這裡，有時在那裡，又或是病人有時候感到好多了，有時候又不然。

31. 在疾病一開始的時候，如果月亮落在不良的位置並受到傷害的話，這是值得擔心的，再配合上升守護星的好壞，從而判斷病人即將會變好還是轉壞。

32. 如果可以得到病人的本命盤的話，**觀察初次疾運盤或卜卦盤當中的月亮，是否落在本命盤的凶星之上，或跟凶星形成四分相或對分相**。若是如此，那麼病況將會變得更棘手，也更難熬過。

Chapter 45　占星學中關於疾病的論斷

33. 如果在剛開始生病的時候，當時的月亮落在本命盤的第六宮、第四宮、第七宮、第八宮或第十二宮，而在出生盤及疾運盤當中，那一宮都有凶星的話，這表示了死亡，除非在其中一張星盤中，有吉星散發其吉祥的光線帶來幫忙。

34. 當疾運盤的上升點跟本命盤的上升點相對，落在第四宮、第六宮、第八宮、第十二宮或第七宮，同時太陽牡羊入境圖的上升點也落在不同星座的話，這代表了病人很難康復。

35. 如果二宮守護為上升守護帶來不幸的話，這代表病人要花一大筆金錢才能康復；又或是如果他死了的話，他生前會花大部分財富去醫病，但徒勞無功。

36. 如果第一宮出現太陽，通常會馬上帶來健康；如果太陽在第六宮，疾病會馬上出現變化；如果八宮守護被燃燒的話，病人將會康復，這一次不會病死。

37. 太陽是天國的燭光或光芒，它的精神會淨化及美化其所在的星座，並破壞危害身體的敵人。

38. 即使上升守護跟八宮守護入相位中，但只要木星跟太陽有良好相位，那就不用擔心病人會死亡。

39. 當疾病初次發生時，月亮正離開燃燒的狀況的話，那麼，疾病將會日益嚴重，直到月亮來到跟太陽對分相的位置為止。

40. 如果上升守護落在第八宮且不吉利的話，病人的病情會越來越嚴重，並且因為他的不自律及不小心而阻礙治療進程。

41. 如果疾病的象徵星是西方行星的話，這代表了慢性疾病，如果是東方行星，則代表了新的疾病；記得考量月亮的出相位，因為月亮的出相位或入相位，指出了病況將會減輕還是變嚴重等等。

42. 如果土星是疾病的元凶，它會帶來冷；如果元凶是火星或太陽的

話，它們會帶來熱及乾，其他行星也是如此的帶來相關病況。

43. 當月亮正在增加光芒而受到火星的傷害時，傷害會特別明顯；而當月亮的光芒正在減弱而受到土星的威脅時，她也會受到更多的壓抑。注意當疾病剛開始時，月亮是否有受到這些不吉利的遭遇，也要記得如果火星身處陽性星座，是東方行星同時位於地平線之上的話，將帶來更多的不幸；土星則會在相反的條件下帶來更多的不幸。

Chapter 46 一位醫生生病了,他所患何病?能夠治好嗎?

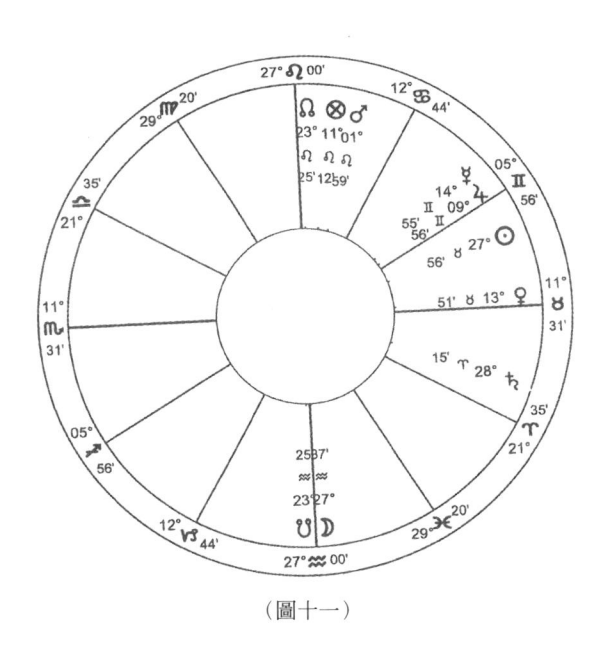

(圖十一)

身體哪個部位受到傷害

　　這問題的上升星座是天蠍座，值得注意的是恆星氐宿一[87]就在上升點附近，但它並沒有因為落在弱勢位置或被任何凶星影響而受到傷害；因此，我接下來必須查看第六宮，看看它有沒有受到任何傷害。在這裡我找到落陷的土星，它在這裡為第六宮帶來傷害，而它的出現本身就已經不吉利地象徵了疾病本身。因此我的結論是，由這一宮及這顆土星，我必須從中找出受到傷害或感到最不舒服的身體部位或器官，我們可參閱以下內容：

　　牡羊座代表頭部。（請參閱本書第 166 頁表格。）

　　土星牡羊象徵了胸。（請參閱《基督教占星學・第一卷》第 246～247 頁。[88]）

　　上升守護的火星獅子象徵了心臟。

　　上升守護是火星，你會發現它剛剛正跟土星形成四分相出相位，兩顆行星都在開創星座，火星形成四分相的時候正在巨蟹座，代表胸及胃。在此我會肯定地定論，感到不適的部位是頭、胸、心臟及胃，同時在胸腔或胃中有一些卡住的黑膽汁來阻礙，這是他所有不適及苦痛的原因。

87　原來在這裡所寫的Chele有兩個意思：首先，它是希臘文中的alpha星，另外，天秤座在古時被稱為蠍子的爪子Chelae，在投影法中，在歲差的影響下，氐宿一於二〇〇〇年時位於天蠍座15度05分，一九〇〇年位於13度41分，按推算，於一六四五年的時候，氐宿一的投影位置約於天蠍座10度。

88　作者寫第113頁，在這裡應該是筆誤，因為指出行星跟星座的配搭所象徵的器官的表格，於原文書中其實是在119頁，即《基督教占星學・第一卷》第246及247頁。

疾病源自於什麼原因

　　土星是這次不適的主要象徵星，它落在自己的界守護，月亮位在土星守護的星座中，並正跟土星入相位中，這已經預先暗示了黑膽汁，而這種乾的疾病是源自於黑膽汁的不適，同時可能會逗留於頭及胸。關於土星本身象徵了什麼疾病，請參閱本書第167頁表格[89]。如何把這些論斷綜合在一起，什麼疾病會出現在哪些部位，以及這些原因如何以上述的方式發展下去，醫生會是最清楚的人。

　　上升守護火星同樣落在土星的界守護中，月亮將會離開它自己的界守護，並跟太陽四分相入相位，太陽在火星的界守護中，因此，黃膽汁會是這位醫生患病的第二個病因。的確，當我跟這位醫生討論的時候，他的頭的確非常痛而且嗡嗡作響，他非常安靜、呆滯及憂鬱，睡得很少，嚴重乾咳，並抱怨說胸口非常不舒服、非常痛，他的臉色又黑又黃，看起來有黃疸的傾向。除此之外，他也有延續一段時間的肺結核，同時渾身上下及每個關節都有嚴重的疲憊感。因為月亮在風象星座，同時天蠍上升，這象徵了私處及腎結石，同時，月亮水象也一樣象徵了私處的疾病，因此他小便有困難，會排出紅色的小結石，而且這些部位都會非常痛。因為我本身在醫學方面論斷不多，因此我提議他為自己開出一些溫熱、濕及性質溫和的藥物，這樣他或許可以稍微延長壽命。因為月亮在第四宮並跟土星六分相，這顯示了病人會一直患有此疾直到過世為止：他於接下來的八月十四日死亡。

89　應該是原文246頁。

疾病會拖很久還是很快結束

　　作為疾病的元凶，土星指出了這會是永久的、或是持續長時間的疾病，正如本書第 168 頁所述，土星是行動遲緩的行星。此外，星盤的所有軸點都在固定星座，月亮跟太陽也都落在固定星座，同時形成四分相，而且不在角宮，也同時落在凶星的界守護之中；上升守護火星跟六宮守護都落在固定星座，這些全部都指出疾病會持續很久。此外，火星的映點落在太陽附近，因此為它帶來傷害，而太陽也是這張星盤中生效的發光體。

Chapter 47
病人會生還還是會死亡？他所患何病？

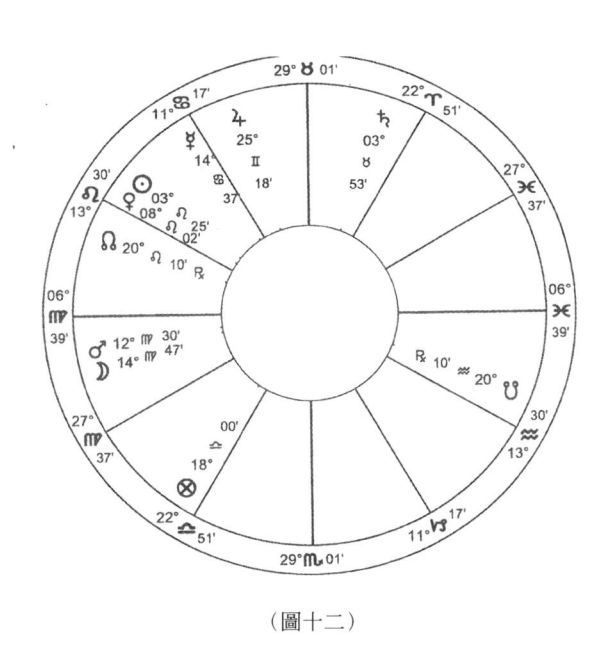

（圖十二）

關於這個星盤的論斷

上升星座處女座在星盤中受到最大的傷害，因為當中出現了火星，而它是第八宮的其中一部分守護星，因此，我們必須從第八宮及星座中找出疾

病、病因及不適器宮的原因。第六宮星座是水瓶座，是固定星座，受到南交點所傷害，同時六宮守護土星落在金牛座，是固定土象的黑膽汁星座，跟上升星座處女座同一本質及元素。月亮是所有疾病的一般象徵星，它在火星附近並因此受到傷害，它也落在第一宮，落在土元素的黑膽汁星座。這些因素再加上其他象徵星，清楚地指出了病人的胰臟受到腸胃漲氣的傷害，同時腸臟或小腸會被黑膽汁阻塞，會輕微發燒、脈搏疲弱。也因為上升星座是處女座，當中有月亮及火星，因此，可以認為疾病源自於頭部的不適，會睡不安穩等等（這全部都真的發生了）。

我說服這個男人跟神和解，並陸續安排好自己的物業，因為從各種跡象中，我都看不出這個人能夠生存多於十或十二天。

而我的理據是：所有象徵星都指出了死亡。首先，太陽是問卜當時的發光體，也是生命力，它跟土星正四分相，而土星是落於固定星座的第六宮的守護星。

第二，上升點受到火星相當的傷害，火星本身就象徵了疾病，而它剛好也幾乎是整個第八宮的守護星。

第三，月亮相當靠近獅子尾巴 [90]，並受到火星的不祥影響，而它們都出現在象徵生命的第一宮。

第四，月亮跟上升守護星水星六分相出相位，它們都落在上升時間較長的星座（因此更恰當的說，它們比較像是形成了四分相），月亮也的確把水星的力量轉移了給八宮守護星木星。

病人於接下來的七月廿八日死亡，當天這卜卦盤的水星來到跟太陽同一度，並在那裡跟六宮守護土星形成四分相，月亮也來到跟太陽對分相，當時月亮行運來到了第六宮的水瓶座 14 度，太陽則來到了第十二宮宮首。

90　獅子尾巴 Cauda Leonis，即位於獅子座尾巴的恆星五帝座一Denebola。

Chapter 48
疾病中的關鍵時間點

　　疾病中的關鍵，無疑是體質跟病症之間的對壘或拉鋸戰。如果在關鍵時刻，體質戰勝了疾病帶來的惡兆，那麼這會是好的關鍵時間點；如果疾病仍然繼續，那麼這關鍵點則是有害而邪惡的。又或者，所謂的關鍵，其實不過是人體於生病期間出現突發的變化，並於關鍵點期恢復健康或繼續病下去。於關鍵時間點期間，通常發生的狀況就像是體質跟疾病之間的激烈對戰，看看哪一方會勝過對方。

　　關鍵的、決定性的日子都一樣，不要覺得會有更確定的方式，可論斷出正在帶來傷害的疾病。於真正的關鍵時間點，要不疾病會更兇猛，要不則收斂影響程度。

　　要找出真正的關鍵時間點，最好的方法是使用疾病初次入侵身體那一刻的時間點，如果沒辦法得知，那麼就應該使用病人尿液初次來到醫生面前，尋求治療那一刻的時間（但這方法比較沒有那麼準確）。如果沒有尿液的話，那麼則使用醫生初次跟病人對話，被病人詢問他對疾病有什麼看法，以及將會建議如何治療的面診作為時間點。

　　正如蓋倫[91]所言，疾病每一個突發而猛烈的動作，或許都可以被稱為關

91　蓋倫（西元一二九年～二〇〇年）是一位古羅馬的醫學家及哲學家，其醫學理論對中世

鍵；又或者這其實根本不是病人本身的動作，而是疾病出現了變化。

又或是關鍵時間點帶來了關於目前病況的論斷，告訴我們它會如何終結，也就是結果將會是好是壞。

希波克拉底[92]認爲疾病的關鍵點只是疾病發生激烈或急速變化，它會帶來康復或死亡。然而，有些時候，能夠生還著康復的機率還是比病死的多（除非是瘟疫）。在疫病中，事情的本質跟原因都實在太惡性也太有害，以致人們的體質大多時候無法抵抗或戰勝這些疾病，在這些情況下，他認爲稱這些時間點爲關鍵點或許並不恰當。因此，某些人認爲希波克拉底對關鍵點的定義很難應用，除非可以斷定病人眞的能夠戰勝疾病。

阿維森納[93]在其著作中認同所述，並說：「疾病突然的變化，會影響一個人的安全或死亡」[94]。

也有一些斷言認爲，雖然疾病中的確存在關鍵時間點，但那並不是來自星體的影響，而是來自身體內部的原因。

這時候，如果我們認爲疾病的決定性或關鍵時間點眞的是源自於身體內部，那麼，根據疾病的不同以及體液的各種組合，我們可以假設會出現幾個關鍵日，就像是持續三天、四天以及多天的發燒一樣。然而，正如很多富有學識的人所言，這說法是不成立的，因此，較受一般人接納及相信的說法是，月亮對於虛弱的身體有著主要的控制力及影響，它會刺激及翻攪體液，並透過其運行動作，宣告疾病的眞正關鍵時間點。這需要病人初次臥病在床

紀歐洲的影響舉足輕重。

92 希波克拉底（西元前四六〇年～三七〇年）是古希臘伯里克利時代之醫師，後世普遍認爲其爲醫學史上傑出人物之一，亦爲四體液學說的提出者。

93 阿維森納（西元九八〇年～一〇三七年六月）是中世紀波斯哲學家、醫學家、自然科學家、文學家，塔吉克人。在醫學上豐富了內科知識，重視解剖，所著《醫典》是十七世紀以前亞洲、歐洲廣大地區的主要醫學教科書和參考書。

94 原文爲拉丁文est velox motus morbi ad salutem vel ad mortem.

的時間點，以及月亮在黃道上的圓缺和前後移動動作，在這裡我們需要初次生病時月亮的準確位置，如果沒有辦法得到該時間的話，那麼如同前述，把月亮的真實位置修正為病人初次前來尋求意見那一小時。我在文後整理了一個表格，只要你找出星盤中月亮的星座及度數，就能夠輕易地找到其標示日[95]，那會是半個象限[96]或半關鍵點，至於形成四分相及對分相的時候，我們稱為完全的關鍵點，我們可以藉此找出整個病況的所有標示日及關鍵日。

舉例來說，於一六四五年七月十六日的星盤中，這是疾病真正開始的時間，月亮位於處女座 15 度 42 分，因為 42 分差不多等於一度，我從表格第八欄的處女座中直接尋找 16 度（請見第 220 頁的「標示日」表格），因此我的基礎圖或月亮的真實位置會是處女座 16 度。在這個 16 度的右手邊，我找到 8 度 30 分，上方標示的星座是天秤座，這會是第一個標示日。在這天，醫生應該能夠預期疾病將會如何展現自己的真面目。在每一個關鍵日或標示日，都要考量月亮跟什麼行星形成互動，如果是跟吉星的話，可以預期疾病會稍為減退；如果是凶星的話，則會是不好的預兆等等。

然後，在天秤座 8 度 30 分的右手邊，你會看到 1 ♏，也就是說當月亮來到了天蠍座 1 度的時候，會跟最初的位置形成半四分相，而這地方正是前述的「關鍵的一半」。在這時間點，疾病或多或少會展現出真面目，視乎月亮在天蠍座 1 度這位置形成了什麼相位而定。在接下來右手邊的下一欄中，你會看到 23 度 30 分，上方是天蠍座的符號，顯示了當月亮來到天蠍座 23 度 30 分的時候，會是第二次標示日，這時候醫生或許可以進一步判斷疾病將會好轉或惡化。往右再下一欄，你會找到 16，上方是射手座符號，也就是當月亮來到射手座 16 度的時候會是真正的關鍵點。這時候，醫生可以清

---

[95] 標示日（indicative day），按其字面意思，為「標示了接下來將會發生什麼」，作者把這作為專業用語。

[96] 即半四分相。

楚地判斷出是什麼疾病，然後根據月亮在這度數中跟哪些行星形成相位，以及相位的好壞，病人或醫生應該可以因而預期這會是一個好的關鍵點還是壞的。因此，在同一行或同一欄中，你可以跑完整個黃道，觀察月亮在黃道這些位置中的表現，哪一天會是它帶來的標示日還是關鍵日，然後當天它跟哪些行星形成了相位，在星盤中它們是吉兆還是凶兆。除此之外，你應該要觀察月亮行運進入第六宮、第七宮及第八宮的時間點，以及當下月亮有沒有跟吉星或凶星形成怎樣的相位。

「標示日」表格

♈	♈	♉	♊	♋	♋	♌	♍	♎	♎	♏	♐	♑	♑	♒	♓
0 30	23	15 30	8	0 30	23	15 30	8	0 30	23	15 30	8	0 30	23	15 30	8
1 30	24	16 30	9	1 30	24	16 30	9	1 30	24	16 30	9	1 30	24	16 30	9
2 30	25	17 30	10	2 30	25	17 30	10	2 30	25	17 30	10	2 30	25	17 30	10
3 30	26	18 30	11	3 30	26	18 30	11	3 30	26	18 30	11	3 30	26	18 30	11
4 30	27	19 30	12	4 30	27	19 30	12	4 30	27	19 30	12	4 30	27	19 30	12
5 30	28	20 30	13	5 30	28	20 30	13	5 30	28	20 30	13	5 30	28	20 30	13
6 30	29	21 30	14	6 30	29	21 30	14	6 30	29	21 30	14	6 30	29	21 30	14
7 30	30	22 30	15	7 30	30	22 30	15	7 30	30	22 30	15	7 30	30	22 30	15
8 30	1 ♉	23 30	16	8 30	1 ♌	23 30	16	8 30	1 ♏	23 30	16	8 30	1 ♒	23 30	16
9 30	2	24 30	17	9 30	2	24 30	17	9 30	2	24 30	17	9 30	2	24 30	17
10 30	3	25 30	18	10 30	3	25 30	18	10 30	3	25 30	18	10 30	3	25 30	18
11 30	4	26 30	19	11 30	4	26 30	19	11 30	4	26 30	19	11 30	4	26 30	19
12 30	5	27 30	20	12 30	5	27 30	20	12 30	5	27 30	20	12 30	5	27 30	20
13 30	6	28 30	21	13 30	6	28 30	21	13 30	6	28 30	21	13 30	6	28 30	21
14 30	7	29 30	22	14 30	7	29 30	22	14 30	7	29 30	22	14 30	7	29 30	22
15 30	8	1 ♊ 30	23	15 30	1 ♍ 30	23	15 30	8	1 ♐ 30	23	15 30	8	1 ♓ 30	23
16 30	9	2 30	24	16 30	9	2 30	24	16 30	9	2 30	24	16 30	9	2 30	24
17 30	10	3 30	25	17 30	10	3 30	25	17 30	10	3 30	25	17 30	10	3 30	25
18 30	11	4 30	26	18 30	11	4 30	26	18 30	11	4 30	26	18 30	11	4 30	26
19 30	12	5 30	27	19 30	12	5 30	27	19 30	12	5 30	27	19 30	12	5 30	27
20 30	13	6 30	28	20 30	13	6 30	28	20 30	13	6 30	28	20 30	13	6 30	28
21 30	14	7 30	29	21 30	14	7 30	29	21 30	14	7 30	29	21 30	14	7 30	29
22 30	15	8 30	30	22 30	15	8 30	30	22 30	15	8 30	30	22 30	15	8 30	30

Chapter 48　疾病中的關鍵時間點

23 30	16	9 30	1 ♋	23 30	16	9 30	1 ♎	23 30	16	9 30	1 ♑	23 30	16	9 30	1 ♈
24 30	17	10 30	2	24 30	17	10 30	2	24 30	17	10 30	2	24 30	17	10 30	2
25 30	18	11 30	3	25 30	18	11 30	3	25 30	18	11 30	3	25 30	18	11 30	3
26 30	19	12 30	4	26 30	19	12 30	4	26 30	19	12 30	4	26 30	19	12 30	4
27 30	20	13 30	5	27 30	20	13 30	5	27 30	20	13 30	5	27 30	20	13 30	5
28 30	21	14 30	6	28 30	21	14 30	6	28 30	21	14 30	6	28 30	21	14 30	6
29 30	22	15 30	7	29 30	22	15 30	7	29 30	22	15 30	7	29 30	22	15 30	7

你必須觀察在關鍵日當天（特別是第一次四分相），月亮是否有遇到吉星或跟吉星形成相位，因為（如果這個人受到上天眷顧的話）這很可能代表病人的體質會加強並勝過疾病，月亮的良好相位或入相位都是健康的良好標示，這時候醫生理應可以使用最輕鬆的藥物，就能讓病人回復從前一樣的健康。然而，如果月亮在關鍵日當天跟凶星形成不幸的相位，這會讓醫生在當下沒有太大希望，這關鍵日是不好的，醫生必須更謹慎地繼續治療。以前的占星師主張第七天、第十四天及第廿一天會是關鍵日，但有鑑於月亮的移動時快時慢，如果不計算或運用其真正的移動速度的話，將不可能得出準確的關鍵日，至於如何能夠得知，我已經在以上的論述中詳盡解釋。

在提供藥物時，觀察月亮的移動：

當它在：
- ♈ ♌ ♐　　痰液中的吸收會被加強。
- ♉ ♍ ♑　　血液中的潴留會被加強。
- ♊ ♎ ♒　　黑膽汁中的消化。
- ♋ ♏ ♓　　黃膽汁中的排除。

當月亮在巨蟹、天蠍或雙魚座，且與這些行星六分相或三分相：

木星	清除黑膽汁。
金星	清除黃膽汁。
火星、太陽	清除痰液。

身體的瀦留機能會受到土星的冷感所擾亂：

生長及消化機能	會	木星
吸收及脾氣	受	火星
生命力及天賦的力量	到	太陽
胃口及性慾	其	金星
理智及想像力	擾	水星
排泄	亂	月亮

火象星座會擾亂黃膽汁，火象星座即： ♈ ♌ ♐

土象星座會擾亂黑膽汁，土象星座即： ♉ ♍ ♑

風象星座會擾亂血液，風象星座即： ♊ ♎ ♒

水象星座會擾亂痰液及體液，水象星座即： ♋ ♏ ♓

  我曾經試圖想要以更大篇幅去闡述疾病，但因為布克先生 [97] 已經答應會代勞，因此我先在此打住。

---

[97] 原文中作者稱其為布克先生（Master Booker）的人為約翰・布克（John Booker，一六〇三～一六六七），是當時英格蘭的一名占星師，他對於古斯塔夫二世・阿道夫（Gustav II Adolf，瑞典瓦薩王朝國王）及腓特烈五世（Frederick V，英格蘭國王詹姆士一世的女婿）死亡的預言讓他聲名大噪，威廉・禮尼曾對他讚譽有加，但後來二人因為出版許可的事而爭執。

Chapter 49
僕人能夠從主人手上得到自由嗎？

　　第一宮、其守護星及月亮會象徵僕人，第十宮及其星座的守護星將代表主人，在此論斷中，我們會一直使用這個條件設定。觀察一宮守護有沒有跟十宮守護相遇，那是完美的合相，是兩個象徵星真的遇上還是形成相位，兩者之間是否出現接待。如果兩者之間是以度及分為單位準確合相，僕人將能夠輕易得到自由，而且會是在短時間之內；然而，如果一宮守護已經離開十宮守護之間幾分，那麼可以認為他自由得彷彿已經離開主人一樣。如果一宮守護跟十宮守護之間沒有這種合相或相位的話，觀察月亮的路徑，並把它假設為一宮守護，根據以上條件做出判斷，我的意思是請看看月亮是否有如上述一樣形成相位。

　　但如果月亮或一宮守護都沒有跟十宮守護出相位的話，那麼觀察它們其中一方有沒有跟太陽出相位或跟太陽遇上，同樣以上述一宮守護跟十宮守護的條件去做判斷，考量同樣的條件；但如果他所問的問題是有待決定，並不肯定，也就是說，如果他問的是：「我是否能從這位我居於其家中、稱之為主人的男士手中得到自由？我要繼續受役於他，還是我將脫離他的權力得到自由？」這時候，看看一宮守護是否落在離開角宮的降宮，同時跟上升點有沒有相位，還是它有跟落在角宮的行星形成相位，或是它跟某顆看到上升點的行星形成相位？它是否落在第三宮或第九宮，或是跟落在這兩宮的行星遇

上了？在這些狀況下，他將可從勞役中獲得釋放，並離開他的主人；如果你看到月亮形成了類似的相位或落在相似位置的話，也可以做出一樣的結論。

如果月亮或一宮守護落在第一宮、第十宮、第七宮或第四宮，又或是它們其中一方在這些角宮中遇到了某行星，而該行星是順行的話，那麼這個人將無法離開其主人；但如果這顆行星逆行的話，則代表有可能得到自由，但過程緩慢而且充滿困難；如果一宮守護於第一宮、第十宮、第七宮或第四宮之中，因為跟不好的行星相遇合相，或形成四分相、對分相而受到妨礙，又或是它在這些宮位中被燃燒，那麼他將無法從自己的勞役中被解放，不能得到自由。

關於第七宮及其相關論斷
與婚姻、公開的敵人、訴訟、爭議、合約、戰爭、協議交易、難民、盜竊有關

第七宮的各種象徵

因為本質上跟第七宮有關的提問需要較多的考量,同時也比其他宮位的問題更難論斷,因此我唯有用較長的篇幅去帶出古人及一些當代占星師的見解,同時列出四十三項重要的格言。如果這些內容有被好好理解的話,不只可讓人更了解這一宮的相關議題,亦能更理解占星學這門學問。

讓人於任何卜卦占星問題中,做出更佳論斷的格言及考量

1. 先確認問題盤是否符合問題基礎,或者適不適合被論斷。也就是上升守護跟值時星是否同一本質,或擁有同一元素守護。

2. 如果上升點度數是任何星座的最初或最後一兩度的話,不要對這問題的論斷太有自信:如果是某星座最初幾度,代表事情還不夠成熟去被論斷;如果上升點在最後幾度,代表提問的事情已經過去,同時有可能問卜者一直刻意阻撓別人,或者事情不可能成功。因此,這是上天提醒你此時不要在這事情上摻一腳。

3. 土星或火星在第十宮,同時身處境外或不吉利的環境,又或是同一宮

有南交點的話，那麼占星師將難以憑藉這個問題得到讚譽。

4. 不要嘗試判斷每一個細微的動態，或是沒有跟問卜者討論就進行論斷；也不要論斷細微瑣碎的問題，又或者如果問卜者不知道自己想要什麼的情況下，都不要論斷。

5. 要特別觀察月亮的力量及虛弱狀況，如果上升守護的力量比月亮不吉利的話，這會是比較理想的狀況。因為如此一來，月亮能夠帶來其他行星的力量及美德，又或是把某行星的力量及德性帶給另一行星。

6. 看看土星在每一個問題中的狀況，其本質是過度的冷，因此它本身就象徵了疾病；火星則因太熱而受到不良影響。事實上，它們都不是冷或乾的，但是在德性及運作上卻深刻地象徵了這些特質，因此在所有問題中，它們都象徵了該問題的遲緩及損害，除非在象徵上月亮跟這兩顆行星互相接待對方。

7. 觀察木星及金星的狀況，它們本身就是吉利與溫和的，從不引來任何的凶兆，除非是一些偶然狀況：當它們成為象徵星但沒有被接待時，它們還是會推進事情發展；但當它們形成三分相或六分相的入相位時，往往表現得最好；而當它們身處必然強勢位置時，亦可堅持達成目的。

8. 在所有問題的星盤中，當吉星成為象徵星時，我們都可以樂觀一點；但若是凶星成為象徵星，那麼則要做好最壞打算，並相應地安排好你的事情。

9. 一般來說，必須考量月亮的狀況，如果它路徑空白的話，那麼所提出的問題不會有太大希望，但當中還是會有區別：如果月亮在巨蟹、金牛、射手或雙魚的話，你或許可以擔心少一點，因為在這情況下，月亮因路徑空白所帶來的妨礙不會太大。

10. 看看月亮跟哪一顆行星出相位，該行星會顯示哪些事情已經發生，如果是吉星的話，那代表已發生的是好事，如果是凶星，則是不好的事，不

過依然得根據宮位的本質等等去進行考量。

11. 月亮的入相位顯示了被提問的事情當下的狀況，也就是說，如果月亮形成良好相位的入相位，同時位在好的宮位、跟好的行星接觸，這些都表示了被提問的事情很有希望。

12. 月亮跟落陷的行星入相位，象徵了被提問的事情會遇到悲痛、麻煩及延誤。

13. 如果問題中的象徵星是逆行星，或正處於它的第一次停滯當中的話，表示被提問的事情中的不良狀況、紛爭，以及有很多矛盾。

14. 如果凶星成為任何事物的象徵星的話，我們都應該要小心謹慎地考量，因為它們預告了被提問的事情中的凶兆，會得到較沉重的報復；如果它們預告了任何好的事情，這些好都會比預期中少，它是不完美的，當中什麼都沒有，代表無止盡地被苛求及遭遇傷害等等

15. 移動緩慢的行星會延長被提問的事情的時間，因此它將很難進行；行星所在星座的本質，在這裡為論斷提供了非常多的好處。

16. 當凶星成為任何壞事的象徵星，你要好好觀察吉星，也就是木星或金星。留意木星與金星不要與凶星形成任何相位，如此一來，前面被提問的壞事的影響會減輕；如果吉星是象徵星的話，則必須要形成相位。

17. 如果吉星是任何事情的象徵星，並位處降宮，尊貴上身處非常弱的位置、看不到上升點，或者逆行的話，那麼它們就會被妨礙；如果它們沒有被接待的話，將沒有什麼表現。

18. 如果是凶星的話，儘管出現接待，但它仍然不會有什麼表現；但如果出現接待而象徵星是吉星的話，事情將會完美發展。

19. 位處境外的行星，也就是身處位置沒有任何必然尊貴的行星，那麼它會是無法言喻的凶；如果它它身處必然尊貴位置，則不會那麼凶，因為在這狀況下，他已經如同一個尊貴的靈魂一樣，緊緊掐住了那些不把它放眼

裡、想要傷害它的敵人。

20. 一般來說，如果土星或火星落在宮位、擢升、有元素守護及落在角宮[98]，同時在這問題中象徵了某件事，那麼對於被提問的事情來說，它們帶來推進的作用。

21. 不要過度信任吉星所帶來的協助，除非它位於必然尊貴位置，這樣它才會全力讓事情發展，否則它只會出一半力。

22. 在某個問題中，如果吉星跟凶星同時都很虛弱，或同樣位在很不好的位置，它們都確定了被提問的事情不會成功。把論斷延後到天上的行星來到較好位置的時候。

23. 注意在所有的問題論斷中，如果問題的象徵星被燃燒，或跟太陽對分相的話，那麼它不能象徵那件事，或是象徵沒有好的跡象、不能夠讓事情完美發展。

24. 某顆凶星跟另一顆走在一起的時候，如果它們的相位象徵的是好事的話，那麼它們將不會帶來影響，或是讓任何事情發生；如果它們象徵壞事的話，很可能事情會發展至比想像中更惡劣的狀況。

25. 當上升守護沒有必然尊貴、落在降宮等等的時候，代表問卜者在他所提問的事情中沒有希望了。

26. 落在太陽 12 度範圍之內的行星，被認爲正位於它的光芒之中，並且沒有力量，不論它落在哪個星座；當行星落在太陽 16 分的範圍之內，被稱爲正位於日心當中或太陽的熱力之內，這狀況會加強行星的力量，它會變得非常強。

27. 看看象徵星支持哪顆行星，以及那顆行星是東方還是西方行星。如

---

[98] 作者在這裡並沒有清楚指出「宮位」所指的是哪一宮，尤其它同時指出了要靠近軸點或在角宮。

果那顆行星是土星、木星或火星，而且是東方行星的話，事情會較快進行；如果是西方行星的話，那麼該行星需要是金星跟水星，事情才會較快進行。

28. 看看象徵所提問事物的行星落在固定、開創還是變動星座：固定星座顯示穩定性，該事情會一直繼續，不論事情是已經開始還是即將開始；變動星座往往顯示了讓事情完美發展的可能性，但這不會是事情的總結；開創星座顯示了突然的決心或事情以某種方式的總結。由此可見，我們會在象徵星在固定星座的時候，開始為房子或城鎮打好基礎，在開創星座時開始短途旅程，但對於被定義為不過不失的事情，我們會選擇變動星座。

29. 上升守護或月亮跟龍頭或龍尾走在一起的時候，會為所提問的問題帶來損害，看看它們落在哪個宮位，並在那裡接受到怎樣的接待。

30. 看看上升點的度數或象徵星所落的星座位置，是否靠近那陣子的日月食；即使所提問的事情有好好地被總結，但在我們完全沒有預期下，它將會莫名其妙地受到批判，而且沒完沒了。

31. 在任何問題中，如果你發現月亮受到妨礙的話，無論它會如何，所詢問的事情都可能出現類似停留、拒絕或阻滯，事實上，當月亮在一道問題中受到妨礙時，的確很少會有好的結果。如果是跟上戰場有關的話，你可能會擔心問卜者的生命；如果是跟旅程有關，可能會於途中生病；如果是婚姻問題，可能會因為外遇而帶來不好的結果等等。

32. 如果問題的主星或月亮落在自己對分相的位置，例如水星在射手座或雙魚座等等，問卜者對所提問的事情將不抱任何希望，他感到絕望，不會感到快樂，也不關心事情會否進行。

33. 努力分析那顆對所提問事情的象徵星造成妨礙的行星，並且看看它是哪一宮守護星或落入哪一宮，從那一宮的本質或所象徵的人物，我們會得知妨礙的緣故。

34. 當你的象徵星越靠近軸點，你或許可以預期更多的好事；如果在續

宮，較少好事；在降點，剛只有一點點好事。

35. 在所有問題中，要知道當月亮跟太陽合相的時候，會受到很大的傷害；凶相位所帶來的不幸當然會傷害月亮，但不及月亮被燃燒所受到的傷害那麼強大。

36. 在任何問題中，看看你的象徵星有沒有不良相位，以及它們是否正身在境外、逆行、落在降宮或任何跟它們本質相反的星座[99]。在這些情況下，或許會懷疑這行星將爲問題帶來傷害，但這是無法避免的，因爲這是本質所帶來的事情因果。

37. 成爲任何事情象徵星的行星，如果它們合相，並落在跟其本質呼應的星座，事情會在很輕鬆及得到很多幫助的情況下完美發展，否則相反。

38. 特別觀察象徵星，看看在形成正相位之前，有沒有出現受挫[100]或禁止[101]：造成受挫的行星，可描述到底是誰、或什麼事妨礙了問卜者所提問的事情。

39. 必須觀察福點，如果它在任何宮位得到好的尊貴的話，問卜者會得到那一宮所描述的人或物件；因此，如果尊貴上狀況很差，則會讓這些人或物件造成損害。

40. 在婚姻的問題中，落在第七宮的凶星會對這段婚姻造成威脅，或是

---

99 即弱勢星座，例如水星在射手或雙魚座。

100 受挫（frustration），於第一卷中，作者描述「當一顆行動迅速的行星本來要跟另一顆較緩慢的行星形成合相，但當合相發生之前，那較重的行星跟另一顆行星結合在一起的話，這叫做『受挫』，而在這情況下，我們說要形成這♂的第一顆行星受挫了。假設☿在♈10度、♂在♈12度、♃在♈13度，在這裡，☿努力想要跟♂形成♂，但♂卻先跟♃形成♂了，☿在這裡會因爲♂形成的合相而感到受挫；在卜卦盤中，這所象徵的剛好是一句名言：鷸蚌相爭，漁人得利。」

101 禁止（prohibition）：是指當象徵有著影響力或會爲被詢問的事情帶來總結的兩顆行星正在形成入相位中，在它們形成正相位之前，另一顆行星透過自身或相位做出干預，讓被求卜的事情遇到障礙或發展受阻，這就是我們所謂的禁止。詳見第一卷233頁。

產生不和諧，除非這行星剛好是出生時的象徵星。

　　41. 如果八宮守護或凶星於第八宮中受到妨礙，問卜者會因為某女性的死亡，或因某人離世而留給他的債務而受到批判。

　　42. 當你發現木星和金星在某宮位很尊貴，你或許可以預期從這一宮所象徵的人事中得到益處。例如第三宮是來自手足，第四宮是來自父親或土地，第五宮來自劇作等等，其他宮位依此類推。

　　43. 留意與南交點所在宮位有關的人事。這很少會失敗，但問卜者會受到南交點所在宮位所象徵的人事所帶來的損害、誹謗或詆毀。

Chapter 50
關於婚姻

　　如果問題跟婚姻有關，觀察上升點及其象徵星，還有月亮，以及月亮與其出相位的行星，並把這些視為問卜者的象徵；而第七宮及其象徵星，以及即將與月亮入相位的行星，則視為問卜者於這問題中所關注之人的象徵。如果問問題的是男性，把太陽跟月亮視為他的象徵星以外的象徵；如果問卜者是女性，則把金星跟月亮同時視為她的象徵。之後，觀察上升守護或月亮跟七宮守護之間有哪種入相位，以及該行星跟月亮剛出相位的行星之間形成如何的入相位，或觀察太陽跟金星之間：如果上升守護或月亮跟七宮守護入相位，它象徵了問卜者將如願以償，但需要透過很多的申訴、提請及禱告；如果該入相位是四分相或對分相，同時出現接待，它象徵了事情將會以某種緩慢、需要勞力及奔波的方式發生；但如果七宮守護入相位接近上升守護，又或月亮入相位接近的行星，接觸了月亮剛出相位的行星，又或如果七宮守護在第一宮的話，事情將會在被問卜的男性或女性的善意之下得以輕鬆完成；重點便是觀察有沒有三分相或六分相的入相位。

肯迪[102] 關於婚姻的格言

當上升守護跟七宮守護入相位，或者七宮守護跟上升守護入相位，這代表那兩個人是應該要結婚並結爲夫婦。此外，如果月亮跟金星入相位，而金星力量很強、正在加速、並擁有自己的某些尊貴，月亮也一樣狀況的話，那兩個人是應該要結婚的；如果金星看得見太陽，太陽在第一宮並擁有任何尊貴，也就是說，視乎太陽當時正在哪個星座[103]，這也同樣地表示二人應該要結婚。但是，如果入相位正在發生，但被入相位的那顆行星落在降宮，尤其是這降宮的守護星並沒有看到這顆行星的話，這代表一開始的時候這段婚姻看似是有希望的，但隨著時日的蹉跎，將會出現問題，最終不會完婚。此外，如果月亮、太陽、金星、七宮守護及上升守護都在角宮，而且彼此看見對方，又或是它們的守護透過四分相或對分相看見它們的話，這代表事情一開始時非常絕望或會被暫停，但後來在神的旨意之下，會被帶往順利發展的方向，最終在雙方意願之下完婚。

關於婚姻：這場婚姻會否生效

把上升守護、月亮及月亮正在離開的行星視爲問卜者，七宮守護及月亮正與其入相位的行星視爲被問卜者，如果問卜者是男性，那麼請加上太陽，

---

102 肯迪（Al-Kindi，書中所用的是他拉丁名字Alkindus），在巴格達接受教育。接觸「古人的哲學」（希臘文哲學經常被穆斯林學者提及）對他產生了深遠的影響，隨後撰寫了數百篇原創文章，涉及形而上學、倫理學、邏輯學和心理學到醫、藥理學、數學、天文學、占星術和光學等一系列主題。

103 因爲太陽並沒有任何的界守護或十度區間守護，只會有守護、擢升跟元素守護，而這三者都跟星座本身有關。

如果是女性,則加上金星。然後觀察上升守護跟七宮守護之間有沒有入相位發生,如果七宮守護正在第一宮或跟一宮守護入相位的話,被問卜者將會樂意表達意願;如果上升守護或月亮跟七宮守護入相位或落在第七宮,問卜者將需要憑自己努力達成目標;如果這兩個狀況都沒有發生,但是兩者之間出現光線的轉移的話,那麼將會透過朋友或同伴的幫忙成事,此外,月亮在第十宮也有著一樣的象徵。再者,月亮跟金星的入相位也會協助事情的發生,只是當中需要朋友的斡旋,此外,如果太陽跟金星入相位,尤其太陽在第七宮擁有尊貴的話,會是一樣的象徵。如果七宮守護落在第一宮,或跟上升守護在一起,或透過良好的相位看見它的話,這都會為事情的發生帶來強大的支持。

關於婚姻

如果提問者是男性,那麼,他的象徵星會是:首先,上升守護;第二,月亮;第三,月亮正離開的行星;第四,太陽,它是男性的自然象徵。

在這情況下的女性象徵星包括了:七宮守護,月亮正入相位的行星,第七宮內的行星,女性的自然象徵金星。如果提問的是女性(則相應地調整),象徵她的會是上升及其他象徵星,以及金星,因為是女性所提問的問題,第七宮及其守護星、月亮入相位的行星等等則象徵了男性一方。問卜者有三顆象徵星,分別是上升及其守護、月亮出相位的行星、月亮及金星,而被問卜的也一樣有三顆象徵。理想的是,看看上升守護或月亮有沒有落在第七宮;其次,月亮出相位離開的那顆行星,是否也正在接近月亮正入相位接近的那顆行星;第三,看看太陽跟金星是否入相位中;第四,一宮守護是否在第七宮,或七宮守護是否在第一宮;第五,象徵星之間有否出現光的轉移或接待,或有否從較重的行星身上收集光線(也就是說,其中一顆行星落在

自己的界守護，另一顆行星則落在這象徵星的元素守護星座之上，或類似狀況），象徵上有否出現尊貴互換，落在第七宮的月亮有沒有為上升守護或七宮守護帶來品德。

哪一方較愛對方或較想結婚

　　如果七宮守護落在第一宮，會是被問卜一方較愛對方，上升守護落在第七宮，問卜者會較愛對方，其他象徵星也一樣，入相位接近對方的一方會被認為是較愛對方。當七宮守護落在第七宮，尤其落在自己的其中一個宮位的時候，被問卜的一方渴望從這段感情中解脫，他沒有想太多關於結婚的事，而他或她擁有多少財富也已經被對方知道了。

　　當被問卜一方的象徵星沒有看見問卜者一方的象徵星，注意對方可能相比起問卜者來說，有其他更喜愛的對象，或者他對於問卜者感到嫌惡。

　　如果象徵星之間的入相位被阻撓，注意這段婚姻將會被阻礙的行星所象徵的人或事打斷，你可以透過其所在宮位及守護宮位得知，也就是說，如果是二宮守護，阻撓的會是對財富的需求，如果是三宮守護，會是兄弟阻撓，以此類推。相反地，如果該段婚姻的預兆中出現光的轉移或收集，那麼這段婚姻將會（如前所述）因某人事而進一步發展，如果是二宮守護，會是某朋友承包了嫁妝，第三宮是兄弟，第十宮是母親，第五或十一宮會是朋友，第六宮是叔叔、阿姨或傭人。要注意的是，如果那段婚姻是合相、四分相或對分相所促成，當中會有相當多需要做的事，如果是三分相或六分相則輕鬆得多，如果出現接待則是最好狀況。

哪些狀況會妨礙這段婚姻

　　當你已經小心觀察，發現雖然所問卜的婚姻有很大可能會成事，但同時也發現一些客觀的因素，認爲這段婚姻並不眞的應該行動，又或是成事之前有太多的阻礙，而你渴望知道這些妨礙將會來自哪裡，好讓人提前預防的話：觀察妨害象徵星受到接待的是哪一顆凶星，也就是說，男生跟女生誰的接待被妨礙，或是誰阻撓了它們的相位或妨礙了他們，或把自己的光線插進兩顆象徵星之間。如果帶來阻礙的行星是二宮守護，二人會因爲問卜者缺乏名聲、金錢、財富，或因爲貧窮而讓婚事被否決；如果是三宮守護，則是問卜者的親戚、兄弟或姊妹，或某些麻煩的鄰居或某些旅程等等；如果是四宮守護，父母不會同意，他將不會得到任何土地，不會有房子、房產或任何繼承的產業，不會獲安排得到任何資產；如果是五宮守護，小孩子會是當中原因（如果其中一方有兒子的話），又或者如果提問的是單身漢，這段婚姻被否決的原因可能是因爲他沒辦法生育，或是他已經有一個私生子或有傳言他有私生子，又或是恐怕這個人生性放蕩或耽於奢華，太沉醉於不同的逸樂及嗜好當中等等。如果問卜者是女性的話，則要相應地改變你的判斷，如果是六宮守護，可能是父親那邊的某些親戚，例如某些叔叔，也可能是僕人或類似的人，又或是問卜者可能因爲某些身體不適或疾病，因而妨礙了婚事。

　　如果該行星是七宮守護，那麼，某些男或女的朋友會妨礙，也可能是一個公開的敵人，又或是一個他或她之前曾經產生分歧或訴訟過的人等等。

　　如果是八宮守護，可能是讓人深感恐懼的死亡將會在結婚之前奪去問卜者的性命，又或是被問卜者沒有足夠的嫁妝，他們的物業不被喜歡，未能讓人滿意或不被接受。

　　如果是九宮守護，可能是被問卜者的某一個或某些親戚，或因宗教上的

差異、某個多事的神父，或因為被問卜者需要進行某段旅程等等。

如果是十宮守護，可能會是被問卜者的父親、母親，或某些重要的人或法官。

如果是十一宮守護，二人的共同朋友不喜歡他們的結合，又或是他們最初促成了這件事，現在卻努力地想要拆散他們。

如果是十二宮守護，那麼可能有一些暗地交易或有人在這件事上從中作梗，這婚事將會被大大的阻礙，又或是私底下含沙射影的傳言會造成很多的誤會，並很可能會中斷這場婚事。

當你已經有概念，知道可以從哪裡得知這段婚姻中的障礙從何而來時，那麼，你可以用同一套規則，適當地調整，如此便可以找出哪些是會傷害問卜者的人，哪些真心想跟他交朋友，或者哪些人會努力為他帶來好處。我在這裡已經坦承一切知識，並表達了一切的真相。

某位男士應該結婚

如果月亮透過良好相位看見太陽或金星，或上升守護落在第七宮或七宮守護落在第一宮，又或者它們用良好相位看到彼此的話，這都象徵了問卜者會結婚。

我觀察到，如果象徵星落在多產星座或金星尊貴的位置時，這個問卜的人也會結婚。

結婚的時間點

觀察月亮、太陽、金星、上升守護跟七宮守護，或七宮守護跟上升守護入相位的尚餘度數，如果在開創星座，以天為單位，如果是變動星座，以月

為單位,如果是固定星座,以年為單位,這樣將可得知結婚的時間點。

當你發現表示問卜者會結婚的支持相當強烈,同時象徵星也很迅速的時候,如何計算時間會是你必須清楚的。

某位女性將會有幾位丈夫

觀察第十宮的度數跟火星的度數之間,看看當中出現了幾顆行星,這表示她將有幾個丈夫。然而,如果火星落在第十一宮,那麼就要觀察從火星到木星,並進行同樣的觀察。有些占星師會觀察從火星到十宮守護,這是阿拉伯的規則。關於一位女性會有多於一名丈夫,最佳的論據為從七宮守護到太陽之間,火星落在變動星座,或很多行星落在第七宮,或太陽跟七宮的眾多行星形成六分相或三分相,這都表示她會有多位或多於一位丈夫。

他會跟來自哪裡的人結婚

如果七宮守護落在第九宮,他會迎娶一位外地人;如果七宮守護跟上升守護落在同一象限、同一宮位或同一星座,通常代表他會迎娶一位來自他居住地附近的人。觀察七宮星座、七宮守護所在的星座及象限,並用主要證據去進行論斷,看看問卜者即將迎娶的人落在星盤的哪個部分。如果大部分證據都指向南方,我們需要把象限跟星座混合一起思考去得出「南方」,我們優先考慮星座再到象限,但這最好是運用例子進行解釋。

他或她會是性格如何的人

如果問卜者是男性,注意跟月亮一起的行星,如果是金星,那麼她會是

漂亮、窈窕而親切的；如果問卜者是女性，從太陽所看見的行星進行論斷，如果太陽跟土星三分相或六分相，對方會是聰明但讓人不好過的；而日木相位會是誠實的人，以此類推。如果太陽跟月亮四分相或對分相，會有爭執、分離與不和諧。

男生跟女生哪位出身比較高尚

如果七宮守護落在角宮，上升星座落在續宮，那麼，女生來自比較好的家族；因此，如果上升守護落在角宮的話，亦可做出相應的論斷。使用這種方式，你可以判斷伴侶中的二人或任何人：最穩妥的方式是，觀察哪位的象徵星的必然尊貴是最高最強大的，如果沒有的話，觀察誰落在角宮的最佳位置，就會是出身較好的一方，這方法不會失誤。

二人中誰較有主導權

觀察上升守護及月亮，如果月亮或上升守護於角宮中被接待，而提供接待的行星是較重或移動較慢的行星，那麼問卜者會是主導的一方；而如果象徵星虛弱、缺乏尊貴或落在角宮的話，另一方將會是主導的一方。

她會是有錢人嗎

如果男性這樣問，看看八宮守護或八宮內的行星，如果它們相當強大，或是月亮跟八宮守護有良好相位的入相位，那麼她會是有錢的（相反的話，則會是窮的）。如果是女性提問男性是否有錢以及關於他的資產，也是用同一方法論斷，因為「對同樣的事情適用相同的規則」。

這段婚姻是否合法

如果它們的象徵星,或男女其中一方的象徵星,受到土星或火星的削弱或跟它們會合,而土星或火星都不是問題的象徵星,或是它們跟南交點在一起的話,這代表了不合法的婚姻,也就是那一方跟前任仍存在著爭執或訴訟問題。

他們婚後相處是否和諧

如果星盤暗示會結婚,請注意,若是上升守護跟七宮守護之間有三分相或六分相,代表他們會相處得很好;月亮看到自己的支配星或它身處宮位的擢升支配星,並跟它有良好相位的話,同樣相處融洽;如果七宮守護星較重,而且落在角宮的話,她會是主導的一方,或是努力想要主導。如果上升守護或七宮守護都不在角宮,則注意哪一方較重,因為那一方將會主導;如果太陽被妨礙的話,對男性來說會是最壞狀況,如果金星被妨礙,對女性來說會是最壞狀況,如果月亮被妨礙或不吉利的話,則對二人來說都是壞事。

不和諧

上升守護跟七宮守護形成四分相或對分相,月亮的守護星被妨礙但看得見上升點,或土星、火星、逆行行星或被燃燒行星落在第一宮,這些都表示了來自問卜者的爭吵;相反地,同樣觀察七宮守護是否受到同樣的傷害,那就代表被問卜者會是紛爭的起源。月亮落陷,或跟土星或火星或任何逆行行星形成四分相或對分相,如果月亮接下來看得到上升點,這表示是由女方

掀起的打鬥；如果提問的是男性，而土星、火星、南交點在上升點的話，一樣。

誰將是他們衝突的根源？或為他們帶來好處

　　如果帶來傷害或妨礙的行星是三宮守護，而它落在第一宮或第七宮的話，這將會是來自手足或親戚；如果凶星落在第十宮，注意爭吵，以及持續不斷的責備和爭論；如果在第四宮，會是離婚或有意欲離婚，或是嫁妝方面的阻礙；如果月亮不吉利並且看見上升點的話，注意爭執、分離及兩人生活上的不誠實；在第十宮跟第四宮的不良行星，是有問題的人或二人的父母製造紛爭；如果月亮出相位離開的行星，跟月亮入相位接近的行星兩者之間沒有入相位，這代表二人會經常爭吵；如果月亮跟土星或火星有相位或合相，二人其中一方會很快離世或遭遇某些不幸，如果這合相發生於第十宮或第四宮，落在陽性星座，那麼遭遇不幸的會是男方，如果是陰性星座，則會是女方。如果月亮跟好的行星形成三分相或六分相，暗示了來自朋友的禮物，如果月亮跟好的行星四分相，則會是來自死人，月亮跟好的行星合相，暗示了二人一定會憑藉彼此的努力及付出而得到好處，如果月亮跟土星或火星有任何相位，或落在第十二宮或第八宮，或月亮路徑空白的話，二人將會一起遭遇麻煩、悲傷或疾病，如果落在角宮，代表二人有可能分開或長期不和。

這段婚事會不會告吹，以及其中原因

　　觀察哪顆行星接收象徵星的光線，如果是一顆重的行星，並且因為跟某顆不良行星形成四分相或對分相而被阻礙，或落在降宮的話，這段正打算進行的婚事將再次告吹，即使在問卜的當下看起來非常可行。觀察男方跟女方

誰的象徵星比較強，代表這段關係告吹之後哪方會先結婚。

如果妨礙這段婚事的不良行星是二宮守護或八宮守護，那告吹的原因會是跟嫁妝有關；如果是三宮守護，兄弟；如果是四宮守護或十宮守護，是父母或類似人物；以此類推。

如果有不良行星把其中一顆象徵星的光線傳給另一顆象徵星的話，婚事告吹的原因會是因為某名信差，只要描述那顆行星，你就會得知那個人是誰。

如果女方曾經離開丈夫或成為寡婦，月亮在射手座17度跟摩羯座0度1分之間的話，她將不會回來也不會結婚（來自一個阿拉伯的格言，如果沒有其他象徵星配合的話，不需要過度注意這一點）。

如果你即將迎娶某位女性，月亮落在摩羯座最初12度的話，將會在婚前失去這名女性，或是會在六個月內離世，或者會跟她活在紛爭不和之中。

男方跟女方哪位會先離世，以及在什麼時候

觀察上升守護跟七宮守護，看看哪一邊先被燃燒，如果是上升守護，那麼問卜者會先死，如果是七宮守護，則會是被開卜者。上升守護逆行、被燃燒、落陷或靠近八宮守護的話，是男方。如果是七宮守護於類似狀況，則會是女方[104]。如果太陽不吉利，男方先離世，金星不吉利，女方先離世。

通常我會觀察誰的象徵星先被燃燒，以及在哪個星座被燃燒，如果是在開創星座[105]，也就是牡羊、巨蟹、天秤、摩羯，則預示著很快就會死亡；如果是變動星座，也就是雙子、處女、射手、雙魚，時間會長一點，如果是

---

104 作者於這裡應該是假設了問卜者是男方，然後直接把上升守護視為男方，但上升守護應該是問卜者，性別需要視乎問卜者性別而定。

105 作者在這裡所寫的是Tropick Signs，但其實就是moveable signs，即開創星座。

固定星座，也就是金牛、處女、天蠍、水瓶，會在更長一段時間之後才會死亡。

夫婦哪一方比較長壽

觀察上升守護與及七宮守護，看看哪一方落在星盤中的較佳位置、擁有較佳尊貴、跟吉星有良好相位、以及較遠離八宮守護或沒有跟它形成不良相位，那一方將會活得較久。你必須同時注意的是，對於七宮守護來說，星盤的二宮守護會是他的八宮守護或死亡的象徵。[106]

問題詢問的這個女生是否未婚或是處女

觀察上升守護、金星跟月亮是否落在固定星座，有沒有好的行星看見它們，如果有的話，就可以說她是未婚或童女，但如果是落在吉利的位置，但當中有不吉利的行星，就可以說她不是未婚或童女，尤其當中有火星落在金星的宮位，而且沒有接待出現。再者，如果月亮跟太陽看見了彼此，同時也看見火星的話，代表她不是未婚。但如果象徵星落在開創星座，同時凶星看見它們的話，就可以說她非常渴望男人，同時她非常努力壓抑及遏制自己的色慾，並且趕走追求者們，但這論斷並非每一次都可靠，因為女性是善變的。

如果那位女性的象徵星落在自己的必然尊貴位置，或跟太陽或木星有三分相，同時出現接待，或是月亮跟象徵星三分相或六分相、出現接待、互相出現某種尊貴的接待、金星在獅子座沒有受到任何傷害，或月亮在水瓶座而

---

106 第二宮會是七宮於轉宮後的第八宮。

且沒有跟火星四分相、合相或對分相的話，我會認為這女性是誠實的，而我也發現這論斷永遠可信。

某位年輕女性是否未嫁

觀察上升點及其守護星，還有月亮，如果它們都在固定星座而且位置良好，這代表她是處女；但如果它們在變動或開創星座，或某顆在固定星座的凶星看見它們，或跟它們形成任何相位的話，那麼我們可以懷疑她已經有經驗了。同樣地，如果上升在天蠍座，一樣有可能是她已經有經驗或太有經驗。

有很多古人傳承而來的知識我都不同意，在這裡也一樣：如果火星在獅子座，上升在天蠍座的話，問卜者會被懷疑跟被引誘，不過他也會是誠實的。

某位女性是否忠於其丈夫

上升守護、月亮或金星落在固定星座，跟吉星有相位的話，她是忠貞的；如果它們跟凶星形成相位，則不忠貞，凶星主要是指火星。如果太陽或月亮看見火星的話，她會是一名妓女。太陽跟月亮沒有相位，火星也沒有跟它們有相位的話，她有可能私底下是一名妓女，或私底下相當放蕩但還沒付諸行動。

我必須叮囑所有占星師為這類問題進行論斷時要小心注意，不是要你保持沉默，而是作為人類，我們或許會犯錯，如果做出了一個不幸的論斷，這可能會是悲傷的肇因。

關於某女性是否墮落，
或者她除了丈夫或心上人之外有沒有其他情人

觀察上升點、其守護星和月亮，看看它們是否同時落在角宮或固定星座，如果是，代表那少女仍然是處女，人們說了關於她的謠言，或關於她的傳言都是假的。如果上升守護跟月亮都在固定星座，軸點落在開創星座的話，她曾經受到誘惑，但沒有讓引誘她的人得逞或受他引誘。如果月亮跟土星、木星、火星、太陽形成相位，彼此之間相位相距 5 度以下，那麼，她會受到這行星特質的人誘惑；但如果月亮跟金星或水星合相，那麼可能會有某名女性引誘她，讓她想要有男人，但她沒有把這個老鴇或年輕鴇母的話聽進去，而是笑著拒絕了。如果軸點在固定星座，上升守護或月亮在開創星座或**變動星座**（於這種論斷問題中，這相對不重要），那麼，這女性曾經被試探，也仍然受到引誘，但她很忠貞；如果她跟北交點在一起，那麼她之前曾經被誤導過；但如果月亮跟南交點在一起，代表她之前曾經犯過這種錯，目前仍然在犯，而她之後也不會做出修補。如果發生這些狀況的是火星，或是火星跟南交點在一起的話也是一樣；然而，火星在這女性身上所加諸的惡意沒有南交點所帶來的多，一般來說，在任何問題中，如果月亮跟南交點在一起，都會帶來不實在的描述，你可以把它視為誹謗。

某位女性是否忠於其丈夫[107]

這裡記載的是問卜者對被問卜者所抱持的疑心將會證明是正確的。

---

107 這並非誤植，原文中作者的確重覆使用這標題。

月亮落在雙子座最後一個面守護範圍的話，那名女性似乎已經墮落了；如果上升點在開創星座或變動星座，或者上升守護或月亮落在開創星座或變動星座的話，她不是處女。如果上升守護於開創星座中被太陽燃燒，這名女性曾經被引誘，並被暴力威迫成為妓女，又或是她在非自願的情況下被拉往色慾之中。如果上升守護在固定星座，上升點也在固定星座，儘管月亮在開創星座，這仍然代表女生是處女，而且忠貞。月亮跟土星一起落在第一宮，那名女性曾被暴力對待，而且非她所願。如果上升點落在固定星座，上升守護在第五宮，或月亮在第五宮，或五宮守護落在第一宮，或它們同時於某一星座中合相相遇的話，這似乎代表該女性最近剛剛受孕或最近曾被誘惑，但如果它們已經出相位並相距3度以上，這似乎代表該女性已經生產，又或代表她之前很懼怕問卜者，並且最近已經離開了問卜者了。

某名女性有否跟丈夫以外的人有染

在正式給出負面論斷，也就是斷定這名女性不忠貞之前，必須先小心考量以下論斷條件。

觀察上升點、其守護星、月亮、月亮出相位剛離開的行星，這些都是問卜者的象徵；第七宮及其守護星、月亮即將入相位的行星則是女性的象徵星：觀察月亮跟七宮守護到底跟誰接觸，如果兩者同時間跟上升守護接觸，不管當中出現的是接待還是合相，都代表女性並沒有犯錯，她是忠貞的；但是，如果七宮守護或月亮，或它們其中一方跟上升點的元素守護接觸，也就是上升點的日間或夜間元素守護星，又或者上升點的日間或夜間守護跟七宮守護合相，同時月亮正出相位離開上升守護的話，那麼，這似乎代表她除了丈夫外還愛上了某位朋友；如果七宮守護路徑空白，代表那位女性沒有朋友。

七宮守護、月亮，或兩者如果同時出相位離開上升守護以外的任何行星，而離開範圍少於3度的話，那女性的確曾經愛過別人，但她現在已經離開那個人了。如果七宮守護跟北交點在一起，那女性不應該被責難；但如果七宮守護有跟其他行星合相，那麼她此時應當被責難，因為她在之前以及之後所做的事，哪怕並沒有真的做出任何犯錯行為，但她有這種慾望和情感。

當七宮守護或月亮跟火星接觸，如果北交點也在那裡的話，似乎那女性有一名她深愛的愛人，而且二人已經有染了；如果火星跟南交點在一起，七宮守護則像前述一樣跟火星接觸，這會把兇性減到最低，雖然那名女性愛上了某個充滿火星特質的男性，但他沒辦法讓她跟他在一起，儘管他努力說服，最終還是不能成事。

如果火星跟七宮守護或月亮在一起，或者落在跟它們或南交點同一個星座，代表那名女性有一位約定好的情人，住在她家不遠處；如果它們之間相距1度之內，則代表那情人正在房子裡，是提問的那位男性的一個熟人，或是那女性丈夫的一位熟人。

如果月亮或七宮守護離開火星，或它們已經離開彼此，有可能是那女性在結識丈夫之前曾經有過情人，但現在他們已經放棄或忘記彼此了。

當七宮守護是火星，又或者月亮是七宮守護同時落在牡羊座或天蠍座，並被火星看到這些星座或月亮，或月亮跟火星它們接待彼此的話，如果火星接待月亮，代表女方有一個維持許久的戀人，但她現在已經跟他幾乎沒有糾葛；月亮是七宮守護，在任何星座跟火星或木星合相的話，那位女性已經愛上了某個男人，可能是一名貴族或主教，也就是一名條件比她好的男性，但如果兩顆行星之間出現彼此接待的話，代表他們仍然愛著彼此，或者二人之間仍然有一些善意的行為，但他們只希望得到機會，除此之外別無所求。

七宮守護或月亮跟水星接觸的話，那名女性似乎愛上了一位年輕的文員，或一名商人、一個聰明機智的傢伙。

七宮守護跟金星接觸並出現接待，不管有沒有相位，或是出現三分相、六分相，或是四分相但沒有接待的話，那女性對男人不太上心，但會跟其他女性交朋友或言辭放蕩，但不會是淫穢或惡毒。

七宮守護或月亮跟土星合相，那女性愛上了一名老人、一名宗教人士、一位住在鄉郊的男性或言行舉止樸素嚴肅的男人。

七宮守護接觸太陽，她當下正在戀愛，並的確愛上了一個偉大的人物，視乎被問卜之人的條件；如果出現接待，他已經或可能已經碰過她，視乎他想不想，但如果沒有出現接待的話，他一點都不在意她，反而是某程度上已經放棄了她。然而，如果除了七宮守護外有更多行星看到太陽，尤其是土星或水星的話，代表有更多的男人跟她有糾葛，這不代表她已經完全糾正錯誤，某程度上她仍然在犯錯。

關於某人的情人或妻子，除了他之外有沒有其他情人

看看如果火星落在第七宮，但不在自己的星座，代表女方沒有其他情人；如果土星在那裡的話，她愛著別人但沒有跟那個人睡過；如果木星在那裡，她有很多事情需要坦誠；如果金星在那裡的話，她是一個愉快的、幽默的人，很多人覺得她很放蕩，但其實不然；如果是水星，代表她曾經有一個情人但現在沒有了；如果月亮在第七宮，目前她還沒有情人，但將會有，而且會有染；如果是太陽或北交點落在那裡，她是貞潔的，沒有情人。你或許可以用同一方式去論斷朋友，或如果問卜者是女性的話，你可以用這方法去論斷她的男人。

她有情人嗎

　　如果任何行星落在第七宮（而且它不是第七宮守護）的話，她會有這些行星其中之一的特性（如果第七宮沒有任何行星的話，就沒有），對男性來說也一樣，但會跟第十一宮有關。如果第七宮守護路徑空白的話，代表她沒有情人，如果是北交點的話，也是沒有情人，七宮守護或月亮跟火星接觸的話，她有情人，或她有一個她相當尊敬的熟人，但這裡我所指的並不是那種不忠誠的尊敬。

一段婚姻是否會有完美結局

　　觀察上升守護及月亮，它們兩者都是問卜者的象徵星；第七宮及其守護星則是被問卜者的象徵星。

　　如果上升守護或月亮跟七宮守護相遇，七宮守護於那位置有任何的尊貴，而那位置落在第一宮、第十一宮或第十宮，不要落在第七宮，那麼問卜者將會得到他渴望的人。

　　如果雙方象徵星落在第一宮跟第十一宮，或第九宮跟第七宮，第七宮或第五宮透過六分相或三分相看見對方，不管它們之間有沒有接待，只要沒有出現禁止、受挫或剪斷，或是主要象徵星沒有逆行干預的話，那麼，只要問卜者願意，這二人就會成為一對（因為我們在這種事情上主張自由意志），如果象徵星之間出現四分相或對分相（而且沒有接待）的話，則會無疾而終。

　　如果象徵星之間出現有接待的四分相的話，事情還是會發生，但有一點點難度；如果沒有出現接待的話，則只有空想，但沒有立足點去確定事情真

的會發生。

　　跟古人們的所有規則相反的是，我發現當七宮守護落在第一宮的話，代表問卜者會是較愛對方的一方，而當上升守護落在第七宮的話，則會是問卜者較愛對方。

　　如果象徵星之間沒有形成相位，但有某顆行星把其中一方的影響力傳達到另一方之上，而且是透過吉利相位的話，那麼由該行星所象徵的某人，將會協助讓事情完成，你可以根據該行星所在的星座去描述這個人，以及從它是哪一宮的守護星去得知他的特質。陽性、日間行星描述一位男性，夜間行星描述了一位女性或一個有著女性特質的男性，以此類推，反之亦然。

　　如果有行星**轉移**象徵星的力量，觀察它是哪顆行星、支配了誰、有否逆行、燃燒或不吉利、是否落在自己宮位數起的降宮之中，或是否跟凶星在一起、是否跟凶星對分相或四分相而且沒有接待；如果沒有這些狀況的話，事情會發生並繼續，尤其如果它是吉星的話，婚姻生活會相當美滿，這兩個人會相愛在一起。

她所懷的孩子是否真是跟他所生，還是只是聲稱是他的兒女

　　觀察上升守護及月亮，它們象徵了提問者，然後觀察第十一宮星座及其守護星，它們象徵了受孕一事。如果這些象徵星彼此透過三分相或六分相看到對方，不管有沒有接待，都代表該懷孕是合法的；如果象徵星之間透過四分相或對分相看到對方，互相接待同時呈完美相位，又或上升守護或月亮落在第五宮，或五宮守護落在第一宮，沒有跟凶星形成凶相位，或其中一顆吉星或兩顆吉星都看到了第五宮及其守護星的話，都代表懷上的孩子是合法的，提問者真的要成為父親了。但如果這些都沒有發生，而是土星、火星或水星看見了第五宮或其守護星的話，或許可以懷疑孩子是通姦而懷上的，那

母親出軌了。

關於一位沒有跟丈夫同住的女性，她應否再次跟他住在一起，或能否再次受到丈夫青睞

這問題也可以同時用來解答關於懷疑對方外面有情婦或情人。

如果是沒有留在丈夫或朋友身邊的女士本人前來提問，想知道她會不會再次受到青睞，還是不會再有這機會了？

此時看看七宮守護，在這問題中，這是女士的第一宮，因為第七宮永遠都會給予被趕走或排除的一方；看看七宮守護於度數上是否看得到上升點，或是否真的有形成很好的相位，如有的話，毫無疑問這女士將會再次回去，並受到喜愛；如果七宮守護看不到上升點，但另一顆沒有被妨礙的行星看到上升點的話，這代表這位女士會在某人的調停下再次受到接待，這個人會運用他跟女士的丈夫或朋友的友情，促成二人復合。如果沒有上述任何狀況的話，則求助於男性的自然象徵星太陽，以及女性的自然象徵星金星，如果太陽在地平線以上，金星能透過友善的六分相或三分相看到上升點的話，女性可以輕鬆或沒有受到太多反對聲音的狀況之下，回到丈夫或情人身邊。

如果太陽在地平線以下，而金星在地平線以上，並能夠透過六分相或三分相看到上升點的話，該名女性或妻子將會受到接待，但當中可能會出現一些糾纏及拖延，會有很多事情需要完成，也要付出相當多努力，而她所有鄰居都會知道這件事。

如果月亮正增加光線，並跟上升點形成良好相位的話，需要經過多次懇求。

如果月亮的光芒正在減退，在它的最後兩個月相之中，同時不靠近太陽的光線又看得到上升點的話，代表她會更輕鬆、更快地回去丈夫身邊。

看看如果金星正在太陽西方、逆行、並加速進入燃燒狀態，那麼這女士會自願回到丈夫身邊，擔心如果自己不在丈夫身邊會惹他生氣，並對於自己離開丈夫身邊一事感到抱歉；如果金星剛剛離開太陽的光線，則代表男方後悔自己居然容許妻子離開，或代表他虐打過她，而女方會生氣、不高興，她不認為自己要回去，或在那之後她已經不再對丈夫懷有同等敬意。

Chapter 51
關於逃走的僕人、走失的動物、或丟失的物件

　　遺失物品的象徵星是月亮，因此若發現月亮跟上升守護、上升點的第十二宮守護星，或跟月亮所在宮位的守護星入相位中的話，都代表遺失的物件將會被尋回（這主要針對牲畜）；但如果月亮沒有跟它們之一入相位，也沒有落在第一宮或第二宮的話，遺失或被誤拿的物件將不會被尋回。如果月亮所在宮位的守護星落在第三宮，或跟上升點六分相的話，在該相位入相位期間仍然有希望再次找到該物件；同樣地，如果它跟第十二宮守護、第八宮守護或第六宮守護出相位，並跟物質宮位的度數入相位的話（不管是什麼相位都好），又或月亮所在宮位的守護星看得到月亮的話，都有望尋回。但如果你發現星象是相反的話，則做出相反論斷。如果月亮因為兩顆吉星的任何一顆而變得吉利，代表遺失的東西有機會落在某個可靠的人手上，他會妥善地保護這物件，並好好地歸還；如果吉星入相位接近上升點或看得到上升點，或是月亮看得到上升點的話，代表那個忠實的人將會把物件送回給物件的主人。

物件遺失在什麼地方

　　關於提問時物件所在地方的象徵，正是根據月亮所在星座其本質所意指

的地方。如果那是一個東方星座，代表物件在東邊，如果是西方星座，物件在西邊，以此類推。同時要觀察月亮於星盤的位置，如果月亮在第一宮，物件會在東方，如此類推。如果月亮所在宮位的守護星落在人形星座，代表物件在那個人曾經到過的地方；如果在小型動物的星座，例如牡羊座跟摩羯座，代表物件在這些動物出現的地方；同時，月亮如果落在火象星座，代表物件在火的附近，如果是水象星座，則在水的附近，以此類推。如果月亮跟上升守護落在同一象限，而且兩者相距不多於一個星座的話，代表物件在他遺失該物件的房子裡或在那房子周遭，但如果兩者相距多於 30 度並少於 70 度的話，物件在物主所在的小鎮裡，但如果兩者不在同一象限的話，代表物件距離物主很遠。

物件或貨物是如何遺失的

如果你想知道它們是如何遺失的，觀察上升守護剛剛跟誰出相位，如果它剛剛跟土星分開，那麼遺失物件的原因會是因為物主的善忘，他不知道把物件放在哪裡了；又或是丟失物件的人受到傷寒或疾病的侵擾而忘了物件，尤其如果土星正在逆行的話。如果它剛剛跟木星分開或落在木星的宮位，那麼它是因為禁食、戒絕，或因為法律的要求，或是因為他過度看管物件、或因處理跟房子相關的事務、或因為受到某人的信任而讓他樂極忘形或錯放了那物件在某地方（這來自托缽修會修士的占星學內容，曾經被認為已遺失於某間大教堂或修道院之中）。

如果它剛剛跟火星分開，代表物件是因為恐懼或某些隱藏的激情，觸動了物主的怒火、暴怒、激烈的愛恨，或因為仇恨、爭執而遺失。如果是剛剛跟太陽或它的宮位分開，那麼，會是因為國王的干涉、學習狩獵或某種嗜好，或因為家族某個主事人或因為某男士而遺失了該物件。如果是剛剛跟金

星或它的宮位分開，那麼是因爲喝酒、玩牌或骰子，或在酒館、小酒屋中玩樂時，或從事某種嗜好時，或跟女人唱歌玩樂時遺失物件。如果是水星，則是因爲寫字、寄信、默寫、或傳送訊息時遺失。如果是月亮或月亮的宮位，物件可能是因爲太頻繁使用而遺失，同時顯示出該物的遺失是因爲當事人讓它變得太尋常可見，或是可能某個信使、寡婦或僕人弄丟了它。如果丟失或遺失的東西是動物而不是某件可以被移動帶走的物件，那麼，關於物件所在位置及其狀態的象徵，會跟沒有生命的物件的描述一樣，但有必要查明牠是自己走失的？還是別人帶走牠的？牠是生是死？如果已經死了的話，也要尋找其死因。

牠是否被偷了

這涉及到牲畜

如果你想知道動物是自己逃走了，還是有人帶走牠的話，看看你能否找到月亮所在宮位的象徵星正離開哪顆行星，如果有的話，這代表動物是按自己意願逃走的；但如果月亮所在宮位的守護星並不是正離開任何行星，但有行星正離開它的話，可以認爲某人帶走了這動物並逃之夭夭。不過，如果月亮所在宮位的守護星並不是身處上述提及的這兩個狀況的話，看看星盤二宮守護的位置，並用論斷月亮所在宮位守護星的方法去觀察它，看看它是否正離開哪顆行星或某顆行星正離開它，如果都沒有，代表動物仍然在自己的住處或附近，牠並沒有逃走。

牠是否還在世上

如果你想知道它是否仍然在世上，觀察月亮，如果你看到它正跟從其所在宮位算起第八個宮位的守護星入相位的話，代表動物已經死了；如果沒看到這條件，則觀察月亮的守護星，如果你看到它正跟從月亮所在宮位算起的第八個宮位的守護星入相位的話，同樣可以說牠已經死了，或很快將會死亡；但如果沒有看到這些入相位的話，則以同樣方式去觀察八宮守護的象徵。

遺失的物件到底是被偷走了？還是自己逃走了

被偷

如果賊人的象徵星在第一宮，或者把其品性傳給月亮，或是月亮把自己的品性傳給它的話，代表物件被偷了；如果上升守護把品性傳給賊人的象徵星，或賊人的象徵星跟上升守護有四分相或對分相的入相位，或是它跟月亮合相、四分相或對分相，或跟月亮所在宮位的守護星、其界守護的行星、二宮守護星、福點或福點的守護星，或任何落在第一宮的行星有這些相位，並把其力量給予了賊人的象徵星，或者賊人的象徵星透過四分相或對分相把力量給予它，如果都沒有出現上述這些星象，代表物件沒有被偷，除非第一宮或第二宮有凶星，或是月亮所在宮位的守護星或其界守護行星不幸運，福點或其守護星，或上升守護、二宮守護不幸運的話，這都代表損失。

沒有被偷

如果你發現月亮所在宮位的守護星正離開任何行星的話，代表它是按自己意願逃走的；如果不是它離開某行星，而是某行星離開它的話，代表物件是被趕走的；如果是二宮守護的話也是以此推論。如果它沒有出現上述狀況或位置的話，都代表物件仍在，沒有被偷。

關於走失的動物、逃亡者，或任何遺失的東西

能否找到

象徵星是月亮，如果月亮跟上升守護、第二宮或其支配星入相位的話，都代表能找到，否則代表找不到。月亮在第一宮，或其支配星跟上升點三分相或六分相的話，都帶來能夠找回的希望。此外，月亮的支配星離開六宮守護、八宮守護或十二宮守護，並跟上升守護入相位的話，也代表有希望找回。月亮跟自己的支配星有相位是好事。如果月亮因為六宮守護、八宮守護或十二宮守護而不吉利，代表物件在一些心懷不軌的人身上，而他不會離開那物件，尤其是該凶星看得到上升點及其守護星的話。

能否拿回

如果月亮看得到木星或金星，代表物件在一個誠實的人手上，你將能拿回物件；如果木星或金星跟上升點有任何相位，或是月亮跟上升點入相位，或月亮落在第一宮，代表拿回的過程會有點麻煩或痛苦。如果第十二宮守護落在第十二宮，或第七宮守護落在第十二宮，都代表該逃亡者正被囚禁著（被羈押中的逃犯。）

地點

月亮在第十宮，代表物件在南方；第七宮，西方；第四宮，北方；第一宮，東方，以此類推。如果月亮的支配星在人形星座，代表物件在人類使用的場所，如果在巨蟹座、天蠍座或雙魚座，代表在水域或井，如果月亮在摩羯座最後一個面守護範圍，代表物件在船上，這代表物件一定是在港口附近遺失的。

月亮在牡羊座、獅子座、射手座，代表物件在有火的地方，月亮或其支配星在開創星座，代表物件在最近新開墾的地方。

是否走失

如果月亮在上升守護30度以內，代表物件在遺失者身上或在他附近；如果距離上升守護多於30度，代表距離很遠；如果月亮的支配星正出相位離開另一行星，代表物件走失了；如果是另一行星出相位離開月亮支配星，代表物件被偷了。

月亮或其支配星跟八宮守護入相位，或落在距離月亮的第八個宮位的話，代表它已經死掉或很快會死。

月亮在第一宮或跟上升守護三分相，以及月亮跟太陽三分相的話，會找得到。

二宮守護落在第十宮或第九宮的話，代表在問卜者家裡或在某個相熟朋友手上；太陽落在第一宮的話（除非是天秤座或水瓶座），會找得到；二宮守護落在第十一宮或第十二宮的話，在很遠的地方。

關於野獸或走失的動物

如果六宮守護在第六宮的話,那隻動物體型是小的;如果十二宮守護落在第十二宮的話,那隻動物體型是巨大的;如果六宮守護落在第六宮或第十二宮,牠們在棚裡;如果六宮守護落在火象星座,牠們被鎖上鐐銬了;如果上升守護跟值時星是同一行星的話,那麼牠們真的在棚裡;如果月亮在變動星座,牠們正在充滿矮樹叢的土地上;如果在角宮,牠們在死胡同或平地上,如果是續宮,牠們在死胡同裡或在附近,在擁有者的右方;如果月亮在降宮,牠們在一般的原野上;如果是巨蟹座,代表在骯髒之處與水中生物所在的地方,或是一些小溪中;如果是水瓶座或雙魚座,在水邊、釣魚的地方,或在漁塘附近;如果在摩羯座後半,代表在船上,或在某些小樹林或伐木場。

關於不能移動的物品

看看月亮落在什麼星座,如果是火象星座的話,在有火的地方或跟火有關,或曾經生過火的地方;月亮在水象星座的話,在有水的地方或附近;月亮在風象星座,在有很多窗或在空曠的地方,例如頂樓之類(這跟走失的動物有關);月亮在土象星座,在很多泥土的地方,或是房子用泥土所造,或在泥土牆或陶土附近。月亮或其所在宮位的守護星如果在開創星座,物件在剛有人搬進去的地方,或剛建好的房子,或在有小山丘的地方以及在平地之上;月亮在固定星座,在平原或競技場;月亮在變動星座,在很多水的地方,視乎物件在哪裡遺失或丟失。

另一種論斷方式

如果是**變動星座**，例如雙子座、處女座、射手座或雙魚座，而你問卜的是死物，例如戒指之類的話，那它代表物件仍然在屋裡；如果問卜的是快速移動或有生命的，例如牲畜的話，代表它們在有水的土地、壕溝、坑、草叢、市集；在固定星座的話，物件躲藏起來了，在地面或非常靠近地面，在牆角，或在樹洞裡；開創星座的話，在高處、屋頂，或房子的天花板上；水象星座的話，在水裡或土裡，在行人道、房子的地基等等

動物是否走失

如果六宮守護因土星或火星而不吉利，代表動物已經走失，如果六宮守護在降宮，代表牲畜被趕走或被偷；如果任何行星跟月亮所在宮位的守護星出相位的話，代表動物被趕走或被賣掉；如果行星出相位**離開二宮守護**，同上；如果你沒有找到以上星相，代表動物在不遠處。

是生是死

如果月亮跟八宮守護入相位，或正進入第八宮的話，代表牠已經死了；如果月亮所在宮位的守護星進入第八宮，或動物的象徵星在第八宮，並跟第四宮裡的凶星形成四分相的話，同上。

是否在棚裡

如果第六宮守護或第十二宮守護落在第九宮或第十宮，那麼，那動物正跟某法官或官員在一起，例如獄長或保安官，或可能正被鎖起來，或是有人下令要把牠安放在安全的地方。一般來說，如果第六宮或第十二宮守護落在第十二宮或第六宮的話，代表動物被安放在附近。

會否再次找到那牲畜

如果六宮守護因為木星或金星而吉利，同時落在第二宮、第五宮或第十一宮的話，他會再次得到那隻動物；如果月亮所在位置的界守護行星或四宮守護跟上升守護在一起，或是六宮守護或十二宮守護星跟並沒有落在任何角宮的太陽形成三分相的話，同上。

失物距離物主多遠

月亮如果跟上升守護落在同一象限，但彼此相距一個星座[108]的話，代表失物在屋裡，或者在他遺失那物件的房子周圍；如果多於30度但少於70度的話，失物在鎮裡，並且在物主身處的領土及界線之內；如果彼此相距的距離並非在90度之內的話，代表失物距離物主很遠。通常，當失物的象徵星或月亮落在同一象限的時候，代表物件仍然在同一個問卜者居住的同一市鎮或轄區之中。

---

108 即30度。

動物到底是被偷還是走失了

如果月亮所在宮位的守護星或二宮守護正離開自己的宮位（如果物件本身是被固定的話），代表它被偷了；如果是可以動的，代表牠憑自己意志離開了。

它們在什麼地方

如果六宮守護在某角度之內，那隻動物體型不大，正在棚裡、死胡同或房子裡；在降宮的話，牠在大家共用的空間之內，而且難以預測牠接下來的行蹤；如果在續宮，代表牠正在附近的牧草地上。

哪個方向

如果六宮守護正在火象星座的話，牠在東邊的樹林之中，或者那個地方的灌木、荊棘或蕨類植物已經被燒掉了；但若是在角宮的火象星座，代表牠在死胡同、棚裡或被鎖起來了。

六宮守護在土象星座的話，在南邊的乾涸土地上、平地上，或在一個附近有著跟泥土象關的東西（例如泥牆）的棚裡；如果是續宮，在問卜者右手邊的死胡同附近。

如果六宮守護在風象星座，物件多半在平地上，如果在角宮，牠們正在走失之處的西邊棚裡或房子裡；如果是續宮的話，在右手邊往西的方向；如果是降宮的話，正在問卜者的左手邊準備離開，也就是跟牠們的主人距離越來越遠。

Chapter 51　關於逃走的僕人、走失的動物、或丟失的物件

如果六宮守護在水象星座，會在北面、低窪的地方；如果是角宮，在死胡同的地面上，往北；如果是降宮，在左手邊的公共用地上，那裡會有水或牧地，越走越遠，或在人們餵牲畜喝水的地方。

牠們會在怎樣的土地上

如果六宮守護在開創星座，代表牠們在丘陵地。

如果六宮守護在固定星座，代表牠們在有新建築物的平地，或者在新犁的地或新出現的地上。變動星座的話，在有水的地方，或是充滿草叢的土地、壕溝。

如果月亮所在位置的界守護行星在固定星座，代表牠們在最近有人搬進去的平地上，或在某新建築物附近。

在開創星座的話，在新的土地或充滿小山的土地。

在變動星座的話，在有水的地方、草叢或沼澤，或在壕溝跟坑的附近。

牲畜應該去棚裡

如果月亮在第十二宮，代表牲畜需要去棚裡或需要圈養，不管有怎樣的象徵，如果月亮不吉利的話，牲畜都應該到棚裡；如果第十二宮守護跟主要象徵星都不吉利的話，牠們都應該到棚裡，或者把牠們隱密地安置到一些祕密的地方或被關好的地方。

長駐棚裡

如果土星在第十二宮或第十宮（當問卜者前來問你該如何處置牲畜的時

候），或是月亮在第十二宮，而它們其中一個不吉利的話，那麼，那些牲畜應該要在棚裡逗留一段較長的時間，如果火星跟第十二宮裡的土星或月亮形成合相、四分相或對分相的話，代表牲畜會在棚裡被殺或死去，或相當有可能會餓壞。

由此，如果從開創、固定或變動星座，我們可以輕鬆知道羊兒什麼時候被偷、牠們是有否被殺、在哪裡被殺，如果土星在第一宮、第四宮、第八宮或第十二宮，代表牲畜們應該長期留在棚裡。

逃離棚裡

如果上升守護在開創星座，在第三宮、第九宮或第十宮的話，代表牲畜們將會逃離棚裡，如果上升守護在第十二宮，代表雖然不錯，但會在棚裡不適及患病；如果上升守護在第八宮，代表它們可能會在棚裡死去。

如果上升點的主要象徵星逆行的話，牲畜會在棚裡死去。

如果六宮守護透過六分相或三分相看到上升守護的話，牠們會再次回來；如果是透過四分相或對分相，那麼牠們會被阻擋；如果六宮守護透過六分相或三分相看到月亮或其所在宮位的守護星，那麼問卜者會再次得到這些牲畜，如果是四分相或對分相，代表牲畜被攔截，或被留在某村莊或市鎮。

應否收留某逃亡者

把上升點及其守護星和太陽歸於問卜者，第七宮、其守護星歸於逃亡者或被問卜的對象，觀察它們之間的相位，然後論斷。如果上升守護星入相位跟七宮守護形成合相、六分相或三分相，或上升守護落在第七宮的話，表示問卜者將會尋回丟失的物件或找回離開了的逃亡者；同時，如果七宮守護落

在第一宮，或入相位接近上升守護，或兩者之間有任何光線轉移的話，都代表會在得到更多協助之下達到上述結果。

關於月亮

對於逃亡者來說，他們應當尊敬月亮，因為月亮是他們的自然象徵星，原因是月亮本身的快速移動速度，如果它在上升點，或跟上升守護行星有良好相位的入相位，或是七宮守護或月亮出相位離開吉星並入相位合相凶星，這都表示了逃亡者會回來、會被找到，或者他會受到妨礙，他將再次回來。

如果月亮的光芒正在增加中，代表要很久才能找到那個人；光芒減弱中的話，代表很快就會找到，相對不用那麼大費周章；同時，月亮出相位離開七宮守護並接觸上升守護的話，逃亡者會對自己的離開感到抱歉，並會傳來求情；如果七宮守護被燃燒，表示逃亡者將會被留下，不管他願不願意。觀察月亮所在象限，那會是吸引逃亡者前進的方向，或他想要前往的方向。

他會不會被收留

如果七宮守護跟凶星於某角宮接觸的話，經過一番搜索後，會知道逃亡者已經被收留；但如果兩顆行星都不在角宮的話，代表逃亡者被扣押或被某種方式留下，但不是囚禁。如果上升守護看得到那顆傷害逃亡者的凶星的話，問卜者會發現逃亡者被某人扣押了，他會需要付錢，或者被要求付錢才能把逃亡者要回來。如果凶星在第九宮，逃亡者將會在旅途中停留然後被收留；如果七宮守護跟某顆停滯行星在一起，不管那是該行星第一次還是第二次停滯、在角宮還是續宮，都代表他不知道自己該往哪裡去，然後他將會被收留。

逃亡者會否被找到？或會否再次回來

　　如果七宮守護在第一宮的話，逃亡者會按自己意志回來；如果月亮出相位離開一宮守護，並馬上接觸七宮守護或第七宮的話，某人很快就會帶來關於這逃亡者的消息。七宮守護被燃燒或即將進入燃燒的話，逃亡者將會被找到（不管他是否願意）；月亮出相位離開七宮守護，並馬上接觸到第一宮或上升守護的話，逃亡者會對自己的離開感到懊惱，並會傳來某種求情；月亮接觸某凶星，也就是土星、火星或南交點，或某顆逆行行星的話，他將會被發現或將會再次回來，自從離開之後，他承受了相當多的悲慘經歷。如果七宮守護落在第七宮並且看到某顆凶星的話，問卜者會發現逃亡者跟某人一起逃走了，逃亡者必須付錢，那個人才願意跟他一起逃走；月亮出相位離開木星或金星的話，他將會很快就回來，或者丟失的物件將會突然被尋回；月亮以六分相或三分相跟自己的宮位形成相位的話，逃亡者三天之內會回來，因為很有可能發生的是，如果距離不算太遠的話，問卜者將會在三天之內聽到關於逃亡者的下落。

距離

　　觀察七宮守護及值時星，看看它們之間相差幾度，代表了逃亡者已經出發離開了幾哩。
　　上述這道規則，我認為不如以下所敘述的這一道來得完美：觀察月亮跟象徵星之間的距離，也就是它們各自落在什麼星座，並形成了什麼相位，你

可以把開創星座的每一度視作十七座房子或十七弗隆的距離[109]；**變動星座**的話，把每一度視為五弗隆或五所房子的距離；固定星座的話，每一度等於一弗隆或一所房子。也可以用於跟失物有關，想知道它是否在城鎮裡還是在田野之中的時候。

關於某位從丈夫身邊離開的女士

太陽在大地之下、金星是西方行星而且逆行的話，她會按自己意志回來；金星是東方行星的話，她會回來，但並非自願。上升守護、月亮及七宮守護三分相的話，她會回來，但如果是四分相或對分相，而且沒有出現接待的話，永不；火星在角宮，並給予月亮力量，同時上升點落在開創星座的話，二人會樂於永久分離。

關於小偷與盜竊

夏利[110]說，你必須知道上升點是問卜者的象徵，二宮象徵是被偷或被拿走的東西的象徵星，如果沒有境外行星落在角宮或第二宮的話，那麼第七宮是賊人的象徵星；第十宮是國王的象徵星，第四宮的星座則象徵了被拿走的物件所在的地方。這些宮位守護星的象徵都是你必須知道的，你或許可以從中知道失蹤物件的情況及狀態，而如果你在第一宮看到有境外行星出現的

---

[109] 一弗隆相當於201米或1/8英里。
[110] 夏利（Abu I-Hasan 'Ali ibn Abi I-Rijal，一般通稱為Hali或Haly Abenragel）為公元十世紀末至十一世紀初的阿拉伯占星師，他曾擔任突尼西亞王子的宮廷占星師，最著名的著作為《星星論斷全書》（Kitāb al-bāri' fi akhām an-nujūm，於一四八五年被翻譯成拉丁文，名為Praeclarissimus liber completus in judiciis astrorum）。

話，把它視為小偷的象徵星，尤其如果它同時是七宮守護的話；但是，如果第一宮沒有行星的話，看看其他角宮有沒有出現境外行星，如有的話，把它視為小偷的象徵。（在接下來的某些章節中將會廣泛地討論這一點，它是最能斷定的規則之一。）

關於小偷的象徵星

當行星不在自己守護的宮位，也不在其元素守護、界守護、擢升或面守護的位置時，它就會是境外行星。我情願選擇七宮守護，也對七宮守護比較確定，因為這比較合符合思路，也比較容易理解及認同。

七宮守護通常象徵小偷，但如果第一宮或任何其他角宮之內有境外行星的話則不一樣；如果第一宮沒有，但其他角宮出現境外行星的話，把它視為小偷的象徵；如果任何角宮都沒有境外行星的話，把值時星視為小偷，如果值時星剛好是七宮守護的話，那就更符合問題了；如果七宮守護落在第一宮，問卜者是小偷本人；如果問題是對問卜者的忠誠度產生懷疑時，若他比任何其他人更有嫌疑的話，這狀況會是成立的，可以根據行星、七宮守護及其所在星座得知關於當事人的臉色及狀況。

被偷的物件的象徵星

這條規則並不正規，沒有任何認同性。

月亮所在位置的界守護行星，是被偷物件的象徵星；當你找到了賊人的象徵星，並從它跟重要行星所形成的相位中理解到它的本質之後，你會知道上升點是問題本身或提問者的象徵，如果你看到上升守護靠近七宮守護、值時星，或落在第七宮的話，這代表賊人將會馬上被抓到，或是它帶來了失物

被發現的希望。

關於盜竊

　　第一宮，也就是上升點，代表了問卜者，這一宮的象徵星代表遺失了物品的人，也象徵了物件被拿走的地方；第七宮及其守護星、某一角宮內的境外行星，以及值時星，它們象徵了小偷或拿走物品的人。（這是非常好的論斷方式，或許可以好好相信它。）

　　第二宮、二宮守護及月亮，象徵遺失的、被偷的或下落不明的物品；第四宮及其守護星象徵物件在那一刻正被放置、被收起、被處理或被遞交的地方。

　　太陽與月亮、上升守護、二宮守護、月亮所在宮位的守護星的相位，以及它們跟上升守護之間的相位，當中的入相位以及由哪些行星組成怎樣的相位，這些都告訴我們並顯示了物件會否被找到、能否再次擁有它。如果二宮守護及月亮在第七宮、落在第七宮的星座，同時七宮守護能夠透過三分相或六分相看見它們的話（雖然距離有點遠，也就是說，它們之間相距很多度），那麼，物件是被人拿走了，並不是單純弄丟物件那麼簡單；如果月亮是二宮守護，並落在值時星守護的宮位，即將跟七宮守護合相的話，代表那個人在自己曾前往的某處丟失了物件或貨物，並且忘記了，物件既不是遺失也不是被偷走，而是被不小心亂放。

　　如果月亮是上升守護並落在第四宮，同時二宮守護落在第七宮或第八宮的星座，與第二宮對分相，並與月亮形成六分相或三分相的話，物件沒有被偷，而是有人跟問卜者開玩笑拿走了他的東西。如果月亮是上升守護，同時落在第一宮的話，代表物件在不遠處，並且二宮守護的太陽，它跟七宮守護一起落在第十宮，七宮守護透過四分相壓制月亮的話，那麼，物件是真的被

偷走了。如果太陽落在第三宮，被七宮守護透過四分相壓制，而二宮守護同時也是上升守護並落在第七宮、在第七宮的星座的話，那麼物件是被偷了，不過一開始只是開玩笑的拿走，但很難再取回那物件了，除非星盤中太陽跟月亮都看得見上升點。

如果月亮在第七宮，同時落在值時星守護的星座，值時星同時又是七宮守護的話，那麼貨物並沒有被偷走或拿走，而是問卜者搞錯了，看漏了眼；如果月亮在第五宮摩羯座，同時是值時星，金星則是二宮守護並落在第十宮、在第十宮的星座，月亮跟七宮守護對分相的話，代表問卜者上路時丟失了物件，或者把貨物遺留在某個地方。如果月亮是值時星，在巨蟹座，第八宮當中，而二宮守護落在第五宮，同時它們都看不見七宮守護，但七宮守護落在第七宮當中的話，那麼物件是被房子的主人開玩笑拿走了，而他會否認一切。如果月亮是值時星並落在第四宮，跟七宮守護對分相，而二宮守護落在第十二宮，並跟七宮守護六分相的話，那代表有人惡作劇拿走了物件。如果月亮落在七宮守護星所守護的星座，同時沒有看見七宮守護，除非月亮落在第十二宮，並且二宮守護落在第六宮，否則物件是被惡作劇偷走了；如果二宮守護剛剛離開月亮的守護星的話，代表物件被惡作劇偷走，但很快就會尋回來。如果月亮正出相位離開跟二宮守護的四分相，物品已經被帶到它目前所在的地方，它已經被偷走了。如果上升守護正出相位離開木星或二宮守護，那麼，如果問卜者的確曾經放下物件並忘了帶走的話，物件的確遺失了；但是，如果上升守護跟二宮守護同時出相位離開木星的話，就更能肯定物件已經遺失；但有時候，恰巧月亮是上升守護並出相位離開木星，同時正在入相位接近二宮守護，而這二宮守護行星也同樣剛剛出相位離開木星，有時甚至同時正離開上升守護，而太陽是二宮守護並正離開木星：如果是這樣的話，它就會給出如前述的這種論斷。如果二宮守護或木星都出相位離開了上升守護，那麼，問卜者在路途中丟失了物件，或當他正身處某個沒有人知

道的地方時弄丟了，又或者物件從他的口袋中不爲人知地掉了，落在某個神祕的地方，它沒有被偷走也沒有被撿走。然而，如果沒有上述這些出相位的話，可以看看有沒有境外行星、七宮守護、水星跟木星或二宮守護入相位，水星也一樣代表小偷，如果有的話，那麼貨物絕對是被偷了，那個小偷是刻意前來偷竊的。如果二宮守護或木星入相位接近某境外行星、七宮守護或水星這些小偷代表的話，那麼，該貨物或那失蹤了的東西已經落在小偷手上了，或是他們毫無困難、輕鬆地得到了它。那個偷了東西的人並非存心要偷，但他剛好看到物件那麼沒有防備、那麼大意，於是他便拿了並帶走。如果月亮同時是上升守護及二宮守護，落在金牛座，並入相位合相太陽，同時相距小於 1 度，而太陽是三宮守護，火星是境外行星並落在第十宮，同時水星入相位接近火星，也沒有上述的出相位或入相位帶來妨礙，七宮守護也沒有落在第三宮的話，那麼，問卜者在路上眞的丟了物件，而物件並非是從他身上被偷走的。

有否被偷

　　關於這一點，觀察小偷的象徵星是否落在第一宮，或把自己的影響傳給月亮，或是月亮把影響傳給它，如有的話，代表已經被偷；如果上升守護把自己的影響傳給小偷的象徵星，代表已經被偷；如果象徵星能夠透過四分相或對分相看得見上升守護、月亮、月亮所在宮位的守護或月亮的界守護，或二宮守護、福點或其守護星的話，都代表物件已經被偷。

　　而如果有任何行星落在第一宮，並把自己的力量交予小偷的象徵星，或透過四分相或對分相傳達影響的話，代表已經被偷，除非第一宮或第二宮有凶星或月亮所在宮位的守護星，或者月亮所在的界守護不吉利，或福點或其守護星不吉利，或上升守護、二宮守護不吉利，這所有跡象都代表損失。

貨物已經被偷

如果任何在第一宮的行星是境外行星的話，物件已經被偷；又或是任何境外行星把自己的影響傳給月亮，或月亮把自己的影響傳給它的話，物件已經被偷。如果小偷是境外行星，也就是那行星於該度數沒有任何尊貴的話，物件已經被偷；如果小偷的象徵星跟上升守護在一起，或是形成四分相或對分相的話，代表物件已經被偷。

如果任何行星跟月亮所在宮位的守護星出相位的話，代表物件已經被偷；如果任何行星與月亮所在位置的界守護行星形成合相、四分相或對分相，代表物件已經被偷。如果任何行星跟物質宮位的守護星出相位，代表物件被拿走了；如果小偷跟月亮所在宮位的守護星有合相、四分相或對分相，都代表已經被拿走了。

沒有被偷

如果月亮所在宮位的守護星或二宮守護彼此之間都沒有出相位彼此分離，或沒有任何行星出相位離開它們其中一方，代表你所尋找的物件正在它本來的地方。如果月亮把自己的影響給了土星或火星，或給予任何落在降宮中的行星或八宮守護的話，代表物件沒有被偷，而是失蹤了，或被大意的丟在一旁。

它將會被偷（或打算讓它被偷）

如果月亮是七宮守護，並把其影響傳給第二宮、第十一宮或第五宮裡的

行星，而月亮本身沒有跟這些宮位的宮首形成六分相或三分相，又或是第七宮內的任何行星把其影響傳給第二宮、第五宮或第十一宮內的行星，而這些行星同時沒有跟第七宮裡的行星形成六分相或三分相，那麼貨物將會被偷；如果十宮守護跟小偷的象徵星合相、四分相或對分相的話，貨物將會被偷走。

物件已經遺失或被偷了

如果行星正出相位離開月亮所在宮位的守護星或二宮守護，代表物件被徒手拿走並且被偷了，如果月亮是七宮守護，並把影響傳給上升守護，代表物件已經被偷；如果上升守護把影響傳給落在第七宮裡的月亮，代表物件已經被偷。

若任何落在第一宮的行星把影響力傳給小偷的象徵星的話，代表物件已經被偷，如果是小偷的象徵星把影響傳給第一宮守護，也代表被偷，不過視乎小偷把多少的品性或光芒傳給一宮守護，反映出小偷會如何把貨物再一次歸還給物主。如果第一宮內的任何行星是境外行星，代表物件已經被偷，同時小偷將會成功逃脫。

如果境外行星把自己的影響傳給月亮，或月亮把影響傳給它，如果小偷的象徵星跟月亮形成合相、四分相或對分相，或跟月亮的界守護行星形成相位的話，代表物件已經被偷。

如果月亮把影響傳給土星、火星或任何落在降宮的行星，或傳給落在開創星座的八宮守護的話，代表物件已經被偷，但如果八宮守護落在固定星座的話，則代表被拿走。

沒有被偷

如果月亮所在宮位的守護星出相位離開任何行星，或二宮守護出相位離開任何行星的話，代表被偷。

如果月亮所在宮位的守護星或二宮守護落在自己的宮位，並接收到土星或火星的品性的話，代表物件自己離開了，而不是被偷走。

關於小偷的年紀

占星師夏利認為，我們可以從小偷的象徵星得知小偷的年紀，如果是東方行星的話，代表他是年輕的，若是在東方行星階段的中間的話，代表他是中年，如果已經是東方行星尾聲的話，則是年老的人。

夏利跟其他占星作者也認為，行星與太陽之間的距離、是東方行星還是西方行星，這些都是判斷小偷年紀的依據。

如果要把這些都放在一起的話，你最好考量一下象徵星落在星座的哪一度，這樣會讓你得出更好的論斷。如果是一顆東方行星落在某星座的最初幾度，這代表青年或年輕的歲數，度數越多，年紀越大，你可以根據這些考量來縮小年齡的範圍。

如果象徵星是土星、木星或火星的話，那麼，觀察它們與太陽之間的距離，從合相到四分相之間的距離代表十八歲，越靠近太陽的話代表越小的年紀，從四分相到對分相象徵了三十六歲，從對分相到下一次四分相象徵五十四歲，從最後一次四分相到合相象徵了七十二歲，一直到人生的終點。

博拉第認為[111]，當太陽成為象徵星並落在上升點與天頂或第十宮（兩

---

111 博拉第（原文：Guido Bonatus，出生時間不詳，估計死於一二九六至一三〇〇年間）為

者其實是同一位置）之間的話，代表小偷是年輕的，以此類推，越接近地平線的軸點，年紀越大。

如果金星或水星是象徵星的話，需要從它們跟太陽之間的距離或距角去得出小偷的年齡，從它們和太陽的合相開始，到它們兩次合相之間並開始逆行為止，象徵小偷大概十八歲左右，越靠近太陽越年輕；而從開始逆行到逆行期間的合相為止，代表三十六歲左右；從逆行中的這次合相開始，到恢復順行的停滯為止，象徵七十二歲，並一直到人生完結為止。如果月亮是象徵星的話，則跟隨上述土星、木星或火星的方式去論斷。

博拉第也認為，金星象徵小偷是年輕的，是女人或少女，水星的年紀比金星小，火星代表剛成年或青年期的頂峰，木星年紀比火星大，土星代表老年或老朽的狀態，或有一定年紀，太陽象徵的年紀之前已經描述過了；月亮如果是象徵星，上弦月的話，代表年輕，如果接近滿月，代表中年或已然成年，如果差不多是下弦月，則代表小偷已經有一定年紀或是年長的人。

小偷的年紀

如果月亮光芒正在增加中，代表他是年輕的；如果在減少中，那麼他是年老的。如果象徵星落在土星的宮位或跟土星合相，或在某星座最後一度，都代表了老年。土星也代表老年。火星、太陽、金星、水星如果落在上升點跟第十宮之間，代表年輕，尤其若它們同時落在一個星座最初幾度的話；第十宮至第七宮之間是中年，如果象徵星是外行星同時順行的話，那麼他是盛

十三世紀最著名的占星學家，其最著名作品為於一二七七年發行之《天文之書（Liber Astronomiae）》，共有十卷，內容包括為占星學辯護、星座、宮位、行星、相位、卜卦、擇日、世事及阿拉伯點、本命盤及天氣預測，為中古時代其中一本最重要的占星學文獻。

年，但如果逆行，則是老年或非常老，內行星也是一樣的方式論斷，也就是說，如果它們逆行或跟某逆行星接觸的話，都會提高年齡，因此，如果你可以考量各種象徵的暗示，你將能做出更佳的論斷。太陽如果在上升點及天頂之間，代表小偷是小孩，如果在天頂跟西方軸點[112]之間，代表是年輕人，如果是在西方軸點跟北方軸點[113]之間，代表是成年人，如果是北方軸點跟東方軸點之間，則是非常老的老人。上升守護在東邊象限或月亮在第一宮，都代表年輕人；水星永遠代表小孩或年輕人，尤其它在第一宮同時是東方行星的話。除了土星以外的任何行星都象徵年輕人，又或是如果象徵星跟金星接觸、月亮正增加光芒，或落在一個星座的最初 10 度或正中間，或如果象徵星落在東方象限剛開始的位置，都代表小孩、年輕人或女孩等等。

小偷是男是女

觀察正在上升的星座及值時星，如果兩者都是陽性，那麼小偷是男性，如果值時星跟上升星座都是陰性，代表小偷是女性；如果上升星座是陽性，但值時星是陰性，那就代表小偷既是男也是女，也就是說小偷有兩人，一男一女。

如果象徵星是陽性，同時月亮在陽性星座，這代表小偷是男性，反之亦然。如果上升守護及值時星同時落在第一宮跟陽性星座，代表小偷是男性，陰性星座則代表是女性。

如果上升守護及值時星其中一方是陽性，另一方落在陰性星座，代表參與偷竊的人同時有男有女。

---

[112] 也就是下降點。
[113] 也就是天底。

如果星盤的軸點在陽性星座，代表男性；陰性星座則代表女性。

金星如果作為象徵星跟火星形成四分相，這代表聽覺上的阻力，尤其是左耳。

金星、水星、月亮代表女性，土星、木星、火星及太陽代表男性，但同時需要考量它們落在哪個星座及象限。

只有一名小偷還是更多

觀察小偷的象徵星，如果它落在固定星座，或在長上升星座，或在沒有太多小孩的星座，或是單體星座，代表賊人就只有一人；如果該星座是有兩個身體的，也就是變動星座或雙體星座，這代表賊人多於一人，如果該星座中有很多境外行星的話，這個可能性更大。同時，如果太陽跟月亮同時位於角宮並形成四分相，都代表小偷多於一人。

象徵很多小孩的星座包括巨蟹、天蠍及雙魚，很少小孩的是牡羊、金牛、天秤、射手、摩羯及水瓶；不同形體或形狀的星座包括雙子、巨蟹、射手、水瓶，貧瘠星座包括了雙子、獅子及處女。長上升星座包括了巨蟹、獅子、處女、天秤、天蠍及射手，短上升星座包括了摩羯、水瓶、雙魚、牡羊、金牛及雙子。如果提問時月亮落在地平線的軸點、位在變動星座，都代表小偷多於一人；看看有多少行星跟小偷的象徵星在一起，多少顆行星就代表有多少個小偷。月亮在變動星座，代表小偷多於一人。上升守護落在陽性星座，而值時星落在陰性星座，（正如前述）代表小偷有男有女。看看月亮正入相位接近哪顆行星，代表那個人會是主要的行動者。若軸點落在開創星座，尤其是第一宮跟第七宮在開創星座，又或是象徵星落在巨蟹、天蠍或雙魚，都代表小偷多於一人。小偷的象徵星所在的星座如果不是開創星座，或者若是雙體星座的話，代表小偷多於一人。如果兩顆發光體都落在角宮並且

同時看見彼此的話，小偷多於一人，而如果它們落在雙體星座的話，都代表了小偷多於一人。

小偷的服裝

你必須知道如何從行星、星座、度數及象徵星落入的宮位中得知衣服的顏色，並從這當中的不同組合，相應地論斷小偷所穿的衣服。如果星象的象徵暗示了小偷有多人的話，應該從象徵星的元素守護行星來做出論斷，根據阿爾卡比修斯[114]，不同行星所象徵的顏色如下：土星是黑色；木星是綠色、有斑點的或灰白色的，或類似的顏色；火星是紅色的；太陽是茶色或番紅花色，我自己會視之為非常像沙的顏色。行星混合起來的顏色如下：土星跟木星是深綠色，或是黑色但有斑點；土星跟火星是深茶色；土星跟太陽是黑黃色並且閃閃發亮；土星跟金星是灰白色；土星跟水星是非常黑的黑色，或偏藍的黑色；土星跟月亮是深茶色、深灰色或赤褐色；木星跟火星是茶色，但有一些淺色的斑點；木星跟太陽就像是太陽跟火星的混合，但比較閃亮；木星跟金星是帶綠的灰；木星跟水星是有斑點的綠；木星跟月亮是有點亮的綠；火星跟太陽是發亮的深紅色；火星跟金星是淺紅色或深紅色；火星跟水星是紅色或帶紅的茶色；火星跟月亮是茶色或淺紅色。

那些懂得如何判斷是否有很多小偷的人，應該可以掌握這項論斷，我已經多次地證明它的真確性，只是我有更重要的研究，讓我沒有更進一步的觀

---

[114] 阿爾卡比修斯（Al-Qabisi，原文使用的是他的拉丁化名字Alcabitius，出生年份不明，死於公元九六七年），穆斯林占星師、天文學家及數學家，出生於伊朗，後來遷往敘利亞的阿勒頗（Aleppo），其決疑占星學（Judiciary Astrology）文獻《論斷星星之技藝入門》（Introduction to the Art of Judgments of the Stars）為他最知名著作。所謂決疑占星學，即以針對本命盤為主的占星技巧。

察這項規則。

你必須把象徵星的顏色跟它所在宮位的顏色混在一起,並藉此判斷小偷衣服的顏色,又或是透過星座及度數去論斷顏色。例如它落在土星的星座、宮位或界守護的話,如前面關於土星的描述一般進行論斷,接著,如果它落在土星的宮位跟木星的界守護,則根據土星跟木星的混合做論斷,其餘的也是一樣做法。

關於名字

木星、太陽跟火星落在軸點,代表名字是短的,只有很少音節;如果靠近天頂,名字是以 A 或 E 開首;如果象徵星是土星或金星,那麼名字會有較多音節,例如是 Richard 或 William。很多時候如果問卜者的名字是短字的話,被問卜的人的名字也會是短的。

根據占星師的文本,小偷或男性的名字

透過七宮守護,或七宮內行星,或跟它們接觸的行星來得知名字,詳情如下:

男性的名字			
主要象徵星	接觸的行星	合相	男性的名字
水星	火星		Matthew
月亮	水星		Simon
太陽	木星		Laurence

水星	太陽		Clement
水星	土星		Edmund
木星	太陽		John
土星	金星		William
火星	太陽		Robert
火星	太陽		Peter
火星			Anthony
太陽	水星		Benjamin
木星	土星		Thomas
太陽			Roger
太陽			Phillip
土星	太陽		George
太陽	土星		Andrew
月亮	太陽		Henry
月亮	土星		Nicholas
木星	太陽		Richard
太陽			James
太陽			Stephen

女性的名字			
主要象徵星	接觸的行星	合相	男性的名字
火星	水星		Katherine
水星	火星	太陽	Christian
土星	月亮	金星	Joane

Chapter 51　關於逃走的僕人、走失的動物、或丟失的物件

金星	土星		Isabel
土星	太陽		Elizabeth
土星	太陽		Julian
月亮	火星	太陽	Mary
月亮	金星		Ellin
金星	水星		Agnes
太陽	水星		Margaret
太陽	金星		Alice
太陽	水星		Edith
太陽	金星		Maud
太陽	木星		Lucy
太陽			Anne
木星			Rachel
月亮			Nell, Ellenor

　　一些現代的老師們一直努力研究，並提供一套適當的推測，讓我們從中得知小偷本人或被問卜人的名字是男是女。首先，他們會觀察作為被問卜對象的主要象徵星是什麼行星？是否落在角宮？然後有否跟其他行星或行星們形成相位（不論是什麼相位，也不論吉凶），如果沒有相位的話，那就看看它落在哪顆行星的尊貴當中，並藉此得出它們形成了怎樣的配對。例如，如果七宮守護是水星，它是某位女傭的情人的象徵星，然後水星跟火星有相位，或落在火星的尊貴之中，那麼我就會按照上述的表格，然後從表格第一行看到水星跟火星的配對，其所代表的名字是 Matthew，因此我會說女傭情人的名字正是 Matthew，或者是和 Matthew 長度相當的名字，或是字母數目

一樣。我個人是從來不會這樣使用，或者還沒覺得這方法非常有用，但我相信在有足夠使用經驗之後，我們或許可以得出相當漂亮的結論，並從中找出確實的名字，或至少是接近的名字。

小偷是否已經離開房子

如果兩顆發光體都看得見上升點，或者上升點落在它們的宮位之中，那麼，小偷是家人之一；如果七宮守護落在第一宮，同上；六宮守護落第二宮的話，小偷是僕人；如果發光體其中一顆看得到上升點，小偷不會是陌生人，太陽對分第一宮的話，小偷是擅自闖入的鄰居，如果七宮守護以友善的相位看得到上升點的話，同上。

是陌生人還是熟人

太陽跟月亮看得到上升點，或上升守護落在第一宮或跟七宮守護接觸的話，代表是屋內某人或某個經常到訪房子的人；發光體在它們適當的宮位，或在上升守護所在宮位的話，同上；落在上升守護的元素守護星所在宮位的話，代表是鄰居；在它的界守護，代表是熟人；月亮落在第九宮並跟土星或火星合相、四分相或對分相，會把賊人帶回來，如果它們逆行的話，那麼這將會是必然的結果。

另一種解讀方式

如果太陽和月亮跟上升守護形成相位，但沒有跟上升點有相位的話，代表物主認識小偷；小偷的象徵星在第一宮強勢，代表是兄弟或親屬，如果七

宮守護星落在它的第九宮的話，代表是陌生人；太陽跟月亮互相看見的話，代表是親屬；上升守護落在第三宮或第四宮，偷竊的是他自己的僕人。我個人的經驗多次驗證了這些的眞實性。

由七宮守護星所守護

　　如果七宮守護落在第一宮或第四宮，注意房子裡的某人，或家庭中的某人，或經常到訪房子的某人，同時他仍然在城中或鎭中，是問卜者最不可能不相信的人，這個人很難會招認一切。

　　七宮守護落在第二宮，注意會是家庭中的某人，或某名同伴（如果七宮守護落在陽性星座），但如果是陰性星座的話，會是問卜者的妻子，也或許是某個情人或房子裡的某個女侍，這個人是受到失業者的權力管轄，或在房子裡某些人的權力之下，同時有可能可以透過金錢得回失物。

　　七宮守護落在第三宮的話，會是他的其中一名手足、兄弟、姊妹、表兄弟，或是他教會裡的弟兄，或是他經常看見的某位鄰居，或是他的門徒、信差或僕人等等。

　　七宮守護落在第四宮，會是他的父親，或某位老人、他父親的親屬，或某個居住在他父親遺產物業或父親房子裡的人，同時小偷已經把物件交給他的妻子；如果小偷是女性的話，則是她已經交給了丈夫，又或者小偷是房子裡的男主人或女主人，又或者是在問卜者的土地上的農夫或勞工。

　　七宮守護落在第五宮，會是他的兒子或女兒，或表兄弟或姪兒的子女，（如果是陽性星座）又或是他父親的家人，或是問卜者非常要好的朋友。

　　七宮守護落在第六宮的話，會是問卜者的僕人或勞工，或是某個跟神職人員相熟的人，父親的兄弟或姊妹，某個患病或不忠誠的人，或某個悲傷的人。

七宮守護落在第七宮的話，會是他的妻子或心上人，或是某名妓女，或是某個以往曾經被懷疑過涉及這種事的女性，或是市場的買家或賣家；如果是在陰性星座的話，拿走物件的人是失物者的敵人，他們之前曾經發生某些過節，而這個人居住的地方也離他有點遠，物件仍然在這個人的看管之下，同時很難取回。（這一點必須格外注意。）

　　七宮守護落在第八宮，會是一個陌生人，但似乎是家庭中其中一名成員，或是他某個公開的敵人，或是他的女性親屬，他們之間發生了某種衝突，或是某個懷有惡意的人（他同時隸屬於這個問卜者之下），他曾經拜訪問卜者的房子，並且由問卜者收留，或為他進行一些低下的工作，例如作為屠夫或勞工，不然就是宰殺牲畜，而失物似乎已經不可能再次回到物主手中，除非是透過一些好話或對死亡的恐懼，甚至是透過某種威脅；或者物件已經因某個離開的人而失去了，這一刻或許想不起來那個人是誰，應該是一個已經忘記了的人。

　　七宮守護落在第九宮的話，會是一個誠實的人、一名書記或神職人員，同時那位小偷已經隱藏起來或者離開了國家，是一名門徒，或是某個備受尊敬的地方的某位主人手下的主管，或是一個可憐的流浪漢，除非像前述一般能透過某些宗教人士的幫助，否則很難取回失物。

　　以下是我發現它代表當物件丟失時，正居住於房子裡或正使用房子的某人。

　　七宮守護落在第十宮，地主、主人，或是國王房子裡的主管，或是他的家人；如果是陰性星座的話，或許是某位女士或淑女，反之亦然；也可能是某位工匠；通常這會是某位生活條件優渥的人，他沒必要踏上這種人生過程之中。

　　七宮守護落在第十一宮，會是某位朋友或是某個因完成某差事而認識的人，又或是教會某人的家人或鄰居，又或是問卜者所追隨的主人，其某位信

任的侍從，又或是問卜者母親的某位家人，這也會是他能夠再次得回失物的渠道。

七宮守護落在第十二宮，會是一名陌生人，一個虛情假意又心懷嫉妒的人，他被貧窮所迷惑、拖累或壓抑，身無分文，他曾經以敵人或乞丐的身分到訪過很多地區，並樂在其中。可以透過星座及星盤位置去判斷這個人的特質，並同時考慮其他的星座及行星論據，把所有條件加在一起進行論斷。

小偷是否在鎮中

觀察小偷的象徵星，如果你發現它正順行並位於某星座的尾巴，或正從燃燒中離開，或正跟三宮或九宮內行星入相位的話，可以說他們已經離開或正離開這市鎮，關於象徵星離開某星座並進入下一星座，視之為住處的改變或搬遷，如果是外行星的話，這規則不會出錯。

如果上升守護跟月亮不在同一象限，而是距離超過 90 度的話，這代表離開，或是物件跟主人之間相距一段很長的距離，但如果它們在角宮，同時跟角宮內行星入相位的話，代表相距不遠，尤其如果月亮跟上升守護在同一象限的話。

物主跟小偷之間的距離

最好因應周遭地區狀況去考量這些論斷。

如果小偷的象徵星在固定星座，把上升守護跟它之間相差每一個宮位視為三英里；變動星座的話，上升點跟小偷之間每一宮視為一英里；開創星座的話，上升點跟小偷之間相差幾宮，代表失物者跟小偷在大地上相距幾間屋。

如果上升點落在固定星座的話，每一宮代表三英里；變動星座，每一宮代表一英里；開創星座的話，每一宮等同於一英里半。

如果他的象徵星落在角宮，那麼他仍然在鎮裡面，如果是續宮的話，離開市鎮不遠，降宮則代表他已經到了很遠的地方。

小偷在哪裡

這些仍然要視乎地區周遭狀況。

月亮在角宮的話，在家；續宮，在家附近；降宮，離家很遠。

小偷的象徵星在角宮的話，在某間房子裡；月亮在角宮的話，在他自己的房子裡；象徵星在續宮的話，他躲了起來；月亮在續宮的話，他在自己的藏匿地中。

小偷的象徵星在降宮的話，他正在一個共用的空間中；月亮在降宮的話，他正在屬於他的共用空間中，或是正在他所居住市鎮的共用空間中。

如果小偷的象徵星跟上升守護之間相距小於 30 度，那麼小偷就在失物者附近；如果在 70 度之內，小偷仍然在失物者所在的市鎮或教區之內；兩者相距度數越多，代表他們相距越遠。

如果象徵星跟上升守護之間四分相，代表那個人不在鎮內；如果七宮守護夠強同時在角宮之內，那麼，小偷還沒離開他下手的那個小鎮或教區；如果他在某角宮內並且弱勢的話，代表他已經離開或正要離開。

另一種解讀方法

這有時候的確是真的：當七宮守護落在第一宮，小偷會自願把物件拿回來。

如果七宮守護落在第一宮,那麼可以告訴問卜者,小偷會在他的家(比問卜者先到家),或者會比他先到家,這已得到證實。

如果七宮守護落在第七宮,那麼他正在家中不敢被看到。

如果六宮守護在第一宮,或在第二宮並跟這些宮位的守護星在一起的話,小偷正在問卜者家裡。

如果上升守護跟小偷的象徵星在一起的話,代表小偷跟問卜者在一起,這已得到證實,事實是小偷不會離問卜者很遠。

小偷往哪個方向去了

如果你想知道他離開市鎮後逃往哪個方向,觀察那象徵他正離開市鎮的行星,以及它正在哪個星座;如果是火象星座,代表他正在市鎮或國家東邊的區域;如果是水象星座,他正在北邊;如果是風象星座,他正在西邊;如果是土象星座,他正在南邊。同時觀察它正在星盤的哪個象限,並相應地論斷:假如象徵星在星盤西邊,代表他正在西方,或是它正從天頂到上升點之間的東方等等。把星座的象徵和象限的象徵融合在一起論斷,僅在其他證據所指出的都相同時,才使用象限去平衡論斷。(這些內容會在之後的篇幅中更清晰詳述。)

小偷往哪個方向逃了

觀察象徵星落在哪個星座及象限,並相應地做出論斷。有些人用月亮所在的位置論斷,也有些人用七宮守護論斷,還有值時星所在的星座及象限,如果符合的話,他們會用這些進行論斷;也有些人會使用入相位的象徵星或借用它的力量;也有些人會使用四宮守護。我通常會使用最強的去進行論

斷，也就是象徵星或月亮。

在天上的每一個象限中，每一個星座都象徵了以下所描述的。

如果小偷的象徵星在火象星座，他往東去；土象，南方；風象，西方；水象，北方。看看月亮正在哪個角宮，就代表小偷目前所在；不在角宮的話，月亮所在宮位的守護星所在的位置，就是小偷正前往的方向。

看看七宮象徵星落在哪個星座，如果是牡羊座，往東；金牛座；東南偏東，以此類推。

關於小偷的房子，以及標的物所在

如果你想知道失物所在房子的特色，以及它的標誌和特徵，想知道物件在什麼地方的話，觀察小偷的象徵星所在的星座，以及它在星盤的哪個部位，這樣便可知道物件在市鎮的哪個區域。如果是在第一宮，那麼就會指向東邊，在第七宮，就在西邊，在第四宮，就在北邊，在第十宮的話，就在南邊，如果它是在這些軸點之間的話，則做出相應的論斷，視之為西南或西北。把太陽所在的位置視為小偷所在的宮位，月亮的位置視為房子的大門，如果太陽是在東方星座的話，房子會在主人或失物者所在的東邊。

房子的門

要知道門在房子的哪一邊的話，觀察月亮所在位置，看看它落在角宮、續宮還是降宮，並按此判斷門在房子的哪一邊；另一個方法則是從月亮的星座來得知。如果月亮落在固定星座，房子只有一扇門，落在開創星座的話，門在離開地面的高處，同時可能有另一扇小門，而如果土星跟該星座有相位的話，門曾經被損害過並在之後修復，又或者那扇門是黑色的或者非常舊。

Chapter 51　關於逃走的僕人、走失的動物、或丟失的物件

或是那扇門鑄了一層鐵

如果是火星跟那個星座有相位的話，大閘或門會有被火燒過的痕跡；如果土星跟火星都跟同一星座有友善相位的話，大閘是鐵造的，或大部分的閘門是鐵造的，或是大閘相當堅固；如果月亮只有一點點光芒的話，房子沒有門通向大街，門開在房子的後面。

小偷房子的特徵

如果月亮跟火星四分相、合相或對分相的話，房子的門被鐵、火或蠟燭燒過，或是曾被某種鐵器劃過；如果月亮跟火星三分相或六分相，那麼小偷房子的門用鐵修補過；但如果月亮剛剛開始新月，光芒才剛開始增加，那麼他的閘門或大門有一部分埋在泥土裡或河堤旁，或是會有階梯往下走；月亮在固定星座或開創星座的話，他的房子只有一扇往外的門，如果是變動星座，則多於一扇往外的門。

或者人們需要走樓梯往下走

月亮在固定星座，例如是金牛座的話，房子的閘門會在泥土之下，如果是水瓶座的話，房子會建在河堤旁；如果月亮在開創星座，大閘或門會在地面之上，需要走樓梯才能進到房子之中（這已得到證實），又或者需要往上走到某處才能進到房子裡。

如果月亮不幸的話，閘門已經毀壞，注意月亮落在星盤哪裡，那代表門在房子的哪一邊；如果土星跟月亮合相、四分相或對分相的話，代表老舊的或黑色的門，或是閘門已經毀壞，如果是六分相或三分相，則代表門已經再次被修復好。

關於小偷暫留或居住的房子

　　觀察象徵星落在哪個星座以及星盤哪裡，從中得知被拿走的物品正在市鎮的哪個方向，如果在第一宮的話，東方；月亮的位置透露了閘門所在的方向，如果月亮落在東邊象限的話，閘門在房子的東方；水象象限的話，西方；如果月亮在固定星座的話，房子只有一扇相當靠近地面的門，如果是開創星座，那需要走幾級台階才能開門；如果土星看得到那星座的話，那麼閘門曾經或目前正損壞，同時那扇門非常舊或是黑色的；如果火星看到這星座的話，將會加強象徵的描述，也就是門是租回來的或裂開了，有裂口，需要被修復；如果月亮跟它有相位，但月亮本身沒有什麼光芒的話，那麼這門看起來不會有太多鐵工的痕跡。

物件是否在物主手上

　　如果上升守護在角宮，那麼物件在他手上；值時星在角宮的話，一樣；如果月亮所在宮位的守護星跟值時星一起落在角宮，那麼物件在他手上，而且物件本身是可以輕易被移動的大小；如果值時星、月亮的界守護行星、二宮守護跟上升守護一起落在角宮，那麼物件在他手上，而且那會是固定、不能被輕易移動的物件；如果以上任何守護星落在角宮，並跟上升守護四分相、三分相或六分相的話，物主將會再次取回物件。
　　如果上升守護跟值時星落在續宮，那麼物件在物主附近；如果月亮或月亮所在宮位的守護星落在開創星座的話，那麼物件離物主不遠；如果月亮的界守護行星或二宮守護星落在續宮，那麼物件在物主附近，而且沒有很遠。
　　如果上述提及的這些行星落在降宮，代表物件離物主很遠。

Chapter 51　關於逃走的僕人、走失的動物、或丟失的物件

物件是否在小偷的看管之下

　　觀察小偷或小偷們的象徵星，如果他或他們把力量傳給另一顆行星，那麼，被偷的物件已經不在小偷或小偷們的手上；如果他或他們沒有把力量傳給其他行星，那麼被偷的物件仍然在他們看管之下，或仍然被他們所擁有著。

　　觀察小偷的象徵星位置的界守護行星，並透過它去論斷小偷所擁有的東西，如果是凶星落在吉利的界，那麼，小偷擁有相當多不同種類的存貨，而且物件狀況都保持得很好；如果是吉星落在不吉利的界，則相反。

他有否把所有贓物帶在身上

　　觀察七宮守護及八宮守護，如果七宮守護落在角宮，那代表小偷本來想帶走所有贓物，但沒辦法做到；如果在續宮，同時八宮守護又很強勢的跟它在一起的話，代表他帶走了所有；如果七宮守護跟八宮守護同時落在降宮，代表他既沒有帶走，也不曾擁有過。

物件跟物主之間的距離

這些規則大部分都受到於國內執業的人廣泛遵守。

　　觀察象徵星跟月亮之間相距多少度，與及它們落在固定、開創還是變動星座；固定星座的話，每1度代表1英里；變動星座的話，代表相距多少個

十分之一英里；開創星座的話，則代表了多少桿的距離[115]。七宮守護星跟值時星之間相距幾度，則代表問卜者跟逃亡者之間相距多少千步。

　　看看上升點與其守護星之間的距離，這距離透露了它遺失的地點跟它目前所在位置之間的距離。

　　觀察象徵星在自己所在的星座前進了多少度，那透露了牲畜們出發前進了多少英里，並在四宮守護所在的象限或海岸之上。

物件距離問卜者多遠

　　觀察上升守護跟上升點，看看兩者之間相距多少個星座跟多少度，如果上升守護落在固定星座，那麼，（上升守護跟上升點之間）每一個星座代表4英里；而如果它落在變動星座，每一個星座代表1英里半；而如果落在開創星座，（兩者之間）每一個星座則代表半英里，然後再根據上升守護所在的星座相應地加上度數。

　　例如：某問題被提問了，上升點落在摩羯座7度，土星在天蠍座4度。於是，上升點跟土星之間相距三個星座，而土星落在固定星座，因此我必須把每一個星座視為4英里，三乘四等於十二，然後我必須再加上兩者相差的3度，等同於半英里，因此總數是12英里半。

被偷的物件所在的地方

較確切的說法是這跟四宮守護有關，因為物件通常被藏在泥土之中。

　　如果你想知道被偷的物件在哪裡：把小偷的象徵星所在的星座視為該地

---

115 桿（Rods）為中世紀英國有採用之量度單位，一桿等同於16.5英尺或5.0292米。

點的象徵，同時四宮守護會是另一個象徵；如果它們象徵一致的話，那很好；如果不一致，那麼觀察四宮守護象徵了一個怎樣的地方，然後從該星座去判斷被偷的物件落在一個怎樣的地點，如果它落在開創星座，那會是一個離地面很高的地方；如果是固定星座，那會在泥土裡面；如果是變動星座，那麼物件會在房子的某屋簷之下。然後，以該星座的特質來協助進行論斷，例如象徵星在牡羊座，這地方是供一些體型相對較小的動物使用的，例如綿羊、豬等等；如果它在獅子座，那麼會是供一些會咬人的動物使用，例如狗等等；如果象徵星在射手座，那麼會是供一些讓人騎乘的大型動物使用，例如會是馬槽之類；如果落在金牛座、處女座或摩羯座，代表物件在有大型動物的建築或地點，例如公牛、奶牛或類似的牲畜，處女座或摩羯座象徵這地方會有駱駝、驢、馬、騾等等；處女座象徵穀倉，或者一些跟地底或靠近地面相關的地方，或糧倉，可讓人放進穀物；摩羯座象徵山羊、綿羊、豬等等。如果是雙子座、天秤座、水瓶座，物件在室內；雙子座的話，物件在牆裡，天秤座的話，在某小屋或櫥櫃附近，水瓶座的話，位於某扇門或閘門上面的門附近，在某高處；如果是巨蟹座、天蠍座或雙魚座的話，物件在水裡或水的附近，這代表可能是水窪或蓄水池，天蠍座的話，會是一個充滿污水的地方，或人們用來傾倒污水的地方，雙魚座則是一個經常潮濕的地方。

遺失或被偷的物件被藏在哪裡

觀察小偷的象徵星及四宮守護星，看看它們所象徵的描述是否一致，如果不一致的話，觀察四宮守護，如果它落在開創星座，那麼物件在高處；固定星座的話，在泥土裡；如果是變動星座，則是在被遮掩或有蓋的地方。觀察月亮落在哪個星座，看看它是否落在第一宮、第十宮或在上升點或天頂附近，觀察跟月亮一起升起的星座，它代表的地方正是物件所在的位置。

物件在哪裡

觀察二宮守護及它的盤主星（也就是它擁有最多尊貴的行星位置），那會是物件所在的位置；如果守護星跟四宮守護落在同一星座，可以判斷那會是物件所在位置，小偷跟贓物在一起；如果它們不在一起的話，則由四宮守護等等論斷。

如果四宮守護落在固定星座，物件在泥土中，或在一個沒有房間的房子裡。

如果四宮守護落在開創星座，則物件在某個房間上方的房間之中，或在某個閣樓或上層的房間裡。

如果是變動星座，物件在某房間當中的房間裡面，如果物件落在某火象星座，那麼它會在東方，如果是土象星座會是南方，風元素是西方，水元素是北方。

如果月亮的界守護行星落在角宮跟開創星座，那麼物件會在同時出現穀物跟草地的無尾巷。（這只用於當確定物件是在室外時。）

如果落在續宮跟固定星座，在小樹林、公園或某個在大街旁被圍欄圍起來的空地；如果是降宮跟變動星座，則是在人來人往的公共區域，或在很多人一起使用的牧草地或牧場。

夏利說，有一次他處理的問題上升點落在獅子座，金星在第一宮，然後他說物件在床下，在某袍子附近或是被蓋住了，因為金星落第一宮，是床的象徵星，他是以這些考量進行論斷的。

Chapter 51　關於逃走的僕人、走失的動物、或丟失的物件

失物或被偷的物件在房子的哪個地方

　　關於每顆行星跟星座象徵什麼樣的地方，我已經精確地於《基督教占星學‧第一卷》Chapter 8～17 中描述 [116]。

　　如果失物或被偷的物件在屋裡，而你想知道它在什麼位置，觀察四宮守護以及第四宮裡的行星，如果是土星，物件被藏在屋內漆黑的地方或暗處，或在某個很深入、很臭的地方，可能是廁所或便盆這些人們不常會去的地方。

　　如果是木星，它象徵放了木頭、灌木或野薔薇叢的地方；如果是火星，可能是某廚房，或在某個使用火的地方，或在某店鋪裡面等等。

　　如果是太陽，代表某教堂迴廊或在房子的大廳之中，或是房子主人的座位。

　　如果是金星，它代表女士的座椅所在之處，或是床、衣服，或者是在某個最常被女士佔用的地方。

　　如果是水星，它代表了放置畫作、雕刻或書本的地方，或是玄關，特別是在處女座的話。

　　如果是月亮，它代表了坑、貯水池或廁所。

房子大門的形態或樣子

　　這跟盜竊案的其他狀況有關，好好運用的話或許能夠有幾項不同的發現。

116　即原文第57～100頁內容。

觀察太陽的位置，從它身上我們可以得知房子大門的形態跟模樣；從月亮的位置，我們可以得知地窖以及儲水地方的形態；從金星的位置，可得知玩樂、嬉戲以及女性們聚集之處等等的形態；從北交點的位置得知高處、或最高的座位、三腳凳、樓梯或梯子的形態；從南交點我們可得知放木材的地方，或供動物使用的房子的形態，又或是房子的柱子的狀況；如果水星落在變動星座，那麼它會是一個房間當中的小房間，如果落在固定星座，那會是一個沒有地窖也沒有房間的房子，就像很多郊外的房間也沒有這些一樣。

而如果木星或金星其中一方，或是兩者同時落在第十宮，代表大門的樣子很好看，如果木星落第十宮，大門外的位置靠近某些壕溝、地坑或很深的地方；如果火星落第十宮，大門外會是用來生火或屠宰動物的地方，或是斬頭的刑場；如果水星在第十宮，那麼大門外的地方是房子的主人用來貯物用的，例如他用於自己圈養的動物身上的工具或用具。如果太陽落第十宮，大門外是一些矮凳、椅子或床；如果月亮落第十宮，那麼門外會有一扇在泥土裡的門，或是一些人們一定會於房子裡用得到的東西，例如暖爐或烤箱，或類似的東西等等。

從二宮守護或十宮守護得知被偷了什麼

用二宮守護比較適當

土星：鉛，鐵，天藍色，黑色或藍色，羊毛的、黑色的衣服，皮革，重的東西，用於土地上的工具。木星：油，蜂蜜，榲桲，絲綢。金星：白色的布，白酒，綠色的。火星：胡椒，兵甲，武器，紅酒，紅色的衣服，黃銅，紅寶石，黃色的衣服。月亮：尋常的、一般的商品。

被偷物品的品質

這些論斷更適合用於國家甚於城市。

觀察二宮守護星，如果是土星的話，那會是鉤或鐵製，或者是一個水壺，三尺大小；一件成衣或一些黑色的東西，或是獸皮、牲畜的皮。

如果木星是二宮守護，那會是一些白色的東西；會是錫的、銀的或混了其他東西，例如又黃又白的，又或是一張很寬的布等等。

太陽象徵黃金跟貴重的東西，或是很值錢的物品。火星是那些火紅的，同時也屬於火的，劍、刀。金星是那些屬於女士的東西，戒指、好看的成衣、女裝罩衫、馬甲、襯裙。

月亮是動物，例如馬、騾、牛或國內所有的牲畜；水星是金錢、書、紙、圖畫、混雜多種顏色的成衣。

取回失物的徵兆

這些都是精彩的規則並已得到證實，而這些都必須是落在短上升星座之中。

月亮在第七宮並跟上升守護三分相，金星或二宮守護落在上升點，木星於第二宮順行，金星作為二宮守護並落在第一宮，月亮落在第十宮並跟二宮內的行星形成三分相，月亮落在第二宮並跟二宮守護形成三分相，月亮落在第二宮並跟第十二宮的太陽形成四分相，上升守護落在第二宮，太陽與月亮彼此形成三分相，太陽跟月亮同時跟二宮宮首形成三分相，二宮守護落在第四宮或落在問卜者的宮位（即第一宮）。

是否能得回失物

　　欲知能否取回失物：這問題的解答方法是，觀察月亮的界守護行星，它是物件能否被取回的象徵星，如果月亮的界守護行星跟月亮所在宮位的守護星正在增加速度及幅度中（所謂增加速度，指的是某行星之前一直移動緩慢，然後現在增加速度或移動得比較快；增加幅度所指的是，該行星被發現今天比前一天移動範圍多了幾分），同時沒有受凶星影響；這表示將取回完整的失物，而且物件本身沒有任何損壞。

　　觀察值時星，並以觀察月亮界守護行星一般去觀察它；同時觀察上升守護有否跟月亮的界守護行星或二宮守護星入相位，又或者它們有沒有入相位接近它，因為當上升守護接近它們其中一方，或同時接近兩者時，同時月亮也入相位接近它們或那一宮的守護星，或是太陽入相位接近自己宮位的守護星，同時月亮的光芒減弱中，也就是說，如果太陽所在宮位的守護星入相位接近太陽；以上這些都象徵了失物會被找回，尤其若是象徵星落在角宮或續宮。

　　此外，如果月亮的界守護行星、月亮所在宮位的守護星或二宮守護入相位接近上升守護，那麼物主將能夠取回失物；同時，如果月亮或上升守護入相位接近上升點，或它們其中一方入相位接近二宮守護或月亮的界守護行星，那麼，物主都將能夠藉著調查及努力搜索，最終尋回失物。

　　如果月亮所在宮位的守護星跟月亮的界守護行星，在速度跟幅度上都正在減少，那麼物件已經遺失，而且將沒辦法取回。

　　如果月亮的界守護行星跟月亮所在宮位的守護星，在幅度跟速度上都正在增加，同時沒有受到凶星影響，那麼他將能完整地取回物件，物件不會有損壞；只要那些象徵星不是落在降宮，這都代表物件將很快被尋回，如果它

們在角宮的話，代表取回的速度平均，也就是他不會很快也不會很晚才能取回失物。

將會在什麼時候取回失物

觀察兩顆象徵取回失物的行星，以及兩者之間相差幾度，並以這種方式去決定日、星期或小時。觀察它們的位置或它們的力量影響的位置，如果它們在開創星座，所需時間較短，或許會是星期或月；如果是固定星座，這象徵了月或年；如果是變動星座，可能會是以上兩者之間。你可以用以下的規則去協助論斷：如果象徵星移動速度快，這代表很快或很輕鬆就能取回，如果它們快要離開角宮，這代表只需要很短時間就能取回物件。這些論斷都是為了這一章而整理的，你只需要考量以下所列出的條件或這方法所需要的，別考量這些以外的東西。

關於取回失物的格言

八宮守護落第一宮或跟上升守護在一起，象徵被偷的物件被取回；二宮守護落第八宮，代表不能取回。

土星、火星或南交點象徵了物件被分割以及失去，沒辦法取回全部。

二宮守護落第一宮代表取回失物，一宮守護落第二宮，代表在漫長的搜索後取回失物，如果第二宮或二宮守護被妨礙，就不可能完整找回失物或恢復一切。

當上升守護和月亮，與太陽、十宮守護或月亮所在宮位守護星在一起，或是七宮守護跟上升守護在一起或形成很好的相位，或者七宮守護被燃燒，或至少十宮守護跟月亮所在宮位守護星相處得很好，在這樣的位置之下，失

物有可能被尋回，如果兩顆發光體都在地面之下，物件將無法被尋回。

不管遺失了什麼，當太陽跟月亮在一起並看見上升點，那物件並沒有遺失，很快就可以發現它。

當月亮本身跟上升守護本身相遇，也就是當它們其中一方跟對方合相，這都代表取回失物，被偷的東西會被取回。而如果象徵星的入相位是透過逆行發生，那麼會是突然尋回，如果是順行的入相位，那麼在物主開始尋找之前，就能取回失物了。

觀察月亮的界守護行星，如果它跟同一個界發生入相位，同時月亮所在宮位的守護星也跟那個界的同一宮入相位，或是二宮守護跟自己的宮位入相位，或它們任何一方跟上升點入相位，這些都代表了取回失物的時間。

同時，觀察福點有沒有支持上升守護或月亮，如果它們彼此之間形成入相位接近對方，或是月亮所在宮位的守護星入相位接近月逆的話，都代表了有希望取回失物的時間；而當福點的守護星入相位接近上升守護、第二宮、福點所在位置或是月亮時，這些都代表了取回失物。同時觀察象徵取回失物的行星與它即將接近的軸點之間相差幾度，這象徵了取回失物所需的時間。

當兩顆發光體在角宮中看見彼此，這象徵了需要較長時間才能取回失物，而且需付出很多的勞力跟痛苦，這也代表小偷多於一人；如果它們形成的是三分相，這象徵了較輕鬆的取回過程。

月亮跟任何吉星落在第一宮，象徵了取回失物；如果月亮被燃燒，這代表失物將不能被取回，即使能找到，也是經過非常多的痛苦跟勞力。如果太陽跟月亮落在第十宮，代表突然間取回失物。

相比起其他軸點，太陽跟月亮同時都最靠近上升點的話，這代表取回失物的過程中會出現很多麻煩、焦慮、紛爭、流血事件或爭執。

當太陽落在第一宮，被偷的物件將會被取回，除非上升點落在天秤座或水瓶座，因為此時的太陽會很虛弱。如果月亮落在第一宮同時跟木星在一起

的話，這代表能取回失物。

關於發現小偷蹤影及取回物件

　　如果月亮在第一宮或跟上升守護形成三分相的話，你會找到小偷。

　　如果太陽跟月亮之間有三分相，這象徵了取回物件；如果太陽跟月亮接觸到七宮守護，或透過相位看見它的話，小偷沒辦法躲起來。

　　如果上升守護接近第二宮，或二宮守護接近第一宮，如果八宮守護跟二宮守護之間出現任何的入相位或光的轉移，或是八宮守護落在第二宮，這些都代表了能夠取回物件。月亮跟其中一顆吉星一起落在第二宮，如果月亮跟自己宮位內的行星形成良好相位，或是月亮跟自己所在星座的守護星形成良好相位的話，都代表能夠取回物件。

　　沒法取回失物的最主要星象，是當土星、火星或南交點落在第二宮，或二宮守護落第八宮，或二宮守護被燃燒，或當二宮守護以任何相位的入相位接近八宮守護，以上任何一個或全部出現都代表了沒辦法取回失物。如果二宮守護落在自己的擢升位置，那麼就很有希望能夠取回失物，尤其是同時有其他取回失物的支持的話。

竊案

被竊的物品能夠拿回

　　如果七宮守護落第一宮，那麼被偷的物品將可被取回；如果上升守護落第七宮，在經過一輪追查後將會取回；如果月亮落第一宮或跟上升守護在一起，那麼被偷的物件將被取回，或者有可能取回；如果月亮落第五宮而且跟

上升守護在一起，那麼有可能取回失物；又或者太陽跟月亮一起落第五宮，同時八宮守護跟上升守護一起落第一宮的話，也將會找到失物。

如果二宮守護落第八宮的話，不能取回失物；如果土星、火星或南交點落第二宮的話，將不能取回；如果二宮守護落第一宮，那麼他將再次得到失物，而且沒有人知道他是如何做到的；如果上升守護落第二宮，那代表他需要付出很大的勞力才能取回失物；如果二宮守護落降宮，他將不能取回，但如果它落在擢升位置的話，那麼他將很快就能取回失物，如果月亮入相位接近它的話，則會更快。

關於偷竊的其他論斷

上升守護跟七宮守護合相的話，將會透過問卜者的搜尋而最終找到失物。

如果上升守護落第二宮，或上升守護跟八宮守護合相，或七宮守護落第一宮的話，小偷會在逃得更遠之前按他自己的意志回來，我已經見證過很多次這種狀況。

如果月亮出相位離開上升守護，同時跟七宮守護會合的話，小偷將會被找到。

如果七宮守護在角宮跟某凶星會合，那麼小偷將會被逮捕；如果七宮守護是跟吉星會合，那麼小偷將不會被抓到，除非該吉星在太陽的光芒之下或者受到妨礙；如果象徵星進入燃燒區的話，將意味著小偷的死亡。

我發現這是正確的

當月亮跟某凶星會合，小偷將會被抓到；當月亮跟某逆行行星會合，小偷會按自己的意志回來；如果同一行星停滯的話，那麼在被抓到之前他都不

會離開自己的地方。

那個小偷是否為人所知道

　　大部分行星落在降宮的話，他是很多人知道的；太陽如果跟小偷的象徵星合相、四分相或對分相的話，他是很多人知道的；太陽與它六分相的話，他會受到懷疑，但不是人所共知。

那名小偷是否受到物主的懷疑

　　如果小偷跟上升守護形成四分相或對分相，那麼小偷有受到懷疑；如果是三分相或六分相，則沒有受到懷疑；如果小偷的象徵星跟月亮合相，那麼物主會懷疑他有共犯，或差使自己的同伙犯案。
　　如果月亮於第十宮或第七宮跟任何行星形成四分相或對分相，那麼物主所懷疑的人離他相當遠，除非第十宮或第七宮的宮主星跟月亮形成了四分相或對分相。
　　如果月亮於第七宮跟某行星合相或對分相，或跟七宮的宮主星形成這些相位的話，代表物主懷疑這小偷，但如果月亮跟另一行星形成相位的話，那麼物主懷疑的是其他人而不是小偷本人。如果月亮跟某凶星合相或接待某凶星，代表物主所懷疑的人就是小偷；觀察上升守護跟月亮，看看誰比較強，有沒有接受到凶星的影響，也就是是否剛剛出相位離開某凶星，有的話，那麼這時候的上升守護或月亮將扮演小偷的角色，尤其是它同時又受到二宮守護接待的話。如果上升守護落在角宮，同時跟降宮的某行星入相位或出相位的話，已經有人向他告知了真相，又或是月亮在角宮中跟某行星合相，尤其是第一宮的話，這同樣象徵了有人向他告知了真相。

是誰做的或是誰偷的

問卜者在這裡被懷疑是壞人

　　上升守護落在第二宮或第七宮的話，是物主本人；如果二宮守護落第一宮，也是物主本人；如果太陽和月亮跟三宮守護在一起的話，是物主的親戚；太陽和月亮在第四宮，是父親、母親或某位朋友；太陽或月亮落第五宮，物主的兒子或女兒；太陽或月亮落第六宮，僕人；太陽或月亮落第七宮的話，他的妻子或某名女性；太陽跟月亮合相並看見上升點的話，物主的伙伴，如果太陽或月亮其中一方看見上升點的話，同上。太陽或月亮在他們的宮位或第一宮的話，物主有可能被合理地懷疑。

　　如果太陽或月亮不在一起，但它們其中一方看得見上升點，那麼，會是某個於案發的房子裡出生或之前曾經住在那裡的人所犯的，如果太陽或月亮落在自己的元素星座，那麼，小偷會辯稱他已經丟失了物品；如果太陽或月亮落在自己的面守護，那麼犯人不是屬於案發房子裡的人，而是物主的親戚（房子的熟人）。

　　如果太陽或月亮看得到上升點但看不到小偷，那麼，在案發之前小偷不曾進入過房子裡。

　　如果小偷在第一宮有非常強的尊貴，那麼小偷是問卜者的親戚或非常親近的伙伴。如果小偷的象徵星是火星，並落在第十宮的話，那麼問卜者就是小偷本人，或者是問卜者本人相當粗心大意。

　　如果七宮守護落第一宮，那麼問卜者會被懷疑是小偷本人。

Chapter 51　關於逃走的僕人、走失的動物、或丟失的物件

小偷是否初犯

　　如果太陽跟月亮落在角宮，並且看見月亮所在位置的宮位守護的話，那麼，這小偷已經不是初犯；如果福點或七宮守護沒有受到凶星影響，或木星跟小偷的象徵星在一起的話，小偷是初犯。

　　火星出相位離開七宮守護，或是土星是東方行星的話，小偷都不是初犯；火星是象徵星的話，那麼他是強行闖入的（也就是透過暴力）；金星的話，以愛意偽裝；水星的話，透過巧妙隱瞞或奉承恭維。

占星學中關於偷竊的技巧，或在禮尼經驗中認為最可靠的規則

多人

　　如果境外行星在角宮的話，很多名小偷。象徵星在多產星座，也就是巨蟹座、天蠍座或雙魚座，或雙體星座，也就是雙子座、射手座、處女座或雙魚座，或看得到很多境外行星時。

一人

　　角宮在固定星座，或是月亮或象徵星落在長上升星座，也就是巨蟹、獅子、處女、天秤、天蠍、射手，或落在非多產星座，也就是牡羊、金牛、雙子、獅子、天秤、射手、摩羯。

性別

如果值時星、七宮守護跟其支配星都是陽性，或是月亮支配星以及它入相位接近中的行星都是陽性；象徵星落在星盤的陽性區域，也就是第一宮、第十二宮、第十一宮或第七宮、第六宮、第五宮，同時是東方行星的話，小偷是男性。如果相反，則是女性。

年齡

如果象徵星是土星，年老或有一定年紀。
如果是木星、火星或太陽，男性。
如果水星或金星是象徵星，不太老。
月亮所顯示的年齡，如果是第一象限月，年輕；第二象限月，比較成熟；第三象限月會更年長，最後象限月則是年老。
注意，月亮或任何東方行星都表示了小偷比較年輕，西方行星則代表較年長；又或者，觀察象徵星所落的宮位，距離上升點每一個宮位代表五歲。
觀察第七宮下降點的度數，每1度代表兩歲。
觀察月亮入相位接近的行星或小偷的象徵星的年齡，或者考量問題被提問當天是那個月的第幾天，然後把每一天轉換為兩年。最好的方法是考量以上大部分的方式，並選擇其中最大的年齡。

體態

如果很多行星都是東方行星，而且在獅子座、天蠍座或射手座的話，體

型高大。

　　如果很多行星都是西方行星，或象徵星落在巨蟹座、天蠍座或雙魚座的話，體型矮小。

　　如果象徵星落在牡羊座、金牛座、獅子座，那麼他的上半身很厚而且強壯；如果是在射手座、雙子座或天蠍座，則會是下半身強壯。

肥胖

　　如果象徵星在黃道緯度有非常大的度數、逆行或在它的第一次停滯，或在牡羊座、金牛座或獅子座的最初部分，或雙子座、天蠍座、射手座的最尾部分。

　　如果月亮在巨蟹座或雙魚座，那麼他也可能傾向於是高大的，天秤、處女或水瓶座會給予他多肉的身體，體型也會是不錯的大小。

瘦

　　象徵星在緯度上的度數小、順行，或在它的第二次停滯，或落在雙子座、天蠍座或射手座的開頭，或位在它的軌道距離中心的最高或最低處。[117]

　　太陽看見象徵星的話，會給予那個人很好看的體態跟肥胖；月亮看見象徵星的話會帶來溫度及濕度。

---

[117] 所謂軌道距離中心的最高或最低點，換句話說，就是行星於緯度上轉換方向的一刻。我們星盤所標示的是經度。

小偷的力量

象徵星在南方緯度的話，他會是靈活的；在北方緯度的話，動作很慢。

正在第一次停滯的行星會帶來強壯的身體，正離開某一星座並進入下一星座的行星會帶來虛弱無力。

壞人在哪裡

如果象徵星快要轉換星座，或是象徵星正離開燃燒區或太陽的光芒、小偷的支配星出相位離開上升守護並入相位接近六宮、八宮或十二宮內行星的話，小偷逃跑了，或正從一個地方跑往另一個地方，或正搬遷住處。

如果小偷的象徵星跟失物的象徵星並不在星盤的同一個象限，或者入相位接近三宮守護或九宮守護，或是象徵星落在第三宮或第九宮的話，小偷逃跑了，或是在很遙遠的地方。

他沒有跑掉

如果上升守護在降宮中跟某行星會合，並且看得到上升點。

如果太陽跟月亮同時看到上升點，或上升守護在第一宮跟七宮守護會合，則為熟人。

又或是太陽跟月亮落在獅子座或巨蟹座，或是落在第一宮，或落在上升守護所在的同一宮位，或跟七宮守護一起落在第十二宮或第八宮，同時太陽或月亮擢升的話，小偷會是一個很多人認識的人，但不是家庭成員。

發光體落在它們的界守護或面守護位置的話，小偷會是房子裡的某個

人，但不是家族裡的人；七宮守護落在第七宮的話，他是房子裡的人。

陌生人

如果七宮守護落在它的宮位的第三宮或第九宮；上升守護跟七宮守護不在同一元素。

如果你認為小偷是家裡人，那麼：

太陽象徵父親或男主人；月亮象徵母親或女主人；金星是妻子或某名女性。

土星是僕人或恰巧在那裡留宿的陌生人；火星是兒子、兄弟或親戚；水星是青年、熟人或朋友。

小偷或逃亡者往哪裡去了

基本上，觀察星盤的時候，上升點或第一宮內的行星代表東方，但下表更完整地表達了星盤的不同方向。

宮位	
第一宮：東	第七宮：西
第二宮：東北偏東	第八宮：西南偏西 [118]
第三宮：東北偏北	第九宮：西南偏南
第四宮：北	第十宮：南
第五宮：西北偏北	第十一宮：東南偏南
第六宮：西北偏西	第十二宮：東南偏東

星座	
牡羊：正東方	牡羊：正東方
金牛：南方偏東	獅子：東北偏東
雙子：西方偏南	射手：東南偏東
巨蟹：正北方	天秤：正西方
獅子：東方偏北	雙子：西南偏西
處女：南方偏西	水瓶：西北偏西
天秤：正西方	巨蟹：正北方
天蠍：北方偏東	天蠍：東北偏北
射手：東方偏南	雙魚：西北偏北
摩羯座：正南方	摩羯：正南方
水瓶座：西方偏北	金牛：東南偏東 [119]
雙子座：北方偏西	處女：東南偏南

---

118 作者在原文中把第八宮跟第九宮都寫為「西南偏南」，但應該是手誤，正確來說，按作者的邏輯，第八宮應該是西南偏西。

119 同樣地，作者在原文中將右方一欄的金牛座寫為「東南偏南」，應是「東南偏東」。

（左右兩表有一點誤差，但應該不會造成錯誤，請大家用自己認為最真確的表格就好。）

小偷的逃跑

如果象徵星移動速度快，或跟某顆移動速度快的行星會合，或落在開創星座或短上升星座的話，他逃跑得很快。

逃跑不確定

如果他或他們的象徵星正在第二次停滯，或在角宮或續宮中跟某顆停滯行星會合。

他逃跑得很慢

如果他的象徵星移動緩慢，或跟某顆移動緩慢的行星會合，或落在固定星座或落在長上升星座中。

他將會被抓

如果上升守護落在第七宮或跟七宮守護合相；或是七宮守護落在第一宮或跟上升守護或某顆逆行星會合；如果月亮出相位離開七宮守護，然後合相上升守護，或是出相位離開跟上升守護的合相然後到七宮守護；如果有一天，太陽和月亮跟七宮守護合相，它們同時看得到它；或是七宮守護即將形

成合相，也就是被燃燒；上升守護跟十宮守護或七宮守護在第一宮合相，或是某凶星落在第七宮。

如果七宮守護跟吉星有相位，或是與十一宮的木星或金星有相位的話，他會跟朋友一起逃走，如果是第三宮，他會跟陌生人一起逃走。

取回失物

如果一宮守護跟二宮守護合相八宮守護，或有任何很強的接待。

若二宮守護離開燃燒區，太陽或月亮在第一宮或第十宮，這代表取回，如果它們都很強的話，能取回大部分，弱的話，取回較少部分。

當發光體以任何相位看到彼此，或是七宮守護或八宮守護，大致上在角宮的話，都有希望取回失物。

未能取回

如果二宮守護被燃燒，或七宮守護跟八宮守護合相，或是二宮守護看不到第一宮或其守護星，或太陽跟月亮或福點沒有形成相位，或當它們都在地平線之下。

關於小偷會被抓到的其他規則

月亮落在第七宮跟八宮守護入相位。
一宮守護落第一宮。
月亮在第七宮並跟火星四分相入相位。
月亮出相位離開跟土星或水星的四分相，並四分相入相位接近太陽。

月亮落在第六宮、第八宮或第十二宮。

月亮出相位**離開**跟土星的合相,並四分相入相位接近水星。

月亮落在第八宮,並跟第二宮的火星對分相。

Chapter 52
關於戰役、爭鬥及其他紛爭

　　如果有人提問他能否戰勝他的敵人，把上升守護、月亮跟月亮出相位離開的行星歸於問卜者，第七宮及其守護星，還有月亮入相位接近中的行星歸於被告[120]，觀察哪一方的象徵星落在角宮、有尊貴，並同時跟較好的行星在一起，依此來做論斷。

　　如果凶星落在第一宮、吉星落在第七宮，那麼敵人會戰勝，反之亦然。七宮守護落在第一宮的話，預示了勝利歸於問卜者，反之亦然。

關於某人會否從戰場或任何危險的旅途中安全回來

　　如果上升守護夠強、跟好的行星在一起，同時落在有利的位置，那就是支持他安全歸來的有力證據，反之亦然。同時觀察第七宮及其守護星，如果它們吉利的話（即使第一宮不太吉利），那個人仍然會回來，但並非沒有重大難關與阻礙，反之亦然。同時觀察月亮的狀態，如果它跟好的行星入相位，那會是吉利的，反之亦然。凶星同時落入第八宮並不是不重要的恐懼、

---

120 雖然這部分內容還不是針對法律訴訟，但作者於原文中所使用的字眼defendant意指於訴訟中被告或被投訴的一方。

恐慌或死亡的象徵，土星象徵跌傷或瘀傷，火星或南交點是武器造成的傷口。

某人會否安全從戰役歸來

如果上升守護本身是好的，或者本身尊貴很不錯，或者有好的行星落在第一宮的話，他會安全回來；如果太陽跟上升守護一起落在星盤的任何位置，那麼他可能不會出發，因為太陽燒傷了他；如果七宮守護跟好的行星在一起，同時上升守護跟凶星在一起的話，那麼他會在途中遇到一些阻礙，但他應該沒死。

如果有凶星跟上升守護在一起，但有吉星在第一宮的話，當他出發時，將會在途中遭遇重大的損失，雖不會死，但毫無疑問地將會受到重傷。

如果土星在第一宮或跟上升守護在一起，那就讓他不要出發，因為他會由於某個他遇到的人而遭遇損失；如果凶星跟上升守護在一起，同時土星在第一宮或跟其守護星在一起，那麼他將會因為木頭或石頭而受傷；如果火星或南交點落在第一宮或在其守護星附近，那麼他將會受傷，甚至因此而差點死掉，同時，如果凶星落在第八宮，那麼真的得擔心他可能會死；如果太陽跟七宮守護在一起或落在第八宮，那也不應該出發，如果是十宮守護或七宮守護的話也一樣。

在戰役之後，隨之而來會發生什麼事

觀察七宮守護、第一宮以及它們的守護星[121]：第一宮象徵問卜者，第

---

[121] 這裡是按字面意思，但因為作者提到「它們的守護星」，且又提了七宮守護，推斷作者

七宮是他的敵人，如果好的行星落在第一宮，凶星落在第七宮，同時上升守護是好的，七宮守護是弱的話，那麼問卜者會打勝仗；但如果不吉利的跡象跟上升守護在一起，同時有凶星落在第一宮，而七宮守護是好的，也有好的行星落在第七宮的話，那麼問卜者會被戰勝，並將會被拘禁或殺死。

如果上升守護跟七宮守護都落在第一宮，然後從上升守護的角度出發，有好的行星跟二宮宮首形成吉利的相位，那麼，問卜者會在這場戰役中表現良好並從中得到金錢，他將會從這敵人手上取得勝利，或他們會很努力尋求和解。

任何落在第十宮、十一宮、十二宮、第一宮、第二宮、第三宮的行星都被視為問卜者的朋友，於是，所有落在第九宮、第八宮、第七宮、第六宮、第五宮、第四宮都會被視為站在被問卜者的一方。

如果第一宮跟第七宮這兩宮的守護星同時落在第一宮，好的行星站在上升點的一方，凶星站在第七宮這一方，那麼兩方都會蒙受損失，但最終問卜者會得到較好的結果；如果七宮守護落在第一宮的話，代表提問的一方有優勢，相反的話則相反。

如果上升守護落在第八宮或跟八宮守護在一起，或八宮守護落在第一宮，這都代表問卜者的死亡。

如果七宮守護落在第二宮或跟其守護星在一起，或是二宮守護落在第七宮或跟七宮守護在一起，這都表示了敵人的死亡。

應該是想建議讀者們觀察第七宮、第一宮，以及這兩宮的守護星。

Chapter 53
誰會在某場法律訴訟中表現較好

這需要相當多的考量，因此我把這主題的論斷總結於第七宮這裡。

如果上升守護跟七宮守護落在角宮，沒有一方會勝出：此時觀察哪一方跟降宮的凶星會合，那一方將會輸掉。如果雙方都跟凶星會合，那麼雙方都會因這場訴訟而絕望，或將有數之不盡的後續影響。如果其中一方很強而另一方很弱，強的一方並非落在降宮或跟某凶星在一起，而另一方是尊貴上很弱，或是落在星盤上很弱的象限，那麼我會說，如果它不是在自己的宮位、擢升或跟某顆好的行星在一起，那麼，星盤中較強的一方將會勝出。

當他於星盤中只是一般強勢的話，他看似非常擔心，有時候他希望勝出，也有些時候希望輸掉。當問題與戰役及帝國有關時，需觀察以下這一點：於這種問題中，當行星落在擢升時，力量會比它落在自己宮位更強，但在其他問題中則相反。

兩人之間的合夥關係、組織或團體應否成立

如果好的行星落在第七宮跟第一宮，那麼就應該成立組織，然後會有好事發生：組織會持續多久？會以年、日還是月去計算？這可以由七宮守護得知。如果你想知道它會持續多久，觀察有沒有好的行星落在第七宮，然後

該組織或合夥關係就會持續它所象徵的年數。如果上升守護跟七宮守護之間的本質及特質一致，那麼成員之間會合得來，否則會不和，並且會有長期的（或至少會經常的）煩擾。

兩名夥伴中哪一方能發揮得更好

必須考量上升守護與七宮守護，以及它們的守護星處於什麼樣的狀態，以便進行論斷。如果問卜者的象徵星比被問卜者的更尊貴，那麼問卜者會有較好的成績，反之亦然。如果這件生意有壞事發生，那麼象徵星落在降宮的一方會表現得較差，若有任何人的象徵星擢升的話，他可從中獲利。

看看第二宮及其守護星，還有第八宮及其守護星，以及這兩宮中誰有最好的行星，或者誰的守護星落在最好的位置、跟最好的行星會合，那麼那一方就會是表現最好的一方。第二宮表示問卜者的財產，第八宮則是同伴或夥伴的財富，如果兩者都好的話，那麼大家都表現得不錯，若是雙方象徵星都很差，則雙方同時虧損；如果其中一方好但另一方差的話，那麼好的一方會賺，差的一方會虧。

關於夥伴之間的熟悉程度

關於某群體或友情能否持續下去，可觀察若是第七宮有好的行星，那麼對方會將你或問卜者視為一個好夥伴，而且他是認真這樣認為，特別是同一行星或七宮守護透過三分相或六分相看得到上升點或上升守護的話；同時，可以觀察該行星進入這星座幾度，或是落在固定、變動或開創星座，從而得知這段關係可持續多少月、日或年。

從某地方搬到另一地方

觀察第四宮跟第七宮，以及它們的守護星，如果他們很好又夠強，同時受到好的影響，這兩宮又有好的行星，那麼會是非常好的事；反之亦然。

另一種解讀技巧

如果上升守護比七宮守護強大的話，留在原處，否則就搬。月亮離開凶星的話，搬；離開吉星的話，留。要注意的是，上升點是象徵打算踏上旅途的人（或是他將要出發離開的地方），第七宮則是他打算前往的地方；同時，如果上升守護出相位離開凶星並且入相位接近吉星的話，出發；如果離開吉星，接近凶星，留下來。如果上升守護跟月亮一致的話，論斷的結果則可更加確定。

關於從某處搬到另一處，或是兩門生意哪一門更好

觀察第一宮和第二宮，以及它們的守護星，至於你打算前往之處的守護星，還有你認為會在那地方獲得財富的象徵星，則是觀察第七宮、第八宮以及它們的象徵星，看看誰最好最強大，從而決定去留。或者可觀察上升守護或月亮，如果你發現它們出相位離開凶星，並會合吉星的話，那麼前往會比留下好，而且你應該從事原本打算做的任何生意；如果上升守護離開吉星並接近凶星，那就不要搬，也不要從事你本來打算做的生意。觀察月亮接近的行星是否比它離開的那顆行星更好，如果是的話，你或許應該搬，否則相反。

搬走還是留在某處才是最好？
不論那是鄉村、領地、城市還是房子

  觀察上升守護、四宮守護跟七宮守護，如果四宮守護落在第七宮，同時是一顆好的行星，而且上升守護跟七宮守護都是好的，也跟好的行星在一起，那麼繼續在原地居住會是好事；不過，若是七宮守護跟好的行星在一起，但四宮守護跟凶星在一起，那麼繼續在原地居住則不是好事，因為他若繼續留下，將會因為住在那裡而受到不少損傷。

Chapter 54 關於狩獵

我必須同意的是，古人們早就已經注意到這些瑣事了。

你可以透過上升點、月亮、月亮所在位置的界守護行星跟值時星，去得知狩獵的守護星。當值時星落在第一宮，而上升星座是某四足動物時，值時星此時具有強大的力量。對於狩獵，可看看上升星座是否某四足動物，或是不是土象星座，因為這些星座有利於在高山或山丘上狩獵；觀察上升守護和值時星，看看他們是否吉利，以及是否看得到對方，或是正在出相位離開彼此。如果其中一方正離開另一方的話，要注意以下這一點：觀察第七宮是否落在四足動物的星座，然後同樣看看它的守護星、值時星或軸點的守護星是否吉利，你便可以論斷你正在尋找的野獸將會被你發現跟狩獵。如果七宮守護不吉利，同時也月亮不吉利，好的行星正遠離月亮，那麼在一輪搜尋後會找到一些獵物，但捕獲很少，而且會讓身體非常疲累。如果上升守護是土星，落在第七宮，或落在七宮守護所在位置算起來的任何角宮，而且七宮守護是吉利的話，可以建議這個人的狩獵速度要加快，他的槍法也必須更準。

關於兩人之間的法律訴訟或爭議，哪一方會先行動？二人關係會否和解？或者二人在進入法律程序之前事情會否擺平

觀察上升點、其守護星和月亮，它們象徵問卜者，第七宮及其守護星象徵敵人。

如果上升守護或月亮跟七宮守護會合，或是形成六分相、三分相並同時互相接待，那麼雙方會輕易地按各自意願，在沒有任何人的調解下解決所有難題，又或是會簽署一些簡單的條款。

但是，如果其中一方象徵星接待另一方，但被接待的一方沒有接待回去，那麼雙方會在不用訴訟的情況下達成共識，但必須有第三方或更多人的介入，而那些於當中斡旋的人，大部分會是接待一方的象徵星那邊的朋友或伙伴。

如果七宮守護跟上升點形成四分相或對分相，但是互相接待或形成了沒有接待的六分相或三分相的話，雙方會和解，但他們會先在法律上進行一場小小的角力；而你必須觀察的是，和解會是兩顆象徵星中移動得沒那麼慢的一方，以及支配對方的一方所帶來的，如果兩顆象徵星互相接待，那麼這種和諧將會更加穩固。如果移動較快的行星跟較慢的一方會合，但沒有接待它，反而是較慢的外行星提供接待的話，那麼提供接待的一方將會提出和解協議，不管他的敵人是否願意。

在考量了上述的象徵星之後，現在要觀察法官的象徵星，它由十宮守護所代表。觀察它有沒有跟其中一方的象徵星，即上升守護或七宮守護形成相位，或者跟它們其中一方合相。看看上升守護是否正要跟七宮守護合相，或是相反地，七宮守護正要跟上升守護合相，然後過程中若是因十宮守護而受

挫 [122] 的話，可以認為他們在踏入法庭之前都不會和解。在這裡，法官或律師似乎表現得不盡完美，他不容許雙方化解分歧。看看月亮有否於上升守護跟七宮守護之間傳遞光芒，如果沒有的話，則看看是否有別的行星把自己的影響帶給它們雙方，因為若是如此，可能會有某人介入他們的爭執，即使二人已經進入法律程序，但仍然會為他們帶來和解。

接下來看看上升守護跟七宮守護哪一方更強，因為象徵星更強的一方應該會勝出。落在角宮，同時擁有一定必然尊貴的行星會是最強的。行星所在位置擁有的必然尊貴越大，它就擁有越多力量，而如果它同時受到其他行星接待的話，可以認為那個人有能力，同時也有不少朋友會去幫助他。

如果你發現他們將會和解，那麼先移動的會是較輕的行星，它會支配另一方，如果上升守護是較輕的一方，而七宮守護較笨重，那麼，和平的第一步會來自問卜者；反之亦然。落在降宮的行星如果沒有其他行星的接待或協助，將顯得更加虛弱。如果七宮守護落在第一宮，那麼毫無疑問地問卜者將會勝出，敵人會放棄；同樣的狀況也會發生在問卜者身上，也就是說他將會輸掉。這種情況不單會發生於法律訴訟，也適用於金錢問題，還有爭鬥、對決及戰役的問題之上。進一步觀察上升守護有否逆行，這可被視為問卜者的弱點，他不會頑強地堅守，他將會在敵人面前否認真相，也不相信自己對所問卜的事情有任何權利；如果七宮守護逆行，那麼同樣狀況會發生在被問卜的一方身上。

觀察法官的守護星，即十宮守護，他會是為案件帶來裁決的人，看看他的守護星是否順行、有沒有看見問卜者跟敵對者雙方，因為他會根據律法的秩序讓審判進行，努力地縮短程序時間並做出決定。如果它逆行的話，則

---

[122] 當一顆行動迅速的行星本來要跟另一顆較緩慢的行星形成合相，但當合相發生之前，那較重的行星跟另一顆行星會合了，這就叫做「受挫」（frustrtion），這收錄於《基督教占星學・第一卷》之中。

可以認爲法官將不會根據律法的秩序去推進審判，也不在乎要爲審判帶來結果。如果上升守護離開七宮守護，或七宮守護離開上升守護的話，可以做出一樣的論斷。

看看上升守護有否跟太陽或月亮形成相位，或者太陽和月亮其中一方有否跟上升守護會合，這樣就不會有其他行星妨礙兩者的相位，要注意這裡說的不是合相，因爲那會是一種妨礙，除非行星在太陽的中心，如此一來行星就會是被加強；如果行星在其中一顆發光體的宮位，或是太陽跟月亮落在第一宮，這也都可被視爲問卜者的力量。如果七宮守護像我在前文描述上升守護那般，得到了尊貴或優勢，那麼你必須以同樣的方向去爲被問卜的一方做出論斷。如果上升守護跟十宮守護會合，那麼問卜者可能認識法官本人，或是會用方法讓法官熟知這件事上他的理據，甚至可能會以行動賄賂法官，讓法官站在他那邊。如果十宮的象徵星接待二宮守護，那麼法官將會收到問卜者的罰款；如果十宮守護接待上升守護，那麼法官將會聽到問卜者的難處，否則將聽不到。

如果十宮守護比上升守護輕，同時前往跟它會合的話，那麼法官將會爲問卜者辦事，即使他完全不會跟問卜者說半句話。如果二宮守護跟十宮守護會合，那麼，敵方將會想盡辦法接近法官，如果十宮守護接待七宮守護，那麼法官將會協助他；而如果十宮守護接待八宮守護，那麼法官將會拿敵方的錢。

如果十宮守護同時接待雙方的象徵星，那麼法官會讓事情得以解決，也就是這將會是一場圓滿的審訊。

如果十宮守護落在第十宮，在自己的宮位中，那麼法官將會履行公義，並以他的名譽去做出審判，除非該象徵星是土星；如果十宮守護所在位置只有界守護或元素守護，那麼雖然這位法官將會做出裁決，但他沒有任何方向；如果第十宮有一顆沒有尊貴，或跟十宮守護之間沒有任何接待的行星，

這可被視為審訊雙方並不滿意或不接受裁決，他們都怕了那個法官，並情願有另一位他們較滿意的法官前來主持這場審訊。如果土星是法官，他不會按他應該的方式去審判；如果當時木星、金星、太陽、水星或月亮跟土星形成了對分相以外的任何相位的話，那麼法官會被投訴，但很快就會釐清，中傷很快就會消失；但如果這些行星的任何一顆跟土星形成對分相的話，法官將會因為他的裁決而受到很嚴重的投訴，事情將會持續很久；如果是火星對分土星的話，法官將會遭受嚴重的中傷，除非火星跟土星同時落在摩羯座，那麼謠言則沒那麼嚴重。

　　總而言之，在這種類似的問題中可以觀察以下方法：上升守護象徵問卜者，七宮守護象徵敵方，十宮守護象徵法官，四宮守護象徵事情的完結。好好地考量宮位的守護星、它們的力量，以及它們落在角宮、續宮或降宮，是否吉利，最強、位置最好的行星所象徵的是最好的一方，他將很有可能得到勝利並得到最好的結果。

　　如果有較多的行星落在第一宮跟第二宮，那麼問卜者將會有較多的朋友支持，反之亦然。如果雙方的象徵星都把德性傳給同一顆行星，那麼將會有人於雙方之間調解。如果上升星座跟七宮星座都是固定星座，那麼問卜者跟被問卜者雙方都決意要在這場審訊或爭議中繼續下去；如果是開創星座，那麼有可能雙方其實都沒有很大的意願去參與這件事，很快就會將它了結；如果是**變動**星座，那麼他們會讓訴訟持續很長時間，並讓事情從這個法庭持續進行到另一個法庭。當你在哪一方發現凶星，那麼，那一方將會因這場爭執而接受更多的偏見、悲傷及麻煩。

　　你也要考量月亮離開了哪顆行星，以及正接近哪顆行星，這與第一宮和第七宮等等的考量同樣重要。

Chapter 55
關於商品的買賣

買家由上升守護及月亮所象徵，賣家則是七宮守護。如果月亮跟七宮守護會合，那麼問卜者將會買入他渴望的物件或商品，而且會決定得很快；如果上升守護是一顆比七宮守護輕的行星，那麼會是問卜者促成這場買賣，而若是七宮守護是較輕的行星時則相反。如果前述行星之間沒有任何相位，月亮或其他行星於兩者之間傳遞光芒，代表會有朋友出現為二人促成這場交易，因此交易會完成。在這種問題的論斷中，你必須清楚你要買什麼，例如是僕人或羊、豬、兔子等等，那麼第六宮及其守護星會是需要考量的地方；如果是馬匹、驢、駱駝、牛或乳牛，必須觀察第十二宮及其守護星；如果是房子、小鎮或城堡，則考量第四宮及其守護星。以此方式按貨物類型，去決定觀察的宮位及守護星。

如果七宮守護落在第一宮，那麼會是賣家求買家交易；反之，上升守護落在第七宮的話，則是問卜者很想要買。如果木星或金星落第一宮，那麼買家會在不需任何勞力的情況下完成交易；如果太陽落在第一宮，而且沒有跟任何行星合相，也一樣；如果水星或月亮落在第一宮，沒有受到任何凶星的不吉利相位影響，那麼它們會為買家帶來幸運，買家會買到他想要的；土星、火星或南交點落第一宮，則可能會是需要勞力或有難度，需要大量勞動才能成事，而這個買家相當狡猾，他不可信，有可能會欺騙賣家；如果凶星

落在第七宮，要留心賣家，他會用某種伎倆去欺騙買家，是一個詭計多端的人。如果月亮路徑空白的話，除非象徵星有很強的合相，否則交易很少會成事，或者已經買了商品，但雙方一直爭吵，一直為此會面但沒達成共識。如果月亮出相位離開的行星進入了燃燒區，在那時候賣掉土地或房子的人將永遠不可能買回它；但如果月亮出相位離開的行星沒有受到凶星的影響，同時看得到其所在星座的守護星，或是問題提問物件的守護星的話，那麼，賣家有可能會在一段時間之後重新買回該土地或商品，或是其他值錢的物件。

Chapter 56
關於合夥關係

上升守護是問卜者，七宮守護是打算合夥的搭檔，但在這裡你要小心觀察七宮內有什麼行星，它是否靠近七宮宮首，以及被問卜的那個人比較接近該七宮行星的描述，還是比較接近七宮宮首的描述。把最貼切形容他的那顆行星視為他的象徵星，並把它視為這問題中七宮宮首一般的存在，像論斷七宮宮首一樣地對待它，彷彿七宮內沒有其他行星那般。

把月亮視為搭檔的象徵，第十宮則顯示了這段合夥關係的走向。無論這段關係最終會發展成好事還是壞事，你必須從第四宮及其守護星、第四宮當中的行星，以及月亮入相位接近的行星著手。

如果上升守護跟月亮同樣落在開創星座，但沒有透過守護、擢升、元素守護或界守護帶來接待，那麼可能會發生爭執，兩個人之間會不和，但會再次和解，夥伴關係會維持，只是二人仍然不相信彼此，也不會有太多好事發生。如果象徵星落在固定星座，那麼他們的關係會持續好長一段時間，但若彼此之間沒有接待的話，那麼他們無法賺到太多錢，如果其中一方買入了某樣貨品，也只會一直囤積，不太能賣得出去。如果象徵星都落在變動星座，這保證了這段關係會賺錢，兩個人也會忠於彼此。如果一方的象徵星在開創星座，另一方在固定星座，那麼這段關係會出現的躁動將不如一開始時想像的多，如果有凶星同時跟兩顆象徵星，亦即與上升守護和七宮守護形成

相位，那麼其中一方或雙方都不會公平行事，看看凶星落在哪一宮，從中你會找到當中的因由。我已經多次提醒過關於宮位的象徵：凶星落在第一宮的話，問卜者是一個不誠實的夥伴，如果凶星落第七宮的話，也可以做出相應的論斷。

如果月亮出相位離開某顆吉星，並入相位接近另一顆吉星，那麼二人會好聚好散，雖然大家都沒有賺到任何財富。如果月亮出相位離開某吉星，然後入相位接近凶星，那麼二人一開始是好好的，但最後會以紛爭及仇恨告終，反之亦然。如果月亮出相位離開某顆凶星，並入相位接近另一顆凶星的話，二人從互相發牢騷和埋怨開始，並且一直持續下去，並以法律訴訟告終。

好的行星落在第十宮，表示二人會得到好的名聲，並會在二人的合作中感到喜悅。

好的行星落在第二宮，對問卜者來說是最好的，落在第七宮則是對搭檔最好。

某凶星或南交點落在第二宮的話，問卜者將賺得很少，而且他會受騙，或者他投資了很多並因此而欠下一些債。

如果四宮守護透過六分相或三分相入相位接近十一宮守護，或是有好的行星落在第四宮，或是十一宮守護跟四宮守護之間出現接待，有好的行星以六分相或三分相與上升守護和七宮守護形成相位的話，可以預期這段合夥關係或許會有好的結果。觀察福點的尊貴及相位，如果七宮守護或八宮守護跟福點形成四分相或對分相，那麼問卜者必須預期將不會從搭檔身上得到任何好處，甚至他可能會侵吞財產或二人共同擁有的資產。

Chapter 57
關於某座城市、小鎮或城堡有否被圍攻？或是否將被圍攻？會不會被攻陷？

　　上升點及其守護星是問卜者，以及那些正在圍攻或將會圍攻的人；第四宮象徵了被圍攻的小鎮、城市或要塞，其守護星象徵了地方首長；第五宮、當中的行星以及其守護星，是地方首長或某小鎮預期認為需要整備或協助自己的槍炮、士兵及幫手：（在市鎮中及駐留地內）如果發現上升守護很強同時吉利，或與四宮守護於第一宮裡會合，或者跟月亮或十宮守護於除了第十二宮、第八宮、第六宮以外的任何宮位中會合，前題是，上升守護有接待四宮守護，或月亮接待四宮守護，儘管月亮沒有反過來被接待，這都可以視為該城鎮、要塞或堡壘即將被攻下。如果四宮守護落在這些宮位但看不到第四宮（除非七宮守護落在第四宮，它將不會被攻下），而四宮守護跟凶星一起並被妨害，那麼該城市很可能會被攻下，首長會受傷；或是凶星落在第四宮，同時沒有跟吉星形成很強的相位，城市都很可能會被攻下，或無法支撐很久，又或者市鎮裡有背叛者。如果南交點落第四宮，城市會被攻下，會有一些關於背叛或投降的謠言，或當中有一些主要的工程或據點，星座會顯示是城鎮的哪個區域，而首長沒有想到要防衛這些地方。

　　如果上述這些偶然狀況或配置都沒有發生，那麼，觀察四宮守護，如果它落在第四宮同時又強又吉利，沒有逆行也沒被燃燒，沒被凶星包圍，又

Chapter 57　關於某座城市、小鎮或城堡有否被圍攻？或是否將被圍攻？會不會被攻陷？

或者七宮守護落在這裡，同時不受任何妨礙，或是木星、金星或北交點落在這裡，同時上升守護跟四宮守護之間沒有任何接待，那麼，當時被包圍或被圍攻的城市、要塞或市鎮，將不會被攻陷，或者向正在圍攻的敵人投降。如果第四宮內同時有一顆吉星跟一顆凶星，吉星比較靠近宮首，或者是它先行運經過第四宮宮首的話，那麼市鎮將不會被攻下；如果上升守護是任何弱的行星，或者是一顆輕的行星同時不吉利，那麼你可以更有信心去做出這論斷。但是，如果上升守護是吉利的，同時第一宮當中有吉星，或者它或月亮看得到第四宮的話，都代表正被包圍的城市、市鎮或堡壘會投降或被攻下；但是，如果它不吉利同時被妨礙，而且第二宮有凶星，或其守護星逆行或跟上升守護形成四分相或對分相的話，這代表問卜者的士兵將會離棄他，而且不會繼續圍攻，他們沒心思工作；如果問卜者想要調配工具或物資去繼續圍攻，他的火力將不會適時來到，士兵們可能因為不滿薪水而離開，或是他們的職責太艱苦，因此，問卜者可能要預期自己不會在這場圍攻中得到任何榮耀。

Chapter 58
軍中指揮官的能力、忠誠，以及對他們來說勝利是否壞事？會否勝利等等

再一次，好好地考量十二個宮位以及它們適當的象徵星，並把上升點及其守護視爲問卜者的象徵，第七宮及其守護星則是可能前來破壞我方圍攻的敵方象徵，把第八宮視爲對方的第二宮或朋友，第九宮爲他們的第三宮，餘下宮位以此類推。

吉星落在第一宮，或透過四分相或對分相看到第一宮的話，這表示問卜者或他支持的一方將無法好好管理自己的事務，或是悄悄地開始了這場戰爭。凶星落在第一宮或擔任上升守護，可被視爲問卜者一方並非眞的爲了公義，這場戰爭或爭議於他那一方來說並非眞的師出有名。不過，若是好的行星落在第一宮，或透過六分相或三分相看到上升點的話，這象徵了問卜者那一方有很好的立場或動機。如果凶星落在第二宮，但不是二宮守護（或在那星座裡沒有擢升），或者透過四分相或對分相看到第二宮的話，戰爭最終可能不會發生，但若是眞的發生了，那將會是最壞的狀況；吉星落在第二宮或跟它形成相位的話則相反。如果某凶星落在第三宮，而那凶星是火星，並且很強的話，問卜者有可能會拿到很豐富的戰爭物資；如果落在這裡的是木星的話，也一樣；但如果火星在這裡呈凶相，那麼，他的軍隊很可能是由小偷、山賊、無業遊民、滋事者所組成，他們將不會遵從任何指令。

Chapter 58　軍中指揮官的能力、忠誠，以及對他們來說勝利是否壞事？會否勝利等等

　　如果有凶星落在象徵戰事發生或兩軍相會之地的第四宮，這對問卜者的軍隊來說可能不太有利：那地方可能有非常陡峭的高山、相當崎嶇不平、難以到達或無法讓人居住，充滿灌木，沒有路給軍隊前進；如果那地方的描述看起來很潮濕的話，那麼那裡可能很骯髒、充滿死水、泥沼、河流跟小溪，不適合行軍前進，或者軍隊在哪裡什麼都不能做。如果火星落在第五宮，有很好的尊貴或看得到那一宮的吉星形成好的相位，那麼，問卜者這一方的軍隊或士兵可能十分驍勇善戰，同時服從長官命令；落在同一位置的凶星則代表相反的特質。如果吉星或北交點落在第六宮，那麼軍中負責拉車的馬匹應該會很有耐力、很值錢，同時能夠勝任工作。

　　如果火星落在第六宮同時有很好的尊貴，那麼，軍隊所使用的馬匹會很兇悍、沒耐性、難以馴服。如果土星落在第六宮同時沒有尊貴，那麼，馬匹年紀很老、很衰弱，沒辦法工作，可能很累、過度勞動、動作緩慢、不適合從軍、患病等等。

　　如果吉星落在第七宮，那麼軍隊會用到的戰爭加固工具、大炮及槍械的狀態、品質及性能都是良好的，軍隊可以好好執行任務，而吉星落在第七宮也表示了敵人不是笨蛋；如果凶星落在第七宮，或跟這一宮形成了前述的凶相位，那麼敵人是弱小的，問卜者沒有工具，很難執行任務，敵人情願以政策、手段及心計去戰鬥，而不是流血。

　　如果吉星落在第八宮，可以視之為不會有太多人命傷亡，或是人們受的傷不會太難醫治，兩軍之間不會出現大型的屠殺、打鬥、逃亡或任何形式的戰鬥；不過，如果是土星落在這裡而且逆行的話，將出現很多囚犯，會有很多建築被破壞，接下來會出現很多的貧戶和搶掠。

　　如果吉星落在第九宮或跟那一宮有相位，那麼會是敵人處於優勢，他希望藉由一些假的情報、假的警報或突擊而得到好處，他企圖藉由發散假消息和狡猾的計謀進行行動，對方是精明而有策略的。

如果吉星落在第十宮,或跟它形成六分相或三分相,指揮官是一個謹慎的人,他知道自己的職位該做什麼,軍隊的長官都是專家,每一個人都知道自己的位置該做什麼;但如果是土星、南交點或火星落在這裡,無論如何都是不幸的,長官及隊長們都是笨蛋和蠢材,沒有判斷力,是膚淺的人,整隊人看起來就像一定會被敵人打敗,他們渴望有判斷力及決斷力,我所指的是較高級的那些長官們,相比起去指揮軍隊,他們比較適合閒著。

如果吉星落在第十一宮,這表示軍隊的指揮是一個審慎且會做出良好判斷的人,是戰爭的專家,知道如何發號施令指揮軍隊的事務,英勇又小心謹慎,知道每一步應該要前進還是後退;總而言之,長官們似乎都是正直而有判斷力的人。

如果凶星落在第十一宮,那麼指揮官們是忠誠的人,也肯定是忠於其職務的人,但他們缺乏經驗,並不適合擔當這項重任,他們完全不了解戰爭的策略,整個軍隊很有可能受苦。

如果吉星落在第十二宮,那些反抗軍隊的人已有充分準備,並決心去防衛保護自己;他們彼此間有著很好的共識,毫無畏懼,並會堅持到最後。不過,如果是凶星落在第十二宮,這些人會懷疑自己的能力,沒能力抵抗,彼此間沒有共識,每一秒都擔心會有突發事件。此外,如果火星落在第十二宮,問卜者可以合理地懷疑有沒有背叛者出現。事實上,如果是南交點落在第十二宮,有這種擔心是相當合理的。現在你已經從問卜者的角度,依序地考量了所有十二個宮位,應該能正確地了解該做怎樣的論斷,這將提供重要的指引,去解答關於這種涉及長官或指揮官主題的任何問題。

兩軍會否交戰

觀察上升點及其守護星、月亮跟七宮守護,看看它們有沒有在任何角宮

內合相,那代表兩軍應該會打起來;如果上升守護跟七宮守護之間沒有合相,但它們透過四分相或對分相看到彼此的話,那麼它們也會打起來。如果沒有的話,看看有沒有行星透過四分相或對分相,把上述兩顆守護星其中一方的光芒轉移給另一方,同時有沒有接待,如果有這些相位的話,兩軍還是會打起來,但如果兩顆守護星中較緩慢的一顆接收到另一方的光芒,則不會打起來,所有事情都會輕輕帶過。

Chapter 59

關於問卜者有沒有任何公開的敵人或敵對者？或是否有很多人嫉妒他

　　這是一個困難的問題，雖然占星學有辦法解答，但你必須公正地思考一下問卜者是否真的需要提出這種問題，即「我有沒有敵人」或「這個人是不是我的敵對者」之類的問題。（但如果問卜者懷疑他的兄弟、父親或僕人時，可以用相關的宮位去象徵他們。）

　　若要提出觀察規則，我認為應該看看第七宮及其守護星。如果七宮守護跟上升守護形成四分相或對分相，或是它跟月亮形成了這些相位的話，那麼，被問卜者非常有可能真的嫉妒問卜者，不希望好事發生在他身上；如果是出相位，那麼二人最近發生了某種競爭，或者二人之間出現了一些分歧，如果是四分相或對分相的入相位，則代表敵意、分歧或爭執正逐步發生，且還未結束，將發展得比提問當下更加嚴重，而被問卜者的確反對問卜者，或認為問卜者妨礙了他。同樣地，觀察七宮守護是否落在從上升點開始算起的第十二宮，或落在由月亮所在位置開始算起的第十二宮，或者七宮守護是否與任何行星合相，或是與上升守護或月亮形成對分相或四分相的行星形成任何相位，如果這些相位沒有出現接待，那麼被問卜的人不論男女都會是敵對者，是問卜者的敵人，但如果有出現接待的話，那麼被問卜者則不是敵人。

　　如果問題是「我有沒有敵人」這種是非題，那麼，在這題目中你必須觀

Chapter 59 關於問卜者有沒有任何公開的敵人或敵對者？或是否有很多人嫉妒他

察第十二宮，看看這一宮的相位有沒有跟月亮形成四分相或對分相，兩者之間有沒有接待；如果有，那麼他有敵人正等待時機對付他，但這敵人會狡猾地暗中行事，會希望在沒有騷擾或沒有負面傳言之下出手，好讓自己仍然能以朋友的身分出現，雖然事實上他們背叛、虛假、欺瞞他人。同時觀察十二宮守護落在哪裡，然後可以充滿信心地說出問卜者的敵人會有哪些相關的特質或狀況，不論男女。很多行星落在第七宮表示有很多敵人（我經常發現這規則是正確的），很多行星落在第二宮而且全部的尊貴都很弱的話，代表他們很需要錢，以此類推。觀察有幾顆行星落在第七宮，它們是哪宮的守護星，由此你可以得知那些敵人的特質。記住，四分相代表嫉妒及惡意，但有可能和解，沒有接待的對分相則永不可能和解，諸如此類。

Chapter 60
某位女士問嫁給某位男士是不是件好事？

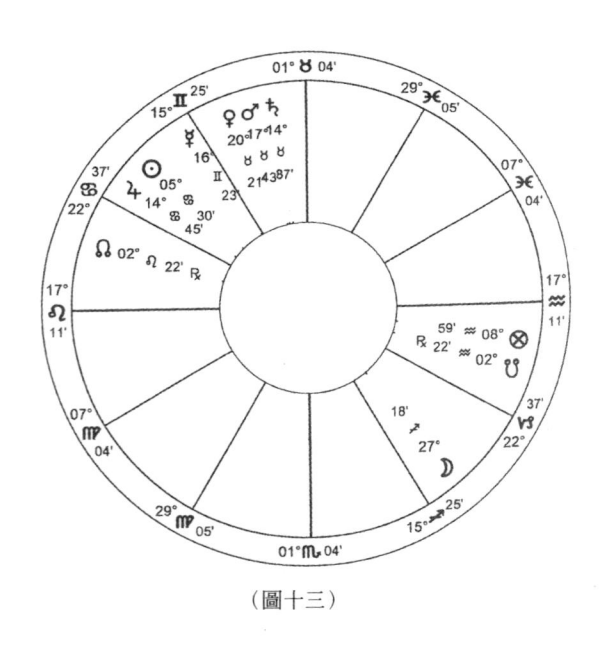

(圖十三)

關於上述星盤的論斷

　　關於這位女士的真實狀況是這樣的：某位男士長久以來一直誠摯地向她求婚，但她的情感一直不足以讓她想要嫁給這位男士——她會想著這位男

士，卻又一直冷落著他，最終，因為這位男士感到非常不安，她終於明白地拒絕了他。在提出拒絕之後，她開始變得非常喜歡他，並懊悔自己的愚蠢跟粗魯無禮，希望自己能再有一次機會，這是她向我提出問題時的狀況。

上升點跟太陽是問卜者，七宮守護星土星是被問卜的男士，問卜者中等身高，圓臉，膚色紅潤，愛笑，表情謙遜，灰眼睛，頭髮淺棕色，我認為這符合上升守護的太陽跟界守護的火星，她談吐得體，而且相當有吸引力。

土星落在南方的軸點，合相火星，兩者同時落在金牛座，一個土元素固定星座，我認為被問卜者的體型一般，不高也沒有很英俊，長臉，五官不算協調，面色蒼白或不太精神，頭髮彎曲，呈深色或深栗色，他的眼睛定定的，甚至往下，像在想事情，上半身跟頭會一起往前傾，走路有一點小問題，例如會一拐一拐之類（這已得到證實）。正如上文所述，我們看到土星在星盤的最高點跟火星合相，我認為那位男士感到悲傷、憤怒、非常不滿足，並且鄙視自己之前的眼光（就像所有土星主題的人一樣）。我認為他被一個具有內涵的親戚或男士所激怒，由火星所象徵，火星有一部分是七宮的第三宮[123]，火星同時也是四宮守護，即七宮的第十宮，被問卜的那位男士跟這位親戚或男性住在同一間房子之中，或是鄰居，因為二人的象徵星都是落在角宮的固定星座（他們的確這樣）。我說那位男士對她沒有任何的興趣或傾向，因為月亮剛離開路徑空白的狀態，並正入相位跟上升守護的太陽形成對分相中，這的確可視為不太可能實現她的渴望。但因為她有自己的堅持，並已經為自己上演了一場華麗的鬧劇，此時，之前一直沒有坦白一切的她才告訴我事實的全部，並懇求我指引在不影響她名聲之下，可以讓機會再次出現。事實上，她的確懊悔不已，心情非常沉重，這時候，非常同情她的

---

[123] 在這張星盤中，七宮宮首落在水瓶座17度11分，七宮的第三宮其實是第九宮，於這張星盤中宮首落於雙魚座29度1分，換言之，大部分的第九宮其實落在牡羊座的範圍，而牡羊座的守護星是火星。

我開始思考在這星盤中我們有哪些曙光：我發現太陽入相位跟土星六分相，這可以被視爲女方的渴望，以及她對被問卜者的情感有多強，原因是象徵她的行星是較輕的一方，但是這兩顆象徵星之間沒有接待，因此這入相位沒有帶來太多希望。不過，我發現木星跟月亮之間有出現接待，而在太陽跟月亮之間，月亮落在太陽的元素守護位置，太陽剛在月亮守護的宮位，同時看到土星落在月亮的擢升星座，木星在月亮的宮位，而木星非常接近土星的六分相，而且仍然是入相位，還沒出相位；此外，木星落在自己的擢升星座，作爲其他行星及受傷害行星帶來協助的吉星，它能夠以自己的力量去修正及拿走土星的凶性。另外，木星跟土星靠近的六分相，讓我很有信心地認爲被問卜者已經跟一位有內涵、有財富的人親密地在一起了，正如木星所象徵的一樣，這些我都已很明確地描述出來，問卜的女士也清楚知曉。我寫信告訴這位男士關於這位問卜的女士的投訴，並清楚地告訴他她有多不開心；我可以充分肯定，她能在她描述的這位男士身上得到所有的榮譽及保密，而在神的祝福下，我不懷疑他會再一次重燃（現在已經絕望的）興趣，讓她的內心得到滿足。但因爲土星跟太陽會在同一月的二十七日那天形成六分相，因此我建議要在相位完結之前加緊腳步，並同時給予她指引。六月十九日接近中午的時候，那位男士做出了行動，原因是那一天土星跟木星會形成六分相正相位。

　　這次諮商有後續的發展，而事情是這樣的：在男士的努力之下，事情再次發展起來，二人的配對成立了。在接下來的二十天，女士那悲傷的（在我眼中那是不知感恩的）心被滿足了。在占星學中，這發展的眞正原因不外乎是：首先，兩顆象徵星，即七宮守護跟上升守護的六分相入相位；第二，月亮跟上升守護的入相位，雖然是對分相，但有接待，那是另一個小小的支持；但最主要的原因、缺少了它將不會成事的，是木星跟七宮守護土星的六分相入相位。土星接收了木星的品德，並把這傳送到上升守護星，木星在跟

太陽於六月廿九日形成合相之前完全沒有遇到任何的挫折、剪斷或阻截，因此之後再沒有任何困難前來干預。我告訴這位女士，在建立這張星盤之前不久，她的心上人被安排了一場相親，而作為他相親對象的那位女士由這張星盤中的金星所象徵，她不單有很好的財富，更出身自很好的家世，我請問卜的女士跟隨我的指引，希望有好的結果，並告訴她不用害怕他會迎娶金星女士。我之所以給出這論斷，是因為火星比土星更靠近金星，因此會對他造成影響或阻礙土星，而我認為火星是某位士兵或曾經參軍的男士。我之所以提出這部分，比較像是滿足她的幻想，因為她實在非常擔心，她其實與那位金星女士和男士很熟，並坦承的確有這種事情正在進行中。

假如她提問誰比較長壽的話，我當然會認為是問卜者女士比較長壽，因為太陽即將合相木星，而火星為土星帶來傷害。

假如她提問被問卜者是否富有的話，我必須觀察他的二宮守護木星，我看到木星在其擢升星座、順行、移動快速等等，唯一只是它正在太陽的光芒下，因此我認為他的財力是好的。

關於是否合得來，因為太陽跟土星是六分相入相位，我會認為二人相處得相當和諧，但毫無疑問地土星會期望對方遵循更多規則，因為土星的本質是惡劣的，加上同時受到火星的攻擊，因此同時具有黃膽汁和黑膽汁的特質，他會毫無原因的嫉妒；不過，木星同時跟火星和土星形成了溫和的六分相，似乎可以透過教育去壓抑那容易影響他的強勢性格。

如果被問到問卜者會否忠誠，因為它的象徵星太陽沒有受到火星的傷害，她的上升星座落在獅子座，同時木星跟月亮之間出現接待，我會說這些都代表她是一個道德高尚的女性。

你或許可以按照這方式去解讀任何星盤，並從中尋找你必須尋找的。

Chapter 61

她應否嫁給她想嫁的某個男人？

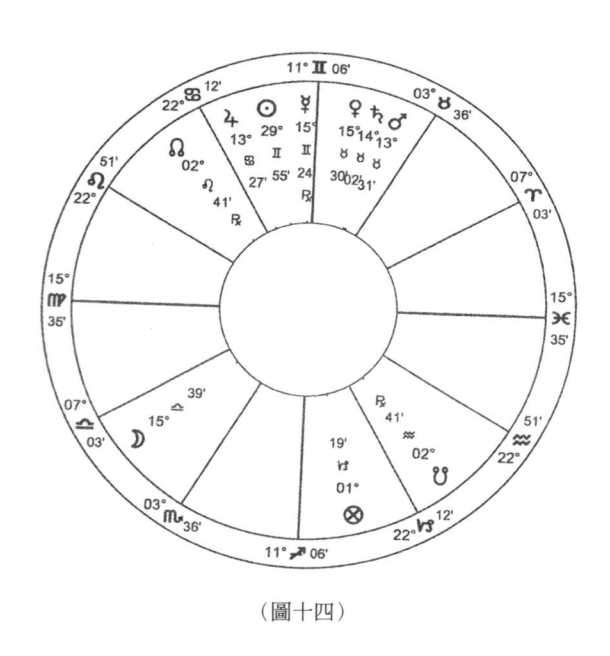

(圖十四)

論斷

問卜者長得很高，面色紅潤，冷靜而彬彬有禮，談吐得體等等。被問卜者非常高，很瘦，長臉，黑髮，我把他的高度歸於落在水星界守護的木星，

同時七宮宮首也落在木星的界守護之中。事實上，象徵星落在任何行星的界守護，都會稍爲修正那個人天生的脾氣及體格，因此他會因應該行星所擁有的尊貴而保留一點或大部分的特色。他的黑髮我會認爲是來自木土象位，還有月亮跟木星的四分相，而月亮是在這星盤中唯一一顆在地平線之下的行星。

　　水星是問卜者的象徵星，它在太陽的光芒之下，她擔心及懼怕被問卜的男士不會娶她，而她會這樣想或許是有某些原因。因爲木星擢升，並靠近跟金星的六分相，這可被視爲那男人條件很好，同時跟其他人胡混中；然而，雙方的象徵星形成了半六分相，並落在好的宮位，由此我找到一些希望，認爲兩個人之間或許會有一些愛情的火花。不過，當我發現月亮正出相位離開木星，並把木星的光芒透過三分相傳給上升守護的水星，而落在角宮逆行的水星會很樂意接受來自木星的品德時，我很有信心這一對會突然間因月亮而成事。月亮代表了問卜者，而月亮在這星盤中做出了相當多的干預，最終，在遇到一點點困難之後，兩個人結婚了，而且雙方也感到心滿意足。

Chapter 62
有一個僕人逃亡了，他往哪個方向走？
什麼時候回來？

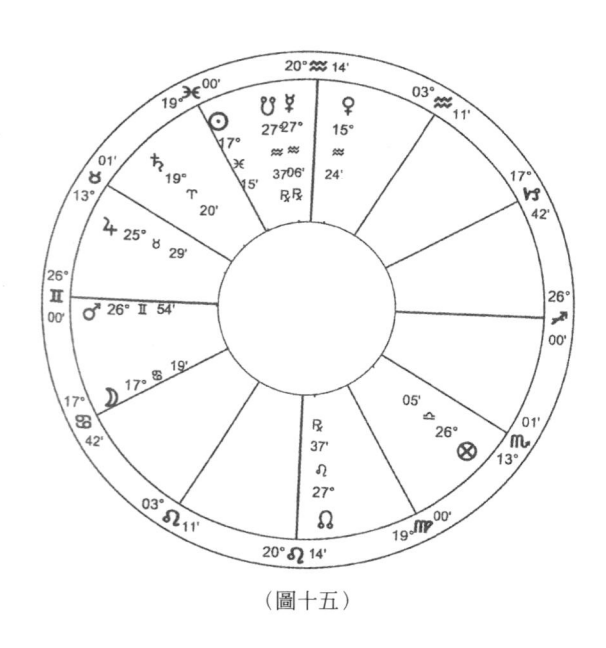

（圖十五）

上述星盤的論斷

上升點跟水星在水瓶座，火星也一起落在第一宮，這象徵了僕人的主人

個子矮小、肥胖、膚色很好、臉色紅潤，我認為他的肥胖來自水星落在北方緯度，它落在北方緯度約1度的位置，再加上上升點落在火星的界守護之中，在風象星座，太陽的十度區間守護，太陽現在落在水象星座，跟月亮形成度數上的三分相，兩者都在濕的星座，這暗示了痰液性質的、圓滾滾的身體。

僕人的象徵星在這星盤中是火星，雖然很多時候象徵逃亡中的僕人的會是水星：僕人是一個大約十九歲的年輕人，是一個健碩的小伙子，矮小，關節很大，寬臉，深棕色頭髮，牙齒長得不太好，面部皮膚看起來像被曬傷、很暗沉，但他身體的皮膚很好。

我觀察到他是在前一個星期日逃離主人，當時月亮在雙子座，一個西方星座，而現在象徵這年輕人的象徵星火星也在同一星座。此外，水星是一般象徵僕人的行星，它落在水瓶座，也是一個西方星座，但它在星盤的南方象限，事實上雙子座也跟南方有一點關聯，水瓶座則跟北方有關聯。

因此，我判斷僕人一開始的時候是往西方前進，而在問題被提問的時候，他正位於問卜者房子的西方。我之所以這樣論斷，是因為火星在角宮，而且它幾乎跟月亮一樣強，否則我會用月亮去進行論斷；火星是這位僕人的象徵星，水星則是上升守護，而水星會從另一個角宮加速前進，跟火星形成三分相，由此我判斷一兩日之內這位主人應該會再次見到他的僕人。我發現月亮在第二宮，在自己的宮位，有鑑於僕人是主人財產的一部分，因此我認為這位主人不會有所損失，而是將重新得回自己遺失了的物件。再者，月亮落在第二宮，跟第十一宮的太陽形成正三分相，兩者也正在往上升起；火星跟上升點如此接近，也讓我認為僕人正在主人房子西方不超過三到四間房子的距離。

事實上，在接下來的星期五，一般人上床入睡後的凌晨，這位僕人回來

了，並說他一直在泰晤士河畔京士頓[124]。如果是眞的話，那麼他的確在主人的正西方或稍微偏南，靠近很大的水域，月亮巨蟹當時或許眞的象徵了這一點。

---

[124] 泰晤士河畔京士頓（Kingston upon Thames）。

Chapter 63
狗走失了，牠到哪裡去了？

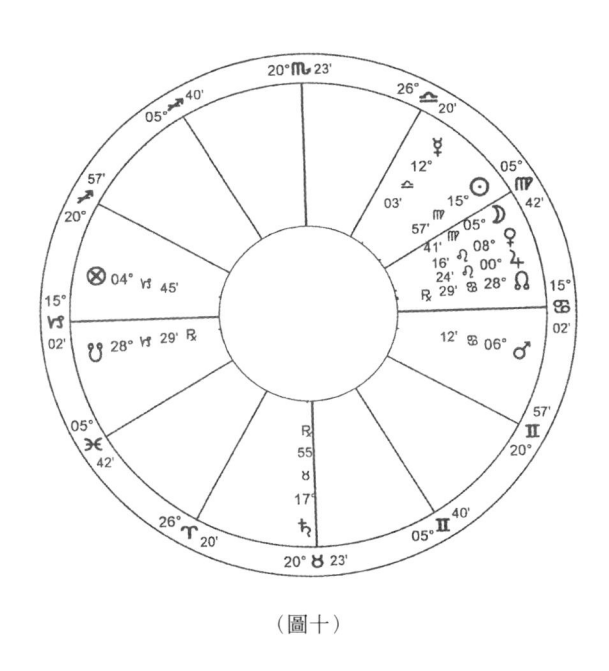

(圖十)

關於上述星盤的論斷

居住在倫敦的我們通常很少、甚至不會有小型的牲畜，例如羊、豬之類，不像住在郊外的人那般。我一直無法提供關於這些動物的例子，直到我

建立了上面這張關於一隻狗的星盤（牠本質上是一隻小的野獸）。這隻狗逃了或是失蹤了，問卜者向我提出的問題是：他們應該在城內的哪個區域尋找，然後問他有沒有可能找到這隻狗。

問卜者由上升星座及其守護星所象徵，事實上他本人的確蠻符合土星特質，而他的體格、心智或理解力被同樣落在第一宮的南交點所削弱：也就是說，他的身體有缺陷，同時爲人貪婪等等。

第六宮及其守護星象徵了那隻狗，如果是一隻羊或一群羊、豬、兔子或任何體型小的牲畜的話，也一樣歸於這一宮。

雙子座是西方偏南，落在星盤中西方的象限；水星是狗的象徵星，落在同樣是西方星座的天秤座，但它在星盤的南方象限，稍爲偏西；月亮在處女座，西南方的星座，在西方軸點的邊緣。在檢視了各種論據之後，我發現當中很多線索都指向西方，因此我認爲狗應該是從主人所住的地方往西方前進了，他的主人住在聖殿關 [125]，由此我認爲狗大約在長地 [126] 或德魯里巷 [127] 的巷首。關於狗的象徵星水星正在逆行，它所在的星座跟上升星座雙子座同一元素，它象徵倫敦，而水星正入相位跟六宮宮首形成三分相，我認爲那隻狗並非失聯，而是在同一範圍；太陽跟土星的三分相讓我更加確認這一點。水星落在的星座天秤座是一個風象星座，我判斷那隻狗在某個小房間或上層的房間，被偷偷的或非常祕密地藏了起來。因爲月亮在太陽的光芒之下，而水星、月亮跟太陽都落在第八宮，但因爲太陽星期一的時候會跟上升守護的土星形成往右的三分相的入相位，月亮跟火星六分相，火星在上升點的話會是擢升，我個人認爲他會差不多在星期一的時候找回他的狗，會有狗的消息

---

[125] 聖殿關（Temple-barre，今稱爲Temple Bar），位於倫敦和西敏之間，在一八七八年之前，這裡矗立著克里斯托夫・雷恩設計的石制門坊，即聖殿門（Temple Bar）。

[126] 長地（Long Acre），位於西敏。

[127] 德魯里巷（Drury Lane），它位於長地的西方。

或某則關於小型野獸的消息，而事實的確如此：問卜者的某位男性朋友在同一天早上差不多十點把狗送回，他剛好來到長地探望朋友，發現這隻狗被鎖在某張桌旁，他認得這是問卜者的狗，於是如上述所言送牠回家，我對此感到自己有非常出色的功勞。然而，儘管如此，我不能留下更多關於逃亡者或竊案的問題，於此我也沒辦法去做些什麼，我只是想做些事情讓後人有所參考。

我發現，通常逃亡的人會依照月亮的方向走，隨著月亮轉換星座，逃亡中的人也會開始猶疑不定、改變自己的路線，並或多或少地往東、西、北或南的方向傾斜，但當問題被提問時，毫無疑問地，你必須同時考量象徵星跟月亮，並判斷誰比較強，如果兩者力量相當，則可以隨意選擇其中一方判斷，如果象徵星最能描述逃亡者，選它，如果月亮比較貼切的話，則選月亮，它們其中一方跟宮首的距離將會得出相關的象徵。

Chapter 64

關於偷竊

以下的見解來自牛津的艾倫老師[128]，他是一位在占星學上甚有學識的先生，他認為真正象徵小偷的行星會是落在某角宮或第二宮的、並看得到第二宮的行星；如果角宮或第二宮裡沒有任何境外行星，而七宮守護看得到第七宮的話，那麼七宮守護將會是小偷的象徵星；否則，如果月亮正入相位接近的行星看得到第七宮的話，則會是它；又或者，如果月亮正離開上升守護[129]。他再進一步申述，任何角宮的境外行星都不應該是小偷的象徵星，除非它看得到第七宮，或在第七宮的度數內擁有任何的尊貴。然而，如果值時星跟上升守護是同一顆行星，那麼它將會象徵小偷，不管它是否看得見上升點。

事實上，我卻發現如果有境外行星落在第一宮，那麼它會是小偷的象徵星；在第一宮之後，我認為第二有可能的是南方的軸點，然後是西方的軸點，然後是第四宮，最後是二宮。如果許多境外行星落在軸點，那麼很多人將會或可能受到懷疑，如果它們之間形成合相、六分相或三分相，那麼這會

---

128 這裡所指的應該是牛津的湯瑪士・艾倫（Thomas Allen，一五四二年十二月廿一日～一六三二年九月三十日），英國著名數學家及占星師，雖然在世時頗負盛名，但著作甚少。

129 這裡作者沒有清楚表明這情況下是月亮還是上升守護，但按學理推斷應該是月亮。

是合理的懷疑，如果是四分相或對分相，那麼他們會不招認。選擇最接近它所在宮位宮首的境外行星，為你將使用的象徵星。

錢不見了，是誰偷的？能拿回嗎

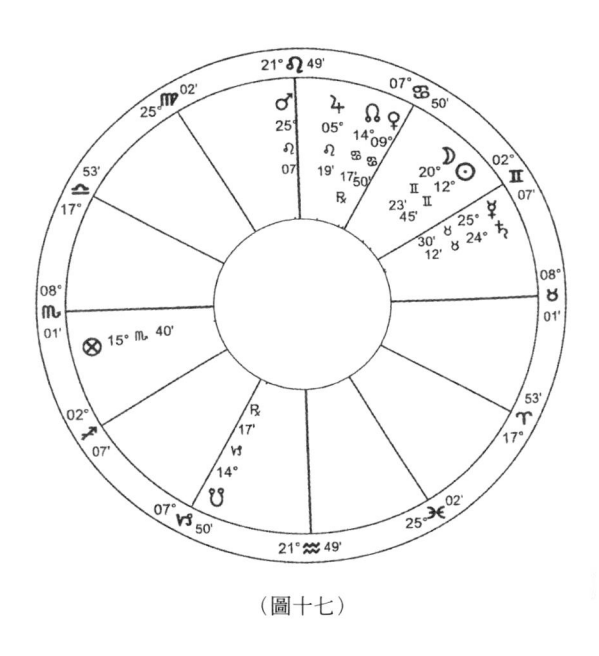

（圖十七）

關於這星盤的論斷

　　在這星盤中，上升點在天蠍座，有一部分代表了問卜者這個人，火星是他的心智及特質，火星跟水星四分相，而土星提供了線索，告訴我問卜者傾向是哪種人，他病得蠻嚴重，同時傲慢、驕傲、揮霍等等。

　　火星在這裡落在獅子座 25 度 2 分，在角宮，還差兩分才進入自己的界，但在這十度區間中我將不會視它為小偷的象徵，而這做法相當公正，事

實上它也不是小偷的象徵星。

　　接著，雖然土星在西方的一角，但我發現它在自己的界及十度區間之中，因此我也會跳過它；之後，我發現水星落在金牛座24度42分，剛剛出相位或尙算是跟火星四分相，而現在它差不多要跟土星形成度數上的合相；我認爲這水星是眞正的境外行星，也就是它於其所在位置完全沒有任何必然尊貴，因此我認爲水星是小偷的象徵星。

　　不過，到底水星象徵男性或女性、以及體型、特徵等等均留有爭論空間。

　　各個軸點有一些是陽性，有一些是陰性，由此很難得出確定的判斷；月亮落在陽性星座，並入相位接近某顆落在陽性星座的陽性行星，而水星的本質就是可變的，根據它與其形成相位的行星而有所變化，水星現在正跟火星形成相位，並合相土星，由此我認爲小偷的性別是男性。

　　這判斷爲：小偷是一個約莫十五到十六歲的少年，因爲水星本身象徵靑年，但會比靑年更加年輕，因爲月亮實在太靠近太陽，只是剛剛出相位離開太陽，我認爲小偷本身體型合理，瘦臉型，吊眉，長額，臉上有一些瑕疵或疤痕，原因是火星跟水星形成了往右的四分相；視力不會太好，因爲水星跟邪惡的恆星在一起，而那恆星有著火星跟月亮的本質；深髮色，因爲水星靠近土星，五官看起來像患了壞血病，他曾經當過小偷，或被懷疑曾經進行過小偷的勾當。關於這年輕小偷的象徵星水星，合相身爲三宮守護跟四宮守護的土星，我認爲他應該是住在附近的小孩，而因爲月亮落在雙子座加上水星在金牛座，我認爲他要不住在問卜者對面，或是住在問卜者家稍爲西南的地方；因爲福點落在第一宮，並由落在第十宮的上升守護所守護，月亮也正跟火星六分相入相位，離正相位還有4度，我認爲問卜者不單可聽到錢的下落，甚至會在提出問題的四天之內拿回金錢。我所講的話他連一個字都不相信，反過來嘗試說服我，說火星象徵了某位女性僕人會是其中一位小偷，土

星則是另一個小偷，但我決定堅守占星這門技藝的眞實規則，沒有妥協，因爲火星跟土星於這星盤中都有必然尊貴，所以不會象徵小偷。事實證明我所預告的事件發展是正確的，不論是涉事之人的描述還是拿回金錢的日期都證實正確，他在提問問題後的三天之內就拿回錢了。

Chapter 65
被偷的魚

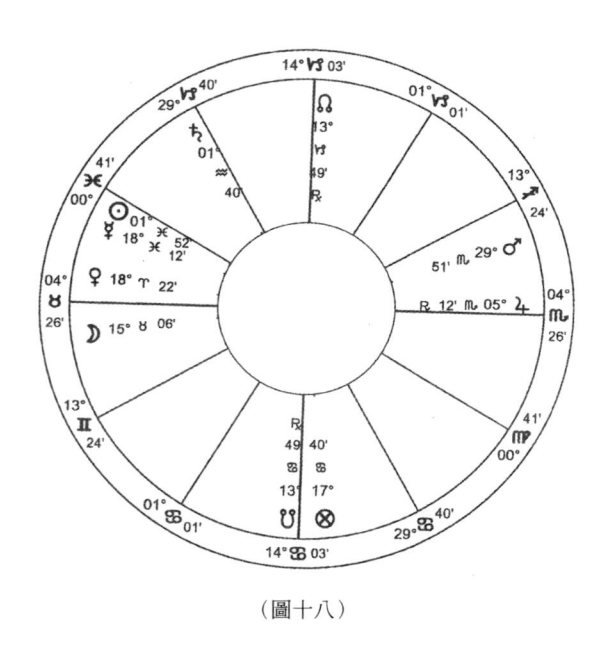

（圖十八）

　　一六三七年時我仍然住在郊外，當時我在倫敦買了一些魚作爲大齋節時的奉獻，二月十日星期六那天，駁船載著魚來到了沃爾頓，但魚並沒有送來我家，反之，其中一名水手告訴我他們的貨倉於前一晚被劫了，而我的魚也被偷了。我記下了我初次聽到這消息當下的時間，並以此畫了星盤，嘗試盡

Chapter 65 被偷的魚

力地滿足自己到底貨物的下場是怎麼了，同時，如有可能的話，能否拿回一部分的貨物。

首先，我觀察到角宮中並沒有境外行星，但我發現木星落在七宮宮首，我失去的東西是魚，我認為每位紳士應該都會瞧不起這種粗糙的商品。我觀察落在天蠍座的木星的象徵，天蠍座是一個濕的星座，而我的貨物的象徵星，也就是水星，它落在同樣是濕的星座雙魚座，福點則落在一樣是濕的星座的巨蟹座。在我透過占星學進行審慎的考量之後，這讓我聯想到他一定是於水上工作或天生活在水上的人，他拿了我的貨物，而它們正在某個濕的地方，或在某些位置很低的房間，因為福點在巨蟹座，月亮在土象星座的金牛座。

我當時很有信心自己將會再次聽到這批貨物的消息，因為月亮正入相位以六分相接近我的物質宮位的守護星水星，但那一刻暫時仍沒希望拿回它們，因為它正在自己的界，並跟福點形成三分相，所以我有希望最後拿回一部分的貨物。

在整個沃爾頓鎮中，完全沒有一位水手符合以上木星天蠍的描述，於是我檢視了那個水手會有怎樣的臉色，因為七宮守護星火星正離開自己的星座天蠍座並即將進入下一個星座。我歸納出，這是一個擁有火星跟木星本質的漁夫，最近賣了土地或正離開他的家，並即將搬到其他居住地。我發現了一個這樣的人，而他的確很有犯了偷竊的嫌疑，他是一個不錯的傢伙，住在泰晤士河畔，是一個漁民或靠水而居的人，因為所有象徵星都在水象星座，指出一定是靠近水域或有水的地方居住的、或相當熟悉水性的人偷了貨物。

偷竊的男人是一名漁夫，有好的體格，身型厚實，膚色健康，頭髮呈紅或黃色。

我從某位太平紳士處取得一張通輯令，並把這張通輯令私自收好直到接下來的星期日，即二月十八日，我請一位員警及一位駁船工人跟我一起出

發，我只搜索這位漁夫所住的那一間房子而已，我發現我的一部分魚正在水裡，有一部分被吃了，有一部分則仍沒被使用，所有的真相得以證實，一切都發生在搜索的瞬間：有一部分屬於我的魚正在袋中，剛好小偷把魚跟袋子一起偷走了，那個袋子屬於跟我一起搜索的駁船工人，他剛好也在袋子被存放的房間之中，他正看著這個袋子（已經被清洗乾淨），於是他跟房子裡的那位女人說：「女人，這是我昨晚丟的麻布袋，我要拿回它。」那女人說「隨便」，並說她不曾擁有過任何麻布袋，這是她丈夫前一天晚上跟魚一起拿回來的，我相信那位駁船工人差不多查看了麻布袋二十次，並且知道那女的所講的話並不真確，因為很明顯這女的已經把袋子洗乾淨了。我認真地跟那女人投訴我還不見了七個葡國洋蔥，她說她不知道那些是葡國洋蔥，已經拿來煮燉菜了。我拿回了餘下的魚，儘管沃爾頓鎮那位受僱的祭司肯定我已經從這件事中得到滿足感，但他不論有沒有講對，其實也不傷他一根汗毛。

　　因此，你已經看見角宮的境外行星描述了小偷，太陽跟月亮都不在第一宮、也都有必然尊貴，這給予我確實的希望去找出到底是誰做的；月亮跟二宮守護的入相位告訴了我會找回失物，如果月亮跟二宮守護同時都有必然尊貴，那會是尋回所有失物，如果只有偶然尊貴，就只能找回一部分，但如果它們入相位卻同時都是境外行星的話，則只會發現真相，但拿不回失物。

Chapter 66

這張星盤是為了想知道威廉・沃勒大人跟拉爾夫・霍普頓大人哪一方戰勝，他們理應於一六四四年三月廿九日星期五當日，在阿爾斯福德附近開戰[130]

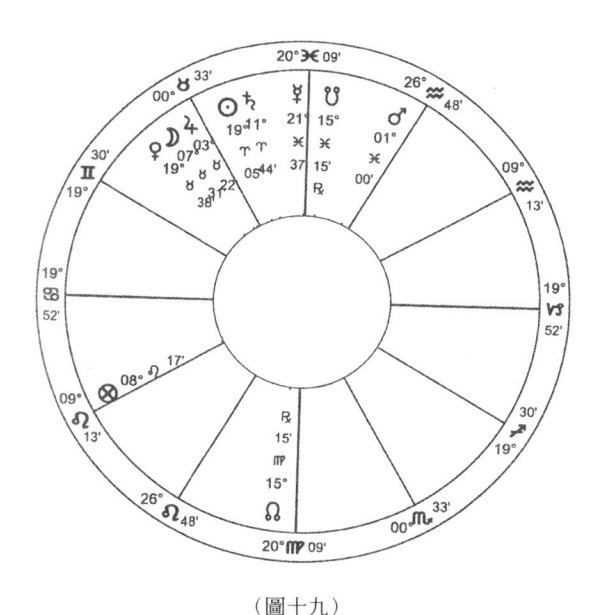

（圖十九）

---

[130] 此為不列顛內戰中的其中一場戰役，整場內戰發生於一六三九至一六五五年之間。威廉・沃勒（William Waller）跟拉爾夫・霍普頓（Ralph Hopton）二人既為好友也是對手。

第一宮象徵我們一方的軍隊，月亮、木星跟金星代表我們的將軍，也就是威廉大人跟布朗大將軍，他是一個英勇而精明的倫敦市民，他有可能在這一天的功勞之中得到重大的榮耀。拉爾夫・霍普頓大人則由七宮守護星土星所象徵，摩羯座象徵他的軍隊，那幾個下降中的宮位通常用來象徵敵人的朋友及支援；第九宮只有火星跟南交點，由此，看似拉爾夫大人這一方沒有充足的支援物資能讓他於當天得勝。

月亮落在自己的擢升星座，在第十一宮並跟木星在一起，而月亮是上升守護，也擁有我方跟我方軍隊的主要象徵，落在國會的宮位，由此我的結論會是一切優勢都在我方，勝利將歸於我們。關於月亮出相位離開木星，我真切地認為我們已經從這合相中得到好處，從對手身上得到一些彈藥或做了一些抵抗他們的工作，這論斷由太陽進一步加強，太陽是我們的支援及物資的守護星，它落在第十宮，在他的擢升度數，雖然從土星跟太陽之間的距離，我會說我們應該不會贏盡一切或得到完美的勝利，一定會有某程度的損失，但我很有信心我方會得到不少對方的槍械，並得到完整的勝利，這也是我唯一想要知道的事情。

月亮入相位接近金星，然後跟水星六分相，我告訴問卜者在提出這問題的十一或十二小時後，將會收到完美的消息，會是讓人歡慰的好消息。有鑑於戰爭將發生在倫敦 50 英里以內範圍，因此我謹慎地調整了時間的預測，並不是日而是以小時為單位，你或許已經見到月亮相距金星 11 度，但月亮的移動速度很快，並正在增加光芒之中，這通通都表明了我方的成功及敵方的潰敗。

如上述所言，同一個星期五，我收到了來自軍方的信，表明了我們的將軍於前一天的星期四獲得了一百二十名指揮官及紳士、五百六十名一般士兵及大量彈藥，這呼應了占星這門技藝之中的自然因果，敵人會處於劣勢，我的理據是：首先，因為霍普頓大人一方的象徵星土星在太陽的光芒之下，再

Chapter 66　這張星盤是為了想知道威廉‧沃勒大人跟拉爾夫‧霍普頓大人哪一方戰勝，他們理應於一六四四年三月廿九日星期五當日，在阿爾斯福德附近開戰

者，土星落陷，第三，它跟任何行星都沒有形成相位，完完全全的位於境外而且不吉利，以吉相四分相看到了七宮宮首，這可被視為其軍隊的損失，以及他從這場戰爭中所得到的恥辱。

Chapter 67
埃塞克斯伯爵羅伯特大人的軍隊已經包圍雷丁了，大人他能否取下這城鎮呢？

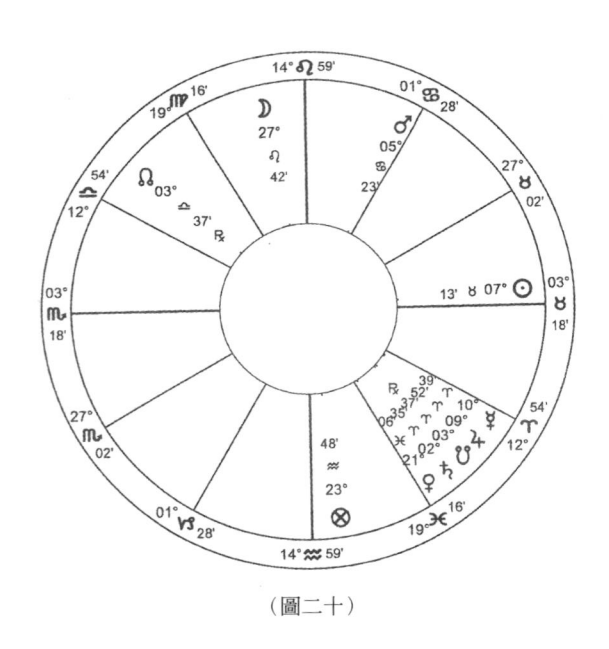

（圖二十）

　　全英國最具榮耀的埃塞克斯，在這星盤中由上升星座天蠍座的守護星火星所象徵，伯爵本人由十宮守護的太陽所象徵，至於打算解放雷丁，或跟伯爵作對並帶來妨礙的那群人，則是雙魚座的金星及金牛座的太陽。

Chapter 67　埃塞克斯伯爵羅伯特大人的軍隊已經包圍雷丁了，大人他能否取下這城鎮呢？

雷丁這城鎮由四宮星座水瓶座象徵，鎮長阿瑟斯・阿斯頓大人是一名有名的士兵，由四宮守護土星象徵，雷丁的彈藥及物資由五宮守護木星象徵，金星也落在第五宮。

伯爵大人的象徵星火星非常有力，而且沒有遇到任何凶兆（除了火星在落陷位置之外），火星也是戰爭本身的象徵星，於戰爭中火星跟問卜者關係友好是很好的狀況，正如這星盤所示。月亮當時已經出相位離開，事實上，當時伯爵不太有希望能夠取下雷丁，月亮入相位跟火星六分相，而火星正身在長上升星座，因此這六分相其實等同於四分相，可以認為伯爵大人遇到非常多的困難，也會遇到一些打鬥，但他會拿下雷丁，因為火星跟月亮之間出現接待，也就是火星落在月亮守護的星座，月亮在火星的界守護及面守護，同時靠近獅子之心，也同時落在第十宮，我認為伯爵大人將會得到並取下雷丁，從中取得光榮及名譽。

看到伯爵大人的象徵星太陽落在第七宮，一個固定星座，我認為大人會排除萬難，以他所有的行動力及決心派遣戰力，但我認為他不會佔上風，因為火星的力量比太陽強了不少。

接下來我考量代表城鎮的水瓶座，從中我發現這星座沒有受到任何傷害，由此我認為這城鎮很強大，有能力抵抗；當我考量落在第五宮的金星，我很有信心他們想要的不會是彈藥。在徹底考量了所有重點，並好好衡量了象徵鎮長的四宮守護土星之後，土星落陷並跟南交點在一起，水星和木星也離南交點不遠，火星以四分相看到了土星，因此我請人傳話，最穩妥、最能夠讓雷丁投降的方法是分化主要官員們，煽動他們反抗他們的長官。在提問問題八天左右之後，我相信伯爵大人屆時將會成為城鎮的主人，而且是透過談判而不是流血，因為太陽和火星已經離開了落在開創星座的土星的往右的四分相，同時，因為月亮跟上升守護之間的入相位六分相是那麼的直接，當中沒有任何的禁止或阻撓。

城鎮於一六四四年四月廿七日被國會解放，是我設下的最後時限的三日之後，但可以看到的是，在限期前的那個星期一，即星盤被建立的八天之後，他們開始撤退。

這場包圍戰的真相是，伯爵大人本人的確前來了，他遭遇到逆境，被打退到高沙姆橋。

那位鎮長阿瑟斯・阿斯頓大人的頭受傷了，正如土星跟南交點落牡羊座所描述的；他們想得到的也不是彈藥，正如金星五宮所象徵。

這場解放是由費迪上校促成的，他是一位英勇的紳士，一名傑出的士兵，出生有名的家族，國王一方的人在跟這位上校打交道時，並非全無妒意和不信任，事實上這位上校遇上了一些麻煩，但他躲過了。自此之後，我一直聽說伯爵大人的一些官員如是說：他們認為費迪上校其實什麼都沒做過，但就這樣成為了身負名譽的男人。正是對他抱有惡意的敵人們為他製造了那些麻煩。

一位身負名譽的人提問這問題，並對我們所談論的種種感到非常滿意。

假如這是一條關於法律訴訟的問題，那麼哪一方將會勝出呢？你必須把上升守護、第一宮及月亮視為問卜者或原告，至於敵方或辯方則是第七宮、七宮守護跟落在第七宮之中的行星。在我們的星盤中，有鑑於月亮入相位跟火星六分相，因此問卜者一方理應會勝出，原因是陪審員所給出的裁決由月亮所象徵，但因為太陽落在第七宮並對分第一宮，同時它是十宮守護，即法官的象徵星，毫無疑問地法官本人並不會站在原告一方，正如法官大人站在國王跟國會的一方。

在這例子中，我會認為辯方會是擁有很多資產或很有錢的人，因為八宮守護，即辯方的二宮守護星金星落在擢升星座，但因為太陽跟火星六分相，這或許是一個很好的理據，去認為法官會盡力擺平這件事。福點的支配星土星於牡羊座落陷，而且跟南交點在一起，這應該顯示了問卜者或原告會於這

場訴訟中花費非常大量的金錢，同時，一個像土星的男人將會成為原告的主要敵人，因為土星跟火星形成了四分相，因為土星是三宮守護星，它可能描述了一個不安好心的鄰居、兄弟或親戚，但因為第三宮同時也是七宮的第九宮，因此這也可能是某個入世的神職人員，或辯方的某位姐夫或妹夫，原告必須排除掉這個人，否則他將會損失他的財產；又或是對方的律師如果並不符合土星特質，那麼可能會是在訴訟過程中，因為他極度不知變通而受到批判。如果土星象徵了他的律師，那麼傷害將會由這位律師造成，或由某個年長的男人，有可能是問卜者的父親或祖父，或是某個蠢材或某個壞心的租戶等等；你需要根據問題本身去調整你的規則，透過準確的知識，你應該會透過占星學得到完美的解答。

關於第八宮及其相關論斷
與死亡、嫁妝、妻子的財產有關

Chapter 68
某個失蹤的人到底是生是死？

　　這個問題真正的解決重點在於：是否正確理解問卜者跟被問卜者之間的關係。在之前的論斷問題中，你應該很常讀到一點，那就是在每一道需要認真看待的問題中，都必須小心理解問卜者跟被問卜者的立場，好讓你不會把象徵星搞錯。若想在目前正要處理的問題中得到更滿意的表現，你必須向他問清楚，也就是問卜者，他想要詢問其生死的這個人，到底是他的朋友、妻子、父親、子女還是僕人之類，然後把象徵這身分的宮位的星座、其守護星和月亮，給予這個人；如果你發現那個人自己的上升守護落在第四宮或第八宮，不論是從他的宮位算起的第四宮或第八宮，還是星盤本身的第四宮或第八宮，這都可以被視為一個論據，來論斷被詢問的那個男人或女人已經死去（這必須配合各種考量，包括那個人失蹤了多久？是否在偏遠的地方？還需要配合豐富的知識來做出論斷）。

　　除此之外，觀察這個人的上升守護或月亮，是否落在象徵他的宮位的第

十二宮，有沒有跟任何凶星在一起，或者他是否落在第十二宮並跟任何不吉利的行星形成了四分相或對分相；或看看太陽是否不吉利或被傷害，或月亮有沒有在類似狀況，如有，那表示失蹤者已經死了。如果失蹤男性或女性的象徵星，落在他的宮位算起的第六宮或星盤本身的第六宮，或跟六宮守護形成四分相、對分相或有任何的傷害，同時沒有出現接待，或跟吉星有吉利相位的話，那表示失蹤者生病了，但是，如果他正離開跟凶星度數上的合相，也就是正離開凶星，或是他正離開太陽的燃燒，這都代表被問卜的人剛剛逃離了某場危險、疾病或類似的險境，關於那場災難或病況有多糟糕，你可以根據象徵星所落星座的特質，以及帶來傷害的相位去論斷，形成相位的宮位也會跟這危難相關。

　　建議你在進行論斷前最好沉著冷靜，看看失蹤那個人的象徵星是否在第六宮，有沒有遭受任何凶星的傷害，或它是否跟任何吉星形成友善的相位，又或是象徵星在那星座裡夠強大的話，那麼你絕對不可以認為那個人生病了，他只是極為疲倦或頭昏腦脹，或可能他最近進行放血治療了，或是他為了防範自己患上某種他擔心的病而吃了某些藥。

　　我發現了一點，那就是失蹤者的象徵星如果夠強，同時如果它剛離開某吉星，同時落在好的宮位的話，那麼他還活著；如果它受傷害，或剛剛跟凶星形成了四分相或對分相的話，那麼他正感到困窘或遭受不少的痛苦，視乎它受到來自哪一宮的傷害，但我會認為他還沒死，除非真的那麼剛好八宮守護也同時為他帶來不幸。

某個失蹤者會不會回來？什麼時候回來？

　　思考哪一宮象徵失蹤者、哪顆行星是他的象徵星，然後看看他的象徵星是否落在第一宮（不管他正踏上的旅程要前往哪裡），如果他踏上的是一

個悠長的旅程，需要渡過大海，那麼觀察象徵星是否在第九宮，如果是非常長途的旅程，則觀察第十二宮；如果他安排的是中等長度的旅程，**觀察第五宮，如果是短途旅程，第三宮**。如果他在以上其中一宮，並支配落在這些宮位中的任何行星，這都表示失蹤者不會死在旅途中，他將會回來。

如果它落在第七宮，那麼他會回來，但沒那麼快，他會耽擱很久，在問題被提問的當下，他正在第一個到達的國家，而在那一刻之前他也沒有任何要回來的想法，但現在他有這想法了。如果它在第四宮，那麼，它逗留跟居住在那地方的時間會比第七宮來得更長。

如果他的象徵星在第三宮或第九宮，並跟任何落在第一宮的行星形成相位的話，那麼失蹤者正準備回家，並已經有充分的決心回來；又或是它在第二宮，並跟任何落在第九宮的行星形成相位，那麼他正努力賺錢為回程作準備，過不了太久就會回來；但如果他的象徵星落在降宮，同時看不到他自己的第一宮的話，那麼他根本沒關心過要不要回來，也沒想過，即使他想回家，他也應該回不來；如果它落在降宮同時受到傷害，看不到第一宮，也受到其他方式的妨礙的話，那麼，他將回來無望，或他將不會回來；但是，如果他的象徵星逆行或月亮合相某逆行星，同時看到第一宮的話，這表示在沒有人預期的狀況下他將會突然回來。如果你看到他的象徵星受到妨礙，那麼，**觀察帶來妨礙的行星是哪一宮的守護星**，如果是四宮守護，那麼那個人正被拘留，失去自由；如果是六宮守護，那麼他生病了；如果是八宮守護，那麼他擔心自己會在途中或回到祖國之前死去；如果是十二宮守護，那麼他正被監禁，不能行使自由。以上這些星盤佈局將妨礙他的歸來。

在考量了失蹤者的象徵星後，現在輪到作為一般象徵星的月亮。如果月亮跟失蹤者的象徵星合相或形成好的相位，或支配他的象徵星，而他的象徵星剛好落在第一宮的話，這可視為被問卜者會回來，相位越接近上升點，代表他越快回來，越遠則代表需時更長。

如果象徵星落在第八宮，沒有其他任何妨礙，那麼這會延後他的歸來，但他最終是會回來的；如果他的象徵星在第八宮遇到不幸的狀況，那麼他會死去，永遠不會回來。如果月亮出相位離開四宮守護、七宮守護、九宮守護或三宮守護、或任何在地平線以下的行星，並會合上升守護或任何在地平線以上的行星的話，那麼，失蹤者將會回來。

他什麼時候回來？

首先，這時你應該謹慎地考量旅程的長度，然後考量上升守護及失蹤者的象徵星，並觀察它們是不是外行星，以及旅程的長短，小心地決定這個人來回的時間長短，他會走陸路還是水路？是旅程還是航程之類。如果你發現兩顆象徵星形成六分相或三分相入相位，那麼，從星曆表中尋找它們正相位的日子，然後，在那一天當天或差不多時間，你將會聽到關於那個人的一些消息，或收到來自他或關於他的信件。以上假設了那個人所在地點在附近才會有這些可能，如果那個人去的地方非常遠，那麼，你的論斷方式可能是兩顆象徵星形成正相位的兩星期前或兩星期後之內。但如果你問的是他什麼時候回家，或是問卜者什麼時候才能見到他，那麼，非常可能會是當兩顆象徵星合相的時候他才會回家，而那時問卜者會在他身旁。如果失蹤者的象徵星在自己宮位的上一個宮位的話，觀察他還有幾度才能離開那個星座，並進入自己的宮位，然後把那數字轉換為天、星期、月或年，視乎考量的內容以及它所在的星座及星盤位置而定，開創星座會是歷時最短的，**變動星座較長，固定星座則代表比較長的時間。**

關於問卜者的死亡或還有多少日子

　　如果某人恐懼死亡，覺得自己生病了，或有可能會死，然後想知道在正常狀況下，當他放棄了私生活的某些事情後，他有沒有可能再活上二、三年或更久，然後向你提出了這個問題的話，把上升點、其守護星跟月亮視為它的象徵星，然後看看它們落在哪些宮位、有什麼必然尊貴、跟誰入相位，或跟哪些行星有關係，如果上升守護跟任何吉星會合，並把它的德性傳給它，而該行星有很好的尊貴同時又沒有支配其他行星的話，接下來看看那吉星是否八宮守護，如果不是，那麼可以肯定問卜者可以多活一年、兩年或三年，或多於他所提問的時間；但是，如果上升守護跟其合相的行星，或支配上升守護的行星是八宮守護的話，那麼，不管那是吉星或凶星，它都會帶來死亡（畢竟每顆行星都要履行他的職務），且表示問卜者會在他所提問的時間段之內死去；如果月亮同時被妨礙的話，除非上升守護有跟其他接待它或接待月亮的行星會合，這樣他才有可能不會於所提問的時間之內死亡，否則，你或許可以更肯定地做出他會死去的論斷。

　　觀察上升守護是否跟某凶星會合，而這凶星有接待它，不是透過守護或擢升，也不是透過餘下較弱的尊貴，而月亮當時也不吉利的話，這象徵了問卜者的死亡。

　　如果你發現上升守護以類似的方式跟八宮守護會合的話，除非八宮守護接待它，但儘管如此，上升守護也不可以接待八宮守護，雖然八宮守護接待了上升守護；原因是如果八宮守護接待上升守護，而上升守護也接待八宮守護的話，不管它們本身是吉是凶，你都可以合理地擔心問卜者或許會死；但如果八宮守護接待上升守護，但它們沒有互接接待的話，則不會有這種麻煩。

在審慎地考量並認爲問卜者將不會死去之後，接下來觀察上升守護什麼時候會跟接待它的行星形成正相位的合相，在那合相所象徵的時間或年份之前，問卜者都將會很安全，可以很放心他在那時間之前都不會死去。

不過，若是你透過占星學發現問卜者將會死去，那麼，觀察上升守護什麼時候會跟八宮守護會合，或發生上述的不吉利狀況，也就是八宮守護沒有接待它，反而是傷害它，是帶來破壞的行星的話，當它們形成合相正相位的時候，那都很可能會是他死去的時候。

如果上升守護的確落在某種狀況，或它眞的面臨某種條件，讓你單單考量它而不考量其他論據時沒辦法充分判斷這個人是生是死的話，那麼，接下來你就要考量月亮，然後像考量上升守護那般去考量月亮的位置。但就像我之前講過的，如果八宮守護跟上升守護會合在一起並互相接待的話，或至少上升守護接待八宮守護的話，這都預示了問卜者的死亡，正如上文所述一樣。當造成破壞的行星來到兩顆象徵星合相的度數，或是它們形成四分相或對分相，那麼，當凶星來到提問問題時上升守護所在的黃道度數，或當這帶來不幸的破壞行星行運到上升點度數，並在那裡跟六宮守護形成不吉利相位，或當日月蝕或其對分相度數落在上升點、上升守護所在的度數，或是月亮的度數，如果你用來進行論斷的是月亮而不是上升守護的話。

問卜者可能會在什麼時候死去

當問題問得非常清晰，沒有時間的限制，而作爲占星師的你，收到問卜者向你提問：「我什麼時候會死」或「我還能活多久」時，在這種要求下，你要觀察上升守護、上升點本身、月亮、八宮守護或八宮內的凶星，以及上升守護或月亮合相或形成凶相位的行星。你可以透過上升守護跟八宮守護之間的度數距離，或是跟上升守護或月亮會合的行星，去斷定問卜者死亡的時

間，相差的度數透露了月或年。如果上升守護於角宮跟八宮守護合相，這代表以年為單位，在這種問題的論斷中，角宮並不會加速死亡，反而是透露了問卜者的生命力跟體質都是強壯的，而且有可能克服體液攻擊所帶來的惡性程度；如果上述合相發生於續宮，代表以月為單位，但要注意的是，如果是固定星座的話，則會以半年或半月為單位；如果是續宮，則以星期為單位。你必須以相當熟練的論斷知識去理解這種問題，並好好地考量象徵星是否受到極端的傷害，或根據大自然的定律所顯示出來的充分證據，去判斷問卜者是否不會活太久，或死亡是否已經離問卜者不遠。

如果象徵星並沒有預告當下將迎來死亡，那麼，可以告訴問卜者他很可能會再活上很多年，因為上升守護跟八宮守護之間，或上升守護跟當下傷害它的行星之間還有非常多度才會合相。古人觀察到一件事，就是在這種問題中，上升守護比月亮更值得考量，因此，上升守護受到八宮守護的傷害或跟它合相，或上升守護被太陽燃燒，都是尤其需要考量，也是最需要擔心的，因為一般來說，上升守護的確象徵了問卜者的生命跟身體，這不是偶然的象徵。

如果上升守護正出相位離開八宮守護，或八宮守護正離開上升守護，或上升守護正離開傷害它的行星，那麼，問卜者不太可能會很快就死，他的死亡會在很多年後，由象徵星之間出相位後相距的度數透露。必須觀察的是，月亮跟八宮守護的合相並不會帶來太大傷害，除非上升守護跟八宮守護會合了，即使月亮受到傷宮，但只要上升守護夠強的話，那都不會是太嚴重的狀況。如果月亮相當強勢，上升守護虛弱同時受到傷害，月亮的力量仍然不會傷害問卜者。雖然一般而言，問卜者有很多事情會由月亮去處理，不過在這種關於生死問題的論斷中，月亮則沒有太多事要管。

先生還是妻子會先離世？

　　這的確比較關乎二人其中一方的本命盤，然後才是卜卦的論斷。因此我會建議解答這種問題的方法是：首先詢問問卜者（他或她）的年齡，以及有沒有自己的出生時間，並畫出他的星盤，然後看看這張基礎盤中有哪些可能性。如果可以的話，看看問卜者生命的長短，觀察基礎盤中的太陽、月亮或本命盤的上升點，有沒有靠近卜卦盤中的位置，是否即將經歷某些凶兆的正向推運，或者問卜者是否正在、或差不多走到危機的年份[131]，即人生的第七、十四、廿一、廿八、三十五、四十年等等；有沒有看到提出問題那一刻時，行運凶星即將合相基礎盤中的太陽、月亮或上升點，或跟基礎盤的太陽、月亮或上升點形成四分相或對分相，這些都必須好好考量。然後，根據你所收到的本命盤時間去畫星盤，看看提出問題的是先生還是夫人，並把上升守護視為他（她），七宮守護則是被問卜的一方。查看哪一方比較弱，或在星盤中受到較多傷害，以及第一宮或第七宮中有沒有凶星落入，或是這兩宮的宮首度數有否任何凶的恆星，這些將透露出相當多的訊息。觀察七宮守護跟上升守護誰先被燃燒或被凶星傷害，或先會合第八宮，這幾乎可算是一道必然的規則，那就是如果上升守護受到最多傷害或先被燃燒，同時第一宮本身因為有凶星落入而不吉利的話，那麼，問卜者會是先離世的一方。用同一方式去判斷被問卜的一方，看看同樣的不吉利象徵是否發生於第七宮及其守護星身上。

131　危機年份（Climaterical Years）。

問卜者將會以哪種方式死亡？

在這種問題中，你必須**觀察**八宮守護落在哪裡，或哪顆行星最接近第八宮宮首並於那裡有尊貴，因為你會從這當中的某些象徵，或透過傷害上升守護並於第八宮有尊貴的行星中得知問卜者死亡的特質。如果象徵死亡的行星是金星或木星，那麼你可以安慰問卜者，他或她的死亡不會太辛苦，然後**觀察**它們所落的星座所象徵的疾病，以及它們在該星座象徵了人體的哪些部分，那麼你就可以告知他（她）將會因哪一種疾病或身體問題而死，那會是該行星的特質，並會在它們所在星座象徵的身體部位。一般來說，吉星落在第八宮會是不錯的、溫和的死亡，所謂較凶兆的死亡，通常是高燒或持續很久的疾病，並帶來很多的傷害。

Chapter 69
妻子的嫁妝是否豐厚或能否輕鬆入手？
或我所問卜的女性是否富有？

  關於這個提問，須因應某位男性或女性的財產問題來改變你的上升點 132。問卜者仍然由上升守護、第一宮來象徵，他的資產及財富由第二宮及其守護星、落在這一宮裡的行星、福點守護星及其於星盤的位置和星座所象徵。

  這類問題需要注意的是，如果是某男性提出問題，想知道他詢問的女性是否富有的話，觀察第八宮、其守護星，以及落入其中的行星去解答這個問題。

  如果八宮宮首落在木星或金星的界守護，或是木星、金星落在第八宮，對方很可能擁有財富；如果它們擁有必然尊貴、順行、沒有被燃燒的話，代表擁有大量的財富；如果它們其中一顆行星或兩者同時逆行、被燃燒或移動緩慢，財富則不太多，因為即使它們擁有必然尊貴或類似特質，顯示了充分的、大量的資產，但當來到問卜者手上時恐會遭遇某些麻煩。

  八宮守護落在第八宮而且沒有受到妨礙的話，妻子或那位女性有希望得

---

132 原文字面上意思的確是說改變或更改上升點，但推斷其意思應為因應問題去建立星盤。

Chapter 69　妻子的嫁妝是否豐厚或能否輕鬆入手？或我所問卜的女性是否富有？

到一些遺產或土地，或是繼承某程度的財產跟物業。如果星盤的四宮守護或十宮守護，與八宮守護於角宮或續宮，或八宮跟十一宮形成了任何良好相位的話，則可進一步確認這點。福點落在第八宮，同時在水瓶座或獅子座，或任何在木星或金星守護宮位的行星跟福點形成三分相或六分相的話，那麼你不需要擔心被問卜者的資產是否足夠；而如果福點的支配星跟福點形成六分相或三分相，或跟木星或金星形成良好相位的話，這些都表示被問卜的女性擁有十分良好的資產，你不需要懷疑他或她的身家。

土星或火星在八宮並呈境外行星狀態的話，代表對方很窮，或當初答應會得到的部分其實只剩很少，或會出現關於這主題的極端爭執。

八宮守護被燃燒、移動緩慢的話，對方父母沒有能力去履行所答應的嫁妝。

南交點在第八宮，同時沒有吉星落在那裡的話，代表存心欺騙，或答應的比履行的多。

八宮守護落第二宮，或跟二宮守護形成三分相或六分相的話，代表問卜者將會得到當初所應允的；如果是四分相，可能有難度；對分相的話，除非經過一番爭論，否則永不可能得到；如果彼此間沒出現接待，則幾乎不可能得到。在這個問題上，我們不可能有永遠正確的一般規則，每位占星師都需要好好衡量問卜者本身的狀況，以及星盤所保證的可能性，進而歸納出結論。

Chapter 70
如果某人害怕某事物的話，他是否會陷入這事物的危險當中

　　觀察上升點及其守護星，還有月亮。如果你發現月亮不吉利，或上升守護不吉利，並正離開角宮，尤其它落在第十二宮並跟月亮在一起的話，這象徵了他所害怕的那個恐懼是真實的，並肯定事出有因，或是他即將面臨重大的勞動與悲傷的折磨，很多事情紛紛找上他，或者他要指揮很多與他無關的事情，或是一些讓他感到有罪惡感的事情。如果上升守護從第十二宮往上升到第十一宮或第十宮，或即將與吉星會合的話，這代表他所害怕的事情其實與他無關，或是他已經因此被折磨了，或他不需要害怕、事情不會讓他受苦，他能夠逃離那恐懼。當上升守護跟吉星落在同一度，代表不會有壞事發生在問卜者身上（如果上升守護入相位接近的那顆吉星，或入相位接近上升守護的那顆吉星落在天頂，同時月亮入相位接近這些吉星，且月亮同時落在角宮或位置比吉星高的話，這代表問卜者將可輕鬆擺脫恐懼，或他根本沒有理由去恐懼）。

　　如果問題的象徵星跟凶星入相位，代表他擔心的是真的；跟吉星入相位，而且沒有接待的話，則是假的。

　　很多人都曾經這樣論斷，說如果月亮在第八宮、第六宮或第十二宮，並入相位接近任何落在降宮的行星的話，他所擔心的事並不是真實的，或那個

讓他擔心的傳聞將持續很長一段時間，但最終將消失得無影無蹤；如果月亮跟太陽三分相的話，他將會突然發現一切。

Chapter 71
先生或妻子誰會先離世？

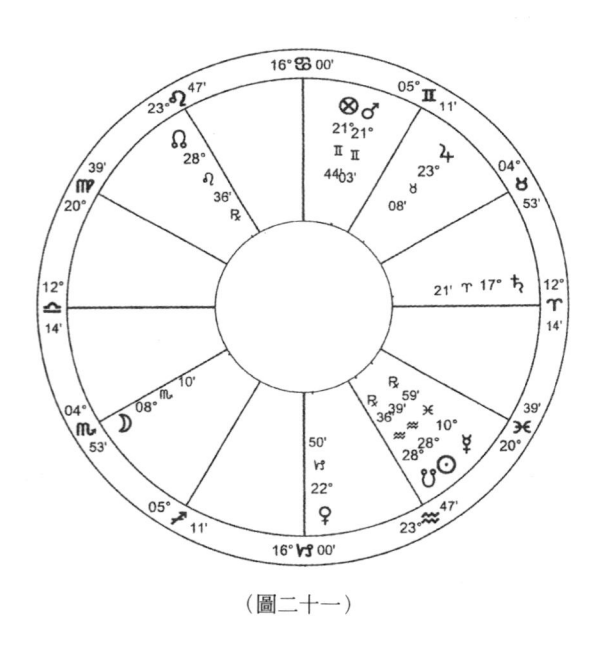

（圖二十一）

關於這星盤的論斷

基於很多沉重的原因，某人想要問我他跟妻子誰會先離世，我因此畫了上面的星盤。

我看到象徵妻子的第七宮受到傷害，當中土星在牡羊座落陷，七宮守護火星在降宮第九宮，在雙子座，由七宮開始算起第六宮的守護星由水星所支配，水星逆行同時落陷，月亮在天蠍座，但落在由第七宮算起的第八宮，這些都促使我去問問卜者他的妻子是否病重，患了肺結核（因為對我來說看起來很像）同時有其他病況（在私處），因為當你觀察所有跟她有關的象徵星，它們全部都不吉利，同時沒有必然尊貴。我詢問了她的年紀，我沒辦法拿到她的準確出生資料，唯一知道的是她當時四十二歲，即正值她的危機的年份，一般來說是危險的，而她遇到的危險則更多，於她四十二歲期間或不久之前，她患上了某種未知的疾病。

我觀察作為她上升點的第七宮，判斷她的體型應該很小，或者是駝背，面型長而瘦削，膚色暗沉蒼白，非常尖酸刻薄或非常直來直往，這些都有被確認了；之後，我發現因為土星代表漫長而糾纏的疾病，而六宮守護水星逆行，我判斷她會從某疾病康復然後又患上其他疾病，這有一部分是因為她很頑固，也有一部分是因為醫生犯的錯誤：跟她本人任性有關的，是因為上升守護同時也是八宮守護，至於醫生的疏忽，象徵醫生的金星落在冬至星座，與跟落在春分星座的土星形成四分相，而且在角宮，這描述了醫生或醫生們對於這位可憐的女士缺乏關照。在認真考量所有線索後，我結論是女方會先離世，因為男方的象徵星金星沒有受到任何傷害，它得位[133]，幾乎沒有一點的不吉利，男方也沒有任何病況。關於她離世的時間，我會觀察土星跟火星什麼時候形成凶相位，因為土星主要代表了她本人跟她的狀況，我發現在九月底左右，火星會來到跟土星對分相，屆時火星將來到這問題中月亮的位置，即天蠍座 2 度，土星在金牛座 2 度，那時月亮會在火星的位置，即雙子

---

[133] 得位（hayz），這個字源自阿拉伯文hayyiz，意指「自然而然的地方」或「喜歡的位置」。

座 20 度前後。由此，我的結論是她很有可能會在九月底或十月初死亡，或是狀況非常危險。事實上，她於十月八日當天離世了，當天火星跟水星於天蠍座 8 度合相，火星是她的上升守護，水星則是她的六宮守護，這度數差不多就是問題中月亮的同 1 度，而當天月亮在天秤座 12 度，正是問卜者提出問題時象徵她本人的上升點。

Chapter 72
某位女性的丈夫正在海上，如果他仍在世的話，他目前在哪裡？什麼時候回來？

（圖二十二）

這問題跟第九宮和第八宮都非常有關。

上升守護水星的確描述了問卜者，水星跟落在牡羊座的月亮和土星合相，牡羊座代表了臉，她的臉因為天花而毀容了，視力衰弱等等，同時，她

也因爲丈夫而感到非常悲傷，這可由土星爲水星所帶來的傷害所描述。她講話有點大舌頭，話講得不太好，一般來說，這是因爲土星給落在啞巴星座 134 或野獸星座 135 的水星帶來傷害的時候，都會導致語言障礙。

生存

被問卜者由七宮守護木星所象徵，它落在第十宮，剛剛出相位離開了落在第九宮的金星，金星是三宮守護，這可被視爲男人最近在東南方的航程上。由於金星跟月亮同時落在牡羊座，木星在南方的角宮，它近來一直跟金星六分相，因此他最近不可能受到任何傷害，而且木星移動快速，因此我判斷男人仍然在世而且健康。不過，由於支配木星的水星是二宮守護，即從第七宮開始算起的第八宮，同時月亮受到水星跟土星的嚴重傷害，我認爲由於敵對者奸詐狡猾的算計，讓他經歷過不少危機跟生命危險，在失蹤期間吃了不少苦。因爲水星是從他的宮位開始算起的七宮守護，土星則是第七宮開始算起的第十二宮守護，木星有偶然尊貴但沒有必然尊貴，而且它弱勢，兇殘的恆星金牛之眼 136 也帶來了麻煩，因此這男人可能經歷過非常多突發且暴力的事件。

位置

因爲木星比月亮有力量，而月亮也即將進入金牛座這個南方星座，木星在雙子座這個西方星座，並在南方的象限，我判斷男人應該在英格蘭的西南方，在某港口，因爲木星落在角宮。

---

134 啞巴星座或說話緩慢的星座包括了巨蟹座、天蠍座跟雙魚座。

135 野獸星座或四足動物星座包括了牡羊座、金牛座、獅子座、射手座跟摩羯座，因爲這些星座代表了擁有四隻腳的生物。

136 Oculus Taurus 字面上意思爲金牛座的眼睛，即畢宿五 Aldebaran。

他什麼時候回來？或什麼時候會聽到他的消息？

月亮出相位離開土星，並入相位跟問卜者的象徵星水星合相，這表示在漫長的盼望之後，女人將會在兩至三日內聽到他的消息，原因是月亮跟水星的距離大約只有1度，而且是開創星座（她也的確在這時段內收到消息了）。但是，因為水星在開創星座，而月亮受到水星跟土星的傷害，她所聽到的那則關於丈夫的消息是假的（因為她聽說丈夫在鎮裡），但其實不是。有鑑於水星跟木星的確趕著於雙子座合相，落在那裡的水星非常有力，而這合相會發生於接下來的五月五日，因此我判斷那會是她收到確實關於丈夫消息的時間，順利的話，那仍然不是他回家的時間。五月的第二週，女人收到了關於丈夫的確實消息，不過丈夫直到七月的第二週才回來，他於西部進行了數次航行，後來被國王的軍隊逮捕監禁，而在問題被提出的時候，當時他正在巴恩斯特珀爾[137]。

---

[137] 巴恩斯特珀爾（Barnstaple，書裡拼法為Barnstable），位於英格蘭西南部，曾是一座河港。

Chapter 73
坎特伯雷[138]將會以哪種方式死亡？

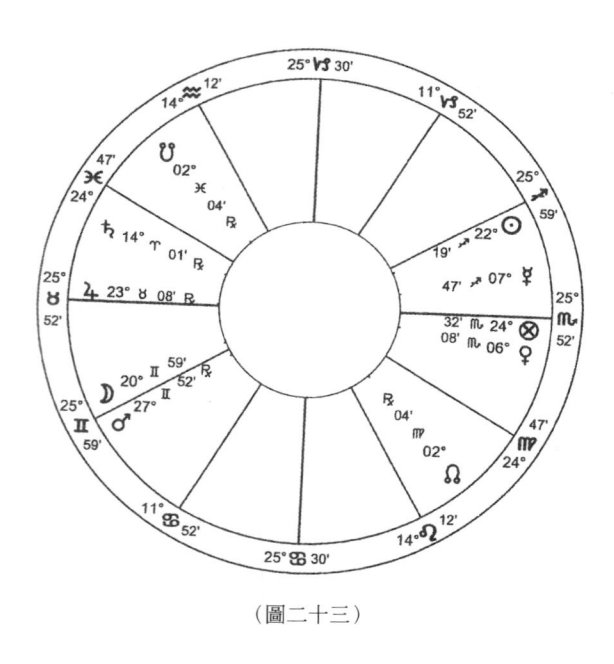

（圖二十三）

對於所有對占星學不置可否的人來說，這問題印證了占星學的眞實性和

---

138 這一章中所描述的，是當時的坎特伯雷大主教威廉・勞德（William Laud，一五七三年十月七日～一六四五年一月十日），他於一六四〇年因叛國罪被逮捕，並於一六四五年一月十日當日被斬首。

價值似乎真的存在，因為即使是這世上最聰明的人之中，也沒有人能夠以比這張星盤更好的方式，去呈現這個老人目前的狀態和情況，以及他的死亡方式。

作為教會的人，他的上升點會是第九宮宮首的摩羯座，這星座的守護星土星現在落在其落陷的牡羊座，它的逆行歷時很久，目前落在星盤的第十二宮，或從他上升點算起的第四宮。星盤描述了他的心智狀態，他有著兇暴的**靈魂**，騷動而善妒，這個人牽涉入一些麻煩、囚禁等等之中。木星是教會人員的一般象徵星，同時也某程度上描述了他的狀況，即他在我們英聯邦內的**顯赫名聲**；如你所見，木星正在逆行，並跟很多擁有火星和月亮特質的恆星在一起，這顯示他被不幸緊緊地纏住了，目前他正申訴著各種下流的抱怨。

月亮是這星盤的四宮守護，同時是他的上升點算起的八宮守護，月亮正出相位離開土星，並入相位對分落在第八宮宮首附近的太陽；太陽落在火象星座，入相位對分火星，而火星是這位年邁主教的支配星，火星落在風象星座並具有人性，由此我判斷他將不會被處以絞刑，而是會得到較接近貴族式的死法，這將會發生於六至七個星期之內或前後，因為月亮跟火星相距7度左右。他在接下來的一月十日被斬首。

我寫這些並非因為他的死亡而感到高興，不，我並不高興，因為我一直尊敬這位先生，並由衷愛戴他，雖然我不曾跟他交談或結交，但當我想到人與人之間的事物當中存在多少不確定，讓我在寫這些話的時候仍然流下眼淚。他是牛津其中一位慷慨的資助人，並像任何在歐洲的人一樣為該大學編撰了很多優秀的手稿，為此，有識之士們都必須知道他的大方，讓他的不完美埋葬於沉默之中，人死莫言過。然而，我並沒有像那些笨蛋一樣視他為殉教者，他是藉由英格蘭偉大法庭的審判而被帶到人生的盡頭。

Chapter 74
是否能拿到當初答應好的嫁妝？

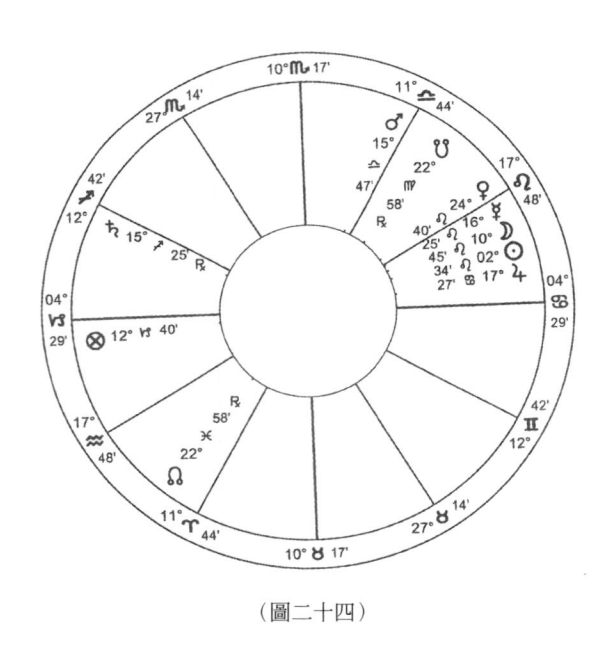

（圖二十四）

　　在這裡，土星是問卜者的象徵星，它正逆行並落在第十二宮，就像描述了問卜者正為此陷於某程度的絕望之中（而他也承認了）。

　　女方由木星跟月亮象徵，木星擢升，月亮在獅子座，一個固定星座，可以認為這女性相當以自己為傲，也相當有自信，她品行端正而且謙遜；她的

象徵星月亮十分靠近太陽，她的右眼附近有傷疤，原因是月亮象徵了女性的右眼。

　　跟這問題直接相關的解答如下：因為看到金星在第八宮，即女方的第二宮，也是太陽守護的宮位，太陽在自己的宮位，月亮出相位離開太陽的合相，並把太陽的德性傳給一宮守護及福點支配星土星，它同時也是問卜者的二宮守護。由此，我鼓勵了悶悶不樂的問卜者，並保證他其實沒有必要擔心自己會拿不到妻子的嫁妝，無論當初答應了什麼，都會好好的兌現。讓他進一步放心的是，我告訴他這是一個相當忠貞而且品行端正的女性，只是有點驕傲。這通通都證實是正確的，由我後來從問卜者的交談中刺探得知。

關於第九宮及其相關論斷
與長途旅行、宗教、朝聖、夢境有關

Chapter 75
關於這一宮相關問題中的好與壞

　　如果有好的行星守護並同時落在這一宮，或只是守護這一宮，或跟這一宮中好的行星形成相位，並且沒有不吉利影響的話，那麼，在所有跟這一宮相關的問題中，這都是好的表現或暗示了是好事。

關於海上的航行，以及航行是否成功

　　觀察第九宮是否好跟強大，有沒有跟好的行星形成相位，或有沒有好的行星落在這一宮，尤其若是受到良好影響的上升守護跟十宮守護的話，這是非常好的事；但如果你發現土星、火星或南交點落在這一宮，那則是壞事；如果九宮守護跟凶星在一起，也是壞事，這表示他將不會航行太遠，或這次航行將不會得到任何財富。火星在第九宮預示了來自賊人或海盜的危機，土星則表示有可能損失貨物或疾病的威脅，南交點的意涵大致上跟火星一樣，

但它主要跟欺瞞或欺騙有關。

　　旅途的財產是第十宮，因為它是第九宮開始算起的第二宮，如果有吉星在第十宮，可以預期財富的到來，凶星則代表虧損；凶星落第九宮，代表這趟航程有很多的艱辛，吉星落在第九宮的話，則代表是愉快的航程。除此之外，觀察八宮守護或第八宮，如果這行星或這一宮夠強大的話，這航程將會得到財富；土星、火星或南交點落在第八宮的話，表示什麼都得不到，或是這航程不值得耗費太多人力。

你將會遇到什麼風

　　觀察上升守護是否跟好的行星在一起，以及它們是否強大，若有形成友善相位的話，代表會遇到好的風，但如果跟凶星在一起，或是它們落在降宮，則相反。如果象徵星在固定星座形成對分相，並靠近暴力的恆星的話，旅人可以預期將遇上猛烈的風暴、突然的疾風，或相反方向的風，把乘客往這方向或那方向送；再者，他可能需要等待很多日、星期或月才會等到舒適的風，讓他能夠起航。當象徵星在風象象星，即雙子座、天秤座或水瓶座跟其他象徵星形成三分相，這象徵了柔和的風。

關於踏上旅程的那個人，以及旅程會否成功

　　觀察哪些行星落在角宮，如果你在第一宮找到好的吉星，那可以認為他將會有很好的成績，這好運將持續到他離開正身處的地方或直到他出發為止；若有好的吉星落在天頂，那麼於這旅途中，當他上船之後，他將會經歷相當多愉快的事；若吉星落在第七宮，那麼他將會在正前往的地方得到滿足感，而如果吉星落在第四宮，則會是在回程上、回到自己的地方或回家後遭

Chapter 75 關於這一宮相關問題中的好與壞

遇開心事。

如果那吉星是木星,那麼他可以預期自己將得到利益,或會遇到一些機遇讓他再往前一步,可能是來自於宗教人士、法官或某位紳士,以該吉星所在的宮位之守護星的力量、特質及本質,或符合該描述之人而定。例如,若那是太陽守護的宮位,那麼,則會是透過國王、地方法官、某位貴族,或某位擁有貴族身分的領袖而來;如果該象徵星是土星,則包括了擁有它特質的物件跟貨物,或某種跟歷史、土地、穀物或耕作有關的事物,或是透過某位古人,這些都恰恰是由土星所描述,並請那個人於自身事務中應用其中一項主題。如果是金星,可能是透過某位讓人感動的女性、娛樂及消遣,透過某女性或朋友的協助,或在某絲織品、絲綢、珠寶或令人愉悅的事物;如果是水星,可以透過寫作、透過某些小聰明及聰明的決定,或透過商品交易、會計或推薦信,或是透過商人;如果是月亮,將會是透過提供服務或指使下人、透過聘請某女性、寡婦或水手,透過傳遞消息、玩骰子、運動或娛樂、桌遊之類。

例子

如果落在第十宮的吉星是金星,那麼,他將會在旅途中得到好處或帶來巨額的利潤,透過交易一些能夠帶來快樂、製造愉悅及消遣的物件,或是交易珠寶、絲綢這些以金星爲本質的物品;如果那一宮的守護星是土星,而且夠強的話,則可以像上述所寫的一樣去描述土星,並以此類推。如果某顆凶星成爲第十二宮守護,而它是土星的話,恐怕他將會因某種冷、乾的狀況而患病,或遭到某種背叛,如果土星落在某野獸星座,恐怕某種跟四腳動物相關的不幸或意外將會發生在這旅人身上;如果它落在人形星座,則可能是透過某個騙子。如果該凶星不是土星而是火星的話,那麼,他可能會因爲熱的

狀況而患病，或落在賊人手上，身體恐怕會受傷之類，依此類推。

已踏上旅程的他會很快還是很久才回來？

觀察旅程的象徵星，如果行星移動速度快，是西方行星，同時月亮跟它都在開創星座的話，這表示旅行時間很短，離家時間並不長，或會是一個很快的、迅速的旅程，但同時會有一些麻煩及痛苦；如果它移動迅速（即象徵星本身），同時是東方行星，那麼，這旅程將會是快速的、短的、不會有太多勞動或麻煩。當上升守護入相位接近旅程宮位的守護星，或當旅程的守護星入相位接近上升守護，或有任何行星把它們其中一方的光芒轉移給另一方，或當旅程宮位的守護星落在第一宮，或當七宮守護落在第一宮或上升守護落在第七宮的話，這通通都象徵了很快就會歸來，或因為該航程長度而比較快就能完成。但如果都沒有這些狀況，或上述象徵星大部分落在角宮，尤其又是固定星座的話，這表示他的旅程會被破壞，或行進緩慢，他將會失蹤很長一段時間。如果吉星落在旅程的宮位的話，這象徵他的身體健康；如果吉星落在天頂，代表這趟旅程的歡欣、快樂和愉快，或是他會有一群很好的旅伴；落在第七宮跟第四宮的話，代表了豐盛，以及這旅程或航行將會有很好的完結。

如果旅程宮位的守護星落在固定星座，這表示旅程將會持續很長時間並**耽擱很久**；落在**變動星座**，表示他將會改變心意不再按最初想法行事，或從某段旅程改為另一旅程。

在關於旅程的問題中，月亮落第六宮或對分六宮守護的話，這表示這位踏上旅途的人患病了，或是遇到阻礙，同時他的大部分生意將會很不好、虛弱及沒有好好處理，他的努力及用心將會無用；但是，如果上升守護吉利，或落在信任的宮位，或者沒有對分這些宮位的話，這預示了成功及豐盛，雖

然他會遇到很多困難及阻礙，但他的事業仍可得以完成。

出發踏上長途旅程的他會什麼時候回來

你必須觀察適當的象徵星。

觀察上升守護，如果你發現它落在第一宮或第十宮，或把力量傳給任何落在這兩宮的行星的話，這表示他將會回來，並正在思考這件事；但如果上升守護落在第七宮或土象的角宮的話，這表示他回程的時間延後了，他還沒有離開當初的目的地太遠，或他還沒有任何意願回來。

如果第一宮的宮主星落在從上升點算起的第九宮或第三宮，並跟某落在第一宮的行星入相位的話，這表示他已經在歸途上；如果第一宮的宮主星落在第八宮或第二宮，並跟任何落在第十宮的行星入相位的話，這象徵了同樣的描述。然而，如果上升守護落在降宮，而且沒有跟任何落在角宮的行星入相位，或看不到上升點的話，則會是行程被耽誤的意思。

不論任何時候，如果上升守護或月亮跟某逆行行星入相位，或是上升守護本身（即失蹤者本身的象徵星）逆行，同時也看得見上升點的話，這是他正回來的預示；但如果上升守護不吉利的話，這象徵了有一些妨礙或阻礙耽擱了他，讓他沒辦法回來。如果你在第一宮裡沒有找到我上述的任何一項的話，觀察月亮，如果它有把自己的力量或光線傳給上升守護，同時落在第一宮或上升點附近的話，這表示那個人將很快回來或打算回來；同時，如果月亮落在第七宮、第九宮或第三宮，同時入相位接近上升守護的話，這表示他正回來。如果月亮出相位離開某顆落在上升點左邊（即在地平線下）的行星，並入相位另一顆落在上升點右方（即在地平線上）的行星，這也表示他正回來。

如果月亮在上升點的右方，並入相位某顆落在第十宮的行星，這表示他正回來，只是有點慢，原因是當月亮落在上升點右方時的確有這意涵；假如月亮在上升點左邊，這表示他會較快回來。如果月亮所在宮位的守護星不吉利的話，這表示**耽擱**，或在回程途中遇到阻滯或阻礙。

　　你必須考量這問題是爲誰而問的，假設問卜者所提問的是他兒子，你必須從第五宮入手尋找象徵星；如果是兄弟，那麼從第三宮；如果是父親，第四宮，以此類推。小心**觀察**這些位置中的吉星跟凶星，透過它們的位置和狀況，以及它們的尊貴或弱勢，藉此判斷於旅途上失蹤了的這個人的狀況，包括是否健康及有否遇到阻礙，依此便可進行論斷。

　　但你仍然必須緊守著合適的上升點的守護星。

　　當上升守護落在第一宮或第二宮，正進入或正往上升入第一宮並朝著上升點前進，或是它逆行，或旅程的象徵星逆行，或上升守護入相位接近十宮守護，或天頂守護落在第一宮，或月亮被十宮守護接待，或上升守護被十宮守護接待的話，這通通都象徵了失蹤的人正於返程中，他很快就回來了，就在短時間內。

　　正和上升守護出相位**離開**的行星，就是那個人近來的狀態和情況，亦是他已經完成行動的象徵星，而上升守護正入相位接近的行星，則是他目前狀態的象徵星，上升守護在此之後接近的行星，則是關於他即將或打算前往何處的象徵星。

　　如果問題是關於某個正在旅途中的人，而你發現他的象徵星正離開某星座並即將進入另一星座，你可以認爲他離開了他曾經停留的地方，並到了另外一處，或是他已經展開了準備好的下一段行程；同時，看看它在哪一個星座中比較強，越強代表越吉利，或可觀察它在哪裡會被更好的接待，由此判斷他在哪可獲得更大的成功，並藉由這些條件進行論斷。

注意，燃燒代表問題問及的那個失蹤者正在生病，因為燃燒代表被拘留、囚禁，或遇到重大的阻滯；如果燃燒發生的位置相當靠近死亡的宮位，或者太陽是死亡的宮位的守護星的話，這表示除非上帝為他透以神蹟，否則他將死亡。

如果在這種關於失蹤者的問題中，你從第一宮或第十宮找到水星或月亮的話，可以認為問卜者即將收到那個人的信，或很快就會有他的消息，因為水星是信件或消息的象徵星。

如果你想知道這消息或信件裡的是好消息還是壞消息的話，**觀察水星跟月亮正出相位**離開誰，如果它們正離開某吉星，代表是好消息並且讓人欣喜，但如果它們正離開凶星，那麼則相反。

如果問題問及那傳來的消息是真的還是冒充的話，**觀察水星**：如果水星在**開創**星座，並看到土星或火星的話，它是冒充的；如果在**固定**星座，可以判**斷**它是真的；如果是**變動**星座，有一部分是真但也有一部分是假的。

旅程的起因，以及會否成功

如果看到月亮入相位接近太陽的話，那麼，他是去見國王或官員，或是去為這些人服務，也就是說，這趟旅程將能夠支持他的生計之類。

如果月亮跟土星入相位，那麼他是由某位老人，或是被某位嚴肅同時有點年紀的男人所差使。

如果月亮跟木星入相位，則是宗教人士或某位紳士差使他。

如果月亮跟火星入相位，那麼，會是參與戰爭的男人、隊長或是相近身分的人差使他出發。

如果月亮跟金星入相位，會是女性的要求，或是他想要出發去購買女性喜愛的物品。

如果是跟水星，商人、學者，或他是出發去遊覽郊外的各種風景，以及學習語言。

如果月亮本身象徵了旅程的原因，那麼，他應該是被聘用了，或是他需要為大眾服務。

通常，九宮守護透露了旅程的原因，也可以參考落在第九宮的行星，看看它是哪一宮的守護星。如果九宮守護落在第一宮，那麼他是按自己意志出發的，九宮守護落第二宮是為了比賽，九宮守護落第三宮則是為了某目的而上路，依此類推。

旅程會否成功

觀察四個軸點，如果吉星落在第一宮，那麼旅程一開始時是吉利的；如果吉星落在天頂，那麼旅程餘下的時間都會是吉利的；如果在第七宮，當他到達目的地之後將會有好事發生；如果吉星落在第四宮，那麼，回程時的一切都會很順利，反之亦然；願你有最快樂的旅程。

同樣地，關於旅程會否成功，可以觀察上升守護、第九宮及月亮，如果它們受到好的影響，代表這將會是吉利的旅程。

旅程的長度

如果九宮守護落在第一宮，或上升守護落第九宮的話，這將加快旅程的速度；上升守護落第七宮的話，同上；象徵星落在降宮或開創星座，或軸點落在開創星座的話，同上。但是，如果軸點落在固定星座，同時象徵星落在角宮的話，這可能會延長旅程；九宮守護落第一宮的話，會加快旅程速度，

而如果它在這裡吉利的話,表示這趟旅程也會吉利,如果象徵星及月亮移動緩慢的話,代表這將會是一趟耗時的旅程。

Chapter 76
如果某人可因知識而獲益，那會是哪一門學問？化學、手術知識等等，還是他極具天賦？

把上升點、其守護星及月亮歸於問卜者，第九宮、當中的行星及九宮守護歸於他努力獲得的學問。看看九宮守護是否吉利，是東方還是西方行星，落在降宮、角宮還是續宮，還有它能否透過六分相或三分相看得到上升守護。如果它是吉星同時看得到上升守護的話，那麼這個人本身擁有豐富的知識，他所學習到的都是真實的，同時他也能好好運用自己的知識，如果兩顆行星之間出現接待，那將會有更多好的表現；如果兩者之間形成的相位是四分相或對分相，代表這個人懂得很多，但將不會好好運用。如果九宮守護或上升守護其中一方是凶星，那麼這個人已經努力到累壞自己的程度，也將會繼續努力下去，但這是徒勞的，他將永遠不能如願以償地獲得完美的知識。

關於一個人的學問，他是否有真本事？

你必須把上升點歸於被提問到的那個人，第九宮歸於學問，如果第九宮有吉星或九宮守護是吉星，同時看得到上升守護的話，可以認為這個人是有學問的；但如果第九宮有凶星或九宮守護是凶星，同時也看不到上升守護，

這的確象徵了相反的結果，這個人沒有任何學問或只懂得很皮毛的東西。

觀察月亮跟九宮守護的狀況，如果它們同時跟吉星入相位的話，表示這個人是有學問的，但如果兩顆行星都同時跟凶星入相位，則代表相反結果。

如果有凶星落第九宮或九宮守護是凶星，同時也看不到上升守護的話，這表示他沒有任何知識，如果這跟問卜者有關的話，代表這個人將永遠無法運用知識為他自己帶來好事；如果是跟別人有關，則不會對被問卜的那個人帶來好事。

關於同時有很多人失蹤或在旅途中，這些人的狀況如何？

有時候，可能同時有四、五人甚至更多人一起出發渡過大海，或前往某個很遠的地方，而問卜者想要知道他們每一個人的消息。在這情況下，你必須要求問卜者把每個人的名字依順序一一寫下來，然後，首先觀察月亮的入相位，以及它正接近哪顆行星，這將象徵問卜者第一個寫下名字的人的狀態及情況。觀察這行星的狀況、位置、尊貴、跟哪些行星形成怎樣的相位、剛跟哪顆行星出相位，又即將跟哪顆行星入相位，據此判斷被提問的第一人的情況和狀態、健康或福祉。在完成以上步驟後，觀察月亮接著會跟哪顆行星入相位，那行星的好或壞，以及跟其他行星的互動，月亮於這星盤中依順序第二顆入相位的行星的好與壞，將可描述問卜者第二個寫下名字的人到底在旅途中過得如何；餘下的人也是以此類推。其中，必須考量象徵星的逆行、順行、有否被燃燒，如果被問卜的人多於七人，則按次序重頭再逐一考量每顆行星。在這順序下，你可能為一個人解答關於多名女性的問題，或為女性解答關於多名男性的問題等等。

旅人最好往哪個方向展開他的旅程？

　　雖然我們在第一宮的章節中已經針對這問題做出一些討論，但我想在這裡提出一些特別針對這一宮的進一步論斷。如果希望出遊或展開旅程的那個人提問：「前往世上哪個地方對我是最好的？」此時你要考量的是吉星落在哪個象限？哪個地方最有力量？然後你可以放心地建議問卜者前往那個地方旅遊、停留或讓他的航程以那地方作為目的地。例如當吉星落在東方象限的話，它保證了問卜者在那裡會快樂，所以可以建議他前往東方；如果吉星落在南方象限，則前往南方；在西方象限則前往西方，北方象限則前往北方，然後觀察哪個方向有最多的吉星落入，那將會是最適合出發前往的地方。正如你會擇時建議他前往吉星所在的方向，你也要以同一方法勸告他，不要出發前往凶星所在的方向或到那裡旅遊，把南交點視為凶星一員。在所有的旅程問題中，要特別注意第二宮跟第八宮，因為當凶星落入第八宮，都描述或象徵了他在那地方只能有很少收穫或成績，但如果凶星落在第二宮，代表在這段旅程結束並歸國安頓下來之後，那個人仍然不會得到太大的成功。因此，當為了某個人在目的地國家可以得到快樂而進行擇時，我們永遠需要把好的行星放在第八宮，不過，如果我們期望他旅程歸來後能夠活得快樂的話，就要把出發或展開旅程的時間定在吉星跟好的行星落在第二宮的時候，注意在歸程時龍尾有否落在第二宮，或在出發時它有否落在第八宮。

Chapter 77
若某個懶散又貪婪的神父提問他是否可得到好的牧師住處

　　不管那位神職人員是否像一般人那麼貪婪及邪惡，我也會讓他像其他人一樣提問，前提永遠都是這將不會妨礙豐厚的教會俸祿，也不會讓他們被告發瀆職罪。如果作爲牧師（不管他是隸屬於天主教、長老會還是羅馬天主教會，只要他正過著教會生活，或正收取跟基督教會有關的俸祿）象徵星的上升守護或月亮其中一方，或兩者同時會合了象徵被問卜事情（即俸祿）相關的第九宮守護星：如果九宮守護落在第九宮，這表示那位書記或神父將會得到他渴望的俸祿，但需要一點勞力及努力，他本人必須受點苦，但我認爲他們會樂於承受；不過，若月亮或上升守護都沒有跟九宮守護會合，也沒有在一起的話，則看看月亮或上升守護有否落在第九宮，因爲這可被視爲得到他所渴求的事物的表示；如果它沒有逆行、沒有遭遇不吉利影響或被燃燒，或跟凶星在沒有接待之下形成四分相的話，那麼，這都表示事情本身看起來進展得很好，或差不多要成事了，卻遭到摧毀。但是，如果九宮守護落在第一宮，那麼，不管上升守護能否看得到它或月亮，也不管上升守護或月亮的支配星狀況如何，如果九宮守護是較輕的行星並入相位上升守護的話，這很清楚地顯示他想得到的事物正在發生中，已不需要問卜者過多詢問。

　　上升守護跟太陽或木星形成三分相或六分相，同時它們其中一方落在第

一宮的話，都表示他將擁有教會住處或俸祿。

上升守護跟九宮守護合相或形成有接待的相位，都表示問卜者可以不用賄賂就能自然而然地得到俸祿，或許會需要提供一些好處，畢竟那一群人中有一些是黑天鵝。如果形成的是四分相，那麼可能來得沒那麼輕易，但如果當中出現接待，則表示需要很長時間才會得到，可能需要約二十天才能夠從贊助人手上得到一尾魚。

之後，如果有行星把九宮守護的光線轉移給上升守護的話，代表有人從中幫忙讓問卜者得到教會住處，除非負責轉移的行星從移動較慢的行星身上所收到的光芒，傳到了另一顆行星身上，而該行星於這問題中並沒有象徵任何事物，這表示雖然事情有望圓滿發展，但最終還是泡湯了。如果上升守護加速跟九宮守護合相，而在過程中沒有遇到任何帶來阻撓的相位，這樣可以不用懷疑，這牧師將會收到他的俸祿，但過程中奉承的舉動將在所難免。如果有很多行星或象徵星出現在這種類型的問題的話，可能表示過程中有很多競爭者，或需要相當多的紛爭及勞力才能夠得到它。

當上升守護合相某凶星，而這凶星並不是九宮守護，也沒有接待上升守護，也沒有支配任何接待上升守護或月亮的行星時，事情將不會完成。如果那凶星把自己的德性傳給任何一顆於星盤中夠強大的吉星的話，事情將圓滿發展，但如果是跟凶星合相，同時沒有出現接待的話，則不會有任何進展，如果有接待則會有進展，只是過程充滿困難。如果某行星象徵了任何事物的影響，同時落在角宮的話，都會加速事情的發展；如果它在續宮，拖慢事情的發展；如果在降宮，會破壞事情的發展甚至破局，又或者當所有人都已經不抱希望的時候，事情有意外發展，或是透過某些神祕的伎倆讓事情得到圓滿發展，但這真的非常罕見。

若有任何凶星跟上升守護或月亮在沒有接待之下，形成四分相或對分相的話，那麼問卜者似乎相當困擾，對於事情的處理方式十分不滿，覺得自

己不被放在眼內，甚至有人故意惡整他，儘管他已經很努力地促成事情的發展。如果上升守護跟九宮守護同時透過任何相位支配某行星，而這行星沒有受到妨礙，或它在離開目前所在的星座前將不會發生逆行，那麼，這都表示了事情的發展。月亮如果有很好的尊貴，代表有很多朋友；如果九宮守護會合四宮守護，或是四宮守護入相位接近九宮守護，代表不需要太辛勞事情就會有所進展。但如果想知道俸祿是否豐厚或值得接受（這是值得考慮的事情），則要考量第十宮及其守護星，以及落入這一宮的行星，擁有良好尊貴並落在角宮的行星表示有希望，並且是有力的支持，這將會是讓人非常讚賞的俸祿。

我很疑惑為什麼一些食古不化的神職人員要說我跟占星學的不是，我從來都沒有宣揚或堅持一些異端的立場，也不是要說服任何人透過買賣聖職而得到俸祿，我也沒有進行任何占星學以外的工作，這些人實在是相當愚昧（他們很多都是笨蛋），閱讀了《反對占星學》一書[139]，此作者實在是最為荒謬又自以為是的蠢材，居然嘗試涉足一些他完全不認識的事情。

---

[139] 書名原文為Astrologo-Mastix，Mastix一字為古希臘文，常用於十七世紀文獻，去表達作者本人對某主題的強烈反對及痛恨。此書原作者為John Geree，寫於一六四六年，為當時英國清教徒派系的神職人員。

Chapter 78
關於夢境，到底它有沒有暗喻任何事情

博拉第在論斷這種問題上遠超於夏利，在很多其他問題上他則沒有這麼明斷。當有任何人提問想知道他的夢境有何暗示時，觀察第九宮，並把它視為夢境的象徵，如果七顆行星中有任何一顆落在這一宮，那麼它將會是該夢境的象徵：如果土星落在這裡，他夢見了一些讓他害怕或恐懼的事物，而那是一些不太合理的事物，不是那麼自然，但問卜者相信了它；如果南交點在第九宮，他於夢境中看到了一些更加駭人的事，令他十分害怕，他害怕有人會起訴他，並將會殺了他，他急欲逃離卻困難重重：觀察摩羯座及水瓶座落入的宮位，因為它們是土星的宮位，它們其中一宮所象徵的某些事物，將會是這些恐懼進行的途徑，或是夢境中騷亂發生之處；如果其中一個星座是上升星座的話，恐懼來自他本人；如果這兩個星座落在第二宮，那麼困擾來自金錢或個人資產；如果摩羯座或水瓶座在第三宮宮首，那麼會來自一些跟親戚或手足有關的事情，或是邪惡的鄰居或壞消息。你必須以同一種方式應用於所有宮位，正如我在上文中示範第二宮跟第三宮，並從中找到事情的本質。

如果你發現第九宮內沒有行星，則觀察第十宮並看看其中有沒有行星，像分析第九宮一樣去分析第十宮。無論是哪一顆行星落在第十宮，不管它是吉星或凶星，它都會是夢境的象徵星。如果沒有行星落在第十宮的話，看看

有沒有行星落在第一宮，它將會是夢境的象徵星。如果沒有行星落在第一宮的話，看看有否落在第七宮，它將象徵夢境。如果沒有行星在那裡，則看看第四宮，落在那裡的行星將呈現了夢境的特質及效果。如果沒有行星落在第四宮，則看看第三宮；如果也沒有，則看看第二宮、第五宮、第六宮、第八宮、第十一宮或第十二宮，它們都象徵了夢境的模樣，然而，跟隨這做法其實將不會達成任何效果。真正論斷夢境，想知道它們有多糟糕、會不會對當下、將來或對問卜者帶來任何影響，方法是透過觀察九宮守護或任何落在第九宮的行星，如果它們跟上升守護形成四分相或對分相，那麼，可以肯定他將會遭遇某程度上的損害，通常會是為他帶來紛亂或傷害；但是，如果九宮守護傷害二宮守護的話，代表他將因為資產之類受到來自某人的損害，其他宮位以此類推（考量後應用）。

　　如果好的行星落在第九宮，那麼那夢境將不會帶來壞事；如果好的行星落在第一宮的話，也一樣；如果上升守護跟太陽、木星或金星形成三分相的話，也一樣，凶星則相反。我認為任何比這更複雜的方法都是沒有用的。

Chapter 79
糟糕的夢

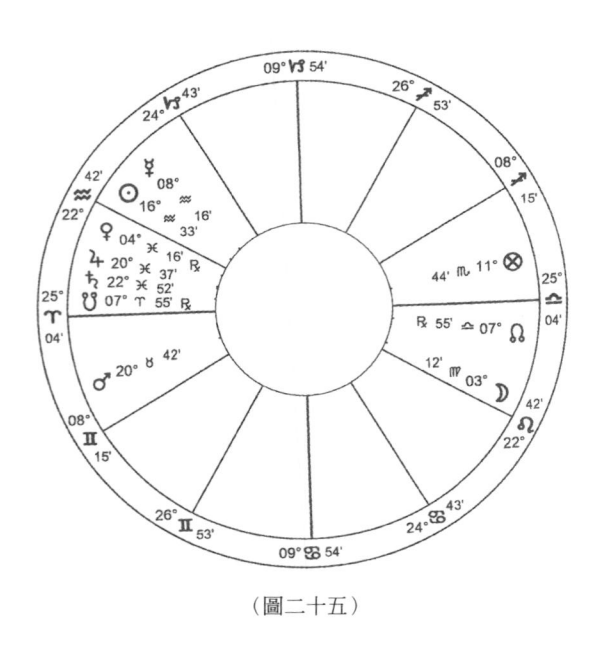

（圖二十五）

　　木星跟土星是九宮守護，它們偶然地落在第十二宮，並跟九宮宮首形成了四分相，根據一些最傑出的作家們所敘述，它們在第十二宮的位置描述了夢境的無價值，只是一個人因為各種煩擾和被世俗壓迫所出現的幻想，而不是有其他事情發生。不過，根據我們的論斷，火星是唯一落在角宮的行星，

它將最能夠表達出夢境的原因，以及這個夢到底是好是壞。如果我們觀察火星守護哪些宮位，會發現它是上升守護，同時支配福點，而福點也一樣在角宮，由此，我告訴問卜者它的夢境可以有兩種理解的方法：第一，他過分看重自己的財產及投資，現在感到焦慮，原因是火星對分福點，而他的思想中有太多內容跑過，讓他的幻想被擾亂，以致他夜裡不能像萬物那般自然地享受安寧跟休息；接下來，因為土星是十宮守護，象徵了職責、指令等等，而土星的確傷害了九宮守護木星，或至少真的妨礙了它，我告訴問卜者，我懷疑他於英聯邦內失去了某些好職位所帶來的利益，現在他相當關切如何才能保持之前所建立的名聲，然而，因為木星跟火星形成六分相，所以我認為他本人將不會真的遭遇任何事情或危難，最多只會是一些資產上的損失，而後來這都被證實了。

Chapter 80
他能否獲得他渴望的牧師住處

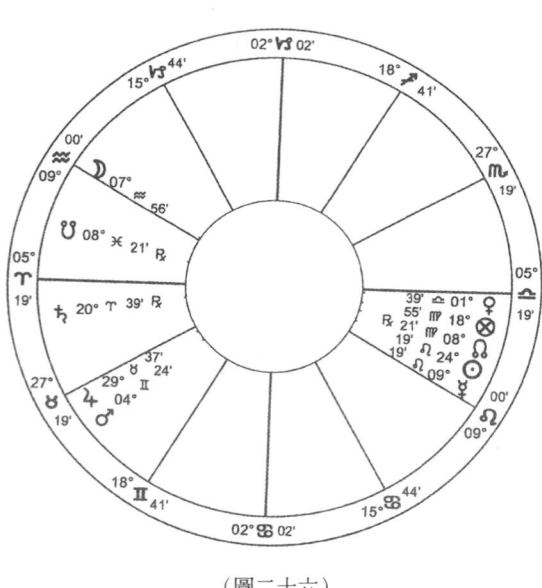

（圖二十六）

關於這星盤的論斷

問卜者由上升星座所象徵，土星落在第一宮，上升守護火星落在風象的雙子座，月亮在水瓶座，同一元素，第九宮及其守護星木星代表了俸祿的象徵星。

1. 首先，我發現九宮守護木星跟上升守護火星之間沒有合相，月亮跟木星之間也沒有任何相位。

2. 我發現無論是上升守護火星還是月亮都不在第九宮。

3. 並沒有任何重要的行星把木星（俸祿的象徵星）的光轉移或收集給火星。

4. 木星跟火星之間沒有出現接待。

5. 土星在第一宮受到妨礙，而它本身落在這位置就已經爲問題帶來不吉利，導致問卜者對於獲得牧師住處一事感到絕望。

6. 月亮出相位離開跟火星的三分相，同時入相位跟三宮守護的水星對分相，這支持了我的論斷，認爲問卜者的鄰居透過書信、說話或不利的消息，完全摧毀了問卜者的希望，而那個水星特質的人，即學者或神職人員，將會是他的敵人；因爲金星落在第七宮天秤座並對分上升點，我認爲某位女性會傳出不利於問卜者的消息，或是批評身爲神職人員的他。

在收集以上所有論據後，我極力勸阻他不要再繼續設法得到牧師住處，因爲他不會得到。然而，這位貪婪的牧師決定繼續進行，而他也的確進行了，當他以爲事情已經十拿九穩的時候，有一封內容骯髒並涉及某位女性的信件曝光，粉碎了這位先生的希望，最終放棄。問卜者本身恰恰是土星跟火星，本身聰明也能言善道，而水星跟月亮對分相，水星在地平線之下，月亮在第十二宮，他將永遠不會知道冒犯他的是哪一位鄰居，而他也不會問我；

假設他問我的話,那一定是十二宮守護的土星告發他,也就是某農夫或買賣牲畜的人,住在他家的東北方大概十五化郎[140]左右,是一個貪婪又容易心生不滿的守財奴,令人厭惡。

---

140 化朗(Furlong)是使用於英國、前英國殖民地和大英國協國家的長度單位,約等於公制的201.168米。8化朗等於1哩,5化朗等於1005.84米,約等於1千米。

Chapter 81
長老會能繼續屹立不搖嗎？

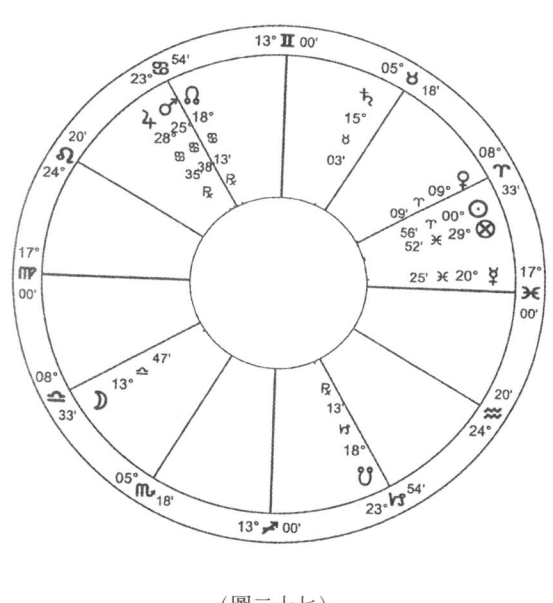

（圖二十七）

關於上述星盤的論斷

星盤的軸點落在變動星座而非固定星座，然而第九宮的星座落在金牛

座，一個固定又穩定的星座，在這個問題中，這一宮是我們理應必須觀察的。土星落在這星座同時在木星的界守護，這是一個緩慢又笨重的行星；木星是宗教、宗教儀式及典禮的象徵星，它現正停滯並即將恢復順行，而且在長時間的逆行後，它現在即將離開自己的擢升位置，同時現在它正受到火星的妨礙；當木星行運離開巨蟹座後，它即將進入固定星座的獅子座，同時落在土星的界守護，但在獅子座最初6度之內，它將會遇到幾顆惡名昭彰的恆星，然後才進入水星的界守護，而水星現在正在其落陷的雙魚座，不過這水星正在角宮，同時進入了火星的10度區間守護之中。

　　我們看到九宮守護的金星落在其弱勢的牡羊座，在星盤的第八宮，但同時是在它自己守護宮位金牛座開始算起的第十二宮，現在來到了九宮宮首；如果你有好好觀察金星的話，會看到它在牡羊座還有21度的距離要走，而這段距離通通落在第八宮之中，也就是它要進入金牛座才有可能稍作休息，或至少有機會喘口氣，但在它完全離開這個開創星座牡羊座之前，首先它將會跟木星形成凶相的四分相（英國的上流紳士們會反對它），然後是火星（火星是英格蘭的上升守護，大英帝國的一般人或整個帝國都會厭惡它），它們三者都落在土星的界守護。假如土星在自己的位置擁有必然尊貴上的優勢，或假如長老會跟修行制度有任何關聯，或者這是一個宗教修道會的開始的話，那麼，這或許會帶來一些物質上的影響。

　　讓我們按照所有行星於目前星盤的位置去論斷，除了土星之外，沒有任何行星在固定星座，同時除了木星之外沒有任何行星有必然尊貴，但木星被火星所妨礙，月亮即將進入燃燒之路[141]，火星落陷，水星也落陷，金星弱勢。

---

141 燃燒之路（Via Combusta），位置為天秤座15度至天蠍座15度之間的範圍，被視為不吉利的範圍。

我們看到月亮出相位離開第八宮的金星，並會在跟火星形成四分相之後呈路徑空白的狀態（長老會將會竭力掙扎，並無止境地爭辯），然後再接觸木星。從這些星象中，我們可以很自然地歸納出論斷，這並非正面或確定的，只是臆測而已，源自於我想要讓後人看到占星學的真理，如果我有任何謊言，請神職人員們前來挑剔占星學這門技藝。在這裡，我們希望所撰寫的這些天體的星體意圖（由占星學的理據所推論），將不會冒犯到那些每一天公開傳達數以百計見解的那些人，儘管這與很多仍然在世的人的觀點相牴觸。土星落在第九宮的位置本身就代表了嚴厲的、僵化的、苛刻的脾氣，對於英國人來說，長老會是過於嚴謹的、不苟言笑的、毫不動搖的，不太溫和也不太管大部分人的想法。針對現今的長老會，他們湧起很多奇怪又可怕的意見和想法，認為他們將會變得過度貪婪、引起爭議、貪圖擁有多過於其應得的，**變得入世、互相嫉妒及懷有惡意**。其中有一些以金星為代表的後輩，他們會退縮並拒絕這種嚴厲的教義；而長老由土星所代表，他們因過度僵化也很難受到尊敬，或是很難同意他們的正統觀點。

　　土星在境外，是西方行星，沒有受到任何必然尊貴的加持，也沒有透過跟任何吉星形成吉利相位而得到支持，它跟月亮之間雖然有接待，但沒有形成相位。十宮守護水星象徵權威，它出相位離開了土星，彷彿是上流社會或帝國中最上等的人們，有一部分決定離開這些過度簡樸的神父或長老會人士所帶來的嚴苛，他們誤信了一個掌控他們的教會，以為追隨這教會就能夠追求到自由。

精兵信徒們[142]將會對長老會感到厭惡

　　如果你想知道誰會帶來最多傷害、最先鬧事，或哪些人會反對的話，土

---

142 所謂精兵信徒（Souldiery）為聖經新約中出現的比喻，提到的基督徒作為耶穌精兵的說

星代表了國民，因爲土星傷害了剛好象徵長老會的宮位，它恰恰顯示了背後原由。長老會將無法屹立或持久（以現況來說），如果能夠排除土星，即排除貪婪、僵化、惡意等等的話，那麼可能還有一點希望，但它仍然很難屹立不搖（這是註定的）。

長老會或其權威將捱不過三年，某種神聖意志將透過教義或政府讓我們知道，我們其實可以更加接近古時候的純樸方式，或更愛整個大英帝國，權威們將會在這段時間裡調整很多目前被苦苦渴望的事物。在一段時間內，我們將不知道應該要去建立些什麼，但我們會知道的，就像以色列以前沒有國王的時候一樣，疑惑將於我們之間停留一段時間。之後，精兵信徒們或一些具有熱血靈魂的人們將會出現，他們將不再爲神職人員們出力，並拒絕服從或跟隨這個我們稱之爲長老會的組織，事情將會交由地方法官處理，並由王國中更加上級的權威們去考量，透過英格蘭多位的神職人員或是一些做出非常出色決定的人，長老會將會被否定、被聲討、被反對，而這些都將會發生，這個目前正在運作的長老會並不是英聯邦應該維護的，作爲常規，它應該服從於英聯邦以下或由其所監管。

由我從這星盤中所發現的論斷，我的結論是長老會將不會於英格蘭屹立不搖，除非它進行調整及修正，並廢除各種由目前神職人員所促成的、過度嚴謹的事情。如果我們觀察四宮守護木星，用淺白的話來說，會發現月亮（在一小段路徑空白之後）高速地跑向跟火星和木星的四分相；這群有共同目標的人將會讓神職人員們的期望落空，並強烈地反抗他們，這件事的結果將完全違背神父們的期望。

法，例如提摩太後書2:3中：「你要和我同受苦難，好像基督耶穌的精兵。」

Chapter 82
我會得到賢者之石嗎？

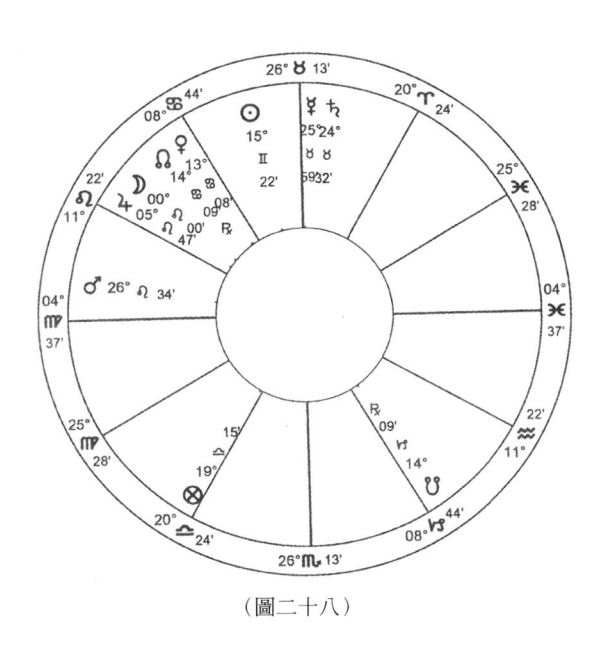

（圖二十八）

　　一位聰明的人非常認真地問我以上問題，也就是他能否得到賢者之石，或當他施行奇蹟時能否順利誕下該萬能藥？我確實相信真的有這東西，也相信它是可以被獲得的，但那是大地上超越一切祝福的祝福，因此我認為只有極少數的人能夠得到，而且是只有那些受到神的天使們的啓示的寥寥數人，

接下來才會論及個人有沒有付出適當的努力。這問題必須以下列方式提問：問卜者的知識是否足以讓他有此能力，還是他非常狡猾，只是運用技藝去做出一些看起來像是他所渴望的賢者之石？

問卜者由上升點所象徵，其守護星為水星，他的知識由九宮守護火星，以及與它形成相位的其他行星所象徵。

我發現代表問卜者學問宮位的守護星火星落在降宮，但落在它自己的界守護跟面守護範圍。

火星同時跟水星及土星形成相位，三顆行星都在固定星座，它們在土星的界守護，落在第九宮；我發現水星最近曾經逆行，跟火星四分相，而現在水星正緩慢地順行中，並入相位跟火星形成第二次的四分相。由此，我認為問卜者之前曾經花了一段時間去尋找這迷人的珍貴萬能藥，但他將會徒勞無功，無法達到目的；它的第二次四分相入相位發生之後不久，當水星在雙子座並在自己界守護時，的確描述了一個強大的欲望、強烈的希望及決心去再一次努力嘗試得到賢者之石，但我建議問卜者放棄，不要再在這主題上繼續下去了；而關於前述的原因，我告訴他有多力有不逮，以及在自然定律下他的企圖有多不適當，並建議他停止。我同時說他在材料或分量上出了錯，尤其在處理某些跟大地相關的東西時，讓某物質太粗糙太沉重；這論斷的其中一部分是我從土星四分火星得來，另外則是水星所受到的傷害，他智慧的部分受到土星的影響，兩者同時處在土元素星座，無論進行任何操作，當水星受到負面影響，那麼所有關於幻想或想像的部分都是奢望，但當工作相關的守護星本身不吉利（在這裡是九宮守護），代表工作基礎或事情本身的操作基礎是有問題的，正如這問題所示。那位紳士應該要相信我所說的不是虛言，我告訴他，他更有必要去治療自己的肺結核，他正逐步進入（還沒進入）這病況，並將會在沉迷於這迷宮的過程中加深痛苦。

當看到水星是上升守護、合相金牛座的土星、土星是六宮守護，這本身

就充滿了邪惡的影響，然後看到火星從第十二宮傷害水星，而水星並非正離開這傷害，反而是入相位進一步接近這邪惡的火星四分相，沒有吉星介入水星與這兩顆凶星之中，以至於未能協助它抵抗凶星們的影響，我建議他要盡快關注自己的健康。

關於第十宮及其相關論斷

與職務、社會地位、升遷有關

Chapter 83

關於能否得到官職、某職務、社會地位、升遷，或任何跟指揮或要職有關的職位？

第一宮及其守護星歸於問卜者，第十宮及其守護星將象徵了被問卜的地位、職位、升遷、指令、榮譽等等。如果上升守護和月亮同時跟太陽或十宮守護，或同時跟兩者會合，而十宮守護看得到第十宮或落入第十宮的話，那麼，問卜者將得到他所尋求的事物，但那並非無償的；如果十宮守護看不到第十宮或沒有落入第十宮的話，那麼他必須積極爭取，並用盡所有人脈；如果沒有任何象徵星跟十宮守護會合的話，觀察上升守護或月亮是否落在第十宮，如果這些行星沒有被妨礙，那麼他將會得到他所渴求的。當十宮守護落在第一宮，同時這擔當十宮守護的行星比上升守護更輕的話，即使它們之間沒有任何相位，他依然可以得到他渴望的地位或職位；然而，如果十宮守護落在第一宮，同時即將跟上升守護形成合相、六分相或三分相的話，過程將會更輕鬆、更不費力。

如果十宮守護以任何相位會合木星或金星，同時十宮守護落在第一宮的話，這表示他將會毫不費力並在得到幫助之下取得職位。如果十宮守護會合火星或土星，而它們其中一方或兩者同時落在第一宮，在它們自己守護的宮位或擢升，同時是東方行星並且順行，彼此沒有形成對分相的話，這都表示他將會得到升遷，雖然當中會出現各種麻煩事。

如果十宮守護以任何方式接待上升守護或月亮，或落在它們其中一方的宮位的話，事情將會發生，並讓他非常滿意，同時獲得不錯的利益。

若有任何行星把上升守護的德性轉移給十宮守護，那麼事情將會圓滿發展，他將會得到另一個從事這職務之人的幫助而得到該職位，並非由他親自取得。在這狀況下，想知道他能否得到該社會地位的最佳方式，是觀察他有沒有認識該行星所描述的人，而這個人是有可能幫忙的，或者身邊有沒有親近的伙伴有認識的人擁有該職位，並讓問卜者請求這樣的人的幫忙，因為透過此人的協助，問卜者很可能會得到他渴望的職位。

如果十宮守護沒有前往與上升守護合相，但是上升守護自行前往跟十宮守護合相，同時在合相之前沒有被其他行星剪斷[143]的話，他將會得到該職位，但前提是必須非常努力才能得到。

上升守護跟十宮守護之間沒有合相，或者它們任何一方都沒有跟吉星會合，反而是跟某凶星會合，而這凶星又跟另一顆凶星會合，這另一顆凶星跟某吉星會合，而這吉星又跟十宮守護會合的話：如果跟上述中第一顆凶星合相的是上升守護，或最後一顆行星跟上升守護會合，或是它們的第一個合相是跟十宮守護，這都代表問卜者會得到該職位，但當中會出現無盡的困擾，並需要奉承很多不同的人。透過上述的行星以及它們守護的宮位，你可以很輕鬆就能分辨出問卜者需要哪個人的幫忙，那些跟十宮守護形成六分相或三

---

143 剪斷（abscission），即阻止兩顆行星本來將會形成的相位。

Chapter 83　關於能否得到官職、某職務、社會地位、升遷，或任何跟指揮或要職有關的職位？

分相的行星會對問卜者甚有好處。讓我們先如此應用或採用這樣的方法，因為那個人很可能本身已經是問卜者的好友。

看看上述行星有沒有任何一顆落在第一宮或第十宮，如果它是吉星的話，代表會得到該地位，不管當中有沒有出現接待。如果落在這些位置的行星接待月亮或上升守護的話，代表事情將圓滿發展，但如果當中沒有接待，則不會。

如果第十宮宮首落在凶星守護的星座或擢升星座，而該凶星也落在這一宮，那麼，不管它有沒有接待上升守護或月亮，它都會執行任務。在任何問題中，你都必須觀察該行星是不是任何事物的象徵星，不管那行星是誰；如果它落在角宮的話，會加速事情的發生，在續宮的話，事情會緩慢發展，如果是降宮的話，事情會拖延發展，不過最終仍會成事。

看看有沒有不好的行星透過四分相或對分相，在沒有接待之下看見了上升守護或月亮，在這情況下，除非這不好的行星支配它們，否則它將透過促成事情或工作的那個人，去妨礙並騷擾問卜者，而且他們將會鬧翻；如果兩者之間形成三分相或六分相，那麼雖然他表現不如預期，但他也不會生他的氣。

如果上升守護及十宮守護以任何相位支配了某行星，不論彼此間有沒有接待，或不論被接待的一方是吉星還是凶星（因此，不論它是否逆行、被燃燒或落在降宮，或者會不會在跟上升守護或十宮守護合相之前離開該星座），問卜者都將得到他所預期的升遷。

所有占星師一般都總結認為如果上升守護跟十宮守護會合在一起，同時月亮跟它們其中一方入相位的話，事情都將會發生，但最好的狀況是月亮出相位離開十宮守護，並入相位接近上升守護。

如果上升守護會合四宮守護，或四宮守護會合上升守護的話，這表示它們正讓事情圓滿地發生。但是，如果上升守護會合了四宮守護，而四宮守護

又會合了十宮守護的話，事情將會發生，但當中會有很多的掙扎及拖延，讓事情即便發生卻也是充滿了絕望，雖然最後它還是會圓滿地發生。

某人能否繼續留任於目前的職務或指揮位置

在這裡，**觀察上升守護及十宮守護**，看看他們是否形成任何相位或接近合相；同時，看看兩者中移動較慢的那顆，即在這支配中提出接待的那顆行星，有沒有落在除了第四宮以外的任何角宮，如有，代表在任期屆滿之前他都不會離開現職；如果在這段支配關係中，提出接待的一方落在地平線之下，或在星盤中正在下降的位置，這都代表問卜者將離開他的職務，或會在某時間點失去這工作；不過他將再一次回到這職位，並更加確定自己的位置；而如果這段支配關係中提出支配的一方也再一次被接待，那麼他將會回歸並且擁有更多的榮譽，而且速度將會非常快。

你可以用同樣的方式去判斷上升守護有沒有跟三宮守護、九宮守護或這兩宮當中的行星會合，以及跟它出相位之後，接下來會否跟第四宮以外任何角宮中的行星會合。

不過，若是它們彼此出相位分開的話，那麼，他將無法再次回到他的公職之上，而是會離開這個職位。

如果上升守護、十宮守護或月亮支配任何一顆落在角宮（第四宮除外）的行星，而該行星移動緩慢的話，代表他將不會離開其職位或被信任的位置，直到提供接待的行星開始逆行，或進入被燃燒的狀態，或離開他正身處的星座，那麼他大概才會在那個時候離開。如果上升守護跟某行星會合，而這行星正身在其支配星落陷的星座，那麼，這官員將會抱病留在這職位，甚至恐怕他會為了這工作而死去（但這需要從它所在位置的特質去理解）。如果上升守護所在位置的擢升守護星，其落陷位置的守護星會合了上升守護的

Chapter 83　關於能否得到官職、某職務、社會地位、升遷,或任何跟指揮或要職有關的職位？

話,那麼,該王國的人們,或該城市、鄉鎮的人們將會對他抱以劣評,站在他的對立面並提供假證指控他,那些無知的人將會相信這些假消息,並且不會輕易相信其他說法。

但是,如果十宮守護跟其落陷星座守護星會合的話,那麼他管轄或曾經管轄的鄉鎮將會承受很大傷害,傷害來自上述的管轄者。

如果月亮會合十宮守護,而十宮守護也正在第十宮的話,管轄者或官員將不會被安排離開職務或官位。

如果上升守護或月亮,其中一方或雙方同時會合了十宮守護,而十宮守護比它們更重,同時在星盤的好位置,即第十宮、第十一宮或第五宮,且沒有受到任何方式妨礙的話,即便它的位置看不到第十宮,但無論問卜者當時正任職於任何指揮職務或官職,它都會繼續下去,並將調往其他指揮職務或官職;但若它看得到第十宮的話,他將會繼續留任現職。如果上升守護跟月亮都在角宮,軸點落在開創星座,月亮沒有跟它正身處的那個星座守護星的擢升守護會合的話,這代表他將離開目前的指揮職務或官職;如果月亮會合了某顆沒有任何必然尊貴的行星,就算它正被接待,除非接待它的是吉星並且是透過六分相或三分相,同時該吉星正在第三宮或第九宮,否則問卜者都將離開他的職務或官職。同樣地,如果四宮守護或月亮落在第四宮,而第四宮宮首落在牡羊座、巨蟹座、天秤座或摩羯座的話,會有同樣的事發生在他身上;如果月亮那時候會合了四宮守護,同時是境外行星的話,這論斷將會更確定。再一次,如果月亮會合了某行星,而這行星正身處月亮其身處星座的守護星的落陷星座,或是它正在摩羯座,或者月亮路徑空白的話,也會發生同樣的事。

Chapter 84
關於被王國驅逐的國王，或被除去職務的官員，能否回到他的王國或官位？

　　在目前舉國紛擾不斷的傷感時期，很多紳士前來提問以下問題：關於他們能否回到職位上，並再次享受到從前的資產等等，而這問題並不是從這一宮去解答的。這問題關心的是更大的主題。在這一章中，國王們和皇子們已經踏上舞台，還有各式各樣曾經擁有榮譽或地位的重要人物。

　　問題的第一宮及其象徵星代表問卜者，不論他是國王還是其他官員，或是貴族、侯爵、公爵或是紳士。

　　好好觀察上升守護有沒有合相十宮守護，看看兩者中較慢的一顆如果受到某顆看到第十宮、同時較輕的行星支配的話，那麼，那位國王、紳士或官員將會回歸並得到權力，或再次統治王國、重新得到他之前曾經擁有的地位，拿回目前他們被懸空的地位。

　　如果那提供接待的另一象徵星的支配星，並沒有跟第十宮形成相位的話，那麼，觀察作為一般象徵星的月亮，看看它有否跟任何落在第一宮或第十宮的行星形成相位，那象徵了他的回歸或恢復地位。如果月亮在牡羊座、巨蟹座、天秤座或摩羯座的話，他會較快回歸，但如果十宮守護跟十宮內某行星會合，這代表了國王將回到他的王國，或某個被除去職務的官員將會回到他的官職或再次指揮。

Chapter 83 　關於被王國驅逐的國王，或被除去職務的官員，能否回到他的王國或官位？

　　如果十宮守護比四宮守護輕，同時正出相位離開他的話，這表示一樣的結果；如果十宮守護比上升守護輕，並跟它會合的話，他將會回歸並繼續下去；同樣地，如果月亮會合了十宮守護，而月亮也看到第十宮的話，結果也會一樣，除非它支配了某顆在地平線以下的境外行星。如果上升守護受到某顆沒有被妨礙的行星接待的話，問卜者將會回歸，如果沒有接待，則不會回歸。

　　如果月亮會合了第九宮內的某行星，象徵了國王被驅逐到很遠的地方（或他不太有意願回來），遠離了他的王國，除非該行星是一顆吉星：如果月亮會合的行星是吉星，同時落在牡羊座、金牛座、獅子座、天秤座、天蠍座、摩羯座或水瓶座，那麼，那位孤苦無依的國王或沮喪失望的官員將會回歸。如果月亮所會合的行星落在雙子座、處女座、射手座或雙魚座，代表國王在另一地方得到了統治權，或是那沒地位的前官員在某個國家擔任了指揮職務或官職。

　　如果你看到十宮守護跟月亮在任何角宮內因為跟任何凶星合相而被妨礙，這表示那位備受壓力的國王、被驅逐的管轄員或被革職的官員，都將不會再次得到從前的尊貴、權力或指揮權。

Chapter 85
關於某人能否勝任某職業、技能或貿易

　　多數時候，鄉下人並不清楚他們子女的出生盤時間，但仍然會想要知道子女最適合從事什麼工作，他們可以尋求占星師的協助來滿足這答案。用他們提出問題那一刻的時間去建立星盤，並考量這星盤中的上升點及其守護、十宮守護及第十宮，並尤其注意火星跟金星的位置，因為這兩顆行星是技能、貿易或職業的象徵星。從中選擇兩顆你認為最有力的，看看它落在哪個星座，如果它在牡羊座，觀察四個軸點，並看看你是否在任何一個角宮找到有行星落入，如果該行星落在火象星座或有著牡羊座的本質，你可以說那小男孩將會是一個傑出的手推小車工匠、馬車工匠、牧羊人、趕羊或趕牛上路的人、優秀的馬夫或馬的專家、蹄鐵工、擅於馴服四足動物，或是一個很好的屠夫、製磚工人、鐵匠等等。但是，如果在象徵星或太陽所在位置上，火星於那裡擁有任何尊貴的話，他將會在任何需要使用火，或本質上跟火有關的職業中表現優異。如果象徵星擢升，那麼，較可惜的是小孩會像前述那般從事一些卑躬屈膝的工作，但較好的是他將會侍奉國王、某貴族或紳士。以這種方式考量所有軸點所落的、形體上屬四足動物的星座，包括了牡羊座、金牛座、獅子座、射手座、摩羯座之後，這五個星座象徵了家禽之類，但如果這些星座中沒有行星落入的話，那麼，它們將代表任何本質跟水有關的事物。

回到問題本身，如果某人的職業象徵星落在金牛座，那麼，農務最適合他，或是種樹、園藝、穀物買賣，或放牧、照顧乳牛、牛、羊、豬，或是他會從事一些跟女性喜好相關的工作，或織布，他也會是一個很好的肥皂工人，或是染布人之類。

如果象徵星在雙子座，他會成為一位代書、文員、數學家、租務員、量地官或調查員、天文學家、占星師、畫家等等。

如果象徵星落在獅子座[144]，他會是一位優秀的侍從，或精於任何使用火或熱的東西的行業，或是一位傑出的獵人、一位能夠醫治牛隻或牲畜的好醫生、一位好的騎師、練馬師或馬車司機，鐵匠、製錶工匠、玻璃工匠。

如果象徵星落在處女座，他會是國王或貴族的好祕書、或擔任校長、會計師、文具商或打印工人，他會在政治上有優秀表現，是一位傑出占星師、並擁有神聖的靈魂。

如果象徵星落在天秤座，他會是一位出色的詩人、演說家、作曲人或音樂家、賣絲的商人、亞麻布商、教師，或適合贖回人質。

如果主要象徵星落在天蠍座，他或許會是一個優秀的外科醫生、藥劑師或醫生、黃銅工人或礦工，釀酒師、葡萄酒商、水手或製作麥芽的工人。

如果象徵星落在射手座，他會是一個擅長買賣牲畜的人，或會學習化學，或成為神職人員，他可能是一個優秀的廚師或麵包師傅。

如果象徵星落在摩羯座，他會是一位傑出的船具供應商、提供軍隊飲食及物資的商人、蹄鐵工、牛的醫生、珠寶商、農夫、羊毛商、錫製品商或鄉郊貨物商人、優秀的農務人士。

如果象徵星落在水瓶座，他會是一位優秀的船匠，而如果有任何在水象星座跟這象徵星形成相位，那麼他可能會是一位傑出的水手或船長、修船或

---

144 原文中並沒有關於巨蟹座的內容。

油漆船身的人,一位傑出又努力的商人。

如果象徵星落在雙魚座,他會是一位小丑、歌手、妓女、釀酒商或魚販,但在大部分情況下,孩子都不會太聰明,而孩子只會是一個笨蛋。

Chapter 86

魯珀特親王能否藉這次戰爭取得榮耀？
或是最壞的狀況，由埃塞克斯伯爵得到？
他將會如何？

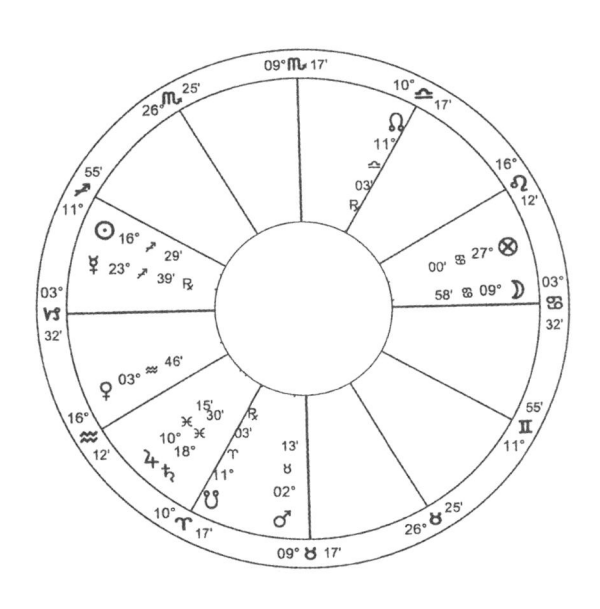

（圖二十九）

這張星盤的解答

這道問題不屬於那些受歡迎的規則，或者，占星師毋須幻想每一道問題都會有一些特別的規則。這句話說得非常好，感謝偉大的學問，每天都在解答這種問題的我，並沒有一定要使用博拉第或夏利那些受歡迎的規則，然而，我從來都可以在這門學問中尋找到足夠的理據，去為提問的人提供良好並讓他滿意的答案，這是本王國數以百人均知道的事。前來提問這個問題的人對國會抱持非常好的想法，除了親自參與，也投入了財富，因此，上升點及其守護星將象徵問卜者，但有鑑於魯珀特親王是一位貴族或一位顯赫的人，因此他由第十宮及其守護星所象徵；它的宮首落在天蠍座，其守護星為火星。我必須坦承，最初看到月亮在巨蟹座，並跟十宮宮首形成往左的三分相時，我判斷他的狀況將不會在重大的危機之中，同時，很多平民會非常尊敬他，當中有一些人素質較好，而他將會相當受到這些人的尊敬，並會特別地照顧他；當然，木星也跟十宮宮首形成了往右的三分相，由此，我認為我們不會毀掉這個人，因為這星盤所反映的正好相反。

真相是，我花了二十四小時去研究這問題的星盤，雖然可以以親王名義去說的話有很多，同時或許可以對他抱有期望，但最終我歸納出以下的解答，認為親王將不會因為這場戰爭而得到任何榮耀，因為兩顆發光體都不在第十宮，也沒有跟他的象徵星形成完美的相位，反而最終會因為他的堅持及愚蠢，讓他來到了受到所有人或很多人憎恨及抱有敵意的局面，最終他將在得不到任何榮耀、愛或友誼之下離開，但他將不會被殺。十宮守護弱勢，表示了他幻想的破滅，行星落在固定星座反映了他的頑固、自我對抗、自以為是，並一直做出錯誤的判斷，當我們在涉及戰爭或行軍的相關問題中，考量所有行星如何協助的時候，如果作為象徵星的火星本身不吉利或沒有受到發

光體的用力支持的話，他會一無所獲，軍隊將會存活下來，但不會在戰爭中有任何輝煌的成績或行動，縱使他從未如此英勇過。

他能否打敗埃塞克斯伯爵

在這裡，埃塞克斯由金星所象徵，因為金星是金牛座的守護星，金牛座落在親王對面的宮位。我們看到金星落在水瓶座，在土星的界守護，土星是上升守護；而土星也在金星的擢升星座及界守護。月亮把木星的影響透過強而有力的三分相轉移給土星，金星跟火星四分相，但正出相位離開，正如不久之前雙方之間進行了一些打鬥或戰爭（你必須知道的是，我們目前真的來到了戰爭的一刻！因此，的確曾經發生了戰爭）。邊山戰爭[145]發生於一個多月前，埃塞克斯於其中有較好表現，關於這件事我可以證明，因為埃塞克斯守住了戰爭發生的地方，而國王跟魯珀特親王離開了戰場。我知道後人們將會相信我，這一刻我是以一名占星師的身分，去撰寫一些必須留給後人的主題。我之所以知道這件事，是來自於國王之下的很多官員們向我坦承，但讓我就此打住，我正面地確認魯珀特親王將不會在對抗英勇的埃塞克斯的戰役中佔上風，而他也確實沒佔上風過。

他將會如何？

他的象徵星火星正身處境外，並落在第三宮，我說事情將會過去，他將會回到我們這邊，至少可以讓他在我們的照管之下，並跟他一起防守。我

---

145 邊山戰爭（Battle of Edgehill）發生於一六四二年十月，為當時英國內戰的其中一場戰爭。

之所以這樣論斷，是因爲埃塞克斯伯爵的象徵星是溫和的金星，它的確處置了魯珀特。我承認我早前犯了錯，但沒什麼好責備的（說來話長），這也的確非常接近事實：一六四六年的時候，他不跟隨建議，移師去哈羅蓋特，違反了協議及盟約，被包圍於牛津，並投降，後來他獲得國會及他們的仁慈對待。然而，國會的他們把他看成是揮霍的年輕人，不覺得值得對他感到不悅或需要去注意他，讓他最終跟隨自己的命運離開了，這命運沉重得讓他不太好受，所以，他逃走了。因此，這王國的一般命運戰勝了我個人對魯珀特親王的看法，但我仍然慶幸他成功逃走了，他毫無疑問是一個有能力的人，不幸並不源自於他，而是來自他家族的宿命。

Chapter 87
陛下應否從愛爾蘭調動軍隊攻擊國會？

身在北方的女王會不會命令軍隊前進？她會成功嗎？
她跟陛下什麼時候會見面？

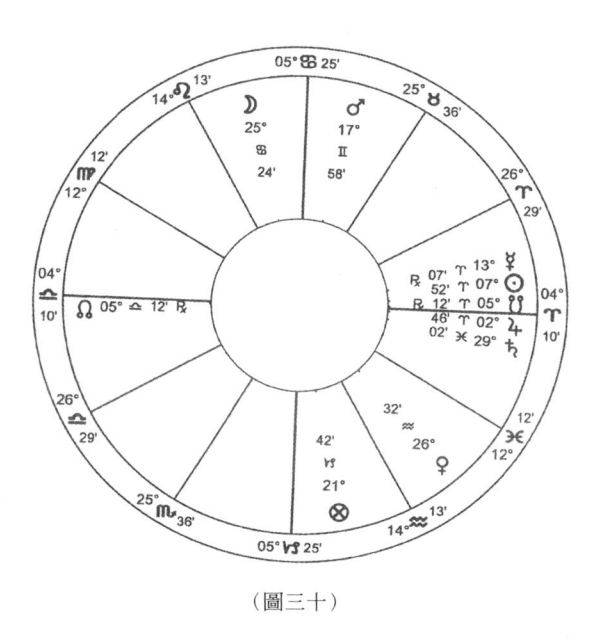

(圖三十)

在這裡，國王陛下由落在第十宮巨蟹座的月亮所象徵，月亮的光芒正增加中，高高的在天上，同時在自己的宮位中，沒有路徑空白，只是移動緩慢，代表在建立這星盤的一刻，國王陛下正身在優勢，事實上他也的確是。

在這論斷中，我們看到十一宮守護的太陽（在這類問題中，這一宮象徵了援助或幫手）落在第七宮，擢升，並跟第十一宮宮首三分相入相位，但還有6度才形成正相位；儘管月亮落在自己的宮位，太陽又如此強勢，我仍然認為陛下將會從愛爾蘭得到指揮官（太陽象徵指揮官）及人們的支援，或者還會受到一般民眾的支援，因為太陽跟月亮都對陛下相當友善；他們將會危害我們，我的判斷源自於作為支援的守護星太陽落在第七宮，並直接對分代表了國會及其議員們的上升點，但因為太陽如此靠近南交點，同時透過往右的四分相看到十宮宮首，因此最終我沒有那麼懼怕他們，並認為他們會製造不少關於陛下及其陣營的謠言，也會透過他們的手段帶來很多關於陛下的一些惡劣、沉重的消息。我同時做出論斷，認為陛下可能會改善軍力，並將增加軍力一段時間，但這不會持續非常久，因為太陽或月亮都不在固定星座。真相是，陛下讓愛爾蘭軍來了，這讓站在陛下對面的英國人的心沉重了不少，但最終時間切斷了他們的聯繫，眾所周知，這是由在楠特威奇包圍戰中，英勇表現的費爾法克斯所促成的 [146]。

女王陛下的象徵星是四宮守護的土星，原因是那是從第十宮算起的第七宮，土星正從一個星座進入另一星座。土星作為一顆移動緩慢的行星，讓我更相信女王陛下會揮軍前進，企圖跟國王陛下會合，我當時認為她會在建立這星盤後的三至四個月內進行，因為月亮還有3至4度就會跟土星三分相，我認為國王陛下非常想要見到她，因為他的象徵星入相位接近她。真相是，

---

146 楠特威奇包圍戰（the battle of Nantwich，原文裡所用的字眼為the Siege of Namptwich）發生於一六四四年一月廿五日，於這一戰中，指揮國會一方的托馬斯・費爾法克斯（Thomas Fairfax，一六一二～一六七一年）打敗了國王一方。

Chapter 87　陛下應否從愛爾蘭調動軍隊攻擊國會？

女王陛下於一六四三年七月十四日左右跟國王於和域郡[147]會面了，我認為她不會成功反而會撤退，因為她的象徵星土星即將進入其落陷的牡羊座，離開了吉星木星；此外，我觀察到火星正快速地跟巨蟹座的土星形成四分相，彷彿是我們的士兵將會打敗她的軍隊，並讓他們一敗塗地，她將會在這相位差不多形成或正相位的時候遭遇失敗，那會是四月十一日於諾丁漢附近，她損失了一些兵力，本來她會損失更多，但是我們一方的軍中也有一些愚魯的人或笨蛋。

147　和域郡（Warwickshire）。

Chapter 88
我能得到渴望的升遷嗎？

　　差不多在同一時間的四到五分鐘之內，有一位先生想要知道他能否獲得他尋求的官職或地位。

　　上升點與金星象徵問卜者，第十宮代表他期望升遷後得到的職位或地位。

　　看到月亮落在第十宮，即他所尋求的事物，也就是升遷的宮位，這是其中一個支持問卜者將得到升遷的暗示。

　　接著，月亮入相位跟土星三分相，土星在第一宮擢升，並接待金星，同時也被金星所接待。

　　此外，月亮入相位接近四宮守護土星，這表示最終他將會獲得這職位，但因為第七宮的太陽對分上升點，同時跟南交點在一起，而且是十一宮守護，我當時認為他是被一位具太陽特質的朋友招聘，但我錯了，事實是朋友嫉妒他並影響他。我當時是基於上述理據而做出結論，認為雖然有一點困難，但他會獲得這尊榮，卻忽略了一個裝作朋友的人所帶來的反對。因此，在不到三個星期之後，他發現那個人並非真的朋友，那個人的臉上有一道很大的疤，頭髮既不亮也不是黃色，反而是深得接近黑的顏色，由太陽接近南交點所描述；月亮四分相出相位離開水星，表示他已經遞交了很多書信，但最終仍然不成功。

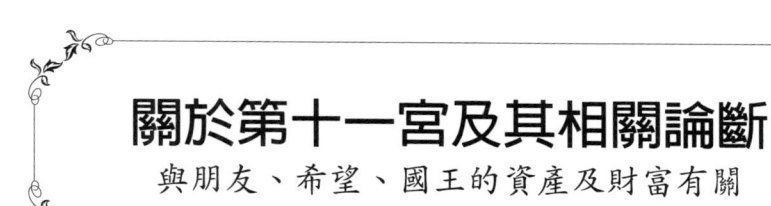

關於第十一宮及其相關論斷
與朋友、希望、國王的資產及財富有關

Chapter 89
關於這一宮的好問題或壞問題

　　如果這一宮的守護星強大、吉利，並跟上升守護形成良好相位的話，這預示了將會獲得當下渴望得到的物件；如果問題問及的是關於朋友及同伴間的友愛及和諧的話，也一樣。

某人是否將得到他希望的東西？

　　觀察上升守護跟十一宮守護之間是否形成良好相位，或出現接待或光線轉移，或十一宮守護是否落在第一宮，這所有或任何一項都表示有希望得到該物件；如果沒有任何一項出現的話，觀察月亮，如果月亮也沒有出現上述任何一項關於十一宮守護的條件的話，則可以做出相反的論斷。

關於以上問題的另一種論斷方式

當任何人問到他希望從他的王子、地主、主人或貴族這些尊貴的人身上得到某物件時，如果十一宮守護跟上升守護入相位，或上升守護跟十一宮守護入相位，那便可以論斷他將得到他渴望的東西，而如果該相位是三分相或六分相的話，他將會非常輕鬆快速地得到該物件；但若是四分相或對分相的話，即使象徵星之間出現接待，他仍然需要花上不少勞力及時間才會得到。

如果你看到第十一宮守護在角宮中被接待，可以判斷他將會得到他渴望的東西。

如果你看到接待月亮的行星落在**變動星座**，可論斷他將得到該物件，但只會得到其中一部分；如果同一行星落在開創星座，他只會得到頭銜或有可能得到頭銜而已，又或是得到該物件很少的部分；如果這行星落在固定星座，他將會得到整個物件的全部；但若是接受月亮接待的行星不吉利的話，該物件將會受損或受傷，不過他仍然還是可以得到該物件。

如果你發現支配月亮的行星被接待了，那麼他很有可能會得到該物件，甚至會多於他所渴望的。如果你發現是上升守護被接待，那麼，無論他渴望得到什麼，他都將會得到。當然，前提是那物件或事情需要是可行與有可能的。

Chapter 90
朋友間的融洽相處

　　如果有人問，他會不會跟朋友會面並且和諧融洽相處。觀察上升守護及月亮，如果你看到它們跟十一宮守護入相位，他們將會碰面並融洽相處，如果該入相位是六分相或三分相，它們將會以尊敬、渴望、愉快及友愛的心去會面並融洽相處；但如果是四分相或對分相的入相位，那麼，他們的會面將會出現打鬥及爭執，其中一方會覺得對方很煩人；同時要注意，如果是對分相的入相位的話，那將會比四分相入相位更糟糕。

　　注意，如果有人提問他能否得到某件他不願意公開告訴你的某樣東西。例如我是你，我想知道我能否得到某件我渴望的物件的話，觀察看看，如果上升守護及月亮跟吉星入相位，而它們都落在角宮或續宮的話，這個人將得到該物件，否則將不會。但是，如果問卜者願意表明那東西是什麼，那麼，你必須觀察該物件是否落在跟它有關的同一宮位，並由此判斷問卜者是否有希望得到它。

關於二人之間的愛

　　如果有人問到二人之間的愛，也就是其中一方是否愛著另一方，觀察十一宮守護、七宮守護及三宮守護，如果這些宮位的守護星以六分相或三分

相看到彼此的話，那麼，這兩個人愛著對方；但是，如果是四分相或對分相的話，他們不愛對方，或相處不合，尤其它們其中一方是十二宮守護的話。如果它們跟第十二宮或其宮首都沒有形成相位的話，二人之間的愛將會更堅定、更強壯。如果三者，即十一宮守護、七宮守護或三宮守護全部都在那裡，或從這些宮位中看到彼此的話，他們的愛將會更穩固，尤其它們的相位於固定星座形成的話。

關於第十二宮及其相關論斷

與監禁、大型牲畜、巫術、隱密的敵人、勞動、被驅逐的人有關

Chapter 91
關於神祕的、不知道名字的敵人

　　如果有一道關於敵人的問題被提問了，但沒有名字被提及的話，觀察第十二宮守護；但如果有名字被提及的話，則觀察第七宮及其守護，認真觀察它們跟上升守護之間的入相位，以及形成的相位，於哪一宮形成；如果十二宮守護從第八宮、第六宮或第十二宮透過四分相或對分相看到了上升守護，又或者相反，完全沒有任何相位的話，那麼，有一個人私底下偷偷希望問卜者有不好的事情發生，並對他做出了損害，又或者他有一些神祕的敵人。

為了得知那個神祕的敵人是誰

　　如果有人要求得知神祕敵人的身分的話，觀察第十二宮守護，看看它受到了怎樣的影響，它正跟好的還是壞的行星在一起，以及它是否看得到第

一宮或上升守護。如果它落在第六宮或跟六宮守護會合，這代表那神祕的敵人正受到某種未知的疾病或身體狀況所困擾；此外，如果六宮守護落在第十二宮，但十二宮守護跟十宮守護在一起的話，這個神祕的敵人將受到國王的喜愛，或是一個有良好素質的人，或跟一些有素質的人同住，問卜者最好不要惹到他，尤其是在星盤中，它透過四分相或對分相看到了上升守護的話。不過，如果十二宮守護落在第四宮或第八宮，或跟這兩宮的守護星在一起的話，可以判斷這個神祕敵人病逝或接近死亡，或日漸憔悴，苦惱發愁。在這些問題中，可以根據上述的指引，小心地考量及論斷。

Chapter 92
關於某個正在獄中的人，他是否很快就會被釋放？

你必須清楚知道你的上升點，同時了解被問卜者跟問卜者之間的關係。

觀察月亮，看看它的移動速度是快或慢。如果移動快速的話，代表會是很短的監禁期；當然，如果移動緩慢的話，情況恰恰相反。如果它把力量給予任何落在第三宮或第九宮的行星的話，這代表他很快就會離開監獄；如果月亮把力量給予九宮守護或三宮守護，而不是給予任何一個軸點，同時也沒有落在任何角宮的話，同上。在你論斷月亮的同時，也要以一樣的手法去論斷上升守護。

同時也要注意星盤的該象限是否擁有很大的力氣與力量，如果那個是陰性的象限，代表那個人很快就會離開監獄，其他象限的速度則較慢。變動星座的速度會是兩者之間，但象徵星如果在其中一個變動星座的話，表示他將會再次入獄。

如果發現角宮行星落在角宮的話，那麼，他將不會離開監獄，反之，如果上升守護落第四宮，或上升守護把力量傳給十二宮守護，或十二宮守護把力量傳給上升守護的話，將會更糟；如果上升守護把力量傳給了落在角宮的凶星的話，則會更糟糕，如果那凶星是八宮守護的話，他將死於監獄。如果

月亮把力量傳給了上升守護的話,這會是凶兆;如果行星落在角宮同時移動緩慢的話,這會更糟糕,如果它移動快速,則會驅散某些凶性,並縮短監禁時間。

每一顆逆行的行星都代表緩慢。如果上升守護被燃燒的話,那個人將永遠不會被釋放,如若它沒有被太陽接待的話,他將死於監獄。

關於被囚禁的人

月亮跟水星落在開創星座,跟吉星形成相位,或水星跟吉星形成相位的話,都代表被釋放;這是指當水星是上升守護的時候。

木星在第一宮,或在被逮捕時火星或月亮在第一宮,或是金星跟月亮一起在第一宮,或水星跟木星一起跟月亮形成相位,或是月亮入相位接近木星或金星的話,代表被釋放。

月亮的支配星與吉星形成相位;以上任何一項,都代表他將很快在適當的時候被釋放。

如果問題是為了某俘虜或囚犯而提問

觀察上升守護,如果它正出相位離開四宮守護,或四宮守護正出相位離開它的話,這表示他很快就會離開監獄;如果上升守護在出相位離開四宮守護途中,入相位接近某顆吉星,而它本身也正離開某軸點的話,這將會是一個更加確定的證據,表示他會逃離並從監獄離開。當上升守護即將從角宮進入降宮的話,同樣地也是離開監獄的表示。

如果上升守護正逃離太陽,或是月亮在太陽的光芒之下,這都表示他將會逃走,尤其是他正被囚禁於國王的監獄的話。

Chapter 92　關於某個正在獄中的人，他是否很快就會被釋放？

　　任何時候，如果在被監禁時，或當這道替囚犯發問的問題被提問時，凶的星座（即固定星座）正在上升，或是上升守護或月亮於金牛座、獅子座、水瓶座、雙魚座這些星座中不吉利，這表示了很長的刑期。如果凶星落在金牛座或獅子座，並跟火星對分相，這表示他將在長期監禁之後，被劍砍殺，或因為爭執而帶來危險；如果凶星換成了土星的話，這象徵了巨大的折磨、鐐銬，以及難捱的懲罰，在我們之間，土星表示貧窮、困難的事情、一點點的慈悲或毫無慈悲，還有疾病。如果凶星落在水瓶座或雙魚座，表示將會在監獄裡待很久，但如果是雙魚座的話，時間會是兩者中比較短的。如果上升守護落在從它守護的宮位或擢升星座宮位開始算起的降宮，同時月亮在水瓶座的話，這表示漫長的刑期；上升守護或月亮落在第八宮的話，也表示同一結果。如果水星跟任何凶星在一起的話，將會為被囚禁的人添加壞事及悲傷，並為囚犯帶來不好的結果。

　　簡而言之，對於囚犯來說，當月亮正在下弦周期，下降到星盤北方的位置，並跟吉星入相位，同時上升點及其守護星都吉利的時候，沒有狀況比這更值得期待的了。

　　同時必須注意的是，對囚犯來說，金星比木星更值得期待，能夠讓他更早出獄，尤其在象徵上當金星與月亮或水星會合的時候。如果月亮跟土星在一起，而木星透過四分相看到它們，同時又跟火星三分相的話，這代表在漫長的監禁及痛苦之後，他將會越獄逃脫。

Chapter 93
關於俘虜或奴隸

　　觀察第六宮或第十二宮，如果當中有任何行星落入，那麼，該行星就會是俘虜的象徵星，因為這兩個宮位都是俘虜或囚禁的宮位，如果沒有行星落入這兩宮的話，觀察有沒有行星在太陽的光芒之下，它會是象徵星。

　　觀察那個人被俘虜的時間，如果那個小時的值時星是凶星，這代表將會是漫長的囚禁或俘虜。

　　古人說，如果在太陽時期間被抓住，他將會於一個月內逃脫；如果是金星時，四十天內；水星時，漫長的囚禁；月亮時，他的狀況將根據月亮跟哪顆行星入相位、該行星是吉是凶而有所改變，你可以因此論斷他將會很輕鬆就被釋放還是需時很久；於土星時內被抓到的話，他將會在監獄待上很久；木星時內，他很快就會被出來；但如果他是在火星時內被抓到，那麼監獄中將有很多的麻煩事發生於他身上，他將會被鎖上腳鐐或被虐打。你必須知道被抓的到底是壞人、士兵、逃獄者還是瘋子之類。

Chapter 94
關於某人是否中了巫術

　　在關於懷疑中了巫術的問題中，如果十二宮守護落在第六宮，或六宮守護落在第十二宮，或上升守護落在第十二宮，或十二宮守護落在第一宮，或八宮守護落在第一宮，或上升守護落在第八宮的話，代表答案是可能中了，否則代表沒有。但我對接下來的論斷方式比較肯定。

　　在熟讀《占星學的卡巴拉之鑰》[148] 的占星師之間，有一個廣被接納的規則，那就是如果某行星同時是上升守護及十二宮守護，那麼，這個人並不是患病那麼簡單：當土星同時是上升守護及十二宮守護，並在第十二宮中逆行，或在第七宮或第八宮中逆行，同時月亮擔任六宮守護並跟土星入相位的話，我們會一致判斷提問的人中了巫術，或如前述狀況，有邪靈的力量戰勝了他，而這個體弱的人如果沒有被干擾的話，他將會被苦苦壓抑於他的幻想中並受其侵擾。

　　如果上升守護被燃燒，或是不吉利落在第十二宮，或會合了十二宮守護的話，那可能真的需要非常擔憂，問卜者或被問卜者可能真的被迷惑或中了巫術，或是某些邪靈真的為他帶來了困擾。如果上升守護就是十二宮守護，同時被燃燒的話，你必須觀察太陽是哪一宮的守護，它跟上升守護落在哪個

148　《占星學的卡巴拉之鑰》（the Cabalisticall Key of Astrologie）。

星座，並在星盤的哪個象限，並由此判斷出女巫居住的方向。描述太陽所在的星座，因為這代表了那個人。

如果上升守護也是十二宮守護、被燃燒，或因三宮守護而招致不吉利的話，那麼，是鄰居或某親戚僱用了某女巫去做這件事；看看上升守護落在哪一宮，以及三宮守護落在哪一宮，並為上升守護帶來不吉利，你便可由此判斷惡意的源頭來自跟那一宮本質相關的事情。例如它們其中一方落在第六宮，那會是跟牧草、小型牲畜相關的爭執，或為了某人僱用了另一人的僕人之類的事情，並以這種方式去考量其餘所有宮位。

正如前述，如果上升守護因為五宮守護而不吉利的話，那麼，會是某個酒館老闆娘、乳母，或某個喝醉的伙伴造成了這事件，或招致了這巫術的發生。

如果是十宮守護傷害了落在第十二宮中的上升守護，那麼，毫無疑問是上帝的作為，或是來自某些超自然的力量或原因。

如果上升守護本身是凶星，例如火星或土星，同時落在第十二宮、被燃燒、因十二宮守護而不吉利的話，這表示那個人是被一位一般的女巫用了巫術。

如果十二宮守護落在第一宮，這顯示是巫術，或某邪靈的確正攻擊那個人，他身邊的某人或附近的某個人有惡魔的舌頭，也就是說，就是對這個人使用了巫術。

在一些人們因女巫而困擾的地方，正如本王國很多地方也對女巫感到困擾，以上這些規則都會是有效的。此外，如果月亮落在第十二宮，對分上升守護或十二宮守護的話，也一樣。如果人們懷疑牲畜被用了巫術的話，假如是大型牲畜，那就把第十二宮視為牲畜的第一宮，第十一宮為牠們的第十二宮，並相應地調整你的論斷規則。

針對巫術的天然療法

透過星盤中的十二宮守護或落在十二宮中的行星，並確定它們透過惡意的相位看到上升守護，從中找到並描述了當事人之後，你必須讓人看管那個被懷疑用了巫術的人，當他們回到自己的家之後，在他們回到家那一刻，任何其他人緊隨他或她入屋之前，讓人手執一束用來蓋房頂的茅草，或門頂的一塊瓦片：如果是瓦片的話，生火並把瓦片烤得通紅，在上面放一個三腳架，然後，不管我們這一方是男人、女人還是小孩，拿他的水並倒在燒得通紅的瓦片之上，先倒其中一邊然後再倒另一邊，接著再次把瓦片放進火裡，讓它變得極度炙熱，將它反轉並馬上繼續燒，同時不要讓任何人進入房子。

如果是牲畜中了巫術的話，從它們的每一隻身上拿下一些毛髮，並於乾淨的水裡混合這些毛，或把這些毛髮好好的弄濕，然後把它們放在瓦片之下，讓三腳架放在瓦片之上。生起明亮的火，不時的翻轉放在毛髮上的瓦片，並攪和那些毛髮，當灰燼冷卻後，將之埋在地裡，朝著星盤所指出的那個疑似女巫所居住的方向。

如果女巫所住的地方，屋頂沒有瓦片只有茅草，那麼，從那裡拿一束茅草，用我們一方的水弄濕它，也可以用一般的水並加入一些鹽，然後，把茅草放在火中，並在上面放上三腳架，讓它慢慢地一點點崩裂瓦解。

又或者，拿兩個全新的馬蹄鐵，把它們燒得通紅，然後把其中一個釘在門檻上，另外一個則把它浸泡在被用了巫術的人的尿液之中；然後，把尿放在火上，然後把馬蹄鐵放進去，接著在盛著尿液的陶鍋（或鍋子）上放三腳架；把尿液煮滾，加一點鹽巴與及三根馬釘，煮到尿液差不多乾掉為止，沒有完全被煮掉的東西則倒進火中。用乾淨的布或紙包好馬蹄鐵跟馬釘，並重覆以上過程三幾次；如果你在月亮最明亮一刻或滿月的時候，或在月亮形

成第一月相或第二月相的那一刻進行的話，將會更有效果。如果他們的牲畜中了巫術，你必須把牠們的毛髮跟茅草混在一起，並弄濕它，綑好，然後讓它們長時間放在火中被消耗。這些都是自然的操作，透過同感[149]的原理運作，是我經過數次實驗而發現的。我本應可以開出更多配方，畢竟很多人看起來很有經驗，但實際上他們並沒有足夠實力。

---

149 同感（Sympathy）跟反感（Antipathy）是古代物理學中用來解釋各種現象的力量運作原理。

Chapter 95
有一隻馬在亨利[150]附近走失或被偷了，能找回來嗎？

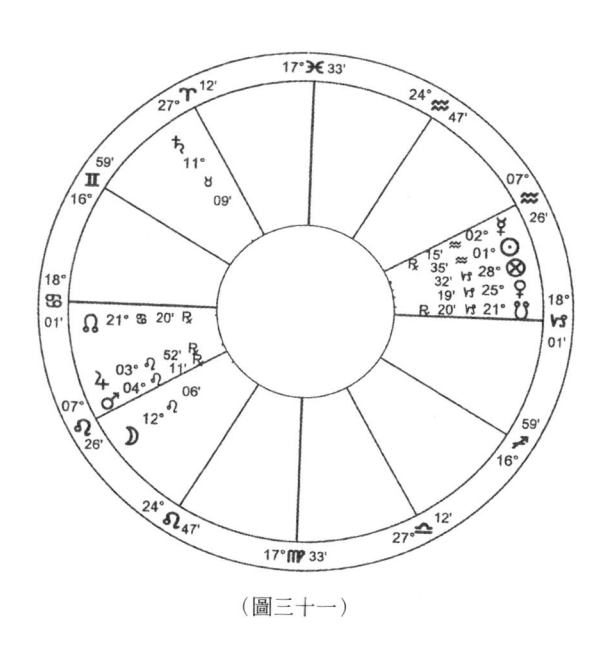

（圖三十一）

在這裡，水星是十二宮守護，象徵那隻馬，你看到水星正在逆行並很快

---

150 亨利（Henley）為地方名，有可能是泰晤士河畔亨利（Henley-on-Thames）。

就會跟太陽合相，而太陽是問卜者的物質宮位的守護星。因爲逆行移動的水星入相位接近物質宮位的守護星太陽，月亮本身也在第二宮，同時木星和火星也在二宮宮首附近逆行，我認爲問卜者會很快，甚至在提問之後一兩天之內就能以意料之外的方式拿到他的貨物或馬，而因爲第七宮被南交點所傷害，我認爲沒有辦法阻攔到小偷。

被問到馬往哪個方向去了，我觀察到第十二宮的星座是雙子座，也就是西方；十二宮守護所落的星座是水瓶座，也是西方；雖然該星盤象限象徵南方，但更多的證據指向西方；月亮落在獅子座，東北方的星座；此外，水星是四宮守護，也落在西方的星座。由此，我的結論是馬往西方去了，但因爲水星正在逆行，我認爲馬應該沒有走得很遠，而是會回到他正確的主人身邊（事實上，馬的確於三日後回來了，之前也的確一直在西方）。然而，我之前論斷馬匹會早一天回來，但只要你更加準確地觀察星盤，你就會發現馬的象徵星水星，雖然會跟物質宮位的象徵星太陽合相，然而，因爲太陽在這位置沒有任何尊貴，因此，馬匹一直到一月十三日星期三或一月十四日星期四才回來，那是水星跟金星形成度數上的合相。

我必須坦承，在這星盤中有很多好的象徵，指出問卜者將會尋回他走失的馬：首先，北交點在第一宮；第二，月亮在第二宮，表示馬將會被發現；第三，失物的象徵星水星正在逆行，預告了物件會以輕鬆的方式再次回來；第四，兩顆逆行星在二宮宮首，這通常表示快速的、意料之外的失而復得。至於同樣在境外的木星和火星，我認爲它們所指的是那些把馬騎走的人，尤其是指木星（而事實上也的確如此）。

Chapter 96
是否中了巫術

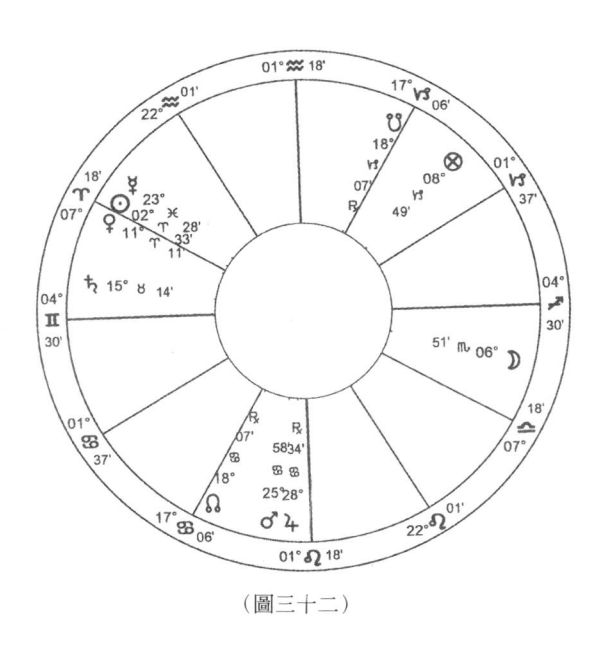

（圖三十二）

首先，我們必須考量十二宮守護星火星有沒有傷害上升守護水星，或火星有沒有傷害月亮；水星是不是上升守護跟十二宮守護，或是作為八宮守護的土星有沒有傷害第一宮。若是沒有涉及上升守護或第一宮本身，或月亮沒有受到十二宮守護傷害的話，那麼，並沒有強大的巫術發生。在這裡可以看

到月亮即將跟土星對分相，兩顆行星落在第六宮和第十二宮，這讓人懷疑涉及了巫術，對於那些向問卜者提問他是否中了巫術的人來說，其實也不無道理，而且醫生曾經開了很多藥物給問卜者，但都沒有效果，反而使病人狀況越來越差。我正面且肯定地告訴問卜者，並不是中了巫術，因為水星跟木星和火星三分相，金星落在第十二宮，土星離宮首很遠，月亮在跟土星對分相入相位之後，將會跟上升守護水星形成相位，水星在地平線之上，正升上天頂。

我引導他們再一次跟醫生們商討，並有禮貌地詢問他們，病因有可能還沒被發現，它在身側及私處，並源自於過多的房事之類。原因是，六宮宮首落在天秤座，它的守護星金星在第十二宮，因此，象徵了未被發現的神祕疾病，而且跟性事有關。

月亮落天蠍座第六宮，對分第十二宮的土星，這表示是最近剛患上的、跟女性有關的疾病，因為這算是不能見光的事情，就像土星或月亮在這星盤中都看不見第一宮。我判斷他感到很癢，因為水星在雙魚座這個濕的星座，也因為六宮星座是天秤座，而雙子座是風象星座，疾病已經遍佈他的骨頭、關節及血液，這些都已經受到感染。我並不是說這是真正的性病，但我已經提出警告必須治好它。意見被聽取，醫治的過程也更改了，受到損害的人在三星期之內或三星期左右完全康復。

Chapter 97
有一名囚犯逃獄了，他逃往了哪個方向，能找回來嗎？

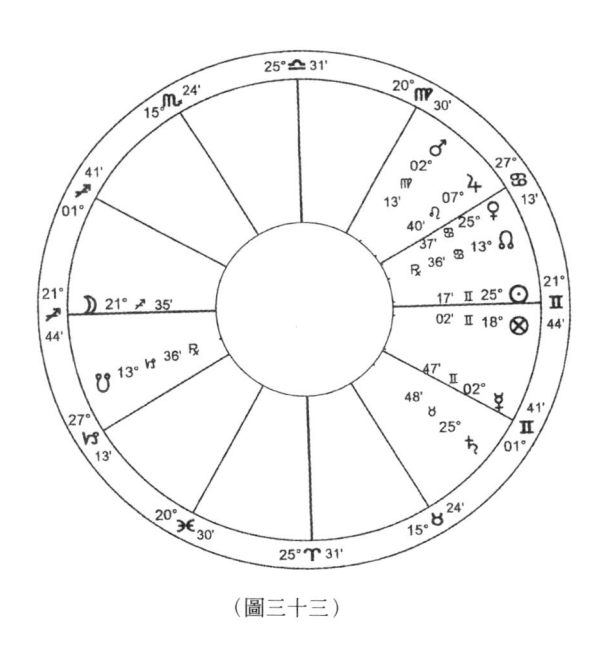

（圖三十三）

　　囚犯本人由第十二宮宮首的射手座及落在獅子座的木星所代表。

　　他前進的方向及打算前往的地方，可從第十二宮的星座，即射手座，以及木星所在的獅子座來觀察。

另外還需考量月亮所在的星盤象限及星座。

考量以上所有之後，它們一致象徵了囚犯往東方或正東邊去了（而他也的確如此），月亮如此靠近上升點，表示囚犯還沒離開城鎮，但他正在他所出逃的監獄東邊，至少，他不會離城鎮太遠。而因為木星在第八宮，因此我判斷他短暫地躲起來躺了一下，也就是一個晚上，但之後他會離開（他的確這樣做了）。

我信心滿滿地肯定囚犯將會再次被尋回，而且是透過某些擁有權威的人。因為月亮離開了跟囚犯的象徵星木星的三分相，並入相位跟太陽的對分相，月亮跟太陽都在角宮；這規則從沒失敗過，但如果月亮或囚犯、人質的象徵星，被落在第七宮的凶星所傷害的話，逃亡者或囚犯將再次被抓獲。

之後，我發現木星跟水星六分相，水星在自己的宮位，並入相位接近木星，因此我判斷問卜者將會於六至七天之內，透過書信或某年輕人而得到囚犯的消息，或當象徵星們來到六分相的時候，即六天之後。真相是，在接下來的星期五，他收到一封關於囚犯行蹤的信，並在接下來的星期日透過權威當局逮捕了他。關於人質的問題也是以這種方式去論斷（考慮所有條件）。

Chapter 98
一位女士的丈夫被囚禁了，他什麼時候會被釋放？

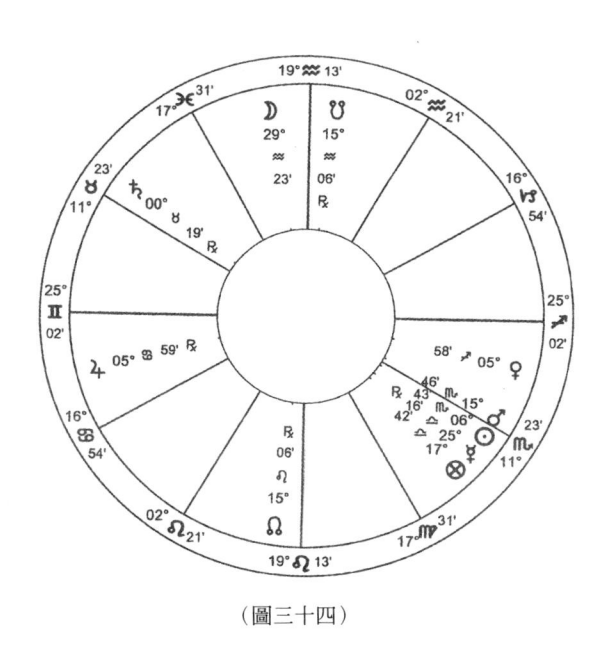

（圖三十四）

關於這星盤的論斷

　　這問題屬於第十二宮。七宮守護星木星象徵了女士的丈夫，木星落在巨蟹座逆行，最近或前一天跟太陽三分相，月亮跟逆行的土星六分相入相位，然後跟木星三分相，而且出現最有力的接待。對此，我並沒有講太多，只是告訴這位女士不用費心去跟陛下建立交情，或為了丈夫被釋放而做其他事情，因為當時我肯定他將於三天之內透過一個太陽特質的人（一位指揮官）而從監禁中被釋放。這位指揮官將會釋放他，並向他提供一切他所需的。真相是，丈夫被釋放了，在問題被提出的同一日，這位丈夫在被逮捕成階下囚的駐防地，被一位誠實的國會將領拿下了，這位將領給予他丈夫足夠的金錢，以及一切生活所需。

　　木星於擢升的位置逆行，在開創星座，跟太陽三分相，這代表了短期的監禁，因為太陽是四宮守護，同時形成了如此完美的三分相。

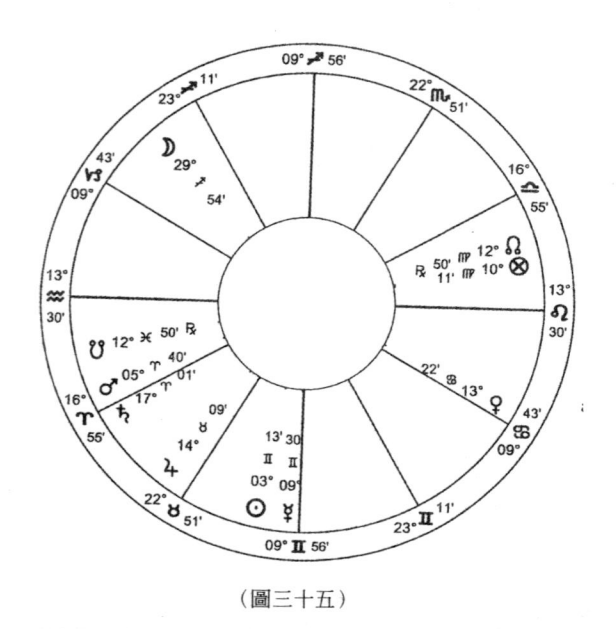

（圖三十五）

Chapter 98　一位女士的丈夫被囚禁了,他什麼時候會被釋放?

埃塞克斯伯爵羅伯特大人最後一次揮軍往西的時間

　　在上一頁圖三十五的星盤中,上升星座是水瓶座,非常好的代表了他的體格,因為它的狀況是討喜的,土星、水星跟金星代表他的心智。木星也在他的特質中扮演重要角色,它是雙魚座的守護星,而在這星盤中,雙魚座被截奪於第一宮之中。

　　我首先考量的是月亮出相位離開跟土星的三分相,並入相位跟火星四分相,火星是物質援助跟朋友宮位的守護星,也是第九宮的守護星,即他的旅途,這表示了他的成功機率渺茫,這一次的進軍將會為他帶來不少的損失:因為南交點在第一宮,我判斷他將會於私人事務中被背叛;上升守護的土星是境外行星,於第二宮中落陷,月亮弱勢,福點由水星所支配,而水星是敵人的象徵星;木星的確於度數上跟上升點形成了往右的四分相,由此我只好給出以下論斷,就是伯爵大人必須預期這次揮軍將不會有任何成功,這趟旅程無法為他帶來任何榮耀,他將在倫敦這裡,因為某個擁有巨大權力的人而遭遇極端的挫折,這個人會裝作是他的朋友,伯爵大人將會被完全的出賣,並陷於失去所有的危機之中。我衷心為他於如此不幸運的時間揮軍一事感到可惜,還有很多其他的事。事情是這樣的(這是我為了後人而寫的),一開始的時候事情很順利,每天都有擁有好素質的人跟權威人士們來嘲笑我,嘲弄我之前的預測,我從非常安心到被傷害得體無完膚。在某些條件下,他的確可能有較好的遭遇,但當時間來到九月八日的時候,悲傷的消息來了,就在九月二日當天,這位大人投降了,並把所有火藥交給陛下,他只餘下四分之一的軍力,也有一些寫得不盡光彩的報導,內容盡是對皇室的極盡羞辱。

Chapter 99
使用表格找出日間或夜間每小時的守護行星

（表一）

太陽的位置 星座/度數	太陽升起 小時/分鐘	尋找行星時間的表格 中午前的小時						太陽的位置 星座/度數
		1 小時/分鐘	2 小時/分鐘	3 小時/分鐘	4 小時/分鐘	5 小時/分鐘	6 小時/分鐘	
♈ 0	6　0	7　0	8　0	9　0	10　0	11　0	12　0	♍ 30
3	5　54	6　55	7　56	8　57	9　58	10　59	0	27
6	47	47	51	54	56	58	0	24
9	41	44	47	51	55	57	0	21
12	35	39	43	48	53	56	0	18
♈ 15	5　28	6　33	7　39	8　44	9　49	10　55	12　0	♍ 15
18	22	28	35	41	47	54	0	12
21	16	23	31	38	45	53	0	9
24	10	18	27	35	43	52	0	6
27	3	13	22	32	40	51	0	3
♉ 0	4　57	6　8	7　18	8　29	9　39	10　50	12　0	♍ 0
3	51	3	14	26	37	45	0	27
6	45	5　58	10	23	35	49	0	24
9	40	52	7	20	33	48	0	21
12	34	48	3	17	31	47	0	18

♉	15	4	28	5	42	6	59	8	14	9	29	10	45	12	0	♌	15
	18		23		39		55		12		28		44		0		12
	21		18		35		52		9		26		43		0		9
	24		12		30		48		6		24		42		0		6
	27		8		27		45		4		23		41		0		3
♊	0	4	2	5	23	6	42	8	2	9	21	10	41	12	0	♌	0
	3	3	59		19		39		0		20		40		0		27
	6		55		16		37	7	58		18		39		0		24
	9		51		13		34		56		17		39		0		21
	12		48		10		32		54		16		38		0		18
♊	15	3	45	5	8	6	30	7	53	9	15	10	38	12	0	♋	15
	18		43		6		29		52		14		37		0		12
	21		41		4		27		51		14		37		0		9
	24		40		3		27		50		13		37		0		6
	27		39		2		26		50		13		36		0		3
♊	30	3	38	5	1	6	25	7	49	9	13	10	46	13	0	♋	0

（表二）

太陽的位置	尋找行星時間的表格						太陽的位置
	中午後的小時						
	7	8	9	10	11	12	
星座/度數	小時/分鐘	小時/分鐘	小時/分鐘	小時/分鐘	小時/分鐘	小時/分鐘	星座/度數
♈ 0	1 0	2 0	3 0	4 0	5 0	6 0	♍ 30
3	1	2	3	4	5	6	27
6	2	4	6	9	11	13	24
9	3	6	10	13	16	19	21
12	4	8	13	17	21	25	18

♈	15	1	5	2	11	3	16	4	21	5	27	6	31	♍	15
	18		6		13		19		25		32		38		12
	21		7		15		22		29		37		44		9
	24		8		17		25		33		42		50		6
	27		10		19		29		38		48		57		3
♉	0	1	11	2	21	3	32	4	42	5	53	7	3	♍	0
	3		12		23		35		46		58		9		27
	6		13		25		38		50	6	6		15		24
	9		13		27		40		55		7		20		21
	12		14		29		43		57		12		26		18
♉	15	1	15	2	31	3	46	5	1	6	17	7	31	♌	15
	18		16		32		49		5		21		37		12
	21		17		34		51		8		25		41		9
	24		18		36		54		12		30		48		6
	27		19		37		56		15		33		52		3
♊	0	1	20	2	39	3	59	5	18	6	38	7	57	♌	0
	3		20		40	4	1		21		41	8	1		27
	6		21		43		3		23		44		5		24
	9		22		43		5		26		48		9		21
	12		22		44		6		28		50		12		18
♊	15	1	23	2	45	4	8	5	30	6	53	8	15	♋	15
	18		23		46		9		31		54		17		12
	21		23		46		10		32		56		29		9
	24		23		47		10		33		57		20		6
	27		24		47		11		34		38		21		3
♊	30	1	24	2	47	4	11	5	35	6	58	8	22	♋	0

Chapter 99　使用表格找出日間或夜間每小時的守護行星

（表三）

太陽的位置 星座／度數	太陽升起 小時／分鐘	尋找行星時間的表格 中午前的小時 1 小時／分鐘	2 小時／分鐘	3 小時／分鐘	4 小時／分鐘	5 小時／分鐘	6 小時／分鐘	太陽的位置 星座／度數
♎ 0	6　0	7　0	8　0	9　0	10　0	11　0	12　0	♓ 30
3	6	5	4	3	2	1	0	27
6	13	11	9	7	4	2	0	24
9	19	16	13	10	6	3	0	21
12	25	21	17	13	8	4	0	18
♎ 15	6　32	7　24	8　21	9　16	10　11	11　5	12　0	♓ 15
18	38	30	25	19	13	6	0	12
21	44	37	29	22	15	7	0	9
24	50	42	33	25	17	8	0	6
27	57	48	38	29	19	9	0	3
♏ 0	7　3	7　53	8　42	9　32	10　21	11　10	12　0	♓ 0
3	9	58	46	35	23	11	0	27
6	15	8　3	50	38	25	12	0	24
9	20	7	53	40	27	13	0	21
12	26	12	57	43	29	14	0	18
♏ 15	7　32	8　17	9　1	9　46	10　31	11　15	12　0	♒ 15
18	37	21	5	49	32	16	0	12
21	42	25	8	51	34	17	0	9
24	48	30	12	54	36	18	0	6
27	52	33	15	56	37	19	0	3
♐ 0	7　57	8　38	9　18	9　59	10　39	11　20	12　0	♒ 0
3	8　1	41	21	10　1	40	20	0	27
6	5	44	23	2	41	21	0	24
9	9	48	26	4	43	22	0	21
12	12	50	28	6	44	22	0	18

♐	15	8	15	8	53	9	30	10	8	10	45	11	23	12	0	♑	15
	18		17		54		31		9		45		23		0		12
	21		19		56		33		10		46		23		0		9
	24		20		57		33		10		47		23		0		6
	27		21		58		34		11		47		23		0		3
♐	30	8	22	8	58	9	35	10	11	10	47	11	24	12	0	♑	0

（表四）

太陽的位置	尋找行星時間的表格						太陽的位置
	中午後的小時						
	7	8	9	10	11	12	
星座／度數	小時／分鐘	小時／分鐘	小時／分鐘	小時／分鐘	小時／分鐘	小時／分鐘	星座／度數
♎ 0	1 0	2 0	3 0	4 0	5 0	6 0	♓ 30
3	0 59	1 58	2 57	3 56	4 55	5 54	27
6	58	56	54	51	49	47	24
9	57	54	51	47	44	41	21
12	56	50	48	43	39	35	18
♎ 15	0 55	1 49	2 44	3 39	4 33	5 28	♓ 15
18	54	47	41	35	28	21	12
21	53	45	38	31	23	16	9
24	52	43	35	27	18	10	6
27	51	41	31	23	13	3	3
♏ 0	0 50	1 39	2 29	3 18	4 8	4 57	♓ 0
3	49	37	26	14	3	51	27
6	48	35	23	10	3 58	45	24
9	47	33	20	7	53	40	21
12	46	31	17	5	48	34	18

♏	15	0	45	1	29	2	14	2	59	3	43	4	28	♒	15
	18		44		28		12		55		39		22		12
	21		44		26		9		52		35		18		9
	24		43		24		6		48		30		13		6
	27		41		23		4		45		27		8		3
♐	0	0	41	1	21	2	2	2	42	3	23	4	3	♒	0
	3		40		20		0		39		19	3	59		27
	6		39		18	1	57		36		15		55		24
	9		39		17		56		34		13		51		21
	12		38		16		54		32		10		48		18
♐	15	0	38	1	15	1	53	2	30	3	8	3	45	♑	15
	18		37		14		51		28		5		43		12
	21		37		14		51		27		4		41		9
	24		37		13		50		27		3		40		6
	27		37		13		50		26		2		39		3
♐	30	0	36	1	13	1	49	2	25	3	2	3	38	♑	0

（表五）

太陽的位置	太陽升起	尋找行星時間的表格						太陽的位置
		午夜前的小時						
		1	2	3	4	5	6	
星座/度數	小時/分鐘	小時/分鐘	小時/分鐘	小時/分鐘	小時/分鐘	小時/分鐘	小時/分鐘	星座/度數
♈ 0	6 0	7 0	8 0	9 0	10 0	11 0	12 0	♍ 30
3	6	5	4	3	2	1	0	27
6	13	11	9	7	4	2	0	24
9	19	16	13	10	6	3	0	21
12	25	21	17	13	8	4	0	18

♈	15	6	32	7	24	8	21	9	16	10	11	11	5	12	0	♍	15
	18		38		30		25		19		13		6		0		12
	21		44		37		29		22		15		7		0		9
	24		50		42		33		25		17		8		0		6
	27		57		48		38		29		19		9		0		3
♉	0	7	3	7	53	8	42	9	32	10	21	11	10	12	0	♍	0
	3		9		58		46		35		23		11		0		27
	6		15	8	3		50		38		25		12		0		24
	9		20		7		53		40		27		13		0		21
	12		26		12		57		43		29		14		0		18
♉	15	7	32	8	17	9	1	9	46	10	31	11	15	12	0	♌	15
	18		37		21		5		49		32		16		0		12
	21		42		25		8		51		34		17		0		9
	24		48		30		12		54		36		18		0		6
	27		52		33		15		56		37		19		0		3
♊	0	7	57	8	38	9	18	9	59	10	39	11	20	12	0	♌	0
	3	8	1		41		21	10	1		40		20		0		27
	6		5		44		23		2		41		21		0		24
	9		9		48		26		4		43		22		0		21
	12		12		50		28		6		44		22		0		18
♊	15	8	15	8	53	9	30	10	8	10	45	11	23	12	0	♋	15
	18		17		54		31		9		45		23		0		12
	21		19		56		33		10		46		23		0		9
	24		20		57		33		10		47		23		0		6
	27		21		58		34		11		47		24		0		3
♊	30	8	21	8	50	9	25	10	11	10	47	11	24	12	0	♋	0

Chapter 99　使用表格找出日間或夜間每小時的守護行星

（表六）

太陽的位置	尋找行星時間的表格 午夜後的小時											太陽的位置	
		7		8		9		10		11		12	
星座 / 度數		小時/分鐘		小時/分鐘		小時/分鐘		小時/分鐘		小時/分鐘		小時/分鐘		星座 / 度數
♈	0	1	0	2	0	3	0	4	0	5	0	6	0	♍	30
	3	0	59	1	58	2	57	3	56	4	55	5	54		27
	6		58		56		54		51		49		47		24
	9		57		54		51		47		44		41		21
	12		56		52		48		43		39		35		18
♈	15	0	55	1	49	2	44	3	39	4	33	5	28	♍	15
	18		54		47		41		35		28		22		12
	21		53		45		38		31		23		16		9
	24		52		43		35		27		18		10		6
	27		51		41		31		22		13		3		3
♉	0	0	50	1	39	2	29	3	18	4	8	4	57	♍	0
	3		49		37		26		14		3		51		27
	6		48		35		23		10	3	58		45		24
	9		47		33		20		7		53		40		21
	12		46		31		17		5		48		34		18
♉	15	0	45	1	29	2	14	2	59	3	43	4	28	♌	15
	18		44		28		12		55		39		23		12
	21		44		26		9		52		35		18		9
	24		43		24		6		48		30		13		6
	27		41		23		4		45		27		8		3
♊	0	0	41	1	21	2	2	2	41	3	23	4	3	♌	0
	3		40		20		0		39		19	3	59		27
	6		39		18	1	57		36		15		55		24
	9		39		17		56		34		13		51		21
	12		38		16		54		32		10		48		18

♊	15	0	38	1	15	1	53	2	30	3	8	3	45	♋	15
	18		37		15		51		28		5		43		12
	21		37		15		51		27		4		41		9
	24		37		14		50		27		3		40		6
	27		37		13		50		26		3		39		3
♊	30	0	36	1	12	1	49	2	25	3	2	3	38	♋	0

（表七）

太陽的位置	太陽升起	尋找行星時間的表格 午夜前的小時						太陽的位置
		1	2	3	4	5	6	
星座/度數	小時/分鐘	小時/分鐘	小時/分鐘	小時/分鐘	小時/分鐘	小時/分鐘	小時/分鐘	星座/度數
♎ 0	6 0	7 0	8 0	9 0	10 0	11 0	12 0	♓ 30
3	5 54	6 55	7 56	8 57	9 58	10 59	0	27
6	47	47	51	54	56	58	0	24
9	41	44	47	51	54	57	0	21
12	35	35	43	48	53	56	0	18
♎ 15	5 28	6 33	7 39	8 44	9 49	10 55	12 0	♓ 30
18	22	28	35	41	47	54	0	27
21	16	23	31	38	45	53	0	24
24	10	18	27	35	43	52	0	21
27	3	13	23	39	41	51	0	18
♏ 0	4 57	6 8	7 18	8 19	9 39	10 50	12 0	♓ 30
3	51	3	14	26	37	49	0	27
6	45	5 58	10	23	35	48	0	24
9	40	52	7	20	33	47	0	21
12	34	48	3	17	31	46	0	18

Chapter 99　使用表格找出日間或夜間每小時的守護行星

♏	15	4	28	5	43	6	59	8	14	9	29	10	45	12	0	♒	15
	18		23		39		55		12		28		44		0		12
	21		18		35		52		9		26		43		0		9
	24		12		30		48		6		24		42		0		6
	27		8		27		45		4		23		41		0		3
♐	0	4	3	5	23	6	42	8	2	9	21	10	41	12	0	♒	0
	3	3	59		19		39		0		20		40		0		27
	6		55		16		37	7	58		18		39		0		24
	9		51		13		34		56		17		39		0		21
	12		48		10		32		54		16		38		0		18
♐	15	3	45	5	8	6	30	7	53	9	15	10	38	12	0	♑	15
	18		43		6		29		52		14		37		0		12
	21		41		4		27		51		14		37		0		9
	24		40		3		27		50		13		37		0		6
	27		39		2		26		50		13		36		0		3
♐	30	3	38	5	1	6	25	7	49	9	13	10	36	13	0	♑	0

（表八）

太陽的位置	尋找行星時間的表格						太陽的位置
	午夜後的小時						
	7	8	9	10	11	12	
星座／度數	小時／分鐘	小時／分鐘	小時／分鐘	小時／分鐘	小時／分鐘	小時／分鐘	星座／度數
♎　0	1　0	2　0	3　0	4　0	5　0	6　0	♓　30
3	1	2	3	4	5	6	27
6	2	4	7	9	11	13	24
9	3	6	10	13	16	19	21
12	4	8	13	17	21	25	18

♎	15	1	5	2	11	3	16	4	21	5	27	6	31	♓	15
	18		6		13		19		25		32		38		12
	21		7		15		22		29		37		44		9
	24		8		17		25		33		42		50		6
	27		10		19		29		38		48		57		3
♏	0	1	11	2	21	3	32	4	42	5	53	7	3	♓	0
	3		12		23		35		46		58		9		27
	6		13		25		38		50	6	3		15		24
	9		13		27		40		55		7		20		21
	12		14		29		43		57		12		26		18
♏	15	1	15	2	31	3	46	5	1	6	17	7	31	♒	15
	18		16		32		49		5		21		37		12
	21		17		34		51		8		25		41		9
	24		18		36		54		12		30		48		6
	27		19		37		56		15		33		52		3
♐	0	1	20	2	39	3	59	5	18	6	38	7	57	♒	0
	3		20		40	4	1		21		41	8	1		27
	6		21		42		3		23		44		5		24
	9		22		43		5		26		48		9		21
	12		22		44		6		28		50		12		18
♐	15	1	23	2	45	4	8	5	30	6	53	8	15	♐	15
	18		23		46		9		31		54		17		12
	21		23		46		10		32		56		29		9
	24		23		47		10		33		57		20		6
	27		24		47		11		34		38		21		3
♐	30	1	24	2	47	4	11	5	35	6	58	8	22	♐	0

　　你必須知道一星期有七日，即星期日、星期一、星期二、星期三、星期四、星期五、星期六，行星也有七顆，即土星、木星、火星、太陽、金星、水星、月亮。我們把一星期中的每一日分配給一顆行星，星期日予太陽，星期一予月亮，星期二予火星，星期三予水星，星期四予木星，星期日五予

金星，星期日六予土星，而每一日的第一個小時，我們都會分配給該日的行星，從日出開始計算，第二個小時則分配給下一顆行星，第三個小時則分配給從該日行星算起的第三顆行星。例如在某星期日，我想知道哪些行星守護那天的第一、二、三、四、五、六個小時的話，我會說太陽守護第一個小時、金星第二、水星第三、月亮第四、土星第五、木星第六等等，那一天的日間及接下來的夜間也是按此順序接連下去。如果你以此順序計算，會發現一直進行下去的話，月亮將會守護星期一的第一個小時，土星守護星期一的第二個小時，木星第三，火星第四等等。

的確，某些古人們認為不論冬天夏天，日間跟夜間都應該有著同樣的時數，我指的是每一個小時都要同樣地包含了六十分鐘。然而，占星師們不這麼做，而是跟隨以下的方法，也就是根據太陽夏天跟冬天的移動，去調整每一個小時的長短。太陽從日出到日落之間的時間長度，把它平均分為十二等分，其中有一半是中午前的時數時，其餘的便是中午後的時數；同樣地，日落後到下一天日出前之間的時間長度，把它均分為十二等分，每一等分代表占星學上的一小時。我們的確是從日出開始計算，一直持續到下一個日出，與分配給這一天的行星一起按照順序連續編號，直到下一日。因此，你的占星學小時被稱為不平均的小時，因為一年之中一小時的長度通常會是六十分鐘前後，除非是太陽進入牡羊座或天秤座當天，那時候每一個占星時就會剛剛好不多不少的等於六十度。

表格的使用方法

如果你想知道某一天日間的行星時，而那一天的太陽落在牡羊、金牛、雙子、巨蟹、獅子或處女座的話，你首先應該翻到表一和表二。

如果你想知道當某一天日間的行星時，而那一天的太陽落在天秤、天

蠍、射手、摩羯、水瓶或雙魚座的話，表三和表四的表格能協助你。

如果你想知道某一天晚間或日落後的行星，而那一天的太陽落在牡羊、金牛、雙子、巨蟹、獅子或處女座的話，你首先應該翻到表五和表六。

如果你想知道某一天晚間的行星，而那一天的太陽落在天秤、天蠍、射手、摩羯、水瓶或雙魚座的話，表七和表八將能滿足你。

例子

如果你知道日出的時間，太陽在牡羊座 3、4 或 5 度的話，於表格第一頁的第一欄，在那裡你會找到「太陽的位置」，下面寫著星座及度數，在這兩個字之下，是 ♈ 0，然後是 0 3，它的右手邊寫著 5 54，這上面的標示小時及分鐘；因此，它告訴你當太陽在牡羊座 3 度的時候，會在 5 時 54 分升上地平線，然後於同一行你會看到行星時，例如，假設我知道於一六四六年三月十五日星期一早上 9 時 30 分，當日中午太陽會在牡羊座 4 度 47 分，差不多就到牡羊座 5 度，因此我在牡羊座下方尋找 5 度，在第一欄的第四行我找到 6，因為整個表格都是一直以 3 為單位加上去，如果我尋找的是牡羊座 4 度或 5 度的話，我必須找出 3 或 6 度，而這將會帶來一些誤差。但針對目的的話，在 6 度那一行的右方，正如前述，我找到日出時間為 5 時 47 分，同一行右方的時間為 6 時 47 分，然後按順序分別為 7 時 51 分，接著是 8 時 54 分，然後是 9 時 56 分。我的時間是 9 點 30 分，因此我開始計算，那一天是月亮的日子，月亮從 5 時 47 分開始守護，一直到 6 時 47 分，接著，土星守護當日日間的第二個小時，一直到 7 時 51 分，然後木星守護第三個小時，即一直到 8 時 54 分，然後火星守護第四個小時，一直到 9 時 56 分，於是我會說，火星守護了那個小時。因此，你可以這樣進行日間或夜間的計算。你必須記住的是，在第一欄你只看到牡羊座、金牛座、雙子座，在同一

Chapter 99　使用表格找出日間或夜間每小時的守護行星

頁的第九欄，你會找到處女座、獅子座及巨蟹座，所以當你尋找太陽處女、獅子或巨蟹的位置時，你必須相反地從下而上尋找；太陽在金牛座 15 度時的日出時間，等同於它在獅子座 15 時的日出時間；或當太陽在處女座 15 度時，它的日出時間等同於在牡羊座 15 度的時候。由此，我們得知行星時的長度，假設太陽在牡羊座 6 度的話，正如你所見，它會於早上 5 時 47 分從地平線升起。

在第三欄 5 你會找到 6 47，如果你用它同一行右手邊的時間 7 51 去減它的話，即：

7　51　　減除後的答案告訴我們，當天一個行星時長度為

6　47　　一小時四分

因此，如果你的日間小時多於六十分鐘的話，它晚間的小時會略少於六十分鐘，這是一般通用的規則。

在上述一六四六年三月十五日的例子中，太陽在牡羊座 4 度 47 分，我想知道於當日下午 5 時 20 分是由哪顆行星守護的話，我先翻到第二頁[151] 表格的第一欄，在太陽的位置下方，牡羊座的第四行找到 6 度，並明白了當中或許有些微誤差，因為太陽只是在 4 度 47 分，它比較接近 6 度，在這一欄的右手邊，我找到 1 2，然後是 2 4，接著 3 6，然後 4 9，然後是 5 11，然後是 6 13，這些告訴了我當天中午後第一個行星時於 1 2，即下午 1 時 2 分結束，第二個於 2 時 2 分結束，第三個於 3 時 6 分結束，第四個於 4 時 9 分結束，第二個於 5 時 11 分結束，第六個於 6 時 13 分結束，現在我想得知的時間是下午 5 時 20 分，落在當天日間的最後一個小時，若是你觀察 6 13 一欄

151　注意，作者所指的其實是第461頁的表二。

的標題，你會看到數字 12，那是當天日間的第十二個小時。現在，你從早上日出開始算起，第一個小時是月亮守護，並按順序的計算下去：

☽	♄	♃	♂	☉	♀	☿	☽	♄	♃	♂	☉
1	2	3	4	5	6	7	8	9	10	11	12

你會找到太陽從 5 時 11 分開始守護，直到 6 時 13 分結束為止，這麼顯而易見的東西不需要我再多費唇舌，因此我只會再提供多一個例子：在上述的三月十五日中午後的 11 時 10 分，我想知道那一刻是哪顆行星守護：太陽在牡羊座 4 度 47 分，我翻開表五，找到牡羊座 6 度那一行，在它的右手邊找到 6 13，接著分別是 7 11、8 9、9 7、10 4、11 2、12 0。

我想得知的時間是 11 時 10 分，在第七欄中你會看到 11 2，我的時間被包括在這其中，由此，我得知我想知道的時間是午夜前最後一小時，那是日落後第六個小時，即當天第十八小時，按上述方式計算，你會得知那是火星守護的小時。在提供診斷或進行各種自然相關的操作時，如果你沒有占星學中行星時的確實知識的話，你不可能進行有效的工作，這包括了採集草藥、鑄造護符、魔法圖像、魔法護甲等等。

到此，感謝全能的神的祝福，若非祂的旨意，我們將無從進行任何有價值的舉措。我立心寫作的這第二卷來到了完結的時刻，如果將來有機會，我會希望能再進一步討論。但是，在占星學上，我同時莫名地渴望去研讀這學問中的幾項其他知識，那超越了我最初的打算，我再一次冒險探討了本命盤的部分，當中，所有虔誠信徒所敬仰的那位憐憫世人的神，其光芒照耀於我們脆弱的知識之上，協助我運用占星學去判斷及理解所有好心的英國人的優點，這些我所深愛的國民們。榮耀的神呀，請協助我，我的任務艱鉅，你的這位僕人所知甚少！我不奢求從在世的人身上得到太多的幫助（迄今我未得

到過任何協助），但宇宙的靈魂，你的意志灌注我那模糊的智慧，讓我可以在不欺瞞、不詐騙之下直言不諱，就像本書的前兩卷我沒有假手於人，沒有得到過任何人的頭腦、手、心或其他的協助，所以，現在我也不會乞求或伸手去推翻神的旨意，因為我已經艱辛地完成了之前兩卷。然而，我會像一名英勇的冠軍一樣踏上與人對抗的戰場，對抗世上所有的惡意批評者，並發揮我目前仍然不足的知識所能發揮的。我不懷疑，相信在所有的時代都會有某人出現，並有禮地去修訂我的錯誤，或捍衛我至今所說過的話。

一六四七年六月十一日

威廉・禮尼

國家圖書館出版品預行編目（CIP）資料

基督教占星學.第二卷/威廉.禮尼（William Lilly）著；馮少龍譯. -- 初版. -- 臺北市：商周出版：英屬蓋曼群島商家庭傳媒股份有限公司城邦分公司發行, 2024.12
480面；17*23公分
譯自：Christian astrology. book 2
ISBN 978-626-390-355-5（平裝）

1.CST: 占星術

292.22   113017131

BF6065

基督教占星學・第二卷

原　書　名	╱Christian Astrology Book 2
作　　　者	╱威廉・禮尼（William Lilly）
譯　　　者	╱馮少龍（Brian Fung）
審　　　訂	╱魯道夫、Amanda
企畫統籌	╱國際占星學院
特約編輯	╱劉毓玫
責任編輯	╱何若文、鄭依婷
版　　　權	╱吳亭儀、江欣瑜
行銷業務	╱周佑潔、賴玉嵐、林詩富、吳藝佳、吳淑華
總　編　輯	╱何宜珍
總　經　理	╱彭之琬
事業群總經理	╱黃淑貞
發　行　人	╱何飛鵬
法律顧問	╱元禾法律事務所　王子文律師
出　　　版	╱商周出版

115台北市南港區昆陽街16號4樓
電話：（02）2500-7008　傳真：（02）2500-7579
E-mail：bwp.service@cite.com.tw　Blog：http://bwp25007008.pixnet.net/blog

發　　　行　╱英屬蓋曼群島商家庭傳媒股份有限公司城邦分公司
115台北市南港區昆陽街16號8樓
書虫客服專線：（02）2500-7718、（02）2500-7719
服務時間：週一至週五09:30-12:00；13:30-17:00
24小時傳真專線：（02）2500-1990；（02）2500-1991
劃撥帳號：19863813　戶名：書虫股份有限公司
讀者服務信箱：service@readingclub.com.tw
城邦讀書花園：www.cite.com.tw

香港發行所　╱城邦（香港）出版集團有限公司
香港九龍土瓜灣土瓜灣道86號順聯工業大廈6樓A室
電話：（852）2508-6231　傳真：（852）2578-9337
E-mail：hkcite@biznetvigator.com

馬新發行所　╱城邦（馬新）出版集團【Cite（M）Sdn Bhd】
41, Jalan Radin Anum, Bandar Baru Sri Petaling,
57000 Kuala Lumpur, Malaysia.
電話：（603）9056-3833　傳真：（603）9057-6622　E-mail：services@cite.my

封面設計	╱COPY
內頁排版	╱游淑萍
印　　　刷	╱高典印刷有限公司
經　　　銷　商	╱聯合發行股份有限公司　電話：(02)2917-8022　傳真：(02)2911-0053

■ 2024年12月12日初版

Printed in Taiwan

定價╱680元
版權所有・翻印必究
ISBN：978-626-390-355-5
ISBN：9786263903517（EPUB）

城邦讀書花園
www.cite.com.tw